霞ヶ浦の前方後円墳

― 古墳文化における中央と周縁 ―

佐々木憲一・小野寺洋介 編

六一書房

目　次

例　言
凡　例

第1章　研究の目的と経過 ……………………………………………………… 佐々木憲一　1
　第1節　研究の目的 …………………………………………………………………………… 1
　第2節　これまでの調査・研究 ……………………………………………………………… 2
　第3節　研究の経過と本書の構成 …………………………………………………………… 3

第2章　舟塚山古墳と「陪冢」の調査 ………………………………………………………… 7
　第1節　舟塚山古墳 …………………………………………………………………………… 7
　　第1項　立地・群構成と既往の調査 ……………………………………… 佐々木憲一　7
　　第2項　調査の方法 ………………………………………………………… 小野寺洋介　10
　　第3項　墳丘の現状と復元 ………………………………………… 小野寺洋介・田中　裕　13
　　第4項　物理探査の成果 ………………………………………… 亀井宏行・千島史彦　19
　　第5項　遺　物 ……………………………………………… 尾﨑裕妃・小野寺洋介　23
　第2節　舟塚山古墳群13・14・17号墳 ……………………………………………………… 28
　　第1項　既往の調査 ………………………………………………………… 小野寺洋介　28
　　第2項　墳丘の現状と復元 ………………………………………………… 小野寺洋介　28
　　第3項　遺　物 …………………………… 尾﨑裕妃・齋藤直樹・小野寺洋介　32
　第3節　まとめ ………………………………………………………………… 佐々木憲一　36

第3章　折越十日塚古墳の調査 ………………………………………………………………… 38
　第1節　墳丘の測量・石室の実測調査 ……………………………………………………… 38
　　第1項　立地・群構成と既往の調査 …………………… 木村　翔・佐々木憲一・千葉隆司　38
　　第2項　調査の方法 ………………………………………………………… 小野寺洋介　41
　　第3項　墳丘の現状 ………………………………………………………… 木村　翔　42
　　第4項　横穴式石室の実測調査 …………………………………………… 鶴見諒平　44
　第2節　発掘調査 ……………………………………………………………………………… 47
　　第1項　トレンチの設定 …………………………………………………… 齋藤直樹　47
　　第2項　発掘調査の成果 …………………………………………………… 箕浦　絢　49
　　第3項　墳丘の復元 ………………………………………… 佐々木憲一・齋藤直樹　56
　第3節　まとめ ………………………………………………………………… 佐々木憲一　58

目　次

第4章　大日塚古墳の調査 …… 59
第1節　墳丘の測量調査 …… 59
第1項　立地・群構成と既往の調査 …… 佐々木憲一・中村新之介　59
第2項　調査の方法 …… 小野寺洋介　62
第3項　墳丘の現状 …… 中村新之介・佐々木憲一　64
第2節　横穴式石室の発掘調査 …… 64
第1項　トレンチの設定 …… 小野寺洋介　64
第2項　横穴式石室 …… 佐々木憲一　67
第3項　墳丘の復元 …… 中村新之介　67
第3節　遺　物 …… 73
第1項　埴　輪 …… 齋藤直樹　73
第2項　土　器 …… 小野寺洋介　85
第3項　鉄製品 …… 佐々木憲一・箕浦　絢　85
第4節　まとめ …… 佐々木憲一　86
第1項　大日塚古墳の年代 …… 86
第2項　大日塚古墳の埋葬施設 …… 86
第3項　墳丘の復元 …… 87
第4項　大日塚古墳の埴輪 …… 87
第5項　大日塚古墳の再利用 …… 87
第6項　まとめ …… 89

第5章　そのほかの古墳の測量調査 …… 90
第1節　佐自塚古墳 …… 90
第1項　立地・群構成と既往の調査 …… 佐々木憲一・尾﨑裕妃　90
第2項　調査の方法 …… 小野寺洋介　94
第3項　墳丘の現状と復元 …… 小野寺洋介　96
第4項　遺　物 …… 尾﨑裕妃・土井翔平　99
第5項　まとめ …… 佐々木憲一　100
第2節　丸山4号墳 …… 100
第1項　立地・群構成と既往の調査 …… 佐々木憲一　100
第2項　調査の方法 …… 小野寺洋介　103
第3項　墳丘の現状と復元 …… 鶴見諒平・谷仲俊雄　104
第4項　まとめ …… 佐々木憲一　109
第3節　地蔵塚古墳 …… 110
第1項　立地・群構成と既往の調査 …… 佐々木憲一　110
第2項　調査の方法 …… 小野寺洋介　111

目　次

　　第3項　墳丘の現状と復元 …………………………………………………………小野寺洋介　112
　　第4項　遺　物 ………………………………………………佐藤リディア・尾﨑裕妃・小野寺洋介　116
　　第5項　まとめ ………………………………………………………………………佐々木憲一　122
　第4節　坂稲荷山古墳 ………………………………………………………………………………　122
　　第1項　既往の調査 …………………………………………………………………佐々木憲一　122
　　第2項　調査の方法 …………………………………………………………………小野寺洋介　124
　　第3項　墳丘の現状と復元 ………………………………………………鶴見諒平・小野寺洋介　125
　　第4項　まとめ ………………………………………………………………………佐々木憲一　130

第6章　常陸南部の古墳をめぐって ………………………………………………………………………　131
　第1節　茨城県の横穴式石室の地域性 ………………………………………………鶴見諒平　131
　第2節　舟塚山古墳の墳丘築造企画と築造年代 ……………………………………小野寺洋介　155
　第3節　舟塚山古墳周濠内採集の石製品について …………………………………小野寺洋介　169
　第4節　舟塚山14号墳付近採集の埴輪 ………………………………………………齋藤直樹　175
　第5節　大井戸古墳の墳丘について …………………………………………………谷仲俊雄　179
　第6節　大日塚古墳墳丘の意義 ………………………………………………………谷仲俊雄　186
　第7節　『常陸国風土記』と古墳文化 …………………………………………………千葉隆司　192

第7章　古墳時代中央からみた東国 ………………………………………………………………………　214
　第1節　甲冑出土古墳からみた5世紀の東国 ………………………………………藤田和尊　214
　第2節　横穴式石室からみた古墳時代後期の西日本と東国 ………………………太田宏明　225
　第3節　馬具からみた古墳時代後期の畿内政権と東国 ……………………………尼子奈美枝　238

第8章　総括：霞ヶ浦沿岸地域における首長系譜の併存 …………………………………佐々木憲一　249

引用・参考文献（1～5章、8章）　259
謝　辞　264
あとがき　267
写真図版

挿図目次

第1図　調査した古墳［齋藤作成］ …………………………………………………………… 4
第2図　舟塚山古墳群の分布図［曾根2009］ ………………………………………………… 7
第3図　明治大学による舟塚山古墳測量図［大塚・小林1964］ …………………………… 8
第4図　石岡市による舟塚山古墳測量図［山内・瓦吹1972］ ……………………………… 8
第5図　舟塚山古墳周辺地形測量図［小野寺作成］ ………………………………………… 9
第6図　舟塚山古墳トラバース図［小野寺作成］ …………………………………………… 11
第7図　舟塚山古墳墳丘測量図・エレベーション図［小野寺・佐藤・菅原・野本・林製図］ …… 14
第8図　8区分適用時（左）と12区分適用時（右）の状況［小野寺作成］ ………………… 16
第9図　舟塚山古墳墳丘復元図［小野寺作成］ ……………………………………………… 18
第10図　舟塚山古墳墳丘復元エレベーション図［小野寺作成］ …………………………… 19
第11図　前方部と後円部の探査領域［亀井・千島作成］ …………………………………… 19
第12図　後円部の地中レーダタイムスライス（52 ns）［亀井・千島作成］ ……………… 20
第13図　後円部の地中レーダ断面図（1）［亀井・千島作成］ ……………………………… 20
第14図　後円部の地中レーダ断面図（2）［亀井・千島作成］ ……………………………… 21
第15図　後円部の磁気探査結果［亀井・千島作成］ ………………………………………… 21
第16図　前方部の地中レーダタイムスライス［亀井・千島作成］ ………………………… 21
第17図　前方部の地中レーダ断面図（1）［亀井・千島作成］ ……………………………… 22
第18図　前方部の地中レーダ断面図（2）［亀井・千島作成］ ……………………………… 22
第19図　前方部の地中レーダ断面図（3）［亀井・千島作成］ ……………………………… 23
第20図　舟塚山古墳採集朝顔形埴輪［菅原実測、尾﨑製図］ ……………………………… 25
第21図　舟塚山古墳採集円筒埴輪［大熊・尾﨑・齋藤・佐藤・菅原・橋本実測、尾﨑・齋藤製図］ …… 26
第22図　舟塚山古墳採集形象埴輪［大熊・尾﨑・齋藤・佐藤・菅原・橋本実測、尾﨑・齋藤製図］ …… 27
第23図　舟塚山古墳採集石製品［小野寺実測、製図］ ……………………………………… 27
第24図　舟塚山13・14号墳墳丘測量図・エレベーション図［小野寺製図］ ……………… 29
第25図　舟塚山14号墳ソイルマーク［齋藤作成］ …………………………………………… 30
第26図　舟塚山17号墳墳丘測量図・エレベーション図［小野寺製図］ …………………… 31
第27図　舟塚山14号墳採集朝顔形埴輪［奥山・児嶋・佐藤実測、小野寺・齋藤製図］ …… 32
第28図　舟塚山13・14号墳採集円筒埴輪［奥山・児嶋・佐藤実測、小野寺・齋藤製図］ …… 33
第29図　舟塚山13・14号墳採集形象埴輪［奥山・児嶋・佐藤実測、小野寺・齋藤製図］ …… 34
第30図　舟塚山15号墳採集須恵器［小野寺実測、製図］ …………………………………… 36
第31図　出島の主要遺跡分布図［鶴見作成］ ………………………………………………… 39
第32図　折越十日塚古墳周辺地形測量図［鶴見作成］ ……………………………………… 40
第33図　折越十日塚古墳トラバース図［小野寺作成］ ……………………………………… 42

挿図目次

第34図	折越十日塚古墳墳丘測量図・エレベーション図［鶴見製図］	43
第35図	折越十日塚古墳横穴式石室実測図［鶴見製図］	45
第36図	折越十日塚古墳石棺復元図［鶴見作成］	46
第37図	折越十日塚古墳トレンチ設定図［齋藤作成］	48
第38図	折越十日塚古墳第1トレンチセクション図・平面図（1）［箕浦・齋藤製図］	50
第39図	折越十日塚古墳第1トレンチセクション図・平面図（2）［箕浦・齋藤製図］	51
第40図	折越十日塚古墳第2トレンチセクション図・平面図（1）［箕浦・齋藤製図］	52
第41図	折越十日塚古墳第2トレンチセクション図・平面図（2）［箕浦・齋藤製図］	53
第42図	折越十日塚古墳第3トレンチセクション図・平面図（1）［箕浦・齋藤製図］	54
第43図	折越十日塚古墳第3トレンチセクション図・平面図（2）［箕浦・齋藤製図］	55
第44図	折越十日塚古墳第4・5トレンチセクション図・平面図［箕浦・齋藤製図］	56
第45図	折越十日塚古墳墳丘復元図［齋藤作成］	57
第46図	沖洲古墳群分布図［中村作成］	59
第47図	大日塚古墳周辺地形測量図［中村作成］	60
第48図	大日塚古墳旧測量図［大塚1974a］	61
第49図	大日塚古墳トラバース図［小野寺作成］	63
第50図	大日塚古墳墳丘測量図・エレベーション図［中村製図］	65
第51図	大日塚古墳トレンチ位置図［箕浦作成］	66
第52図	大日塚古墳トレンチ平面図・セクション図［箕浦製図］	68
第53図	大日塚古墳横穴式石室実測図［箕浦製図］	70
第54図	大日塚古墳墳丘復元図［中村作成］	71
第55図	大日塚古墳墳丘復元エレベーション図［中村作成］	72
第56図	大日塚古墳出土朝顔形埴輪［齋藤実測、製図］	73
第57図	大日塚古墳出土円筒埴輪 ［大熊・齋藤・佐藤・菅原・寺尾・橋本・福田・松本実測、齋藤製図］	75
第58図	大日塚古墳出土形象埴輪（1）［北山・忽那・齋藤実測、箕浦・齋藤製図］	79
第59図	大日塚古墳出土形象埴輪（2）［大熊・佐藤・菅原・橋本・箕浦実測、齋藤製図］	80
第60図	大日塚古墳出土形象埴輪（3） ［柏瀬・佐藤・菅原・野本・橋本・福田・松本・箕浦実測、齋藤製図］	81
第61図	大日塚古墳出土形象埴輪（4）［箕浦実測、製図］	83
第62図	大日塚古墳出土形象埴輪（5）［齋藤・佐藤・寺尾・橋本実測、齋藤製図］	84
第63図	大日塚古墳出土土器［小野寺実測、製図］	85
第64図	大日塚古墳出土辻金具［宮代実測、箕浦製図］	85
第65図	大日塚古墳墳形仮復元案［箕浦作成］	88
第66図	柿岡古墳群［鶴見作成］	90
第67図	佐自塚古墳周辺地形測量図［小野寺作成］	91

挿図目次

第68図	佐自塚古墳出土遺物（1）［田中・日高1996］	92
第69図	佐自塚古墳出土遺物（2）［土筆舎2008］	93
第70図	佐自塚古墳出土遺物（3）［大塚1972］	94
第71図	佐自塚古墳トラバース図［小野寺作成］	95
第72図	佐自塚古墳墳丘測量図・エレベーション図［小野寺・北山・土屋製図］	97
第73図	佐自塚古墳墳丘・エレベーション復元図［小野寺作成］	98
第74図	佐自塚古墳採集遺物［尾﨑・土井実測、製図］	100
第75図	丸山4号墳周辺地形測量図［鶴見作成］	101
第76図	丸山4号墳横穴式石室実測図［後藤・大塚1957］	102
第77図	丸山4号墳出土遺物［後藤・大塚1957］	103
第78図	丸山4号墳トラバース図［小野寺作成］	104
第79図	丸山4号墳墳丘測量図・エレベーション図［鶴見製図］	106
第80図	丸山4号墳旧測量図と新測量図［谷仲作成］	108
第81図	丸山4号墳墳丘復元図［谷仲作成］	109
第82図	地蔵塚古墳の位置［尾﨑作成］	110
第83図	地蔵塚古墳トラバース図［小野寺作成］	111
第84図	地蔵塚古墳墳丘測量図・エレベーション図［小野寺・箕浦・林製図］	113
第85図	地蔵塚古墳墳丘・エレベーション復元図［小野寺作成］	115
第86図	地蔵塚古墳採集遺物（1）［小野寺・尾﨑・齋藤安・齋藤直・菅原・中村・野本実測、製図］	119
第87図	地蔵塚古墳採集遺物（2） ［小野寺・尾﨑・齋藤安・齋藤直・菅原・中村・野本・箕浦実測、製図］	120
第88図	地蔵塚古墳採集遺物（3）［小野寺・尾﨑・齋藤安・齋藤直・菅原・九重・中村実測、製図］	121
第89図	坂稲荷山古墳周辺地形測量図［鶴見作成］	123
第90図	坂稲荷山古墳トラバース図［小野寺作成］	124
第91図	坂稲荷山古墳墳丘測量図・エレベーション図［鶴見製図］	126
第92図	坂稲荷山古墳墳丘復元図［鶴見・小野寺作成］	128
第93図	坂稲荷山古墳復元エレベーション図［鶴見・小野寺作成］	129
第94図	茨城県の横穴式石室の位置［鶴見作成］	132
第95図	A類の横穴式石室［鶴見作成］	134
第96図	B1類の横穴式石室［鶴見作成］	135
第97図	B1・2類の横穴式石室［鶴見作成］	136
第98図	C1類の横穴式石室［鶴見作成］	138
第99図	C2・3類の横穴式石室［鶴見作成］	140
第100図	C3類の横穴式石室［鶴見作成］	141
第101図	C4類の横穴式石室［鶴見作成］	142
第102図	D類の横穴式石室（1）［鶴見作成］	142

挿図目次

第103図	D類の横穴式石室（2）［鶴見作成］	144
第104図	D類の横穴式石室（3）［鶴見作成］	145
第105図	D類の横穴式石室（4）［鶴見作成］	146
第106図	E類の横穴式石室［鶴見作成］	148
第107図	茨城県における横穴式石室の分布と地域性［門井2011を参考に鶴見作成］	149
第108図	上田宏範と青木敬による舟塚山古墳の墳丘築造企画［上田1985、青木2003を一部改変］	155
第109図	舟塚山古墳と各古墳との比較（1） ［堺市文化観光局世界文化遺産推進室2015をもとに小野寺作成］	158
第110図	舟塚山古墳と各古墳との比較（2）［堺市文化観光局世界文化遺産推進室2015、 藤井寺市総務部世界遺産登録推進室2015をもとに小野寺作成］	160
第111図	舟塚山古墳と各古墳との比較（3）［町田1974、伊達1959をもとに小野寺作成］	161
第112図	舟塚山古墳出土土師器と伝出土須恵器［小野寺実測、製図］	162
第113図	舟塚山14号墳の石棺と出土した石製模造品［豊崎1979、長谷川1978］	164
第114図	清喜区分第5段階の刀子形石製模造品［西田編1991、石川・右島1986］	165
第115図	尾島貝塚出土石製模造品［人見1988を一部改変］	170
第116図	宮内庁書陵部所蔵の茨城県新治郡八郷町大字柿岡八重出土石製模造品 ［徳田1993をもとに小野寺実測、製図］	172
第117図	丸山4号墳出土石製模造品［後藤・大塚1957を一部改変］	173
第118図	井博幸による舟塚山14号墳周辺採集の埴輪［井2012］	175
第119図	妙見山古墳採集の埴輪［日高2001］	176
第120図	桜塚古墳採集の埴輪［草野2006を一部改変］	178
第121図	大井戸古墳と周辺の古墳［明治17年実測図に谷仲加筆］	179
第122図	大井戸古墳［谷仲撮影］	180
第123図	大井戸古墳墳頂部の石材［谷仲撮影・玉里村資料館提供］	180
第124図	大井戸古墳の空中写真・旧公図 ［米軍・国土地理院撮影の空中写真、水戸地方法務局土浦支局旧公図に谷仲加筆］	181
第125図	大井戸古墳復原図［水戸地方法務局土浦支局旧公図に谷仲加筆］	182
第126図	大井戸古墳採集の埴輪［玉里村村内分布調査団2004、茂木・稲村・塩谷2002］	182
第127図	「園部の入り江」の前方後円墳 ［大塚・小林1995、水戸地方法務局土浦支局旧公図および行方市都市計画図に谷仲加筆］	183
第128図	玉造権現山古墳採集の埴輪［稲村1983、稲村1985、茂木・稲村・塩谷2002］	183
第129図	霞ヶ浦高浜入りの古墳編年［谷仲2015a、井2016を参考に谷仲作成］	184
第130図	大日塚古墳と周辺の古墳位置図［谷仲作成］	187
第131図	大日塚古墳と三昧塚古墳の比較［谷仲作成］	187
第132図	霞ヶ浦高浜入りにおける帆立貝形古墳・造り出し付円墳［谷仲作成］	188
第133図	霞ヶ浦高浜入りの古墳分布図［谷仲作成］	190

挿図目次

第134図	福泉洞10号墳［申ほか1983を一部改変］	215
第135図	西墓山古墳［山田ほか1997を一部改変］	215
第136図	上野天神山古墳［金澤ほか1999を一部改変］	216
第137図	保渡田八幡塚古墳［若狭ほか2000を一部改変］	216
第138図	舟塚山古墳（左）と玉里権現山古墳（右）［黒澤1978、小林ほか2000を一部改変］	216
第139図	鶴山古墳の甲冑保有形態［藤田1988］	218
第140図	東海・甲信越・関東地方の甲冑出土古墳の諸類型［藤田作成］	219
第141図	畿内型石室の変遷［太田作成］	226
第142図	分類類型［太田作成］	227
第143図	階層構成類型［太田作成］	228
第144図	横穴式石室伝播モデル［太田作成］	230
第145図	関東地方の畿内系横穴式石室Ⅰ類［太田作成］	234
第146図	関東地方の畿内系横穴式石室Ⅱ類［太田作成］	234
第147図	大和の馬具保有形態の類型と石室規模の関係［尼子作成］	239
第148図	「畿内首長層通有の金銅装鏡板・杏葉」の代表例［尼子作成］	240
第149図	上野の馬具保有形態の類型と石室規模の関係［尼子作成］	241
第150図	常陸の馬具保有形態の類型と石室規模の関係［尼子作成］	242
第151図	本章で言及する古墳［齋藤作成］	249
第152図	霞ヶ浦の四十八津［小玉・苅米2006］	252
第153図	霞ヶ浦北西岸地域における首長系譜の継続と併存モデル［佐々木原図、齋藤製図］	256

表目次

第1表	各古墳の調査年次［佐々木作成］	5
第2表	舟塚山古墳基準点（第6図）［小野寺作成］	12
第3表	舟塚山古墳採集埴輪観察表（第20〜22図）［尾﨑作成］	24
第4表	舟塚山古墳採集石製品観察表（第23図）［小野寺作成］	27
第5表	舟塚山13・14号墳採集埴輪観察表（第27〜29図）［尾﨑・齋藤作成］	35
第6表	舟塚山15号墳採集須恵器観察表（第30図）［小野寺作成］	36
第7表	折越十日塚古墳基準点（第33図）［小野寺作成］	42
第8表	大日塚古墳基準点（第49図）［小野寺作成］	63
第9表	大日塚古墳出土埴輪観察表（第59〜65図）［齋藤作成］	76
第10表	佐自塚古墳基準点（第73図）［小野寺作成］	95
第11表	佐自塚古墳採集遺物観察表（第74図）［尾﨑・土井作成］	100
第12表	丸山4号墳基準点［小野寺作成］	105
第13表	地蔵塚古墳基準点（第85図）［小野寺作成］	112
第14表	地蔵塚古墳出土遺物観察表（第88〜90図）［小野寺・尾﨑・齋藤作成］	117
第15表	坂稲荷山古墳基準点（第92図）［小野寺作成］	125
第16表	円筒埴輪属性表［齋藤作成］	177
第17表	霞ヶ浦高浜入りにおける帆立貝形古墳・造り出し付円墳一覧［谷仲作成］	189
第18表	『常陸国風土記』から読み取れる豪族と思われる人物［千葉作成］	193
第19表	陪冢を伴う古墳累計表［藤田作成］	217
第20表	東海・甲信越・関東地方の甲冑保有形態（第140図）［藤田作成］	223
第21表	「畿内首長層通有の金銅装鏡板・杏葉」保有古墳（第148図）［尼子作成］	240
第22表	上野の金銅装鏡板・杏葉の意匠［尼子作成］	241
第23表	常陸の金銅装馬具保有古墳［尼子作成］	242

巻末写真図版一覧

1　折越十日塚古墳石室内部①　前室より後室玄門を臨む
2　折越十日塚古墳石室内部②　前室東壁
3　折越十日塚古墳石室内部③　後室玄門を背に装飾の施された前室西壁をみる
4　折越十日塚古墳石室内部④　前室玄門を背に装飾の施された前室東壁をみる
5　折越十日塚古墳石室内部⑤　前室より前室玄門および盗掘坑を臨む
6　折越十日塚古墳石室内部⑥　奥壁・石棺を臨む
7　折越十日塚古墳石室内部⑦　石棺（斜め上から）
8　折越十日塚古墳石室内部⑧　玄門内より後室玄門・前門を臨む
9　大日塚古墳横穴式石室　完掘状況
10　大日塚古墳出土の家形埴輪
11　折越十日塚古墳　第1トレンチ　墳丘から（南東より）
12　折越十日塚古墳　第1トレンチ　墳丘に向けて（北西より）
13　折越十日塚古墳　第2トレンチ　墳丘から（南東より）
14　折越十日塚古墳　第2トレンチ　墳丘に向けて（北西より）
15　折越十日塚古墳　第3トレンチ　墳丘から（南東より）
16　折越十日塚古墳　第3トレンチ　墳丘に向けて（北西より）
17　折越十日塚古墳　第4トレンチ（北東より）
18　折越十日塚古墳　第5トレンチ（南東より）

例　言

1. 本書は、学術振興会科学研究費補助金基盤研究B課題番号22320164「前方後円墳体制東縁地域における国家形成過程の研究：常陸の場合」および同課題番号16H03513「風土記と古墳からみた常陸7世紀史の研究」の報告書の別刷である。

2. 本書には、茨城県石岡市北根本に所在する舟塚山古墳、同佐久に所在する佐自塚古墳、同柿岡に所在する丸山4号墳、小美玉市下馬場に所在する地蔵塚古墳、かすみがうら市坂に所在する坂稲荷山古墳の測量調査報告、茨城県行方市沖洲に所在する大日塚古墳、かすみがうら市坂に所在する折越十日塚古墳の測量ならびに発掘調査概要報告を収めている。

3. 一連の調査は、2007年から2017年にかけて、明治大学文学部考古学研究室が主体となり、実施した。それぞれの調査にかかわる組織ならびに協力者は、巻末の謝辞に記したとおりである。

4. 個々の調査の遂行にあたっては、上記科研費だけでなく、様々な補助金も得ている。個々の調査のための補助金は巻末の謝辞に記したとおりである。本書はそれらの成果を社会に還元するものである。

5. 佐自塚古墳、丸山4号墳、地蔵塚古墳、坂稲荷山古墳、大日塚古墳、折越十日塚古墳の測量調査成果はすでに学内紀要や地元の館報で報告しているが、それ以降、解釈を変更している古墳が多い。解釈が異なる部分については、本書の記述を優先することとする。

6. 本書の編集は佐々木憲一と小野寺洋介が行い、箕浦絢、齋藤直樹がその補助に当たった。各章節の執筆者は目次ならびに各文末に示した。

7. 折越十日塚古墳の発掘調査中の写真は田中裕、日高慎、その横穴式石室内の写真は鶴見諒平、大日塚古墳の発掘調査中の写真は小野寺洋介が撮影を行った。大日塚古墳出土遺物写真は佐々木憲一、箕浦絢、齋藤直樹が撮影を行った。

8. 本書で使用する古墳名・古墳群名および遺跡番号は、『茨城県遺跡地図』（茨城県教育庁文化課編2001）に準拠する。

9. 本書で使用するレベル高はすべて海抜絶対高である。それぞれ調査の測量精度や使用した水準点については、各調査の概要に記したとおりである。方位は、舟塚山古墳と地蔵塚古墳のみ真北を示すが、そのほかは磁北を示す。

10. 本書で報告した資料のうち大日塚古墳報告資料は、将来的には行方市教育委員会に移管される。折越十日塚古墳出土資料も、本報告刊行後にかすみがうら市教育委員会に移管される。そのほかの資料ならびに調査にかかわる記録類は、明治大学文学部考古学研究室（実習室）で所蔵・保管する。

11. 本書には、『茨城県霞ヶ浦北岸地域における古墳時代在地首長層の政治的諸関係理解のための基礎研究　平成13～平成16年度科学研究費補助金（基礎研究A(2)）研究成果報告書（研究代表者　小林三郎）』のPDFデータをいれたCDを付した。

凡　例

1. 遺構・遺物実測図の縮尺は各挿図中に示す。
2. 本書で記した標高は全て海抜絶対高である。方位は、舟塚山古墳と地蔵塚古墳は真北を示すが、そのほかは磁北を示す。
3. 第1図には国土地理院5万分の1地形図『玉造』『石岡』『真壁』『土浦』を使用した。
4. 遺物は、古墳ごとに通し番号を付した。この番号は、実測図、観察表で共通している。
5. 墳丘測量図は、太い実線がメートルコンター、細い実線が25cmコンター、破線は原状を留めていると考えられる傾斜変換線、一転破線は攪乱線をそれぞれ示す。
6. 墳丘の斜面は、網掛け40％で表現している。
7. 遺物観察表は、（　）は復元値、〈　〉残存値を示す。胎土の含有物の量は微量・少量・含有・多量で記載する。焼成は不良・普通・良好で記載する。色調は、小山正忠・竹原秀雄編『新版標準土色帖』（農林水産省農林水産技術会議事務局監修／日本色彩研究所色票監修）第25版（2003年度）に準拠した。
8. 土器・埴輪に施された赤彩は、網掛け30％で表現している。
9. 本書で用いる時期区分は、古墳時代前期、中期、後期、終末期の4期区分とし、須恵器編年は田辺編年を用いる（田辺昭三1981『須恵器大成』角川書店）。ただし、実年代については、都度記載の通りである。
10. 第6・7章は個々の執筆者の記名論文であり、スタイルや用語は統一していない。また文献目録も個々の論文の文末にまとめてある。
11. 第1～5章と第8章での引用文献は巻末の文献目録にまとめた。

第 1 章　研究の目的と経過

第 1 節　研究の目的

　この研究では、その社会組織が「前方後円墳体制」（都出 1991）とも評価される古墳時代、つまり日本列島の国家形成期において、中央から遠く離れた「周縁地域」が中央の意志決定にどのように対応し、どのようなプロセスを経て国家段階の社会へ進化したか、古墳時代中後期の常陸を具体例としてモデルを提示することを目的とする。特に、常陸の古墳時代在地社会が、中央のヤマト王権と関係を維持しつつも、ヤマトの意志とは独立して自律的に意志決定を行う余地があったことを示したい。欧米の国家論研究に沿って考えると、在地社会が中央の意思と違った行動をとれるのは、古墳時代が国家段階以前の社会であることの証拠として捉えられる。むしろ逆に、在地社会の自立性を重視した、国家形成過程の新たな枠組みを提示することを最終的な目標としたい。

　近年の古墳時代・国家形成論研究は群馬県高崎市域で顕著なように、古墳・豪族居館・一般住居・水田を総合的に検討し、実証的に進められつつある（若狭 2015）。しかしながら、古墳以外の遺跡の調査は行政発掘を待たねばならないため、地表に残る古墳の測量はその研究の基盤として欠かせない。精密な測量図からは、築造規格の共有という現象に基づき首長間の関係を知るヒントを得られるし（例えば倉林 1994・1998・2006、澤田 1999・2000、曾根 2005、田中 2006ab）、測量中に採集する埴輪からも編年的位置づけに迫れる（日高 2003ab）。また埴輪製作技術の共有という観点からも、古墳築造規格に基づいた首長間関係に関する解釈を補強できる（日高 1999）。

　実際、倉林眞砂斗・澤田秀実（2000）が、美作地方の 12 基の前期前方後方墳、前方後円墳の体系的な測量調査と、その内の 1 基、川東車塚の発掘調査（倉林ほか 2004）を実施し、倉林（2000）は古墳時代前期津山盆地の社会の動態に迫る仮説的モデルを提示している。本書の研究は常陸南部の古墳時代前期から終末期を対象とするものであるが、研究の狙いと手法は、倉林らの美作の研究を範にとったものである。

　また近年の古墳時代研究は、地方からヤマト王権を捉える試みが少なからず実践されている（例えば土生田 2006、若狭 2015）。この研究は東国の東縁、常陸の立場からみたヤマト王権に迫るものである。常陸をフィールドとして選択したのは、まず第一に、常陸は前方後円墳が異常なまでに多い地域であるからである。前方後円墳の基数を都道府県別にみると、全国で一番多いのが千葉県で 660 余基を数える。二番目に多いのが茨城県で、『前方後円墳集成（東北・関東編）』の茨城県の項（佐藤・鹿志村 1994）（以下、『集成』と略）には 445 基がリストされている。ただ、『集成』では、全長約 75 m の石岡市要害山古墳が抜けていたりして不十分であるので、実際の数は 500 基に迫るのではないかと推定する。旧国別でみると、千葉県は上総・下総二国で前述の数（安房地域には前方後円墳がない）であるのに対し、茨城県は下総の北西端を含むにしても、常陸一国で 440 基以上前方後円墳が存在することになり、旧国別では全国 1 の基数である。中央の王権がおかれた現在の奈良県の前方後円墳の基数が 270 余基、大阪府が 200 余基という現実を考えたとき、常陸の 440 基以上という数字は尋常ではない。また、房総半島との前方後円墳のあり方の違いとして、70〜80 m 級の大型前方後円墳が常陸には多いという、房総半島にはない特徴がある（白石 1992）。

　逆に古代の制度に関して常陸と房総半島が共通するのは、旧国内に国造が複数置かれたことをあげることができる。常陸では北から、**高国**（現在の北茨城市、高萩市、日立市［旧十王町域］）、**久自国**（日立市、常陸太田市、常陸大宮市、那珂市［旧瓜連町］、東海村）、**仲国**（ひたちなか市、東茨城郡城里町［旧桂村］、水戸市［旧常澄村、旧内原町］、鉾田市、鹿島市）、**茨城国**（石岡市、かすみがうら市、土浦市［旧新治村］、小美玉市、行方市、潮来市、稲敷市、美浦村）、**筑波国**（つくば市、土浦市）、**新治国**（笠間市、桜川市、筑西市、結城市、下妻市、常総市［旧石下町］、古河市）である。房総半島もそうであるが、やはり常陸地域内での大きな地域差を古墳時代においても想定できるであろう。

次に、霞ヶ浦沿岸地域をフィールドに選んだ理由として、その北西岸、高浜入りと呼ばれる現在の石岡市に、上野の大田天神山に次ぐ東国第2位の巨大前方後円墳、全長185mの舟塚山古墳が築かれたこと、常陸で最初に地元豪族が築いた仏教寺院である茨城廃寺が舟塚山古墳の北2kmの場所に築かれたこと、そして8世紀になって国府と国分寺・国分尼寺も石岡市に置かれたことである。複数の国造が並立していたなかで、茨城国の地位は特別であったことがうかがえるし、ヤマト王権との関係も、常陸国内の他地域より、より密接であったであろう。その背景に迫ることは、前方後円墳体制東縁地域における国家形成過程理解にもつながってくると考える。

　常陸を重視する最後の理由は、同じ東国の群馬県や千葉県に比べて、古墳研究が非常に遅れていることにある。例えば前述の『集成』に墳丘測量図が公開されている茨城県の前方後円（方）墳が128基、そしてその大半が1mコンターによる1960年代の測量図であって、1980年代、1990年代に活発化した築造規格論の議論（例えば和田1981、北條1986、岸本1992）に耐えうるような（墳丘の勾配やテラス幅がわかるような）25cmコンターの精密な測量図がとられた古墳は40基程度しかない。築造規格の共有は、前方後円墳に埋葬された豪族の系譜関係にも迫れるのであるが、その成果を歴史理論に高められるような精密な測量図を数多く作成することが、常陸の古墳研究、ひいては国家形成論研究において急務である。同時に、常陸は『風土記』が残る地域でもあり、本書第6章で千葉隆司が示すような『常陸国風土記』の記述と統合解釈できるような考古学的知見も提供することが必須である。もちろん、発掘調査も欠かせないが、限られた研究費で1基の古墳を3年かけて発掘調査するだけではなく、同じ期間に4〜5基の前方後円墳を測量することも現在の茨城県の古墳研究では効果が大きいと判断する。

　最後に、『前方後円墳集成』（近藤1991〜1994）とは別に、奈良県、静岡県、宮崎県は、より内容を充実させて、県単独の『前方後円墳集成』を刊行した。特に茨城県の場合は、前方後円墳の数からいっても県単独の前方後円墳が望まれる。これに向けての努力は欠かせない。

第2節　これまでの調査・研究

　茨城県の古墳研究が思うように進まないのは、個人所有の古墳が圧倒的に多く、また地権者も高齢化して土地の維持管理が困難になっており、さらに古墳には雑木が密生しており、それなりの額の研究費を獲得して伐採をしないことには測量ができないことにある。それでも、資料集成に向けた努力はこれまでなされてきた。

　まず1974年に『茨城県史料＝考古資料編』（古墳時代）の一環として、大塚初重（1974b）が県内31基の前方後円墳・前方後方墳の測量図を集成した。そこでの測量図の精粗に触れて、「それらの欠を今後の課題として努力を続けたい」と謙虚に述べている。この言葉は現在でも真摯に受け止めなければならない。

　1976年に非常勤講師、1980年に専任助教授として茂木雅博が茨城大学人文学部に赴任した。茂木の指導の下、1977年以降2005年まで県内の多くの古墳を測量し、その成果を『常陸の前方後円墳』(1)（木崎・茂木2000）、同(2)（茂木・田中2005）として刊行している。(1)には18基の、(2)には、可能性も含めて14基の前方後円墳の測量図が公表されている。

　1973年には筑波大学が開学し、『常陸国風土記』から想定される「筑波国」地域の古墳の測量・発掘調査（増田ほか1981）、およびその周辺の前方後円墳の測量調査を実施した（西野ほか1991、日高1998）。その結果、筑波国地域の首長墓系譜もモデル化できるようになった（滝沢1994）。筑波大学チームの目標は「茨城南部古代地域史研究」であり、1990年代に入って「茨城国」領域内の霞ヶ浦沿岸地域の前方後円墳の25cmコンターによる測量調査を実施した。対象となったのは、旧出島村の田宿天神塚古墳（前期［田中・日高1996］）と旧千代田町熊野古墳（前期［田中1997]）、旧霞ヶ浦町（もと出島村）牛渡銚子塚古墳（中期［田中1999]）である。埴輪の表採を行い、精密な測量調査を実施したおかげで、田宿天神塚古墳はその築造が本書の対象である佐自塚古墳より遡る可能性があること、熊野古墳は前期でも非常に新しい段階の築造であること、牛渡銚子塚古墳の築造時期を特定することは困難であるが、墳丘築造規格は舟塚山古墳のそれにきわめて近いことなど、大きな成果をあげている。

常陸南部、特に霞ヶ浦北西岸地域の古墳研究には、大塚初重、故小林三郎、佐々木が所属する明治大学文学部考古学研究室が1950年代以来大きな役割を果たしてきた。1952年の旧八郷町（現石岡市）丸山1号墳の発掘調査、同4号墳の測量調査（後藤・大塚1957）に始まり、1955年には旧玉造町（現行方市）三昧塚古墳の緊急発掘調査を請け負い（齋藤・大塚・川上1960）、1964年の舟塚山古墳の測量調査（大塚・小林1964b）、旧玉造町勅使塚古墳の発掘調査（大塚・小林1964a）、茨城県と共同で1965〜1967年の旧玉里村（現小美玉市）舟塚古墳の発掘調査（大塚・小林1968・1971）、旧玉造町大日塚古墳の測量調査（大塚1974a）、1997年の舟塚古墳の25cmコンターによる再測量調査（新井2000）と、今日の研究の基盤を成す調査を行ってきた。

　そういった伝統を継承し、最近では2001年度から4年間、科学研究費基盤研究A「茨城県霞ヶ浦北岸地域における古墳時代在地首長層の政治的諸関係理解のための基礎研究」（以下、「小林科研」と略［小林ほか2005］）を受け、旧玉里村で雷電山古墳（帆立貝形古墳）、桃山古墳（前方後円墳）、滝台古墳（前方後円墳）、山田峰古墳（前方後円墳）、愛宕山古墳（帆立貝形古墳）、塚山古墳（5世紀前葉の大型円墳）、桜塚古墳（5世紀後葉の大型円墳［草野2006]）の7基の大型古墳の体系的測量調査を実施した。

　その成果に基づき佐々木（2005）は、石岡市域を中心とする首長系譜の継続と断絶をモデル化した。すなわち、1) 5世紀中葉には舟塚山古墳の大首長に近隣諸勢力が「遠慮」をして、円墳しか築かれなくなる。2) 舟塚山古墳被葬者の覇権が崩れ、5世紀末〜6世紀初頭に、行方の三昧塚古墳、玉里の権現山古墳、石岡の府中愛宕山古墳、出島の富士見塚古墳、という同規模の前方後円墳が築かれ、4地域首長の勢力が拮抗・併存する。3) その後6世紀前葉から中葉（あるいは後葉）まで、玉里の勢力が他の3地域を圧倒する。4) 6世紀末、7世紀初頭になると、風返稲荷山古墳を出現させた出島の勢力が伸張する。5) 7世紀末には石岡に茨城廃寺が築かれる。このような狭い地域でも、地域勢力の伸張・衰退が繰り返されるようで、それを経て律令社会へ成長してゆくことを議論できるようになった。

第3節　研究の経過と本書の構成

　本書でその成果を公開するこの研究は、「茨城県霞ヶ浦北岸地域における古墳時代在地首長層の政治的諸関係理解のための基礎研究」の継続であり、本書は同名の科研報告書（小林ほか2005）の続編にあたる。本書には以下の古墳の調査成果を収めている（第1図、第1表）。

　第1表は調査時期によって配列しているが、古墳の年代順に並べると、佐自塚古墳（4世紀後半）、舟塚山古墳（5世紀前葉）、舟塚山13・14号墳（5世紀第3四半期くらいか）、丸山4号墳、地蔵塚古墳、大日塚古墳（以上、6世紀第3四半期）、坂稲荷山古墳（6世紀末か？）、折越十日塚古墳（7世紀初頭）となる。これらの古墳の中で発掘調査を実施したのが大日塚古墳と折越十日塚古墳である。また舟塚山古墳と舟塚山13・14号墳を除いて、調査成果をすでに活字にしているが、発表以降解釈が変わっている部分も多く、引用にあたっては本書の解釈を優先していただきたい。

　冒頭で述べたように、常陸は古墳が多い地域であるから、小林科研とそれ以降の一連の霞ヶ浦沿岸北西岸地域の古墳の調査成果を常陸の古墳時代史に位置づけることも大切である。したがって、2006〜07年度は学術フロンティア推進事業の一環で、ひたちなか市・水戸市・石岡市・小美玉市・つくば市・土浦市・かすみがうら市の文化財担当者の協力を仰ぎ、古墳・古墳群を集成した。常陸全域をカヴァーした研究ではないが、大型円墳の「大型」の基準や古墳群の規模が常陸のなかでも地域によって大きく異なることが判明した。その成果は『常陸の古墳群』（佐々木・田中2010）として刊行した。本書は『常陸の古墳群』の姉妹編としての役割も担っている。

　その地域性研究の延長として、常陸北部と南部の地域差に関する認識を深めるため常陸北部にも目を向け、水戸市西原古墳群11号墳（大型円墳）と同1号墳（前期の前方後方墳）の測量も2009年3月と2010年3月に実施した（佐々木ほか2011）。また現在獲得中の科学研究費基盤研究B「風土記と古墳からみた常陸7世紀史の研

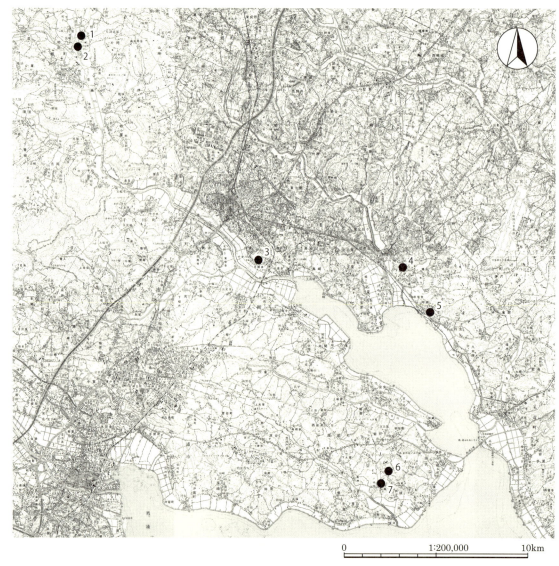

1. 佐自塚古墳　2. 丸山4号墳　3. 舟塚山古墳群　4. 地蔵塚古墳　5. 大日塚古墳　6. 坂稲荷山古墳　7. 折越十日塚古墳

第1図　調査した古墳

究」の一環として、『常陸の古墳群』でカヴァーできなかった自治体を対象に、『続常陸の古墳群』刊行の準備を始めたところである。

　以上のような目的を達成するため、本書は次のような構成とした。まず第2章に、舟塚山古墳の測量調査成果、墳丘の地下磁気探査成果、舟塚山古墳の「陪冢」のような位置にある舟塚山13・14号墳の測量調査成果を収めた。舟塚山古墳は国指定史跡であり、埋葬施設の発掘は不可能であるため、墳丘測量の成果と地下物理探査成果を統合して、古墳時代史における舟塚山古墳の占める位置に迫りたい。また中央の王権と常陸の大首長との関係に迫るため、「陪冢」という中央で創出された社会制度が常陸にどの程度伝わったのか、あるいは常陸で受容されたのか考察する。

　次に、測量調査後に発掘調査を実施した折越十日塚古墳と大日塚古墳の調査成果を第3・4章で報告する。大日塚古墳は、横穴式石室とその「前庭」部分の約16m²を発掘し、原位置から遊離した状態で、ほぼ完形の家形埴輪1棟と巫女形埴輪3体を含む多数の形象埴輪が出土した。霞ヶ浦北西岸地域では1950年代1960年代に発掘された三昧塚古墳（5世紀第4四半期後半）、玉里舟塚古墳（6世紀第2四半期）の調査以降初めて、形象埴輪の組成

第3節　研究の経過と本書の構成

第1表　各古墳の調査年次

調査時期	所在	古墳名	古墳の年代	調査	研究費	初出文献
2007年3月	石岡市	丸山4号墳	6世紀第3四半期	測量	学術フロンティア推進事業（1）	佐々木・鶴見2012
2007年9月	行方市	大日塚古墳	6世紀第3四半期	測量	明治大学大学院研究科共同研究（2）	佐々木他2008
2008年9月	かすみがうら市	坂稲荷山古墳（墳丘）	6世紀末	測量	学術フロンティア推進事業	佐々木他2012
2010年9月	かすみがうら市	折越十日塚古墳	7世紀初頭	測量	科学研究費基盤研究B（3）	佐々木他2012
2011年8月	かすみがうら市	坂稲荷山古墳（周濠）	6世紀末	測量	文科省私立大学戦略的研究基盤形成支援事業（4）	佐々木他2012
2012年3月	石岡市	舟塚山古墳（周濠）	5世紀前葉	測量	科学研究費基盤研究B	本書
2012年8月	石岡市	佐自塚古墳	4世紀後半	測量	佐々木の私費・考古学実習	佐々木他2015
2012年9月	石岡市	舟塚山古墳（墳丘）	5世紀前葉	測量	科学研究費基盤研究B	本書
2013年9月	石岡市	舟塚山古墳（墳丘）	5世紀前葉	探査	明治大学大学院研究科共同研究（5）	亀井他
2013年9月	石岡市	舟塚山第13, 14号墳	5世紀後半	測量	考古学実習	本書
2014年9月	小美玉市	地蔵塚古墳	6世紀第3四半期	測量	考古学実習	佐々木他2016
2015年3月	行方市	大日塚古墳	6世紀第3四半期	発掘	明治大学人文科学研究所個人研究（6）	佐々木2018
2015年9月	行方市	大日塚古墳	6世紀第3四半期	発掘	明治大学人文科学研究所個人研究	佐々木2018
2017年3月	かすみがうら市	折越十日塚古墳	7世紀初頭	発掘	科学研究費基盤研究B（7）	本書

（1）学術フロンティア推進事業「日本古代文化における文字・図像・伝承と宗教の総合的研究」研究代表者　吉村武彦、研究分担者　佐々木憲一他11名、（2004〜2008年度）
（2）明治大学大学院研究科共同研究「常陸における国家形成過程理解のための基礎研究」研究代表者　佐々木憲一、研究分担者　倉林眞砂斗（2007年度限り）
（3）科学研究費基盤研究B「前方後円墳体制東縁地域における国家形成過程の研究：常陸の場合」研究代表者　佐々木憲一、研究分担者　田中裕・日高慎・倉林眞砂斗（2010〜2012年度）
（4）文部科学省私立大学戦略的研究基盤形成支援事業「日本列島の文明化を究明する古代学の総合化研究」研究代表者　吉村武彦、研究分担者　佐々木憲一他11名（2009〜2014年度）
（5）明治大学大学院研究科共同研究「文献・埴輪からみた6世紀前葉における中央・地方の政治的関係に関する研究」研究代表者　佐々木憲一、研究分担者　須田努・忽那敬三・日高慎・田中裕（2012年度限り）
（6）明治大学人文科学研究所個人研究「古墳時代中期常陸南部における国家形成過程理解のための基礎研究」（2014〜2015年度）
（7）科学研究費基盤研究B「風土記と古墳からみた常陸7世紀史の研究」研究代表者　佐々木憲一、研究分担者　菱田哲郎、田中裕、日高慎、吉川眞司、川尻秋生（2016〜2019年度）

がわかってきた[1]。

　折越十日塚古墳は埴輪を伴わないため、常陸において6世紀末に埴輪生産が終わった後に築造されたと考えられる、常陸で最新の前方後円墳の一つである。また横穴式石室の形態・構造が、副葬品が明らかで7世紀初頭の築造が明確な千葉県栄町龍角寺浅間山古墳横穴式石室に非常に近く、この古墳の年代もその頃に比定できよう。年代はほぼ明らかとはいえ、折越十日塚古墳は測量調査時に二重周濠を伴う可能性が出てきて、2016年度に獲得した科学研究費基盤研究B「風土記と古墳からみた常陸7世紀史の研究」の一環として、2017年3月に発掘調査を実施した。発掘調査は2017年度、2018年度も実施予定であるが、第1次の発掘調査で二重周濠を確認し、さらに外濠が内濠よりも幅が広いという古墳文化ではきわめてまれな知見を得ることができたので、途中経過を

取り急ぎ本書で報告することにした。

　第5章では、測量のみ実施した佐自塚古墳、丸山4号墳、地蔵塚古墳、坂稲荷山古墳の調査成果を報告する。地蔵塚古墳は1981年にトレンチ調査が行われ、円筒埴輪列も検出されたのであるが（宮内・石田1981）、2014年の測量調査中に形象埴輪片を初めて採集することができた。坂稲荷山古墳では二重周濠をともなう可能性を指摘できた[2]。

　第6章では、2～5章の測量・発掘調査から派生する諸課題について、『常陸国風土記』、横穴式石室、墳丘築造規格、石製模造品について議論している。執筆は、現在取得中の科学研究費基盤研究B「風土記と古墳からみた常陸7世紀史の研究」の研究協力者である千葉隆司、谷仲（曾根）俊雄氏、そして前回の科学研究費基盤研究B「前方後円墳体制東縁地域における国家形成：常陸の場合」で大きな役割を果たした鶴見諒平氏（当時大学院生、現在福島県教育委員会）と今回の科研で大きな役割を果たしてくれている小野寺洋介、齋藤直樹氏である。

　以上の測量・発掘調査成果を常陸だけではなく、日本列島の古墳時代史に位置づけることを目的として、本書では、大阪府と奈良県で関西の古墳を専門的に調査研究しておられる藤田和尊、太田宏明、尼子奈美枝3氏に、第7章「古墳時代中央からみた東国」をご寄稿いただいた。本書の大きなテーマは古墳時代における常陸在地豪族の自律性であるが、常陸の古墳文化が中央の王権が形成された近畿地方中央部とはいかに異質かを際立たせるのに非常に有効であると思う。「違う」といっても、何を基準にして違うのかを明確にするべきなのである。

　第8章では、これらの成果をまとめ、常陸南部の古墳時代史の再構築を試みる。

（佐々木憲一）

註

1) 大日塚古墳の発掘は学内研究費（明治大学人文科学研究所個人研究）で実施したので、その成果は学内紀要『人文科学研究所紀要』での活字化が義務づけられている。この報告は2018年3月刊行の『人文科学研究所紀要』第82冊に掲載され、プライオリティはそちらにあることを明記する。したがって、引用に際してはご配慮いただきたい。なお、2018年度中に大日塚古墳の発掘調査正報告を刊行予定である。
2) 小林科研では旧玉里村南部の7古墳を対象としたのに対して、本書で調査対象とした古墳は、北西は石岡市旧八郷町域から南東は行方市旧玉造町域・かすみがうら市旧出島村域に及んでいる。調査対象古墳の選択が「問題意識に基づいていない」という批判はあるだろう。しかし、本章第2節の冒頭で述べたように、伐採の予算を確保しないと雑木生い茂る古墳の測量調査を行えず、予算がない場合は数少ない、伐採不要の古墳を調査対象に選ばざるを得ない。また、発掘調査はもちろん、測量調査の許可も地権者から得られない場合があり、調査対象古墳を思うように選ぶことができないのである。

第2章　舟塚山古墳と「陪冢」の調査

第1節　舟塚山古墳

第1項　立地・群構成と既往の調査（第2～5図）

　舟塚山古墳を含む舟塚山古墳群（遺跡番号：石岡市153）は、霞ヶ浦の高浜入りに注ぐ恋瀬川の北側、霞ヶ浦を臨む台地上に立地する総数41基からなる古墳群である（第2図）。その範囲は、東西約2km、南北約1kmであり、面積・基数ともに茨城県石岡市最大規模の古墳群である。曾根俊雄（2009）はこの古墳群を、東から、中津川、舟塚山、西ノ台、上野の4支群にわけて把握している。

　この古墳群中最大の古墳は、舟塚山支群に属し東国第2位の規模を誇る舟塚山古墳（16号墳）、2番目の規模の古墳は同支群中の府中愛宕山古墳（6号墳）である。舟塚山古墳はその規模ゆえに古くから注目されており、1919年に「史蹟及天然記念物保存法」が公布され、翌年初めて史蹟の指定を受けた38件の一つに舟塚山古墳は選ばれている。ちなみにこの時の指定には、下野薬師寺跡、上野三碑（多胡碑・山上碑と古墳・金井沢碑）、奈良県の大安寺塔跡・山田寺跡・川原寺跡・大官大寺跡・元薬師寺跡・行基墓・宮山古墳などが含まれている。

　舟塚山古墳（16号墳）の最初の測量調査は、1961年に明治大学文学部考古学研究室の大塚初重の指揮で行われた（大塚・小林1964b）（第3図）。1mコンターの測量ながら、舟塚山古墳の全長を186mとこのときすでに確認している。

　1971年には、地元石岡市教育委員会が舟塚山古墳の周濠にトレンチを入れた際、墳丘を50cmコンターで再測

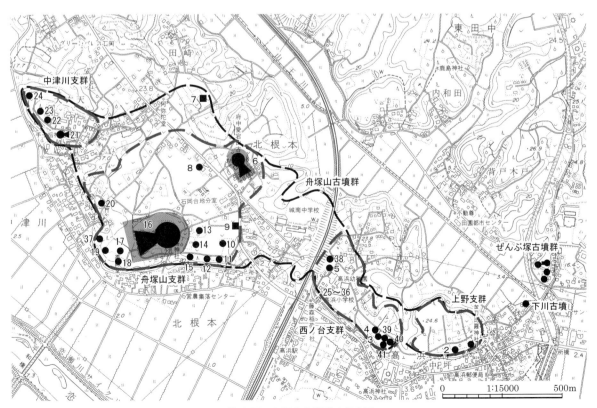

第2図　舟塚山古墳群の分布図

第2章 舟塚山古墳と「陪冢」の調査

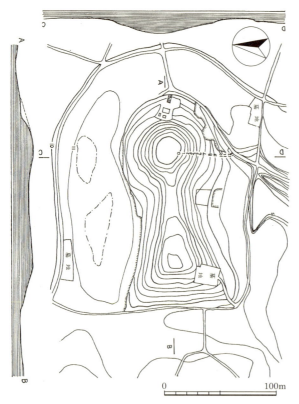

第3図 明治大学による舟塚山古墳測量図

量を行った（山内・瓦吹1972）（第4図）。学問的問題意識の向上にあわせ、明治大学文学部考古学研究室がより高い精度の測量を実施した点は評価に値する。この時の測量調査に基づいた舟塚山古墳の復元図では、墳丘の前方部前端（古墳の西側）の周濠を南方の谷に向かって延長している。舟塚山古墳墳丘の南側（谷に近い部分）には周濠がめぐらないと地元では一般的に思われているので、この成果も重視したい。ただ、後円部北側、くびれ部に近い部分が、図面では異常に窪んで見えるのは、なんらかの測量ミスかと思われる。

2008年には茨城県教育庁文化課が、2009年5月、10月〜11月と石岡市教育委員会が舟塚山古墳の南側の周濠想定部分を試掘調査した。しかしどのトレンチでも周濠は確認されなかった（曾根2011）。

これら既往の調査成果を踏まえ、2012年に明治大学文学部考古学研究室、茨城大学人文学部考古学研究室（代表：田中裕）、東京学芸大学教育学部考

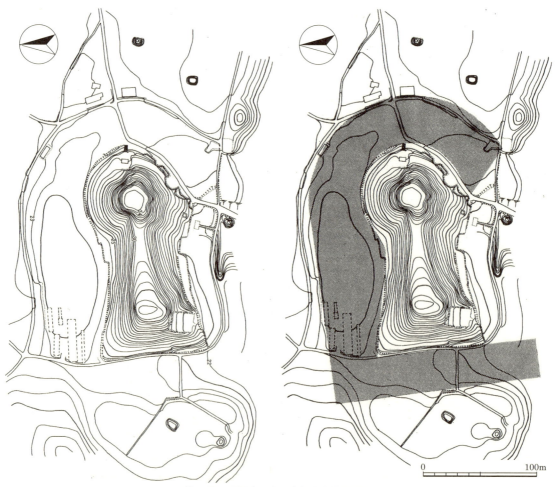

第4図 石岡市による舟塚山古墳測量図

第1節 舟塚山古墳

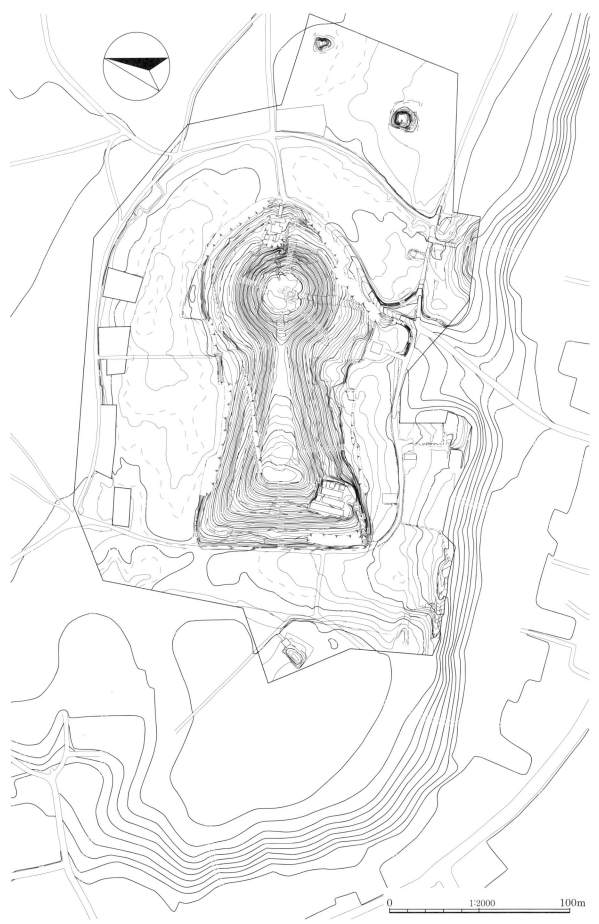

第5図 舟塚山古墳周辺地形測量図

古学研究室（代表：日高慎）が共同で、25cmコンターで再々測量調査を実施した（第5図）。これは、1980年代から1990年代前半まで活発であった墳丘築造規格論のなかで、テラスの位置や幅といった議論にたえうるような精密な測量データが要請されたからである。また本書の先行企画である科研「霞ケ浦北西岸地域における古墳時代在地首長層の政治的諸関係理解のための基礎研究」（小林ほか2005）では、小美玉市旧玉里村域の大型前方後円墳・円墳を25cmコンターで測量しており、それらの成果を統合解釈するためにも、同じ基準で測量をすることは必須であった。測量調査は2012年3月6日～18日にかけて周濠部分を、同年8月22日～9月5日にかけて墳丘本体部分を対象に、2回に分けて実施した。また舟塚山古墳は国の史蹟に指定されており、埋葬施設の発掘調査は不可能であることから、東京工業大学の亀井宏行のチームに墳丘の物理探査をお願いした。探査実施日は2013年9月24日～28日である。

(佐々木)

第2項　調査の方法（第6図、第2表）

A. 基準点の設定

　舟塚山古墳の測量調査に先立ち、プラスチック杭とビスを用いて基準点を設置した。基準点のうち、墳丘全体にかかる閉合トラバース測量に関わる13点とそこから派生した22点の計35点は、株式会社三井考測（以下、三井考測）が打設を行った。またこの基準点をもとに、測量を行うのに必要な点の打設を適宜行い、墳丘およびその周辺に計137点を三大学合同の調査団（以下、調査団）が設置した。調査団では基準点を設置するにあたり、トータルステーション（TOPCON社：GPT-9000A）を用いた。各基準点の標高は、舟塚山古墳の後円部墳頂に設置された3等三角点（標高34.672m）からオートレベルを用いて求めた。本調査は調査後に開発を行うことを前提としているわけではなく、また現地は芝地かつ斜面地であることから、公共測量作業規定にのっとり4級水準測量を実施した。以下に各基準点の概要を述べる。なお本調査で設定した基準点FT01は後円部墳頂の3等三角点と同一である。

　前述の通り閉合トラバース測量は三井考測が担当した。これを行うにあたり、墳丘上の各所に設定された基準点FT02、FT-1、FT-2、FT-3、FT-4、FT-5、FT-6、FT-7、FT-8、FT-9、FT-10、FT-11、FT-12の計13点を用いて環状閉合による閉合トラバース測量を行った。

　調査団では、観測に必要な基準点を補助的に打設した。打設にあたり、角度を00°00'00"、90°00'00"、180°00'00"、270°00'00"に設定したうえで派生させることを基本とし、派生させた基準点はすべて開放のままである。基準点のうち、TP'とつくものは第1次調査、その他は第2次調査時に設定したものである。

　13・14号墳の測量調査を行った第3次調査では、基準点FT-7から13号墳の墳丘上に基準点B0、14号墳の墳丘上に基準点A0をそれぞれ派生した。さらに、13号墳の墳裾部の周辺に基準点B1、B2、B3を、14号墳の墳裾部の周辺に基準点A1、A2、A3、A4をそれぞれ打設した。

　本調査では三井考測によって世界測地系の測定が行われており、各基準点の座標値はこれに準ずるものとする。各基準点の位置関係は第6図、座標値は第2表のとおりである。なお、基準点の標高は適宜設定したものの、視準不良や基準点同士の間隔から設定が不要なものが生じたため、測定していないものもある。

B. 測量方法

　墳丘の地形測量はトータルステーションによって打設した各基準点をもとに、平板とオートレベルによって行った。作図に関しては、絶対高で求めた25cm間隔のコンターを縮尺200分の1で行った。傾斜変換線は目視によって決定し、破線で図面に書き入れた。建物、調査範囲は実線、道は破線でそれぞれ表現した。

　今回は以上のようにして得た測量図を提示する。なお平板測量時では、気温や気圧などによる自然誤差は考慮していない。また、一つの器械を複数の人物が取り扱ったため、多少の個人誤差の発生はやむを得ない部分があり、補正も行っていない。

(小野寺洋介)

第1節 舟塚山古墳

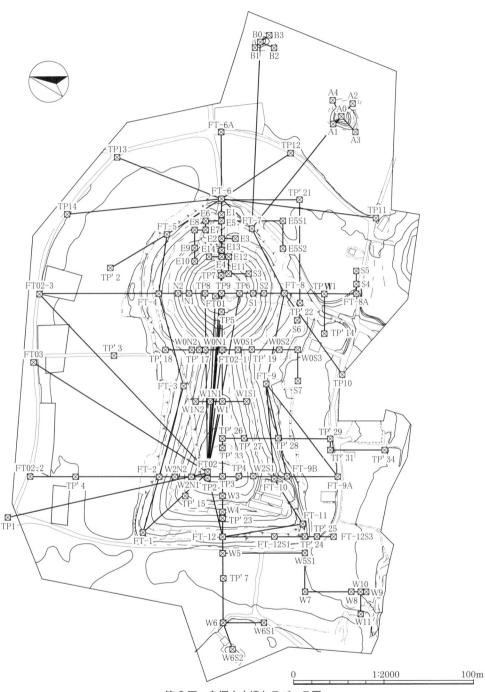

第6図 舟塚山古墳トラバース図

第2表1 舟塚山古墳基準点

基準点	X座標(南北)	Y座標(東西)	Z座標(標高)	打設者	備考	基準点	X座標(南北)	Y座標(東西)	Z座標(標高)	打設者	備考
FT01	18715.133	41083.350	34.672	三井考測	3等三角点	TP'-18			24.772	調査団	開放
FT02	18694.120	40992.092	33.505	三井考測		TP'-19			27.108	調査団	開放
FT02-1	18704.070	41056.998	30.879	三井考測	開放	TP'-20				調査団	開放
FT02-2	18786.528	40964.304	23.982	三井考測	開放	TP'-21	18684.248	41145.714	23.260	調査団	開放
FT02-3	18807.606	41058.950	24.044	三井考測	開放	TP'-22	18669.242	41092.426	24.513	調査団	開放
FT03	18801.132	41023.053	24.038	三井考測	開放	TP'-23	18680.027	40971.534	28.200	調査団	開放
FT-1	18719.537	40951.144	24.867	三井考測		TP'-24	18633.868	40973.769	24.028	調査団	開放
FT-2	18719.074	40983.290	25.954	三井考測		TP'-25	18627.606	40975.531	22.245	調査団	開放
FT-3	18719.169	41032.834	26.114	三井考測		TP'-26	18691.276	41011.607	32.489	調査団	開放
FT-4	18745.199	41076.507	26.880	三井考測		TP'-27	18680.050	41014.771	30.740	調査団	開放
FT-5	18749.302	41107.924	24.612	三井考測		TP'-28	18662.324	41019.767	25.015	調査団	開放
FT-6	18725.736	41134.031	23.445	三井考測		TP'-29	18634.513	41027.605		調査団	開放
FT-6A	18735.269	41167.883	23.502	三井考測	開放	TP'-30	18702.549	41008.430		調査団	開放
FT-7	18705.662	41123.201	25.968	三井考測		TP'-31	18632.925	41021.971		調査団	開放
FT-8	18679.405	41095.014	26.788	三井考測		TP'-32	18713.996	41005.204	27.911	調査団	開放
FT-8A	18641.231	41105.748	20.731	調査団	開放	TP'-33	18689.921	41006.798		調査団	開放
FT-9	18676.227	41045.978	24.953	三井考測		TP'-34	18604.503	41030.866		調査団	開放
FT-9A	18625.129	41009.712	21.741	三井考測	開放	E1	18723.161	41124.887		調査団	開放
FT-9B	18651.885	41002.199	25.826	三井考測		E2	18720.044	41113.817	26.899	調査団	開放
FT-10	18658.331	40998.622	28.510	三井考測		E3	18712.825	41115.850	27.397	調査団	開放
FT-11	18636.986	40979.870	25.417	三井考測		E4	18717.469	41104.673	31.529	調査団	開放
FT-12	18677.224	40961.571	25.015	三井考測		E5	18722.890	41123.924	25.627	調査団	開放
FT-12S1	18649.982	40969.237	24.841	調査団	開放	E5S1	18691.125	41132.869	23.017	調査団	開放
FT-12S2	18633.917	40973.416		調査団	開放	E5S2	18686.788	41117.468		調査団	開放
FT-12S3	18618.484	40977.637		調査団	開放	E6	18731.072	41121.621	25.970	調査団	開放
TP-1			23.806	三井考測	開放	E7	18729.446	41115.845	26.164	調査団	開放
TP-2	18693.826	40990.402	33.516	三井考測	開放	E8	18735.222	41114.219	26.248	調査団	開放
TP-3	18685.956	40992.606	33.465	三井考測	開放	E9	18732.648	41105.074	27.616	調査団	開放
TP-4	18677.308	40993.748	33.224	三井考測	開放	E10	18716.765	41109.544	29.456	調査団	開放
TP-5	18709.724	41077.057	34.274	三井考測	開放	E11	18708.795	41086.748		調査団	開放
TP-6	18703.038	41088.367	33.804	三井考測	開放	E12	18714.100	41105.622		調査団	開放
TP-7	18712.164	41085.801	34.345	三井考測	開放	E13	18718.282	41107.561		調査団	開放
TP-8	18709.973	41085.865	34.495	三井考測	開放	E14	18710.975	41106.501		調査団	開放
TP-9	18712.141	41085.805	34.466	三井考測	開放	E15	18677.079	41188.716	24.657	調査団	開放
TP-10			20.734	三井考測	開放	E16	18676.072	41234.642		調査団	開放
TP-11			23.687	三井考測	開放	W0S1	18695.887	41059.298	28.690	調査団	開放
TP-12			23.864	三井考測	開放	W0S2	18673.944	41065.490	24.785	調査団	開放
TP-13			23.708	三井考測	開放	W0S3	18664.511	41068.148	23.409	調査団	開放
TP-14			24.056	三井考測	開放	W0N1	18713.216	41054.427	28.599	調査団	開放
TP'-1				調査団	開放	W0N2	18719.954	41052.533	27.026	調査団	開放
TP'-2				調査団	開放	W1	18696.720	41030.852	31.247	調査団	
TP'-3	18759.791	41038.282		調査団	開放	W1S1	18684.206	41034.374	28.581	調査団	開放
TP'-4			23.216	調査団	開放	W1N1	18702.977	41029.091	31.116	調査団	開放
TP'-5			23.082	調査団	開放	W1N2	18710.678	41026.924	28.526	調査団	開放
TP'-6	18522.443	40951.028	23.348	調査団	開放	W2				調査団	開放
TP'-7			22.889	調査団	開放	W2S1	18669.467	40995.336	31.013	調査団	開放
TP'-8			22.257	調査団	開放	W2N1	18702.647	40988.615	31.301	調査団	開放
TP'-9	18638.136	41037.112	21.656	調査団	開放	W2N2	18711.468	40986.828	28.583	調査団	開放
TP'-10	18694.784	41024.055	24.371	調査団	開放	W3	18683.112	40982.498	30.388	調査団	開放
TP'-11	18958.047	41101.030	22.595	調査団	開放	W4	18680.404	40972.872	28.268	調査団	開放
TP'-12				調査団	開放	W5	18674.851	40953.138	22.863	調査団	開放
TP'-13	18946.405	41129.184		調査団	開放	W5S1	18631.630	40965.300	22.388	調査団	開放
TP'-14	18957.010	41121.921	22.453	調査団	開放	W6	18664.830	40917.521	23.718	調査団	開放
TP'-15			29.909	調査団	開放	W6S1	18643.171	40923.615		調査団	開放
TP'-16			27.473	調査団	開放	W6S2	18631.048	40932.221		調査団	開放
TP'-17			27.919	調査団	開放	W7	18626.077	40945.566		調査団	開放

第1節　舟塚山古墳　　　13

第2表2　舟塚山古墳基準点

基準点	X座標 (南北)	Y座標 (東西)	Z座標 (標高)	打設者	備考
W8	18601.130	40952.473	21.894	調査団	開放
W9	18593.131	40954.688	20.996	調査団	開放
W10	18594.865	40954.208		調査団	開放
W11	18591.795	40943.123		調査団	開放
S1	18695.983	41090.912	31.803	調査団	開放
S2	18690.339	41092.948	29.390	調査団	開放
S3	18698.205	41089.725	32.023	調査団	開放
S4	18644.470	41117.264		調査団	開放
S5	18642.618	41110.680		調査団	開放
S6	18678.312	41080.986		調査団	開放
S7	18669.440	41049.513		調査団	開放
N1	18718.649	41083.473	31.803	調査団	開放

基準点	X座標 (南北)	Y座標 (東西)	Z座標 (標高)	打設者	備考
N2	18724.434	41081.879	28.493	調査団	開放
A0	18674.319	41194.375		調査団	開放、14号墳上
A1	18679.173	41198.805		調査団	開放、14号墳裾
A2	18670.173	41202.514		調査団	開放、14号墳裾
A3	18664.582	41188.375		調査団	開放、14号墳裾
A4	18681.109	41201.167		調査団	開放
B0	18727.541	41219.776		調査団	開放、13号墳上
B1	18729.073	41216.948		調査団	開放、13号墳上
B2	18719.318	41221.029		調査団	開放、13号墳上
B3	18722.786	41216.057		調査団	開放、13号墳上
C0	18700.668	41198.758		調査団	開放

第3項　墳丘の現状と復元

A. 墳丘の現状（第7図）

　本古墳は、後円部東側に鹿島神社の社殿、前方部西南側に墓地が営まれているのをはじめとして、後世の改変を墳丘各所に受けており、墳裾はほぼ全面的に削平されている。しかし、現状で3段の段築を確認できるなど、墳丘の残存状況は比較的良好である。また、後円部東側と前方部墳頂を除いて樹木が茂っていないため、墳丘上の傾斜変換線は観察しやすい状況であった。以下に、各部の状況についてみていく。

　後円部　墳頂部に最大径約7.2mの円形の高まりがみられる。南側には墳頂部から墳裾部付近まで道状の窪みが続いていることから、後世に墓標のようなものが建てられていた可能性がある。墳頂部平坦面と斜面との傾斜変換線は比較的良好に残っており、34.000mから34.250m前後で一周する。最高点は円形の高まり上では34.980mを測るが、平坦面上では34.589mである。西側は、1段目テラス部にまで及ぶ削平を受けている。また、2段目斜面と1段目テラス部との境は、直線状に削られている。なお、舟塚山古墳の後円部北側は耕作の際に底部を含む埴輪片が多数見つかっているため、2段目以上からの流出が推定されており（車崎1976）、このこととの関わりも考えられる。北西側には、あたかも造出しのような三角形の突出部がみえるが、ここでは植樹が行われており、後世に土砂を盛って造成したものと考えられる。北側から東側にかけての墳裾は削平を受けている。西側から北側にかけての2段目テラス部から3段目斜面までの残存状況は良好であり、傾斜変換線の観察は行いやすい。前述のように東側には、1段目のテラス部を利用して神社の社殿1棟、祠2棟が建てられている。これらを建てるにあたっての平坦面を確保するため、墳丘が大きく削平されている。また、神社の裏側から墳頂に登るための小道が形成されている。3段目斜面は、樹木の繁茂による影響のためか窪みが多くみられる。南東から南側にかけては道路敷設のため、2段目テラス部に及ぶほどの削平を受けている。南側から南西側は墳丘の土が流れているため、2段目テラス部から下は墳裾までなだらかな斜面となっている。南側の墳裾付近には円形の窪みがみえる。

　前方部　墳頂部に不正形ながら楕円形に近い浅い窪みがみえる。この付近には樹木が繁茂しているため、その影響によるものとも考えられるが、前方部墳頂からは埴輪や刀剣数百本が出土したとの伝承があり（豊崎1979）、そのことと関わる可能性もある。平坦面と呼べる範囲は狭く、墳丘築造時は完全には平坦となっていなかった可能性が高い。最高点は33.457mであり、後円部の平坦面よりも0.8mほど低い。北側は、1段目裾部の大部分がテラス部まで削平されているが、コーナー付近は残りが良い。戦後に土地を区画することを目的として、墳頂から2段目斜面にかかるまで60mほど直線に切られ、崖状を呈している。しかし、そのほかに大きなコンターの乱れはみられない。西側の前端部は、墳裾に道が通っているものの大きくは削平されていないようである。1段

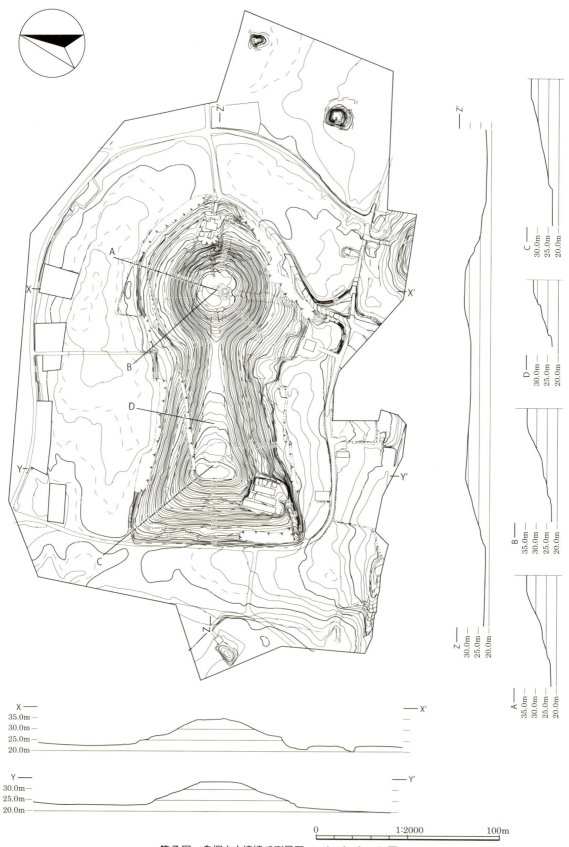

第7図 舟塚山古墳墳丘測量図・エレベーション図

目斜面からテラス部にかけては、土砂の流出による凹凸が目立つ。また、南側には大きな窪みがみられる。主軸付近の3段目斜面の土砂が2段目テラス部まで流出しており、また、2段目テラス部の肩部の一部が崩れている。南側の2段目テラス部のコーナーを利用して墓地が造られ、そこに続く墓道によって墳裾まで改変されている。それに伴い、全体的に南西側へと土砂が流れ、張り出しているようにみえる。南側は、原因は特定できないものの、コンターの乱れが大きい。墳裾は、西側では墓地造成にともなって土砂が流出しており、東側にも大きな崩れがみえる。25.500m付近でコンター同士の間隔が空いているが、この部分は1段目テラス部と考えられる。2段目テラス部と、2段目斜面ならびに1段目斜面との境が明瞭ではなく、北側や西側に比べると平坦面と見受けられる範囲は狭い。

くびれ部　北側は、24.750mを境にコンターが墳丘の外側へと張り出し、コンター同士の間隔が広くなっている。また、24.000m以下はコンター同士の間隔が再び狭くなり、コンターも直線に伸びている。墳裾は、東西の隣接する部分とは異なり、顕著な削平の痕跡はみえない。2段目斜面から1段目テラス部にかけて土砂の流出がみられる。南側は、墳裾から2段目斜面にかけて、抉られたような状態となっている。下方に土砂が堆積して平坦となっているようにもみえるが、当初から平坦であった可能性もある。

周　濠　本古墳には、墳丘の周囲を周濠がめぐっている。現在、周濠内は畑となっており、外側の肩部に沿って道路が敷設されている。南東から北東側の立ち上がりは、23.250m付近から急峻となる。北半側における現状での最低点は、22.334mを測った。北側前方部前端部のコーナーは付近で23.100mを測り、南側の崖に向かって、標高は低くなっていく。南西側では、周濠のコーナーの痕跡を確認することができる。21.750mから22.000m付近で立ち上がり、23.230m付近に肩部が存在したようである。コンターは東側へと周らず、西側へ周るため、周濠は開放状態となっている。しかし、ここが当初からこのような設計であったのか、後世に掘削されたためなのかは不明である。崖が迫っていることもあるが、コーナーの東側に接する地点に立ち上がりはみられない。南側は22.600～22.700m前後を境に帯状に地形の高まりがみられ、南北方向に地形が下っている。

以下に、本古墳の各部の計測値をまとめる（計測値はすべて残存値）。

　墳丘長：185.2m
　後円部径：97.2m　　　後円部高：11.38m
　前方部長：88.0m　　　前方部幅：97.0m　　　前方部高：10.52m
　くびれ部幅：80.7m

なお、本古墳においては、これまでに指摘されているように葺石と推定できるものを確認することができなかった。後円部では神社、前方部では墓地が営まれ、墳丘上での掘削も想定されるにも関わらず、全く見つかっていないため本来から葺石を備えていなかった可能性が非常に高い。

（小野寺）

B．墳丘の復元（第8～10図）

後円部　以上に記した事実記載をもとに墳丘の復元を行う。まずは中心点を求める。これを求める方法としては、測量した傾斜変換線をもとに各テラスと斜面裾の径を求め、これらの中心が重なる点を中心とする。測量図をみると、2段目テラス部と3段目斜面との傾斜変換線が27.250～27.500m、2段目テラス部と2段目斜面との傾斜変換線が26.750m付近、1段目テラス部と2段目斜面との傾斜変換線が25.500～25.750m付近でそれぞれ周っているため、まずはこれらの復元を行う。そして、これらの中心点が交わる点を後円部の中心点とした。続いて、前方部前端部と垂直に交わる線を後円部の中心点に通し、中軸線として設定する。後円部のうち、墳頂部と斜面との傾斜変換線はやや乱れてはいるものの、復元するのに支障をきたす程度ではないため、これをもとにして復元を行う。1段目墳裾ならびに周濠との境は、削平によって不明瞭であるため、比較的残りの良い部分から傾斜を復元する。そこで、中心点から点Aまでの断面（断面A）を用い、1段目テラスを24.750m、2段目テラスを27.000mとして復元する。そうしたところ、3段目の傾斜比が水平方向1に対し垂直方向が0.47となり、

2段目では水平方向1に対し垂直方向が0.45となり、近似の数値を求めることができた。したがって、築造当時は3段とも近似した比率が用いられていたものと考え、また2段目よりも3段目の方が土砂の流出が少ないものと想定し、1段目の傾斜の復元を行った。1段目テラス部は断面Aでの測量結果を反映しているが、くびれ側の傾斜変換線と合致していない。後円部北側の裾部では、低い壇状になっている部分がみえるためそこへ土砂が流出した結果と考えたい。また、各段の高さの比率は1段目から1:1:3.3であり、同時代の大型前方後円墳と比べると、3段目がやや高い比率を示すこととなった（西村1987）。

　前方部　復元にあたり8区分法（石部ほか1979）を用いたところ、第8図左のように8単位目と前方部前端部の墳裾とが合致しなかった。そのため、次に10区分法（江浦1998）を用いたところ両者が合致し、このときの各段の後円部比は1段目から順に5：4：3となる。この比率は4世紀末から5世紀前葉の大型前方後円墳で採用されている数値と同一である（西村1987、青木2003、新納2011）。次に12区分法（沼澤2005）を用いたところ合致しなかった（第8図右）。したがって、本稿では、10区分法を用いて前方部の復元を行う。前述のように前方部は、南側半分に後世の改変がみられ、傾斜変換線も不明瞭な部分が多いため墳丘を復元するにあたり必ずしも適切な状態ではない。したがって、以下では中軸線より北側半分の復元を行ったうえで、それを反転して全体の復元を行う。前端部は、3段とも傾斜変換線を観察することができたので、墳裾も含めてこれらをもとに復元を行った。しかし、墳裾は削平されており、1段目斜面の立ち上がりの角度が推定できない。そこで、測量図をみると、墳丘の北側は前方部前端から後円部にかけて23.000mのコンターに沿って立ち上がりがみられる。このことを重視し、前方部北側も23.000mのコンター付近に墳裾の復元推定線を墳丘2段目と3段目の裾のラインと平行に引いた。最後に北側で復元したものを反転して南側の復元を行う。また、前方部墳頂の平坦面であるが、後円部3段目から後円部墳頂に向かってスロープ状の痕跡が確認できることから、後円部墳頂までつづいていたもの

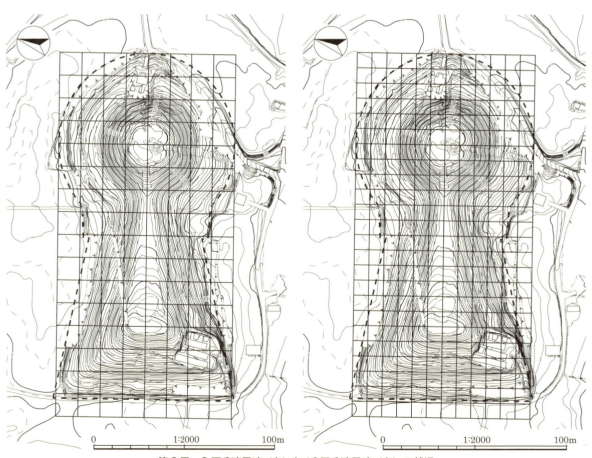

第8図　8区分適用時（左）と12区分適用時（右）の状況

第1節　舟塚山古墳

と捉える。ただし、これは現状の地形を最大限に評価したものであり、とくに後円部3段目のスロープ状の痕跡は、後世に人々の往来によって形成された可能性を否定するものではない。

　造出し　造出しは北側に残る痕跡をもとに復元を行った。前述のように、くびれ部では以前に発掘調査を行っているため、この成果をもとに復元を行うのが本来である。しかし、発掘調査報告書では平面図が作成されておらず、また裾部の精確な位置を特定することが困難であるため、現状のラインを参考に復元を行う。後円部からは、前方部とは別に西南西方向に16mほど直線にのびるコンターがみられ、これを造出しの斜面の痕跡と捉える。斜面と周濠との境の傾斜変換線は23.000mのコンターに、また斜面と平坦面との傾斜変換線は24.000mのコンターにそれぞれ沿って観察できた。したがって、前者を墳裾、後者を肩部として復元を行った。造出しとテラス部との関係性であるが、25.000mのコンターまでは内湾しているのに対し、24.750mはやや造出し側へと張出し、24.250m以下それがさらに明瞭となっている。これは、もともと造出しの方が0.5～1m程度低く、その後に土砂が流出したとも解釈できるが、両者とも同じ高さであったのが、造出しの肩部が崩れていくのに伴い、その影響が基部にまで及んだと解釈することも可能であろう。ここではテラス部の肩部の崩れを最小限に見積もって高さを24.000mとし、墳丘のコンターの状況からテラスの高さを25.000mとして復元を行ったが、これよりも段差があった可能性は低いものと考える。造出しの形状は裾部が三角形、肩部がいびつな台形に復元できた。南側は、造出しにあたる部分に掘削を受けたような痕跡がみえるため、存在の有無も含めて詳細な検討がしづらい。したがって、北側で復元したものを反転して造出しを付設した案とは別に、付設していない可能性も指摘しておく。

　周　濠　復元にあたっては墳丘復元のときに用いた単位を延長して使用する。前方部側では、4単位分を延長すると、肩部と思われる地形の落ち込みと合致したためここを肩部復元の基準とする。また、17号墳の発掘調査時に、舟塚山古墳の周濠と17号墳の周溝との間はつながっていないことが確認されていることとも齟齬をきたさない。周濠は南側にはめぐらないとされている（山内・瓦吹1972）。しかし、周濠の南西側のコーナーにあたる部分に逆「L」字状に高まる地形を観察することができた。このことから、この高まりが周濠南西側の隅の痕跡であり、少なくともここまでは周濠がめぐっていたものと考えられる。墳丘の中軸線からこの高まりまではちょうど9単位分に合致することも、これが周濠の隅に関わる痕跡であることの蓋然性を高める。南側は崖が迫ってきており、さらに道などによって大きく掘削されている。しかし、崖の縁辺は22.600～22.700m前後を頂点として、北側は周濠に、南側は崖に下っていく傾向にあることがみてとることができる。このため、南側も完周していたものとして復元を行う。また、舟塚山古墳の立地する崖の縁辺部も、古墳時代当初よりも大きく崩れていることも十分に想定できるものである。ただし、当然のことながら今回の測量調査では、周濠の範囲は明確に確定できるものではなく、周濠の一部が途切れていた可能性を否定するものではない。このようにして南側は、地形が帯状に高まる位置をつなぎ、後円部の東側の高まりとつなげると、前方部側がやや開く盾形を呈するように復元することができた。つづいて、周濠の南側半分を反転させて北側半分の復元を行う。そうしたところ、復元した周濠肩部と、現状の道の際とでは全く合致しない。しかし、前方部北側周濠でのトレンチの断面をみると、周濠の立ち上がりは墳丘から約42.2mの地点である[1]。今回の測量図上で計測してみると、墳丘から復元した周濠の肩までは約43.3mであり、近似する数値を示したことは注目される。また、周濠内の畑の土を観察すると、内側（墳丘側）は黒色ないし茶褐色であるのに対し、道側（外側）にいくほど赤味を帯びていくことがみてとれる。つまり、道の際は古墳の造成時には削られておらず、肩部の崩れや後世の耕作などにより、あたかももともと周濠の範囲のようにみえているものと考えられる。以上のことから、周濠の幅は、南北ともに同一か、同一に近い形状であったもの考える。周濠の下端については、今回の測量調査では明確にできないものの、畑内で測量した数値をもとにして復元を行った。

　以上の復元作業の結果に基づき、想定される墳丘の規模を記す。

　　墳丘長：183.3m（3段目：141.9m、2段目：165.4m）

18　第2章　舟塚山古墳と「陪冢」の調査

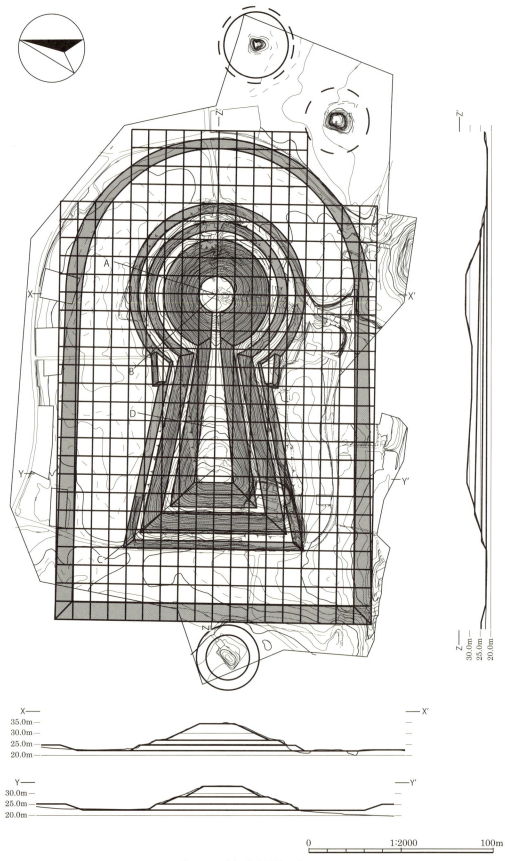

第9図　舟塚山古墳墳丘復元図

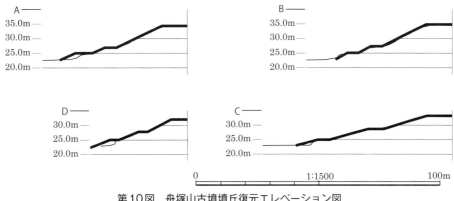

第10図　舟塚山古墳墳丘復元エレベーション図

後円部径：96.2m（3段目：直径57.9m　平坦面径19.3m、2段目：直径77.3m　平坦面径67.4m、
　　　　　1段目：平坦面径86.1m）
前方部長：87.1m　　　前方部幅：99.4m（3段目：47.3m、2段目：80.3m）
くびれ部幅：70.6m
全長：256.0m　　　　周濠幅：173.8m

（田中裕・小野寺）

第4項　物理探査の成果（第11～19図）

舟塚山古墳の後円部墳頂および前方部墳頂にて実施した物理探査（地中レーダ探査と磁気探査）の結果について報告する。使用機器は、地中レーダ探査ではSensors & Software社製のpulseEKKO pro（250MHzアンテナ）を用い、磁気探査ではGeometrics社製のセシウム磁力計G-858 MagMapperを用いた。

探査領域を第11図に示す。後円部墳頂では、レーダ探査の探査領域をX（東西）方向19m×Y（南北）方向18mの範囲として、0.5m間隔で測線を配置しXとYの2方向に走査した。磁気探査は、X方向15m×Y方向14mの範囲を0.5m間隔の測線配置でY方向に走査した。前方部では、レーダ探査と磁気探査の探査領域は同一

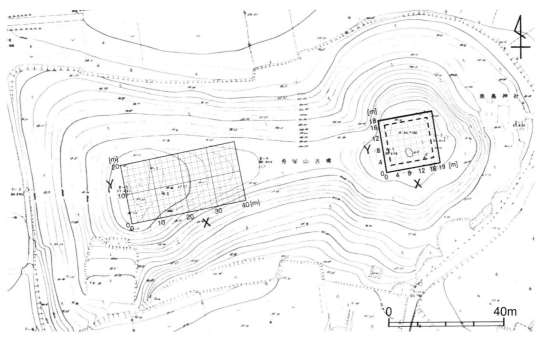

第11図　前方部と後円部の探査領域

で、X方向40m×Y方向20mの範囲とした。レーダ探査は0.5m間隔の測線配置で領域内をXとYの両方向に走査し、磁気探査は0.5m間隔の測線配置でX方向に走査した。

A. 後円部

地中レーダ探査で得られた断面図およびタイムスライスを第12図以降に示す。これらの図では、黒色の箇所ほど地中からの反射信号が強く、反対に白いほど弱いことを示している。また断面図の横軸およびタイムスライスの時間表示は、電波の地中での往復伝播時間（単位：ナノ秒, nsと表記）を表わしている。探査領域での電波の伝播速度が既知ならば、往復伝播時間を実際の深度に換算できる。本探査では、伝播速度が未知であったため、関東ロームでの標準的な速度（約6.7cm/ns）を参考値として用いて深度を概算した（断面図およびタイムスライスでは往復伝播時間となるので1ns当たりの深度は約3.35cm）。

後円部墳頂でのレーダ探査の結果、第12図のタイムスライス（52ns, 深度約1.7m）に見られるような矩形状の強い反射領域が得られた。主軸方向（X方向）に14m、その直交方向に5mの広がりをもつこの反射領域は、長大な埋葬主体であると考えられる。この反射領域をY方向に走査した地中レーダ断面図（第13図に3断面を例示）で見ると、Y方向に長さが5～6mあり、その中心（Y=8m）付近の約40ns（深度約1.3m）を頂点とした反射像であることがわかる。この頂点の両側（Y=7mと9m付近）では窪みが見られ、この窪みの度合いは場所（Xの位置）によって異なっている。一方、頂点部分は、Y=7.5mでX方向に走査した地中レーダ断面図（第14図）から、ほぼ一定の深さ約40nsで東西方向に延びていることがわかる。

頂点付近に窪みがある反射像は、内部の木棺が朽ちたことでつぶれてしまった粘土槨などによく見られる反射パターンである。今回得られたレーダ断面図では、そのような窪みが反射像の頂点付近の両側で見られることから2体の埋葬が示唆される。

また、この埋葬主体らしき反射像とは別に、第13図の各断面では約60ns（深度約2.0m）において、断面図の端から端まで連続する境界面も見られる。

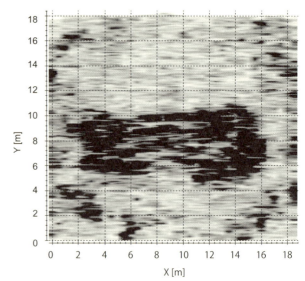

第12図　後円部の地中レーダタイムスライス（52ns）

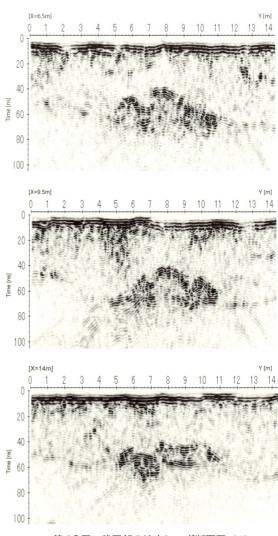

第13図　後円部の地中レーダ断面図（1）

これは埋葬主体が据えられている地層面だと考えられるが、断面図の両側で地表面付近に立ち上がっていかないので、掘り込まれたような墓壙ではないと思われる。第12図のタイムスライスでは、探査領域の境界付近の地表面が水平ではないために、この地層面が環状の反射像として見えている（墓壙の縁を表しているのではない）。

磁気探査の結果からは、探査領域の (X,Y) = (5.5m, 7m)、埋葬主体らしき反射像の南西角付近、において正のピークをもつ磁気異常が観測された（第15図）。この磁気異常については、単純な双極型分布ではないため、複数の磁性体が埋葬主体の内部に存在する可能性も考えられる。

以上のように、舟塚山古墳の後円部墳頂では、地中レーダ探査の結果、東西14m、南北6mの長大な埋葬施設と思われる反応が得られた。さらに磁気探査の結果、この埋葬主体の南西角付近には鉄製品の埋納が予測される大きな磁気異常が得られた。

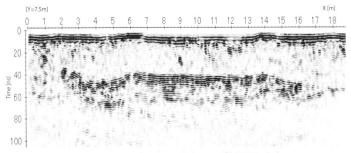

第14図　後円部の地中レーダ断面図（2）

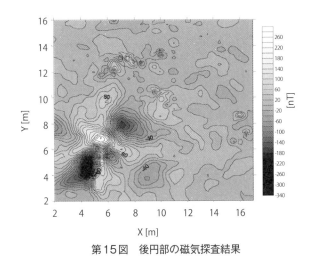

第15図　後円部の磁気探査結果

B. 前方部

レーダ探査の結果、第16図右のタイムスライス（57 ns, 深度約1.9 m）に見られるような、主軸方向にのびる、矩形状の強い反射領域が得られた。これが埋葬主体であると考えられる。この反射領域の浅部にあたる第16図左のタイムスライス（11 ns, 深度約0.4 m）では、(X,Y) = (16, 9) 付近を中心とした半径5～6 m程の環状パターンが見られており、これが墓壙の縁を表していると思われる。

この埋葬主体らしき反射領域を、主軸方向（X方向）に走査したレーダ断面図（第17図に1断面を例示）で見ると、主軸方向に長さが約8 m（X=12～20）あることがわかる。断面図上では、X=0の方向に向かって深くなっ

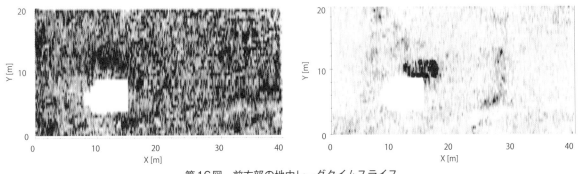

第16図　前方部の地中レーダタイムスライス

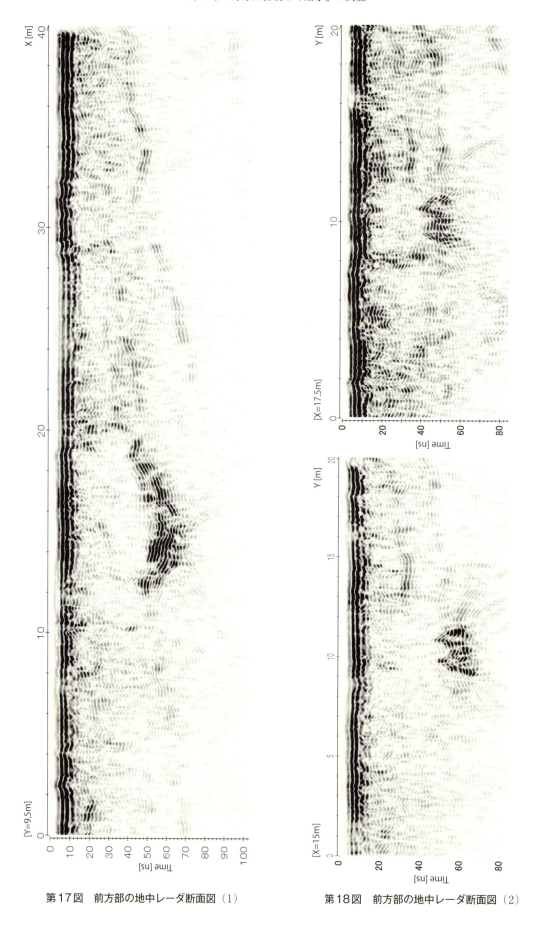

第17図　前方部の地中レーダ断面図（1）　　第18図　前方部の地中レーダ断面図（2）

ているように見えているが、実際には地形の方が傾斜しているのでこの反射像自体はほぼ水平である。また、Y方向に走査した断面図（第18図に2断面を例示）から、この反射像は約2.5mの幅があり、また頂点付近が窪んでいるという形状的な特徴をもつことがわかった。

さらに、今回の探査領域のほぼ全域において、第19図のレーダ断面図で見られるような二つの地層境界面が検出された。この断面図では、X＝40の35ns（深度約1.2m）付近、および85ns（深度約2.8m）付近から、X＝0の方向に向かって深くなる二つの境界面が見られる。X＝16付近では浅い方の面でも約90ns（深度約3.0m）にあり、埋葬主体の底部よりもかなり下方であることがわかる。実際の地形の傾斜を考慮するとほぼ水平であるこれら二つの境界面は、3段築成の各段の境界面にそれぞれ相当する可能性が考えられる。

一方、磁気探査では、今回の探査領域において顕著な磁気反応は得られなかった。

以上のように、地中レーダ探査の結果、前方部墳頂において長さ8m、幅2.5mの長大な埋葬主体と、その墓壙と考えられる反応が得られた。また探査領域のほぼ全域において、深度の異なる二つの構築面が存在することを示唆する反応も得られた。

（亀井宏行・千島史彦）

第5項　遺　物

A．埴　輪（第20～22図、第3表）

全て破片であり、全形や突帯間隔がわかる資料は見出せなかった。肉眼観察によって確認した胎土から、ほとんどの破片に1mm未満の白色粒子を含むほか、透明粒子・赤色粒子を含むものがあり、少数であるものの黒色粒子を含むものもある。焼成については良好および普通のものが多く、黒斑を有する破片を含むため野焼きによると考える。色調についてはにぶい黄褐色・黄橙色のものと橙色のものとが主体である。調整は外面にタテハケ、内面にナデを施すものが多い。

朝顔形埴輪（第20図）　1は朝顔形埴輪の頸部片と考える。内外面ともにナデ調整を施す。口縁部にかけて内湾し、突帯形状は三角形を呈する。

円筒埴輪（第21図）　2～4は円筒埴輪の口縁部片である。2は外面調整にタテハケ後にヨコナデ、内面調整はヨコナデを施す。先端で外側に屈曲し、口唇部に面取りを施す。3は外面調整にナナメハケ後にヨコナデ、内面調整は

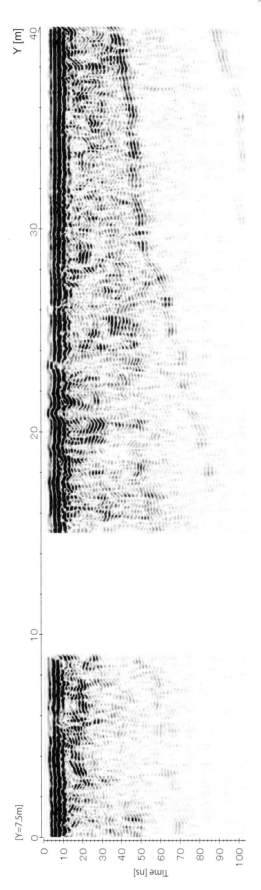

第19図　前方部の地中レーダ断面図（3）

第3表　舟塚山古墳採集埴輪観察表

No.	器種	部位	残存高(cm)	器壁(cm)	調整	胎土	焼成	色調	採集位置	備考
1	朝顔形	頸部(突帯)	4.2	2.5	ナデ / ナデ	白色粒子（〜0.5mm）多量 半透明粒子（〜0.5mm）多量 赤色粒子（〜1mm）少量	良好	橙(7.5YR7/6) / 橙(7.5YR7/6)	後円部南東側	
2	円筒	口縁部	4.2	下方0.8	タテハケ→ヨコナデ / ヨコナデ	白色粒子（〜1mm）少量 黒色粒子（〜1mm）微量	良好	橙(7.5YR6/6) / 褐灰(7.5YP5/1)	前方部北側	
3	円筒	口縁部	3.5	0.8	ナナメハケ→ヨコナデ / ヨコナデ	白色粒子（〜1mm）多量 透明粒子（〜1mm）少量	良好	明黄褐(10YR6/6) / 明黄褐(10YR6/6)	後円部南東側	
4	円筒	口縁部	2.8	0.9	ヨコナデ / ヨコナデ	白色粒子（〜1mm）多量 赤色粒子（〜1mm）微量	良好	にぶい黄褐(10YR5/4) / 灰黄褐(10YR4/2)	不明	
5	円筒	胴部(突帯)	1.7	1.5	ナデ / ナデ	白色粒子（〜0.5mm）多量	普通	にぶい黄橙(10YR7/4) / にぶい橙(7.5YR6/4)	後円部周溝北側	
6	円筒	胴部(突帯)	5	1.5	タテハケ→ヨコナデ / ナデ	白色粒子（〜1mm）少量 透明粒子（〜1mm）少量	良好	橙(7.5YR7/6) / 橙(7.5YR7/6)	前方部北側	
7	円筒	胴部(突帯)	5.2	1.6	タテハケ→ヨコナデ / ナナメナデ	白色粒子（〜3mm）多量 半透明粒子（〜1mm）少量	普通	黄橙(7.5YR7/8) / にぶい黄褐(10YR5/3)	前方部テラス北側	
8	円筒	胴部(突帯)	4.8	1.4	タテハケ→ナデ / ナデ	白色粒子（〜1mm）微量 透明粒子（〜1mm）微量	普通	にぶい黄褐(10YR5/4) / にぶい褐(7.5YR5/4)	後円部墳頂北側	
9	円筒	胴部(突帯)	4.3	1.2	タテハケ→ナデ / ナデ	白色粒子（〜1mm）少量 黒色粒子（〜1mm）微量	良好	にぶい褐(7.5YR5/4) / 橙(7.5YR7/6)	後円部墳頂	
10	円筒	胴部(突帯)	2	1.1	ナデ / ナデ	透明粒子（〜2mm）多量 半透明粒子（〜1mm）多量 白色粒子（〜2mm）多量 黒色粒子（〜1mm）微量 赤色粒子（〜1mm）微量	良好	橙(7.5YR5/6) / 明赤褐(5YR5/6)	くびれ部南側	
11	円筒	胴部(突帯)	2.5	1.4	タテハケ→ナデ / ナデ	白色粒子（〜1mm）	普通	明黄褐(10YR7/6) / 明黄褐(10YR7/6)	前方部裾	
12	円筒	胴部	3.1	1.2	タテハケ→ヨコナデ / ナデ	白色粒子（〜1mm）多量 半透明粒子（〜2mm）少量 赤色粒子（〜2mm）微量	普通	にぶい赤褐(5YR4/4) / にぶい赤褐(5YR4/4)	不明	突帯設定痕
13	円筒	底部	3.8	0.9	タテハケ、ヨコナデ / 不明	白色粒子（〜1mm）多量 黒色粒子（〜1mm）多量 透明粒子（〜1mm）微量	普通	にぶい黄(2.5YR6/3) / にぶい黄橙(10YR6/3)	後円部裾東側	底面に木葉痕
14	円筒	底部	5.6	1.2	タテハケ、ナデ / ナデ	透明粒子（〜1mm）微量 半透明粒子（〜1mm）微量 白色粒子（〜2mm）微量 赤色粒子（〜2mm）微量 黒色粒子（〜1mm）微量	普通	黄褐(10YR5/6) / 明褐(7.5YR5/6)	前方部裾北側	
15	円筒	底部	4.8	1.3	タテハケ、ナデ / 不明	白色粒子（〜0.5mm）少量	普通	にぶい黄橙(10YR6/4) / にぶい黄橙(10YR6/4)	前方部裾北側	
16	不明形象	胴部(突帯)	4.1		ナデ / ナデ、タテハケ	半透明粒子（〜2mm）	良好	にぶい黄橙(10YR7/4) / にぶい黄橙(10YR6/4)	後円部裾南側	
17	不明形象	不明(透孔)	6.8	1.7	ナナメハケ→ナデ / ナデ	透明粒子（〜1mm）多量 半透明粒子（〜1mm）少量 白色粒子（〜1mm）多量 黒色粒子（〜1mm）微量 赤色粒子（〜1mm）微量	良好	明赤褐(5YR5/6) / 明褐(7.5YR5/6)	後円部東側	指頭圧痕
18	不明形象	底部	4.1	1.2	ナデ / ナデ	白色粒子（〜1mm）多量 半透明粒子（〜2mm）少量 赤色粒子（〜1mm）微量	普通	橙(7.5YR6/6) / にぶい黄橙(10YR6/4)	後円部南側	赤彩、線刻 指頭圧痕 胴部の可能性有

ヨコハケを施す。外反する形態で、口唇部は中央がやや凹む。4は
内外面ともにヨコナデ調整を施す。外反する形態で、口唇部は中央
が凹み、外側が突出する。5〜12は円筒埴輪の胴部片および突帯
を有する破片であり、突帯の断面は台形状とM字状に大別される。
5は剥離した突帯で断面は明確な台形を呈し、端部は突出する。6
は外面調整にタテハケ後に突帯ヨコナデ、内面調整はナデを施す。
突帯は台形を呈し、上端部はやや突出する。7は外面調整にタテハ
ケ後に突帯ヨコナデ、内面調整は斜め方向にナデを施す。突帯は台
形を呈し、やや丸みを帯びる。8は外面調整にタテハケ後に突帯ナ
デを施す。

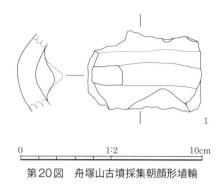

第20図 舟塚山古墳採集朝顔形埴輪

突帯は台形状を呈し、中央がやや凹み、下端部が突出する。9は外面調整にタテハケ後に突帯ヨコナ
デ、内面調整はナデを確認できる。突帯はM字形を呈し、上端部が外側に突出する。10は内外面ともにナデ調
整を施す。断面はM字形を呈し、外側に強く突出する。11は外面調整にタテハケ後に突帯ヨコナデ、内面調整
はナデを施す。突帯はM字形を呈し、中央が凹み、わずかに面を形成して突出する。12は突帯が剥離した胴部
片である。外面調整はタテハケ後に突帯設定に伴うヨコナデが残る。内面調整はヨコナデを施す。13〜15は円
筒埴輪の底部片である。13は外面調整にタテハケ後に下端部ヨコナデを施し、内面調整は摩滅しているために
不明瞭である。底面に木葉痕を確認できる。14は外面調整にタテハケ後に下端部ヨコナデを施すもやや粗雑で
ある。内面調整は摩滅しているために不明瞭である。15はタテハケ後に下端部ヨコナデを施し、内面調整はナ
デを施す。下端部から中央部にかけて内湾する形状を呈する。

　形象埴輪（第22図） 16〜18は形象埴輪片と考えられる。16は形象埴輪の胴部および突帯と考える。外面調整
にタテハケ後に突帯ヨコナデ、内面調整はヨコナデを施す。突帯は断面台形を呈し、端部は明瞭である。17は
形象埴輪の透孔と考える。外面調整はタテハケ、内面調整はヨコナデを施す。透孔は円形を呈し、穿孔時の工具
痕が残る。他の報告資料にみられるハケメに比べてハケメが太い。18は形象埴輪の底部片と考える。内外面と
もにナデ調整を施す。外面を赤彩し、直線状の線刻を施す。内面に指頭圧痕と剥離痕が確認できる。

（尾﨑裕妃）

B．石製品（第23図、第4表）

　舟塚山古墳の測量調査の最中、後円部北側の周濠内で2点の石製品を採集した。しかし、2点とも破片資料で
あり、器種についても正確には把握できない。両者は接合関係にはないが、別個体であるとも言い切れない。以
下にそれぞれの概要を記す。

　1は、軟質の緑泥片岩製である。断面は長辺、短辺ともに四角形を呈する。表面、裏面ともに擦痕を確認でき
るが、表面の風化のため明瞭にみえるものではない。また、直線ないし曲線状の傷がみえるが、後世についたも
のと考えられる。短辺の端部中央に半円形の穿孔がみえるが、穿孔方向は不明である。また、穿孔を施した側の
側面は研磨痕跡が明瞭にみえる。このため、当初より半円形であったものと考えるが、その場合は当然のことな
がら紐などを通し垂下することはできない。2は、軟質の緑泥片岩製である。断面は短辺が四角形であるが、長
辺側は欠損しているため、当初の形状は不明である。表面、裏面ともに擦痕を確認できるが、表面の風化のため
明瞭にみえるものではない。また、直線状の傷がみえるが、後世についたものと考えられる。現状の4面のうち
2面が欠損しているが、残存する2面の側面に研磨痕跡が明瞭にみえる。

　1・2ともに器種は不明であるが、剣形[2]あるいは鎌形[3]の石製模造品が候補としてあげられる。あえて言及
するならば、断面形態が菱形を呈さず四角形であることや、最大厚が3mm程度であることなどを考えると、鎌
形の可能性が高いものと推測される。しかし、両者ともに風化が著しいため、全体像の復元や製作年代の特定は
困難である。

（小野寺）

26　第2章　舟塚山古墳と「陪冢」の調査

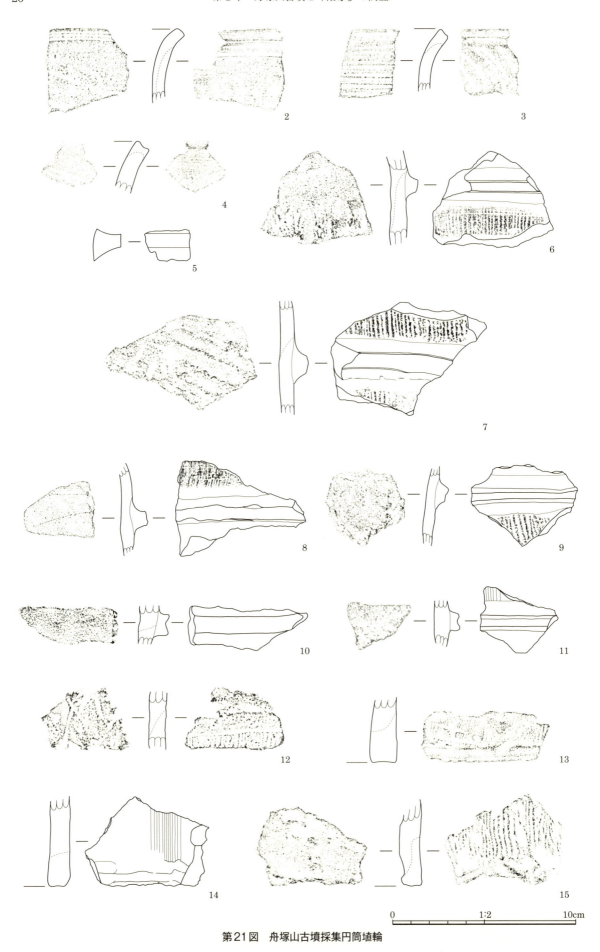

第21図　舟塚山古墳採集円筒埴輪

第1節　舟塚山古墳

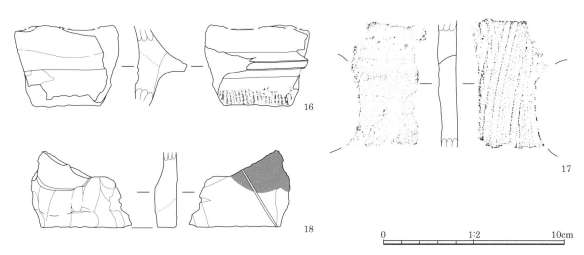

第22図　舟塚山古墳採集形象埴輪

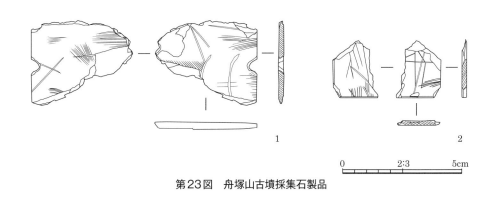

第23図　舟塚山古墳採集石製品

第4表　舟塚山古墳採集石製品観察表

番号	器種	計測値（cm）			残存状態	石材	色調	備考
		長さ	幅	厚さ				
1	石製品	〈3.22〉	〈4.09〉	0.30	破片	緑泥片岩	2.5GY2/1（黒）	
2	石製品	〈2.24〉	〈1.62〉	0.18	破片	緑泥片岩	2.5GY2/1（黒）	

第2節　舟塚山古墳群13・14・17号墳

第1項　既往の調査

(1) 13号墳

　本古墳は山内・瓦吹（1972）が1号墳と呼称した古墳である。1971（昭和46）年の発掘調査で周溝内の一部で発掘調査が行われており、直径35mの円墳であることが判明した。現在の状態とは大きくかけ離れており、後世に削平を受けたことは明白である。出土品については知られていない。

(2) 14号墳

　本古墳は山内・瓦吹（1972）が2号墳と呼称した古墳である。1949（昭和24）年に行われた小笹払いの際に箱式石棺が露出し、棺外東側から刀子形石製模造品5点、鎌形石製模造品1点が出土している。また、2000（平成12）年には、國學院大學考古学研究室と石岡市教育員会によって測量調査が行われている（関根・篠原2001）。これまでに主体部以外の発掘調査は行われていないため、墳丘築造当時の規模は不明である。現在でも降雨後に本来周溝であったと想定される部分が、黒いソイルマークとして浮き上がる（第25図）。このソイルマークに基づくと、墳丘が築造当時よりも大幅に削平されたこと、墳形は豊崎（1979）や関根・篠原（2001）らが想定した通り円墳であったことがわかる。

(3) 17号墳

　本古墳は山内・瓦吹（1972）が8号墳と呼称した古墳である。1971（昭和46）年の発掘調査で埋葬施設に木棺を直葬した痕跡がみつかっている。また、周溝内から壺形土器、棺内および土坑内から横矧板鋲留短甲1領、漆塗りの盾1枚、鉄刀3口の出土が報告されている。横矧板鋲留短甲は、出土当時から行方市三昧塚古墳から出土したものとの類似が指摘されており、築造時期は5世紀後葉と考えられる。現状の墳形は長方形であるが、もともとは直径23.8mの円墳であったと想定される（山内・瓦吹1972）。　　　　　　　　　　　　　　　　　　　　　　　　（小野寺）

第2項　墳丘の現状と復元

A．墳丘の現状

(1) 13号墳（第24図）

　現状での墳形は、南側が狭く、北側が広い台形状を呈している。北東側が急峻となっており、この地点の削平は他所に比して著しいといえる。墳丘は、25.250mのコンターを境として盛り上がっている。南側では、25.000mと25.250mのコンターとの間はやや平坦な部分が存在する。北西側の墳頂部から墳裾にかけて削平の痕跡がみられる。

　以下に、本古墳の各部の計測値をまとめる（計測値はすべて残存値）。

　　長径：12.2m　　短径：10.3m　　高さ：2.96m

(2) 14号墳（第24・25図）

　現状での墳形は、方形に近い形状を呈している。墳丘の東側は、26.000mを境に急峻となっているが、これは削平された墳丘の土砂が下方に流出したことによるものと考えられる。全体的に墳頂部もしくは墳丘の墳頂部に近い高さから墳裾にかけて削平の痕跡がみられる。東から南東側にかけて周辺よりも三角形状に高まっている。これが、墳丘築造当時の面影を残すものかについては検討の余地があるが、現状では判断できない。

　以下に、本古墳の各部の計測値をまとめる（計測値はすべて残存値）。

　　長径：17.9m　　短径：12.3m　　高さ：3.54m

第 2 節　舟塚山古墳群 13・14・17 号墳

第24図　舟塚山13・14号墳墳丘測量図・エレベーション図

第25図　舟塚山14号墳ソイルマーク

(3) 17号墳（第26図）

本古墳は、墳裾の北東側が墓地となっている。墳裾の傾斜変換線は、基本的には24.500mのコンターに沿っているが、南西側では25.500m近くまでかかっている。墳頂と斜面との傾斜変換線は明瞭ではなく、観察することができなかった。前述のように、後世に大きく削平されているため、築造当時の姿を残していない。最高点は、25.652mを測る。なお、1971年の調査では墳頂部の標高は29.17mと報告されているが、現状の都市計画図と照らし合わせてもこの数値は不適当であろう。

以下に、本古墳の各部の計測値をまとめる（計測値はすべて残存値）。

　　長径：13.3m　　短径：7.8m　　高さ：1.52m

B. 墳丘の復元

最後に、以上3基の復元を行う。13号墳ならびに17号墳に関しては、発掘調査の成果によって報告されている数値をもとにしている。14号墳では、発掘調査が行われておらず、墳丘に削平を受けているため測量調査によって規模を復元することは不可能である。ただし、降雨後に地面に周溝の範囲が浮き上がるため（第25図）、そのラインを略測した成果を示すこととする。

以下、報告書に記載された13・17号墳の推定値を再掲する。

　　13号墳　墳丘直径：35.0m　　周溝直径：言及なし
　　17号墳　墳丘直径：23.8m　　周溝直径：34.5m

（小野寺）

第2節 舟塚山古墳群13・14・17号墳

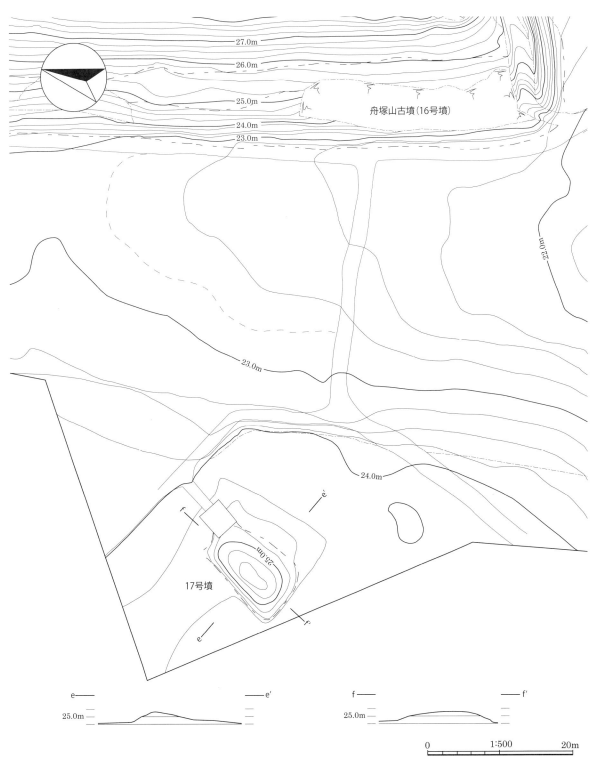

第26図 舟塚山17号墳墳丘測量図・エレベーション図

第3項　遺　物

A．舟塚山古墳群13・14号墳の埴輪（第27〜29図、第5表）

　全て破片であり、全形や突帯間隔がわかる資料は見出せなかった。肉眼観察によって確認した胎土は16号墳出土資料と近い特徴を示すものの、黒色粒子を含む破片はあまり含まれない。焼成についてはほぼ良好である。黒斑が一切みられないため、窖窯焼成であると考えることができる。色調については橙色のものとにぶい黄橙色のものと明黄褐色のものの三つに分かれるが、表採位置によっては分かれないようである。調整は外面にタテハケを施すものが多く、舟塚山古墳出土資料に比べてハケメが太い傾向がみられる。

　朝顔形埴輪　1は朝顔形埴輪の肩部片である。突帯を有し、わずかではあるが円形の透孔も残存する。外面調整はタテハケ後に突帯ヨコナデ、内面調整は斜め方向のナデを施す。突帯は断面が台形を呈し、端部は明瞭である。なお、外面には赤色顔料が残る。

　円筒埴輪　2〜9は円筒埴輪片である。2・3は口縁部片である。2は内外面にナデ調整を施す。先端で外側に屈曲し、端部は中央が凹み、両側が突出する。3はやや摩滅しているものの外面調整のタテハケ、口縁部調整のヨコナデを確認できる。内面調整はヨコナデ・ヨコハケを施す。外面には赤色顔料が明瞭に残る。

　4〜9は胴部片および突帯を有する破片である。4は突帯を有する破片である。外面調整は摩滅しているものの、タテハケ後に突帯ヨコナデを確認できる。内面調整はタテハケ後にヨコナデを施す。直立ぎみに立ち上がり、突帯は断面台形を呈する。5は突帯が剥離した破片である。内外面ともに縦方向の板ナデが確認できる。また、突帯の剥離箇所には凹線による突帯間隔設定技法が確認できる。全体的にやや外反している。6は突帯と透孔が残る破片である。やや摩滅しているものの、外面調整のタテハケと突帯設定のヨコナデ、内面調整のヨコナデが確認できる。突帯は中央より下側が欠失しているため形状が確認できない。また、透孔はわずかに湾曲するものの直線状であることから、方形ないし逆三角形となる可能性が高い。7は外面調整にナナメハケを施し、内面調整はタテナデを施す。8は外面調整にタテハケを施し、内面調整はナナメハケ・ヨコナデを施す。他の破片に比べてハケメが細い。9は内外面ともに縦方向の板ナデ調整が施されている。

　形象埴輪　10〜13は形象埴輪の破片と考える。10は部位不明の破片である。強く湾曲し、内外面ともに丁寧なナデ調整が施される。11は剥離した突帯である。摩滅が激しいものの、内外面ともにナデ調整が確認できる。突帯は断面三角形を呈し、下部は凹むようにナデ成形する。12は部位不明の破片である。外面は格子状・直線状に線刻し、内面はナデ調整を施す。13は部位不明の破片である。外面は右上がりの斜線を刻み、内面には粘土を貼り付ける。

（尾﨑・齋藤直樹）

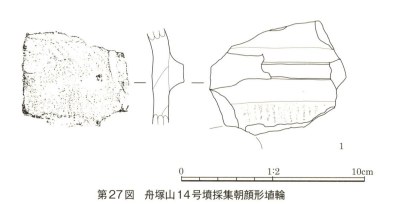

第27図　舟塚山14号墳採集朝顔形埴輪

第 2 節　舟塚山古墳群 13・14・17 号墳

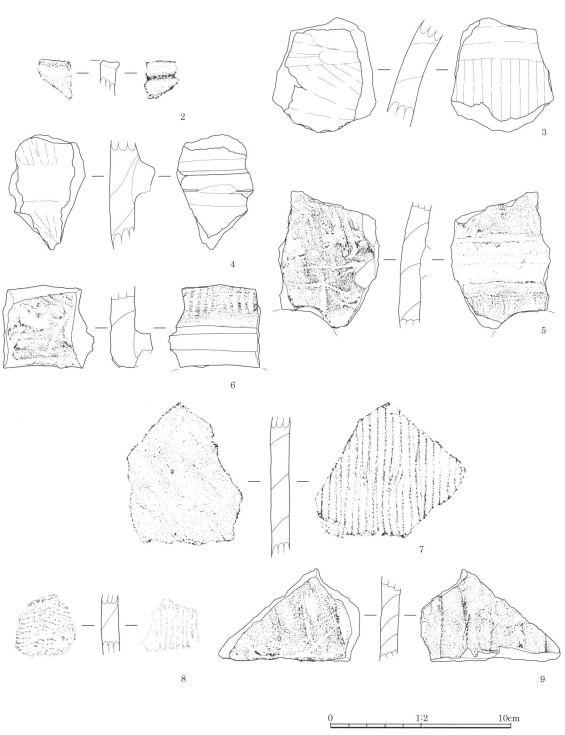

第28図　舟塚山13・14号墳採集円筒埴輪

34　第2章　舟塚山古墳と「陪冢」の調査

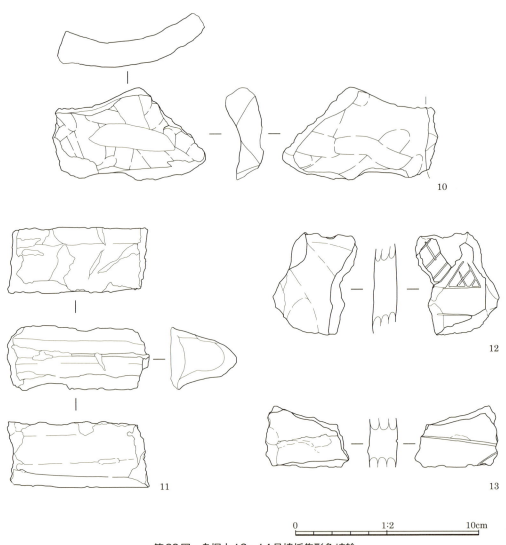

第29図　舟塚山13・14号墳採集形象埴輪

第5表　舟塚山13・14号墳採集埴輪観察表

No.	器種	部位	残存高(cm)	器壁(cm)	調整	胎土	焼成	色調	採集位置	備考
1	朝顔形	肩部(突帯、透孔)	4.8	0.8	タテハケ→ヨコナデ / ナナメナデ	白色粒子(～0.5mm)微量 透明粒子(～1mm)少量 赤色粒子(～0.5mm)少量	良好	明黄褐(10YR7/6) / にぶい黄橙(10YR6/4)	14号墳付近	外面に赤彩あり
2	円筒	口縁部	1.2	下方0.9	ヨコナデ / ヨコナデ	白色粒子(～0.5mm)多量 半透明粒子(～0.5mm)少量	良好	明黄褐(10YR5/4) / 明黄褐(10YR5/4)	墳丘斜面	
3	円筒	口縁部	5.3	1.3	タテハケ→ヨコナデ / ヨコナデ、ヨコハケ	白色粒子(～1mm)少量 半透明粒子(～0.5mm)少量 赤色粒子(～2mm)少量	良好	にぶい黄橙(7.5YR6/4) / 明黄褐(10YR7/6)	14号墳付近	外面に赤彩あり
4	円筒	胴部(突帯)	5.8	1.4	タテハケ→ヨコナデ / タテハケ、ヨコナデ	白色粒子(～1mm)多量 半透明粒子(～2mm)少量	良好	橙(7.5YR6/6) / にぶい黄橙(7.5YR6/4)	14号墳	
5	円筒	胴部	7.4	1.1	タテ板ナデ / タテ板ナデ	白色粒子(～1mm)少量 半透明粒子(～0.5mm)少量 赤色粒子(～0.5mm)微量 黒色粒子(～0.5mm)多量	良好	橙(7.5YR6/6) / 橙(7.5YR6/6)	14号墳西側	突帯が剝離。設定技法が残る
6	円筒	胴部(突帯、透孔)	4.4	上方1.2	タテハケ、ヨコナデ / ヨコナデ	白色粒子(～0.5mm)多量 半透明粒子(～1mm)少量 赤色粒子(～0.5mm)微量 黒色粒子(～0.5mm)多量	良好	橙(7.5YR6/6) / 橙(7.5YR6/6)	14号墳付近	方形ないしは三角形の透孔
7	円筒	胴部	7.5	1	タテハケ / タテナデ	白色粒子(～0.5mm)多量 半透明粒子(～0.5mm)少量	良好	にぶい黄橙(10YR6/4) / にぶい黄橙(10YR6/4)	13号墳丘斜面	
8	円筒	胴部	3.3	1	タテハケ / ヨコ・ナナメハケ	透明粒子(～1mm)多量 白色粒子(～0.5mm)少量	良好	橙(7.5YR6/6) / 橙(7.5YR6/6)	不明	
9	円筒	胴部	4.8	1	タテ板ナデ / タテ板ナデ	白色粒子(～1mm)多量 半透明粒子(～1mm)少量 赤色粒子(～1mm)微量 黒色粒子(～0.5mm)多量	良好	橙(7.5YR6/8) / 橙(7.5YR6/8)	14号墳西側	
10	不明形象	破片	4.9	最大1.6	ナデ / ナデ	白色粒子(～0.5mm)少量 半透明粒子(～0.5mm)少量 赤色粒子(～1mm)微量 黒色粒子(～0.5mm)多量	良好	橙(7.5YR6/8) / 橙(7.5YR6/6)	C0付近	
11	不明形象	突帯	3.4	3.6	ヨコナデ	白色粒子(～1mm)多量 半透明粒子(～0.5mm)少量	良好	にぶい黄橙(10YR6/4)	13号墳周辺	
12	不明形象	破片	4.5	1.3	不明 / ナナメナデ	白色粒子(～1mm)多量 赤色粒子(～1mm)少量 半透明粒子(～1mm)少量	良好	橙(7.5YR6/6) / 橙(7.5YR6/6)	14号墳南東側	線刻
13	不明形象	破片	2.6	1.6	不明 / ナデ	白色粒子(～1mm)微量 半透明粒子(～1mm)少量	良好	橙(10YR6/6) / 橙(10YR6/6)	14号墳西側	線刻

B. 舟塚山古墳群15号墳表採の須恵器（第30図・第6表）

　舟塚山古墳群15号墳は、舟塚山古墳（16号墳）から南東に120mの地点にある円墳である。本古墳から須恵器片5点と土師器片2点を採集した。このうち、土師器片は微細なものであり、図化に耐えうるものではないためここでは須恵器についての報告を行う。

　須恵器は、採集した5点のうち4点を図示した。このうち、1と2が坏蓋、3と4が坏身である。1は、天井部から体部までが残存している。天井部外面は、回転ヘラケズリを少なくとも6周行う。稜線は上面を強くナデることで突出させているが、あまり鋭く作り出していない。内面はロクロナデを施すが、天井部はロクロナデの

第 6 表　舟塚山 15 号墳採集須恵器観察表

番号	器種	計測値（cm）			調整	色調	胎土	焼成	残存率	備考
		口径	器高	底径						
①	須恵器		〈3.0〉		ロクロナデ、回転ヘラケズリ（R）	灰（7.5YR5/1・4/1）	白色粒（〜1mm）少量 半透明粒（〜1mm）少量	良好	天井部 55%	
					ロクロナデ（R）	暗紫灰（5RP4/1）				
②	須恵器		〈2.0〉		ロクロナデ	灰（7.5YR4/1）	白色粒（〜1mm）少量 半透明粒（〜1mm）少量	良好	口縁部 5%	
						黄灰（2.5YR6/1）				
③	須恵器		〈1.4〉		ロクロナデ	オリーブ灰（2.5GY5/1）	白色粒（〜1mm）微量 半透明粒（〜1mm）微量	普通	口縁部 5%	
④	須恵器		〈1.9〉		ロクロナデ	暗青灰（5B3/1）	白色粒（〜1mm）少量 半透明粒（〜1mm）少量	良好	受〜体部 5%	受部上面に降灰
						赤灰（5R5/1）				

※調整と色調において、ともに上段は外面、下段は内面の観察結果を表す。

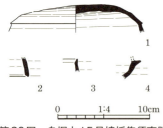

第30図　舟塚山15号墳採集須恵器

あとに指ナデの痕跡がみえる。全体的に歪みが大きく、最大高は中心にはない。体部は途中までしか残存していないが、真下ではなく斜め下方向に伸びていたものと思われる。断面は全体的に赤味がかっており、還元が十分でない様子がうかがえる。なお、図化に際して反転復元を行った。2は、体部から口縁部までの破片である。内外面ともにロクロナデを施す。口縁端部は、丸くおさめず内面側に弱い段をもち、外面側が接地する。段のつくりにはシャープさを欠く。断面はやや黄色から赤味を帯びており、胎土はやや粗い印象を受ける。3は、立ち上がりから口縁部までが残存する。立ち上がりは内傾して伸び、口縁部周辺で上を向く。内外面ともにロクロナデを施す。口縁端部は丸くおさまらず、内面に段をもつ。焼成は全体的に軟質な印象を受け、段のつくりもシャープさを欠く。4は、受け部から体部まで残存する。立ち上がりとの接合部から欠損する。受け部はほぼ水平方向に伸び、降灰がみられる。体部は内外面ともにロクロナデを施すが回転方向は不明である。外面に対し、内面は赤味を帯びる。受け部上面に蓋が融着していた痕跡がみられることや降灰の付着具合から、蓋を被せた状態で焼成したと考えられるが古墳における使用時の状態は不明である。2から4までは残存部分が少なく、反転復元を行うことができなかった。なお、色調や胎土、断面の赤味具合から1と2が同一個体の可能性があるが、3と4が同一個体かについては不明である。

つづいて、採集した資料の年代的位置づけを行う。1は天井部外面に回転ヘラケズリをほぼ全面に施す一方で、稜部に退化傾向をみることできる。新しい要素をとって年代の指標とする考えに立てば（山田1982）、本資料はMT15型式に置くことができ、また復元した稜線の径もこの範囲に納まるものである。しかし、大阪府陶邑窯跡群ではこの時期の坏蓋にこれほど回転ヘラケズリを施さないため、本資料が陶邑産とは考えにくく、関東地方産である可能性がある。

（小野寺）

第3節　まとめ

舟塚山古墳の規模は、墳丘長：183.3m（3段目：141.9m、2段目：165.4m）、後円部径：96.2m（3段目：直径57.9m 平坦面径19.3m、2段目：直径77.3m　平坦面径67.4m、1段目：平坦面径86.1m）、前方部長：87.1m、前方部幅：99.4m（3段目：47.3m、2段目：80.3m）、くびれ部幅：70.6m、全長：256.0m、周濠幅：173.8mと復元した。やはり巨大な前方後円墳だけあって、既往の測量調査の成果との差異は、誤差の範囲内と考えてよい。

また、地域最大の前方後円墳であるため、中央（畿内地方）の大豪族との関係を想定することは許されるであろう。大塚・小林（1964b）が早くに推定し、小野寺が考察で追認するように、奈良市ウワナベ古墳との築造規格の共有は蓋然性が高い。墳丘の全体的な特徴として、くびれ部がやや狭く、前方部が長く伸びるのは、古市古

第3節 まとめ

墳群ではなく、百舌鳥古墳群の巨大前方後円墳に近い印象を与える。

　舟塚山古墳の埴輪は黒斑があって、野焼きであるが、墳形を重視したとき、その築造時期は5世紀まで下げて考えるのが適切である。5世紀でも第1四半期後半～第2四半期の前半であろう。

　ただし、舟塚山古墳の畿内にはない独自性も多い。まず、これだけ畿内的な形態を有する前方後円墳でありながら、葺石を葺かない。次に、物理探査の成果に基づき、埋葬主体は石棺ではないことがほぼ確実となった。実は、舟塚山古墳は千葉県の三ノ分目大塚山古墳と同一規格で1.5倍の規模を有しており、また三ノ分目大塚山古墳には長持形石棺が存在するので、舟塚山古墳の埋葬主体部も長持形石棺であるとこれまで推定されてきた（橋本1994）。また5世紀末葉の茨城県行方市三昧塚古墳の石棺は縄かけ突起を有しており、これは舟塚山古墳にその存在が推定された長持形石棺の名残と考えてきた。三昧塚古墳の石棺の系譜は別にあるとしても、舟塚山古墳の埋葬主体部が長持形石棺ではないことの意味は大きい。

　さらに、舟塚山古墳は陪冢を伴うのかという問題がある。藤田和尊（2007）が、舟塚山古墳群13・14号墳などが陪冢ではないと主張したことに対し、茂木雅博（2010, p.320）が「周堤帯の上にあって、遺体を埋葬しないで葬具を埋納するのが陪冢」とし、舟塚山古墳を取り囲む小さな古墳を陪冢と断定、藤田の考えを強く否定した。今回の調査の結果、13・14号墳が陪冢ではない可能性が極めて高くなった。というのは、採集した埴輪は黒斑がなく、窖窯焼成であり、舟塚山古墳本体の野焼きの埴輪より一世代後の所産であることが明らかとなった。また石棺を有する14号墳（おそらく13号墳も）は16号墳とは離れて独自に周溝を有しており、この点も、これらが舟塚山古墳の陪冢ではないという解釈を補強する。非常に中期古墳的な古墳でありながら、舟塚山古墳は陪冢を伴わない、と結論づけたい。

　後述するが、霞ヶ浦沿岸は横穴式石室の導入が6世紀第3四半期まで遅れる、地域性の強い地域である。そのなかで、舟塚山古墳はまれな「畿内的」な古墳であるが、それでもこの古墳はその個性を強く発揮しているのである。

(佐々木)

註

1) この数値は山内・瓦吹（1972）が報告したものではなく、小野寺が算出した数値である。計算の過程を示すと、トレンチ断面において墳丘の際から周濠の立ち上がりまでは40.1 cmであった。併記されているスケールの図上での長さは3.8 cmであるが、これを図上では4 mとしている。したがって、墳丘の際から周濠までの距離 ＝ (40.1 × 400) ÷ 3.8 ≒ 42.21 mとなる。
2) 徳田誠志氏のご教示による。
3) 清喜裕二氏のご教示による。

第3章　折越十日塚古墳の調査

第1節　墳丘の測量・石室の実測調査

第1項　立地・群構成と既往の調査（第31・32図）

　折越十日塚古墳や後述する坂稲荷山古墳が位置する出島地域には、23基の古墳から成る風返古墳群を筆頭に、田宿赤塚古墳群20基、白幡古墳群18基、野中古墳群16基、崎浜横穴墓群17基、坂稲荷山古墳群11基、柳梅台古墳群11基など前方後円墳を中心とする古墳群が存在する（第31図）。折越十日塚古墳、坂稲荷山古墳は出島半島東端を東西に流れる一ノ瀬川左岸の河口域よりも内陸に入った沖積台地上に立地している。当地域は樹枝状支谷が台地を細かく切り込んでいる形になっているが、両古墳は比較的広い平地部に位置している。坂稲荷山古墳群は1基の前方後円墳（坂稲荷山古墳）と10基の円墳から構成される。坂稲荷山古墳の南西約300mには折越十日塚古墳が単独で立地し、その東側近辺には1基の帆立貝形古墳、17基の円墳で構成される白幡古墳群が分布する。これらはいずれも後期以降に位置づけられている（筑波大学考古学研究室2001）。

　ここで注目すべきは古墳時代後期後半になると上述の古墳群を含め、古墳の築造立地が河口域よりもさらに内陸部へと変化する点である。これは霞ヶ浦、あるいはそこに流れ出る河川を意識した外向的な立地からの脱却を示しているようにも見受けられる。

　また、菱木川左岸の出島半島先端に位置する柏崎窯跡群の存在も特筆すべき点であり、現状6世紀末葉から7世紀前半の操業が推定されている。須恵器の供給範囲も霞ヶ浦周辺域と考えられており、同時期に併行する上述の古墳群との関係性も視野に含まれている。

（木村　翔）

　折越十日塚古墳の測量・発掘調査報告はこれまで行われていないが、『茨城県古墳総覧』の編纂の過程で略測されて、墳長約70m、後円径約35m・高6.4m、前方部幅約30m・長29m、墳丘高約4.8mの前方後円墳であると報告されている（茨城県教育庁社会教育課1959）。その後1960年代半ばに盗掘され、現在は後円部南東部に開口している横穴式石室羨道部分の天井石の一部が露呈している状態である。『日本の古代遺跡　茨城』には、「装飾古墳といえば、近年、塚本敏夫氏によって確認された十日塚古墳がある。出島村折越地区にある西面する前方後円墳で、複室構造の横穴式石室がわずかに開口し、その前室両側壁に朱線を主とする装飾が認められる。石室に入ることはできず、今後の調査がまたれる。」（茂木1987）と記載され、折越十日塚古墳は装飾古墳として広く知られる存在となっていった。

　田中広明（1988, pp.35-44）も前述の出島半島の遺跡踏査の成果に基づき、折越十日塚古墳を坂稲荷山古墳、白幡3号墳に後続する6世紀第4四半期後半に位置づけたうえで、十日塚をこの地域最後の前方後円墳と評価する。

　生田目和利（1988）は茨城県関城町船玉装飾古墳を紹介するにあたり、左右側壁の板石の枚数を逆にする船玉古墳横穴式石室と共通する壁面構成を有する横穴式石室として、風返稲荷山古墳、折越十日塚古墳、つくば市平沢1・3・4号墳をあげている。ここで、折越十日塚古墳横穴式石室は、「複室構造で、玄室は奥壁1枚、東側壁1枚、西側壁2枚、天井石2枚からなり、前室は東側壁2枚、西側壁2枚、天井石2枚の板石で構成」と具体的に記述する。さらに生田目（1994）は常陸の装飾古墳を概観するなかで、折越十日塚古墳に触れている。生田目は常陸の装飾古墳に共通する特徴として、交通の要所に立地し、新たに出現した古墳群の盟主墳に採用され、埴輪は樹立されないことをあげる。一ノ瀬川左岸に位置する折越十日塚古墳も交通の便は良好であり、単独墳であるが盟主墳の可能性は高い。埴輪は樹立されない。

　日高慎（2000）は、風返稲荷山古墳の調査報告書の考察「雲母片岩使用の横穴式石室と箱形石棺」で折越十日

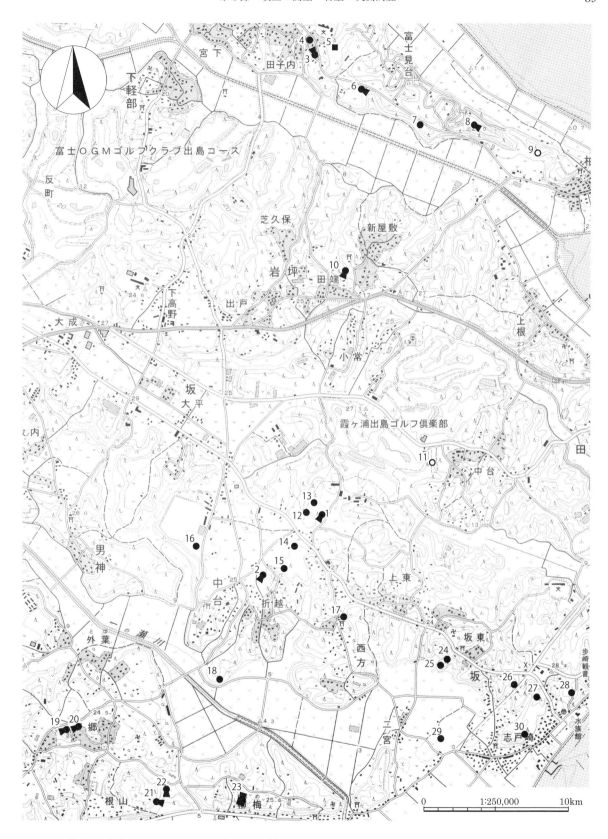

1. 坂稲荷山古墳　2. 折越十日塚古墳　3. 太子1号墳（太子唐櫃古墳・大師唐櫃古墳）　4. 太子2号墳　5. 太子3号墳
6. 野中1号墳　7. 稲荷山2号墳　8. 富士見塚1号墳　9. 柏崎窯跡群　10. 中居古墳　11. 為都南遺跡　12. 大日塚1号墳
13. 大日塚2号墳　14. 白幡2号墳　15. 白幡11号墳　16. 中台1号墳　17. 西方鹿島神社裏古墳　18. 要害館古墳
19. 銚子塚1号墳（牛渡銚子塚古墳）　20. 銚子塚2号墳（銚子塚東古墳）　21. 寺山1号墳　22. 寺山2号墳　3. 柳梅台1号墳
24. 羽黒山4号墳　25. 羽黒山5号墳　26. 天神山古墳　27. 後久保古墳　28. 長峯古墳　29. 小沼弁天塚古墳　30. 志戸崎横穴群

第31図　出島の主要遺跡分布図

40　第3章　折越十日塚古墳の調査

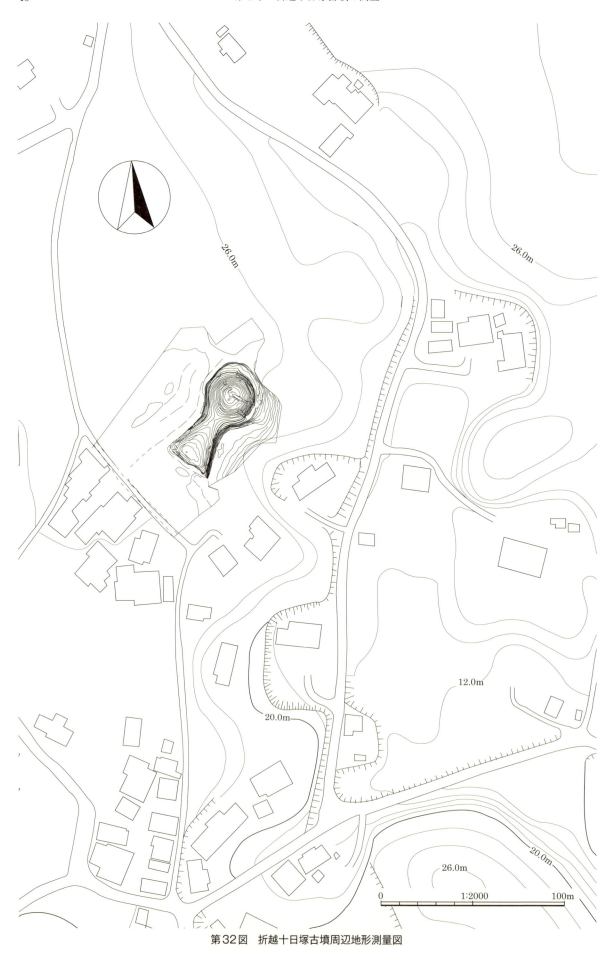

第32図　折越十日塚古墳周辺地形測量図

塚古墳横穴式石室の略測図を初めて公表した。論考では、横穴式石室の平面形が長方形から正方形へ変化することで、設置される石棺数が後室に直交して1棺になるという指摘をし、折越十日塚古墳の例を好例として取り上げた。折越十日塚古墳の時期については、風返稲荷山古墳にやや後出し、TK209の古い段階から中頃にかけての時期を想定している。日高（2010a）は続いて茨城県における前方後円墳の終焉を概観するなかで、出島半島における『前方後円墳集成』10期の前方後円墳として、坂稲荷山古墳、風返稲荷山古墳、折越十日塚古墳という編年を提示している。そして、千葉県龍角寺「浅間山古墳の横穴式石室内の石棺位置や奥壁・側壁の石の使い方に折越十日塚古墳より後出する特徴を見出したい」（p.65）という。　　　　　　　　　　　　　　　　（佐々木）

　折越十日塚古墳墳丘本体の発掘調査は我々の調査以前に行われたことがない。しかし、2010年3月5日、周濠の存在が想定される前方部前端付近でテニスコート造成に先立ち、かすみがうら市教育委員会が試掘調査を実施したのである。単なる整地の開発であったため、遺構までの保護層（表土から30cm）の確保状況を確認する調査に留まった。その結果、前方部の現在の前端から13.5mの間隔をおいて、幅約11mの周濠らしき黒色土の落ち込みを検出している。これが周濠の一部である可能性がある。　　　　　　　　　　　　　　　　　（千葉隆司）

　このような経緯を踏まえ、2010年9月1日から10日まで、明治大学文学部考古学研究室、茨城大学人文学部考古学研究室（代表　田中裕）が共同で、25cmコンターで測量調査を実施した（第32図）。その結果、前方部斜面各部が大きく削られていること、二重周濠を伴う可能性がでてきたことなどの理由で、2017年2月28日から3月20日まで、想定される墳裾から周濠部分を発掘調査した。　　　　　　　　　　　　　　　　　　　（佐々木）

第2項　調査の方法

A．基準点の設定（第33図、第7表）

　折越十日塚古墳の測量調査に先立ち、プラスチック杭で基準点を設置した。設定に際してはトータルステーション（PENTAX社：V-270C）を用い、各基準点の絶対高は折越十日塚古墳の北東方向に所在するかすみがうらOGMゴルフクラブ内の3等三角点（標高27.130m）からオートレベルを使用して求めた。使用したトータルステーションは、観測できる秒数が00°00'05"単位であるものの、今回は調査後に開発を行うことを前提としているわけではなく、また現地は草木が茂る斜面地であることから、公共測量作業規定にのっとり4級水準測量を実施した。そのため、許容の範囲内としている。

　このような条件で、墳丘各所および周辺に平板測量を行うための基準点を計33点設定した。基準点には、任意で中軸線を設定し、そこから派生させたものと、閉合トラバースを設定するために打設したものとがある。また、当初は任意で打設したものの、のちに閉合トラバースを設定するのに組み込んだものもある。以下に、各基準点の概要を述べる。

　はじめに後円部墳頂のほぼ中央に基準点N0、前方部墳頂のほぼ中央に基準点S4をそれぞれ打設し、これらを通る線を中軸線とした。つづいて、中軸線上に北から基準点N3、N2、N1、S1、S2、S3、S4、S5、S6の計9点を打設した。さらに、中軸線と直交方向に基準点N0から基準点E5、E4、E3、E2、E1、W1、W2、W3を、基準点S2から基準点S2E2、S2E1、S2W1を、基準点S3から基準点S3W2を、基準点S4から基準点S4E1、S4W1をそれぞれ打設した。各基準点は、トータルステーションの角度を0°00'00"、90°00'00"、180°00'00"、270°00'00"のいずれかに設定し派生させることを基本とした。ただし、視界不良のため基準点N1W1に関しては基準点W3からW2を視準して80°00'00"で派生させた。

　次に閉合トラバース測量を行うため、墳裾ないしその付近に基準点TP1からTP7と基準点R1の8本を打設した。これらに加え、任意に打設されたもののうち基準点N3、E5、S2E2、S6、W3、N1W1の計14本を用いて環状閉合による閉合トラバース測量を行った。このトラバースは14角形となるため、内角の総和が2160°00'00"となるべきところであるが、実際の内角の総和が2160°00'05"となり、＋00°00'05"の誤差が生じた。このため、生じた誤差を14分割し、余った誤差については角度が大きい順に振り分けた。また、残りの19点については開放の

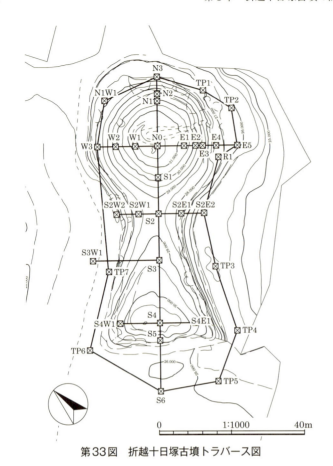

第33図 折越十日塚古墳トラバース図

第7表 折越十日塚古墳基準点

基準点	標高（m）	備考
N0	31.472	開放
N1	31.043	開放
N1W1	28.034	閉合
N2	29.855	開放
N3	27.593	閉合
E1	30.833	開放
E2	29.775	開放
E3	29.232	開放
E4	27.175	開放
E5	—	閉合
S1	30.366	開放
S2	28.750	開放
S2E1	27.741	開放
S2E2	25.500	閉合
S2W1	28.844	開放
S3	29.453	開放
S3W2	—	開放
S4	30.455	開放
S4E1	29.811	開放
S4W1	30.170	開放
S5	29.587	開放
S6	—	閉合
W1	31.304	開放
W2	29.847	開放
W3	28.225	閉合
TP1	—	閉合
TP2	—	閉合
TP3	—	閉合
TP4	—	閉合
TP5	25.776	閉合
TP6	26.190	閉合
TP7	25.987	閉合
R1	—	閉合

ままとした。なお、以上33点の基準点に対しては座標値を設定しておらず、国土座標や世界測地計の測定も同様である。

各基準点の位置関係は第33図、標高は第7表のとおりである。なお、基準点の標高は適宜設定したものの、視準不良や基準点同士の間隔から設定が不要なものが生じたため、測定していないものもある。

B．測量方法

墳丘の地形測量はトータルステーションによって打設した各基準点をもとに、平板とオートレベルによって行った。

作図に関しては、絶対高で求めた25cm間隔のコンターを、縮尺100分の1で行った。傾斜変換線は目視によって決定し、破線で図面に書き入れた。調査範囲は実線、横穴式石室の位置、道は破線でそれぞれ表現した。

今回は、以上のようにして得た測量図を提示する。なお、平板測量に際しては、気温や気圧などによる自然誤算は考慮していないが、器械を扱う人物をなるべく固定することで個人誤差を減らすように努めた。

（小野寺）

第3項　墳丘の現状（第34図）

折越十日塚古墳は前方部を南西に向けた前方後円墳である。本古墳の西側一帯は耕作による平坦地が広がり、現存する墳丘も耕地拡張のための削平を大きく受けている。

後円部　後円部墳頂平坦部は北西側に近代の社が建てられているために、墳丘北東側にかけて参道状の撹乱を受け、当時の形状を留めていない。しかし、墳丘斜面に繋がる傾斜変換部分に関しては、東側以外は残存状況が

第1節　墳丘の測量・石室の実測調査　　43

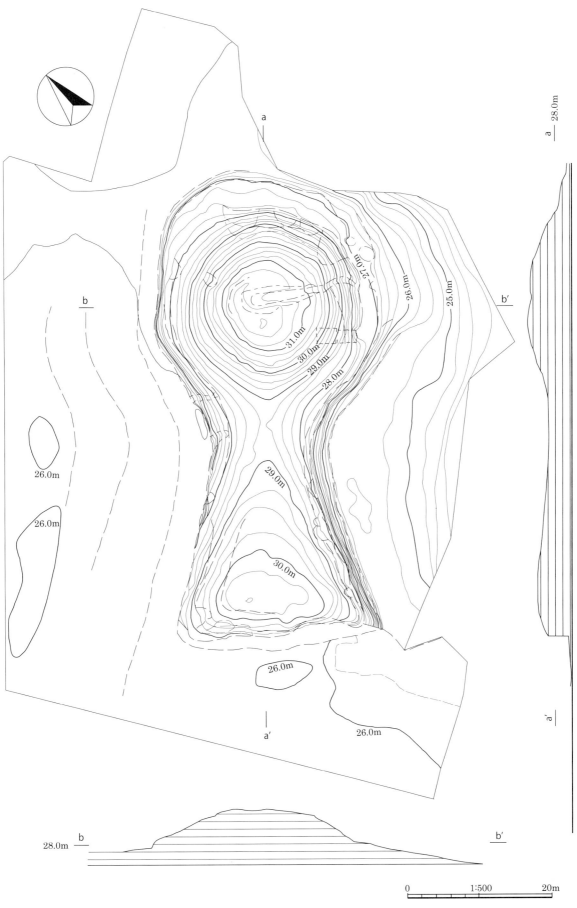

第34図　折越十日塚古墳墳丘測量図・エレベーション図

良好であり、直径11m程の広さをもつ円形状を呈す。傾斜変換線に関しては、標高31.000m前後のラインが北西側から西側にかけて確認することができる。後円部最高点は、上記の撹乱のため中心点から南西側に2～3m程ずれており、標高は31.783mを示す。後円部墳丘斜面は石室開口部を含めた北東側から東側において、標高29.750m付近から土砂が崩落しており、墳丘東側に大きく流れ込んでいる。北西側に関しても、標高29.500m付近から大きく削れており、墳丘裾部に流れ込む形となっている。墳丘北側に関して、標高28.250mから27.900mの範囲で、等高線の間隔が2m程広くなる空間があり、一見2段築成によるテラス部の存在を想起させる。しかし、これは墳丘の削平によってできたものとも考えられるが定かではない。さらに、墳丘裾部が大幅に削平されており、テラス部の痕跡をほかの場所において確認できない現状では2段築成の可能性は控えておくこととする。墳丘北側はそのまま標高27.500m地点から1m程落ち込む急激な傾斜を為すが、これは耕作地拡張時の削平によるものと考えられる。

　前方部　前端部を含め、南東側、南西側共に大きく削平を受けており、現状前方部墳頂の平坦面が一定の遺存状態を示しているに留まる。また、墳丘西側の削平された墳裾から西側に3m程離れた地点まで、地形の高まりが見受けられたことから、当時の墳丘は現在残存しているものより四方3m程拡張する形で、一回り大きかったものと考えられる。墳頂平坦面の最高点は標高30.509mで、1.5mの比高差があるくびれ部頂部にかけ緩やかに傾斜している。墳頂部西側端部からくびれ部にかけて墳丘の等高線と併行する形で傾斜変換線がみてとれる。

　周　濠　墳丘西側に広がる耕作土を見ると、墳裾から5m程離れた地点から墳丘に併行する形で8～9mの範囲をもつ地形の窪みがあり、黒色をした土の変化も見て取れた。したがって、墳丘の形状に平行する形で周濠がめぐっていたと推定される。しかし、後円部側の周濠の存在は確認できなかった。

　以下に、本古墳の各部の計測値をまとめる（計測値はすべて残存値）。

　墳丘長：64.0m

　後円部径：33.0m　　後円部高：6.0m

　前方部長：27.0m　　前方部幅：34.8m　　前方部高：4.5m

　くびれ部幅：1.7m

（木村）

第4項　横穴式石室の実測調査（第35・36図）

　折越十日塚古墳の埋葬施設は雲母片岩を使用した横穴式石室で、門構造によって空間を区分する複室構造になっている。石棺が置かれた空間を玄室、その前面の空間を前室、玄室と前室を区分する構造を玄門、前室と羨道を区分する構造を前門として記述する。また、左右に関しては開口部から見たときの左右とする。

　石　室　調査の前には横穴式石室の開口部の確認も困難な状況であったが、樹木の伐採と石室開口部前面の清掃の結果、人の出入りができる大きさの開口部が確認できた。この開口部は、前門部分右側の立柱石が盗掘時に壊された結果であろう。天井と立柱石の間にできた空間は高さ20cm、幅40cmほどである。前門は左右に立柱石が配置され、閉塞石は現状では2枚に見えるが、割れ目を見るともともと同一の石材であるとみられ、2枚に割ってから使用したのか、1枚だったものが割れたのかは不明である。1枚もしくは2枚の板石によって閉塞がされている。前室は土砂が流入していて床面を確認することはできない。前門寄りで堆積が多く、玄門寄りでは堆積が少ない。側壁は左が1枚、右が2枚、天井石は2枚使用されている。左側壁では前門との間や天井石との間に小ぶりの石材を充填している。右側壁では石材の天井石との間に隙間ができているが、積まれていた石材が崩れ落ちた可能性が考えられる。玄門は前室と玄室の側壁の間に立柱石をはさみ込み、さらに前室と玄室の天井石ではさみ込まれた楣石によって構成される。床面には立柱石で挟まれた梱石も配置されている。玄室は奥壁が1枚、側壁が左2枚、右1枚、天井石2枚の石材で構成され、奥壁は一面赤彩がされている。玄室の床面には前室同様に土砂が流入しているが、石材が敷かれていることが確認できる。

　石　棺　奥壁に並行させて箱式石棺が配置されている。箱式石棺は玄門寄りの側壁が1枚、奥壁寄りの側壁が

第1節　墳丘の測量・石室の実測調査

赤彩箇所

第35図　折越十日塚古墳横穴式石室実測図

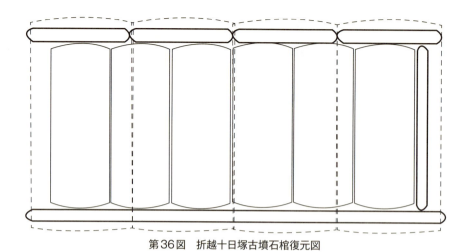

第36図　折越十日塚古墳石棺復元図

4枚の石材が使用されている。妻石は右側で1枚の石材が使用されているが、左側では石材を確認することができない。右側の妻石があると考えられる位置では石棺の蓋石が残存していて、原位置を保っているとみられ、石材が倒れたような状況も確認できないため、左側ではもともと妻石がなかったと考えられる。右側壁に立て掛けられた2枚の石材は箱式石棺の蓋石と考えられ、石棺の側壁と接していた部分に線状に赤彩が残っている。石棺内には板状の石材が6枚散乱しているが、もともとは石棺の床面に敷かれていた石材と考えられ、盗掘の際の改変であろう。箱形石棺と奥壁の間には剥落した奥壁の石材のほか、栗石が詰められていることが確認できた。栗石は角の取れた川原石で、大きさは5cm前後である。なお、石室内では遺物、人骨等は確認できなかった。

以下、石室各部の計測値をまとめる。

全　長：5.45m（羨道除く）

玄室長：中央部　2.58m　　　右側壁下側　2.69m　　　左側壁下側　2.37m

玄室幅：奥壁　2.90m　　　玄門部　2.30m

玄室高：奥壁　1.78m　　　玄門部　1.66m

前室長：中央部　2.67m　　　右側壁下側　2.35m　　　左側壁下側　2.61m

前室幅：玄門　1.70m　　　前門　1.64m

前室高：玄門　1.30m（現状）　前門　1.00m（現状）

最後に、今回の調査では石室内で遺物を採集することはできなかったため、型式学的に石室の年代的位置づけを試みたい。茨城県南部の複室構造の横穴式石室で、ある程度年代を絞り込めるのは、かすみがうら市風返稲荷山古墳（千葉2000）である。折越十日塚古墳と同じく雲母片岩による複室構造の横穴式石室であり、副葬品から6世紀末〜7世紀初頭の築造が考えられている。出島半島における複室構造石室の初現例と考えられていて、埴輪をもたない前方後円墳である。同じく埴輪をもたない折越十日塚古墳も6世紀末〜7世紀初頭前後の築造である可能性は高い。両古墳の石室は構造的に近似しているが、玄門の構造に違いをみることができる。風返稲荷山古墳では前門部には楣石、立柱石などの門構造を配置せず、梱石のみを配置し、玄門部には楣石をもつ玄門を配している。それに対し、折越十日塚古墳では玄門部の構造は風返稲荷山古墳と変わらないがものの、前門に楣石をもたない立柱石のみの門構造が出現している。

また、折越十日塚古墳の箱式石棺は片方の小口の石材がなく、片方の長側壁の石材に4枚の石材を用いる、床面の石材に6枚の石材を用いるなど、風返稲荷山古墳の初葬と考えられる箱形石棺とは構造的な特徴が異なる。このなかで注目できるのは箱形石棺の床面の石材の枚数である。雲母片岩を使用した箱形石棺については石橋充によって編年観が示されている（石橋1995）。これによると風返稲荷山古墳はⅠ型式、折越十日塚古墳は床面の石

材が剥がされていたが各石材の形は整っており、II型式と判断できる。II型式はTK209型式期からTK217型式期に相当する7世紀前半の年代が考えられている。石室構造・箱形石棺の特徴の違いからみると、折越十日塚古墳をTK209型式期と考えられる風返稲荷山古墳よりも新しく位置づけることが可能だろう。したがって、折越十日塚古墳は7世紀前葉の築造と想定したい。

(鶴見諒平)

第2節　発掘調査

第1項　トレンチの設定（第37図）

折越十日塚古墳の発掘調査に先立ち、プラスチック杭を用いて基準点を設置した。設定に際してはトータルステーション（TOPCON社：OS-101）を用いた。なお、2010年の測量調査時に打設した基準点が残っており、いずれも誤差が許容範囲内であったことから、それらの誤差を修正して使用した。本調査で新たな基準点を打設する場合には、過去の調査で使用した基準点を踏襲して設定した。

本調査では、墳丘の規模および周濠形状の確認を目的としており、また3ヶ年計画での発掘調査であったことから、まずは墳丘および周濠の残存状態が比較的良好であると判断した墳丘西側の耕作地を調査区とした。後円部北西側周濠内に墳丘の中軸線と直交方向に第1トレンチ、前方部北西側周濠内に墳丘の中軸線と直交方向に第2トレンチ、くびれ部付近に第3トレンチ、前方部前端に第4・5トレンチを設けた。各トレンチの配置は第37図に図示している。

第1トレンチ　調査初日の2月28日に設定したトレンチである。測量調査時に設定した中軸線、基準点N0およびS4を結んだ直線を基準とし、N0に据えたトータルステーションを用いて中軸線から90°00'00"北西側へ展開し、それぞれ23.0m、45.0mの地点にN0W4、N0W5を打設した。両基準点間でのトレンチ設定も考えたが、後円部裾を確実に捉えることを目的としてトレンチ端部をN0W4からN0方向へと3.0m延長した。またトレンチ幅に関しては、基準点から南側へ1.0mで設定した。そのため、本トレンチは長さ26.0m、幅1.0mとなった。

第2トレンチ　第1トレンチと同様に、調査初日の2月28日に設定したトレンチである。基準点S4にトータルステーションを設置し、第1トレンチと同様に北西側へ90°00'00"展開し、29.5m、45.0m、62.5mの地点にS4W3、S4W4、S4W5をそれぞれ設定した。墳丘や木々などで視界に制限がかかり墳丘付近に基準点が打設できなかったため、本トレンチの設定に際してはトータルステーションを基準点S4W4へ移動させ、S4方向に26.5mの地点にS4W2を派生した。S4W2からS4W4までをトレンチの範囲とする予定であったが、相似形の周濠を想定していたため外堤が後円部側よりも広がる可能性を考慮に入れ、S4W4からS4W5方向へと2.0m拡張した。発掘を進めるとトレンチ東端壁に墳丘立ち上がりのような土層が確認できたため、墳裾と墳丘立ち上がりを確定させるためにS4W3から墳丘側に1.5m拡張した。またトレンチ幅に関しては、基準点から南側へ1.0mで設定した。そのため、本トレンチは長さ30.0m、幅1.0mとなった。

第3トレンチ　調査5日目の3月4日に新設したトレンチである。基準点S4W4にトータルステーションを設置しN0W5との直線上でS4W4から20.0m、22.0mの地点にKW1、KW2を打設した。さらにKW1にトータルステーションを据えN0W4との軸線から90°00'00"南東方向に15.0m、30.0mの地点にKW3、KW4を打設したほか、くびれ部が大きく削平されていることを想定し33.5m地点に予備として基準点KWGを打設した。ほか2本のトレンチでの調査成果をもとに、KW1付近まで外堤が広がることが想定されたため、KW1からKW3方向へ5.0mをトレンチ端部とした。しかし想定よりも外濠の幅が広く外堤が検出されなかったため、トレンチ西端からKW1方向に4.0m拡張した。墳裾に関しても想定よりも内濠の幅が広く墳裾が検出されなかったため、トレンチ東端からKWG方向に3.5m拡張した。またトレンチ幅に関しては、基準点から南側へ1.0mで設定した。そのため、本トレンチは長さ32.5m、幅1.0mとなった。

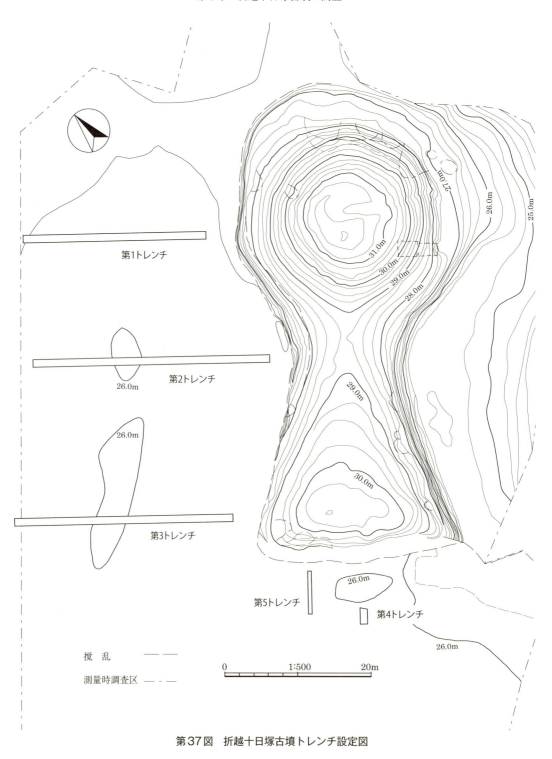

第37図　折越十日塚古墳トレンチ設定図

第4トレンチ　調査9日目の3月8日に新設したトレンチである。この日までの調査によって、内濠の規模が想定よりも狭く、また耕作地内の遺構の残存状態が悪いことが明らかとなっていた。そのため、墳丘規模のほか内濠の規模を確定させる目的で前方部前端にトレンチを新設することとした。S4にトータルステーションを設置しN0との直線上、N0から180°00′00″展開し、S4から13.6m、14.5mの地点にS6、S7を打設した。最大限の調査成果を得るため、テニスコートの縁までトレンチを伸ばし、基準点から南側に1.0mの幅でトレンチを設定した。なお、前方部前端はすでに土取りのため大きく掘削されていたことから、トレンチはその影響を受け不整形となった。

第2節　発掘調査

第5トレンチ　第4トレンチ同様に前方部墳裾および内濠を確認するために設けた、調査11日目の3月10日に新設したトレンチである。S6にトータルステーションを設置し、S7との軸線から90°北西側へ振り7.000mの地点にS6W1を設定した。さらにS6W1にトータルステーションを据えS6との軸線から90°00′00″北方向に展開し5.0mの地点にS6W1Nを打設した。本トレンチも第4トレンチと同様にテニスコートの縁までトレンチを伸ばし、また、S6W1Nから墳丘側へ0.2m延長した。幅は基準点から0.5mとしたため、長さ5.7m、幅0.5mのトレンチとなった。

（齋藤）

第2項　発掘調査の成果

第1～5各トレンチ調査の成果をまとめて報告する。

第1～3トレンチの周濠部分は現在耕作地となっているためトレンチャーや芋穴による撹乱が目立った。

第1トレンチ（第38・39図）　トレンチ東端から約1m（墳丘中軸線から20m）で墳丘立ち上がり、約2.5m（同21.5m）で墳裾、約3.3m（同22.3m）で内濠側中堤立ち上がり、約3.9m（同22.9m）で内濠側中堤肩、約9.9m（同28.9m）で外濠側中堤肩、約12.2m（同31.2m）で外濠側中堤立ち上がり、約14.8m（同33.8m）で外堤立ち上がり、約19m（同38.0m）で外堤肩を検出した。内濠の幅は底面で約0.8m、内濠の最深部で地表面から高さ約0.9m、中堤幅が上面で約6m、外濠底部幅約5m、外濠の最深部で地表面から高さ約1.3mとなることが確認された。第1トレンチの内濠は第2・3トレンチに比べて狭く浅いことから、墳丘から中堤への陸橋状の施設が付近に存在することも推測される。第1トレンチの土層堆積状況は1a～1d層がローム粒子の混ざる暗褐色土で現代の耕作土、2a・2b層はローム粒子の混ざる黒色系の土で周濠の覆土、3a層は黒褐色土の混ざる褐色土で、ローム直上の覆土である。3b層はしまりの強い褐色土で、地山ロームとなる。

第2トレンチ（第40・41図）　トレンチ東端から約1.5m（墳丘中軸線から18.5m）で墳丘立ち上がり、約3.1m（同20.1m）で墳裾、約7m（同24m）で内濠側中堤立ち上がり、約10.1m（同27.1m）で内濠側中堤肩、15.5m（同32.5m）で外濠側中堤肩、約20.8m（同37.8m）で外堤立ち上がりを検出した。内濠の幅は底面で約3.9m、内濠の最深部で地表面から高さ約1.3mとなることが確認された。外濠側中堤立ち上がりと外堤肩は未検出であるため外堤の規模は判明していない。第2トレンチの土層堆積状況はほぼ第1トレンチと同様であるが、3b層（地山ローム）のみ検出されていない。外濠部分の南北壁とも土器が数点出土している。

第3トレンチ（第42・43図）　トレンチ東端から約0.6m（墳丘中軸線から11.2m）で墳丘立ち上がり、約2.1m（同12.7m）で墳裾、約9.9m（同20.5m）で内濠側中堤立ち上がり、約18.9m（同29.5m）で外濠側中堤肩、約20.7m（同31.3m）で外濠側中堤立ち上がり、約27.9m（同38.5m）で外堤立ち上がり、約31.7m（同42.3m）で外堤肩を検出した。内濠幅は底面で約7.8m、内濠最深部で地表面から高さ約1.7m、中堤幅は内濠側中堤肩が未検出のため不確定であるが4m以上、外濠底部幅約7.2m、外濠最深部で地表面から高さ約1.6mとなることが確認された。第3トレンチの土層堆積状況は第1、2トレンチに比べて濠が深く、層位も複雑であるが、覆土下層がトレンチャーによる撹乱を逃れて遺存していた。内濠と外濠側で土層の堆積状況に違いがみられる。1a～1e層は共通してみられる層で、ローム粒子の混ざる暗褐色土で現代の耕作土である。1f・1g層は内濠側のみにみられる層であるが同じく現代の耕作土である。2a～2e層は内濠側、2f～2j層は外濠側の覆土である。いずれも黒色系の土であり、ロームが混じる層が多い。2e・2i層は三角堆積土である。3層は黒褐色土の混ざる褐色土で、ローム直上の覆土である。内濠側の3層よりも下に落ち込みがあるが、これは根による撹乱である。

第4トレンチ（第44図）　トレンチ東壁北端端から約0.3mで墳裾、約2mで内濠側中堤立ち上がりを検出した。内濠の幅は底面で約1.6m、内濠の最深部で地表面から高さ約0.6mとなることが確認された。第4トレンチの土層堆積状況は、1a層はローム粒子の混じる暗褐色土でテニスコート造成時の土、1b層は暗褐色土で旧表土である。2a・2b層は黒褐色の周濠覆土、3層は黒褐色土の混じる褐色土でローム直上の覆土である。

50　第3章　折越十日塚古墳の調査

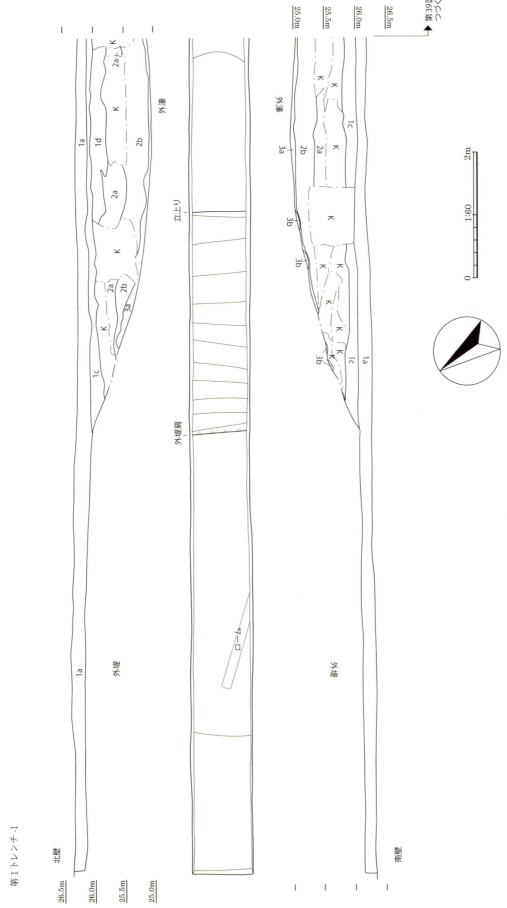

第38図　折越十日塚古墳第1トレンチセクション図・平面図（1）

第2節　発掘調査

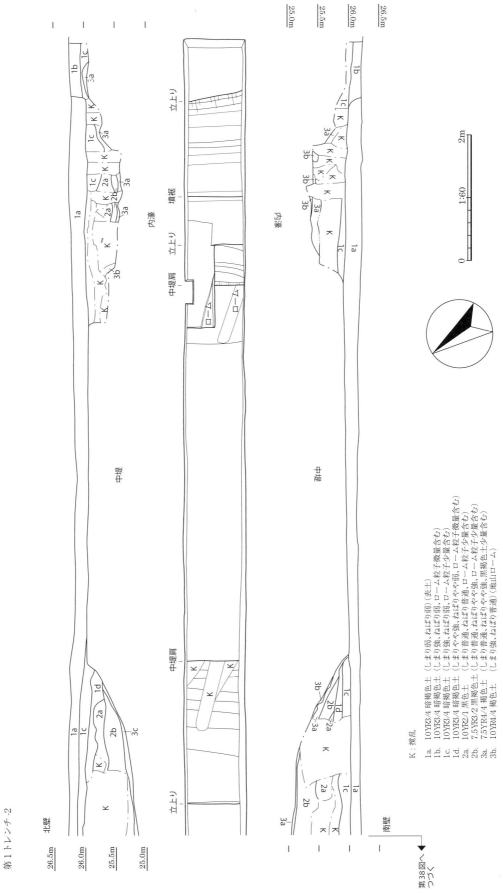

第39図　折越十日塚古墳第1トレンチセクション図・平面図（2）

第3章 折越十日塚古墳の調査

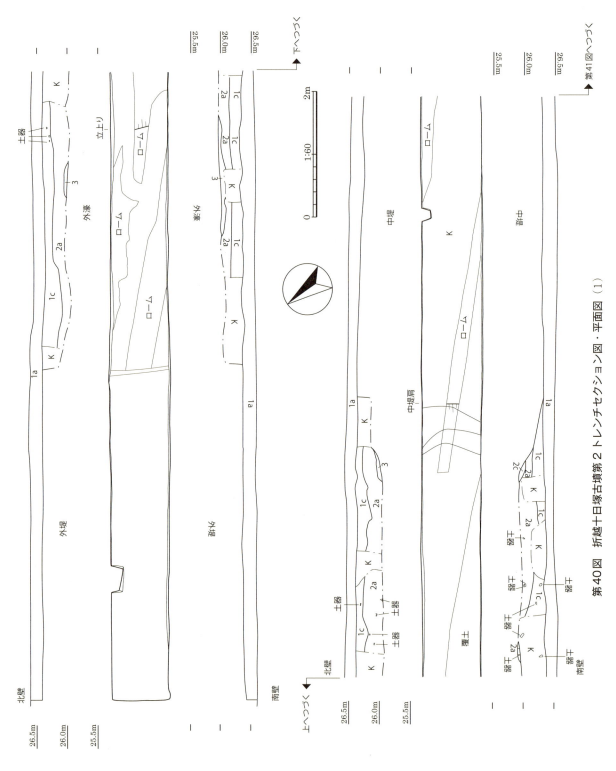

第40図 折越十日塚古墳第2トレンチセクション図・平面図（1）

第2節 発掘調査

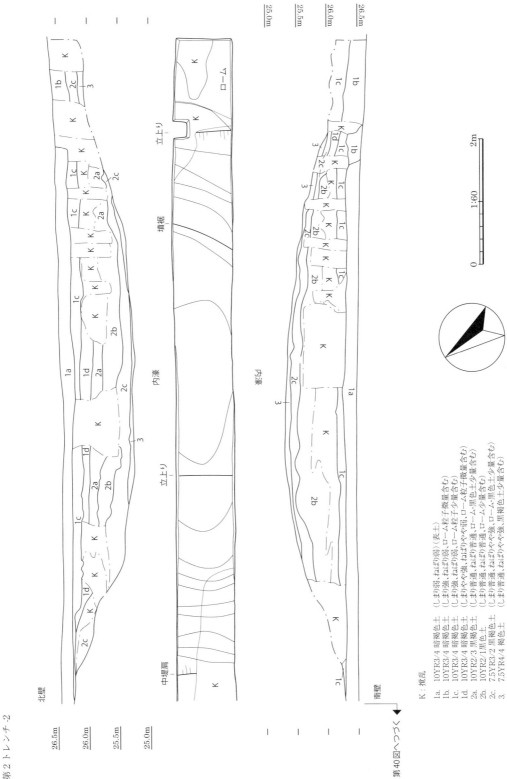

第41図 折越十日塚古墳第2トレンチセクション図・平面図（2）

54　第3章　折越十日塚古墳の調査

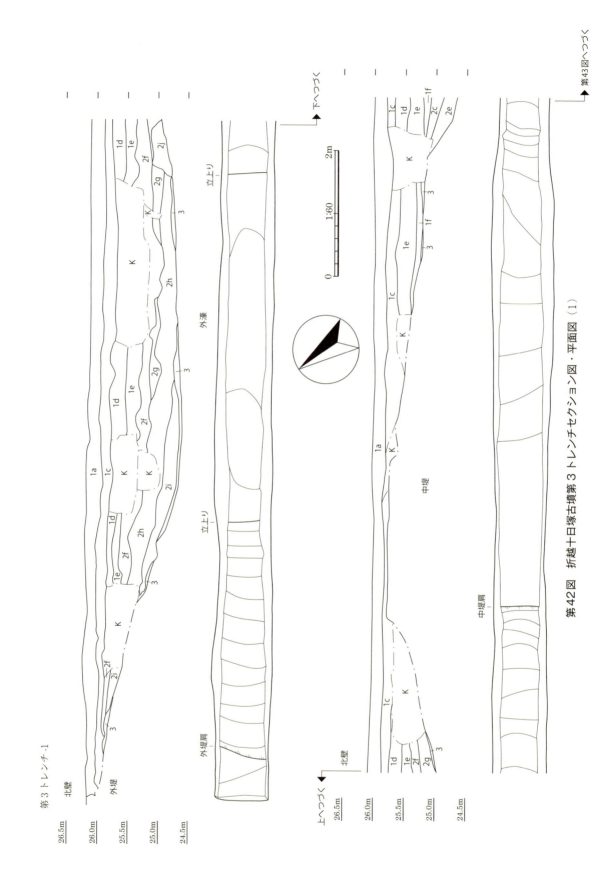

第42図　折越十日塚古墳第3トレンチセクション図・平面図（1）

第 2 節　発掘調査

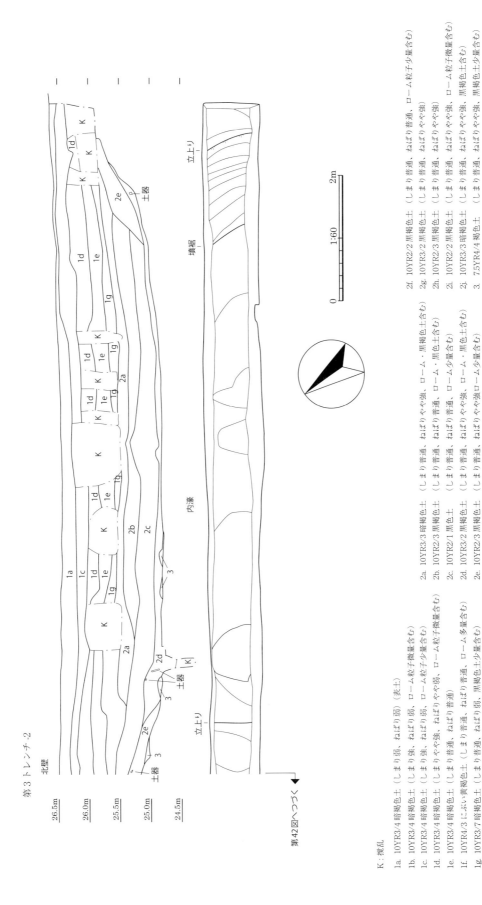

第 43 図　折越十日塚古墳第 3 トレンチセクション図・平面図 (2)

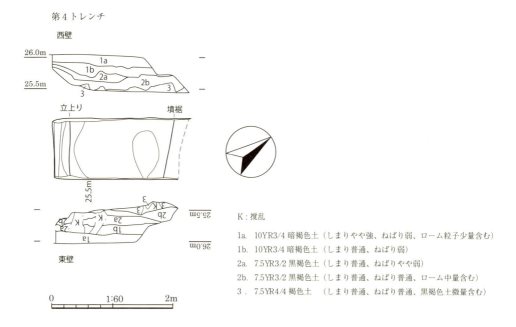

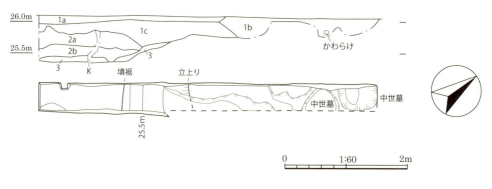

第44図　折越十日塚古墳第4・5トレンチセクション図・平面図

第5トレンチ（第44図）　トレンチ東壁北端から約3mで墳丘立ち上がり、約4.2mで墳裾を検出した。第5トレンチの土層堆積状況は、1a層がローム粒子の混じる暗褐色土でテニスコート造成時の土である。1b層は褐色土でかわらけが出土しており、中世墓に関連する覆土であると考えられる。2a・2b層は黒褐色の周濠覆土、3層は黒褐色土の混じる褐色土でローム直上の覆土である。

（箕浦　絢）

第3項　墳丘の復元（第45図）

前述のとおり本古墳の発掘調査は3ヶ年計画であり、現在も調査が継続されていることから、墳丘および周濠

第 2 節　発掘調査　　57

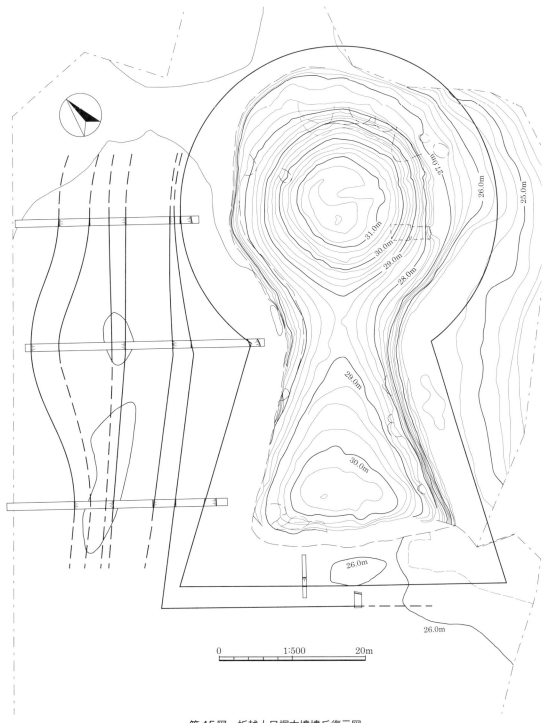

第45図　折越十日塚古墳墳丘復元図

に関する情報はいまだ十分ではない。しかし、第 1 次発掘調査にて得られた情報をもとに、墳丘の復元を行いたい。なお、現段階では墳丘西側しか調査を行っていないことから、こちらをもとに復元したものを反転して墳丘全体の復元を行う。

A．墳丘

　後円部は、第 1 トレンチ、第 3 トレンチにて墳裾が検出されており、これらをもとに後円部径の復元を行った。その結果、後円部直径は43.29 m となり、中心点は現存する墳丘の中心点とおおむね一致している。

第2・4・5トレンチでは前方部墳裾が検出されたが、第4トレンチは改変が著しく残存状態が悪かったことから、第2・5トレンチ、およびくびれ部に設定した第3トレンチの成果を重視して復元を行った。その結果、前方部長28.31m、くびれ部幅24.56m、前方部幅44.72m、中軸線から約17°で開く前方部となった。

B. 周濠

内濠については、全トレンチにて存在が確認できた。特に第1～3トレンチにおいては、内濠のほか、中堤および外濠も検出できたことから、墳丘西側においては形状がおおむね復元できた。

内濠はくびれ部付近でわずかに墳丘側へと屈曲して墳裾のラインに平行しているが、中堤は幅約6mでほぼ直線状になることから、盾形ないし馬蹄形の周濠であると想定される。また、外濠はくびれ部付近で大きく外に広がること、内濠よりも外濠の方が幅広であることも顕著な特徴としてあげられる。

第1トレンチおよび第4トレンチにて、内濠の底面が検出されているが、いずれも浅く幅が狭いことから、墳丘中軸線に向かうにつれて極端に幅が狭くなる形状を呈していた可能性が考えられる。

以上の復元作業から求められた本古墳の墳丘各部の規模についてまとめる。

墳丘長：71.60m

後円部径：43.29m

前方部長：28.31m　　　　前方部幅：44.72m　　　　くびれ部幅：24.56m

内濠幅：後円部側 1.47m　　くびれ部側 10.68m　　前方部側 7.07m

　　　　前方部前端側 2.69m

外濠幅：後円部側 9.13m　　くびれ部側 12.84m　　前方部側 5.24m

中堤幅：後円部側 6.11m　　くびれ部側 6.43m　　　前方部側 5.41m

（佐々木・齋藤）

第3節　まとめ

発掘調査は2017年度、2018年度にも実施予定であるため、墳丘および周濠にかんする知見は今後修正する必要があるかもしれない。現時点では、第4トレンチの成果に基づき、墳丘長を71.6mとする。今後、後円部後端を突き止め、墳丘長を確定させたいが、現状では後円部径は43.3mと考える。また墳丘長を71.6mとしたとき、前方部長は28.3mである。

2017年3月の発掘調査での大きな成果は、二重周濠を立証したことである。特に興味深いのは、第1、第3トレンチで明らかになったように、外側の周濠が内側の周濠よりも幅が広いという点である。多重周濠の古墳では、濠らしい濠は一番内側の濠であって、外側の濠は溝に近いのが通有である。折越十日塚古墳はこれとは逆であるため、非常にまれな事例といえる。

まだ発掘調査を行っていないが、付近の坂稲荷山古墳も本格的な内濠の外側を廻るのは、地面を観察する限りは、幅の狭い、むしろ溝ともいうべき濠である。この二つの古墳は築造時期も近いようで（埴輪がない）、また規模も60m余と近似しているが、濠のあり方には大きな違いがある。

折越十日塚古墳の築造時期は、埴輪を一切伴わないことと、横穴式石室の形態が7世紀前葉の千葉県龍角寺浅間山古墳の横穴式石室に近いことに基づいて、7世紀前葉と考えている。ただ今回の発掘調査では、古墳の築造時期を示すような土器は検出できなかった。

いずれにしても、この古墳は常陸最後の前方後円墳の一つであることは間違いない。大和では飛鳥寺がすでに完成している時期に、二重周濠を伴う豪壮な前方後円墳を築造したことの歴史的意義は大きい。

（佐々木）

第4章　大日塚古墳の調査

第1節　墳丘の測量調査

第1項　立地・群構成と既往の調査（第46～48図）

　大日塚古墳（沖洲古墳群大日塚古墳）は茨城県行方市玉造沖洲（旧行方郡玉造町）に所在する。この古墳は南東から北西へ向かって伸びる行方台地の北西端に近いところに立地し、標高25～27m程度の位置を占める。古墳はこの台地の尾根の地形を利用して、墳丘が造営された可能性がある。墳丘主軸はほぼ東西を指向する（N‒96°‒E）。大日塚古墳の南西端付近のこの台地の端は現在、国道355号線の法面により切断されている。古墳から南西200mほどで霞ヶ浦湖岸に達する。

　大日塚古墳の周辺には大小多くの古墳が存在し、沖洲古墳群を構成している（第46図）。まず行方台地の縁辺、北西端付近に前期後半の前方後方墳である勅使塚古墳が存在する（大塚・小林1964a）。行方台地上では、大日塚古墳の南東約200mのところに八重塚第1号古墳・八重塚第2号墳の存在が知られる。八重塚第1号墳（規模不明）では、神社社殿改築の際に箱形石棺が発見された。1・2号墳（直径15m、高さ1.5m）ともに後期古墳であ

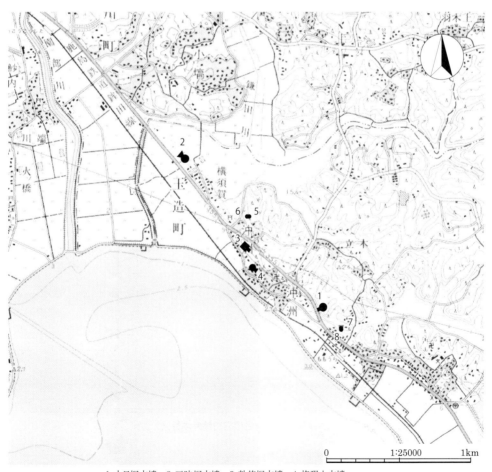

1. 大日塚古墳　2. 三昧塚古墳　3. 勅使塚古墳　4. 権現山古墳
5. 延戸第1号墳　6. 延戸第2号墳　7. 八重塚第1号墳　8. 八重塚第2号墳

第46図　沖洲古墳群分布図

第47図　大日塚古墳周辺地形測量図

ろう。大日塚古墳の北西約500mのところの行方台地上に延戸第1号墳・延戸第2号墳が存在する。各々直径20m、14mの円墳であり、後期古墳と考えられる。

　勅使塚古墳から至近距離だが、行方台地を下りた平坦部に権現山古墳（墳丘長36mの前方後円墳）がある。墳丘の半分近くを削平されており、詳細は不明であるが、円筒埴輪片や朝顔形埴輪が採集されており、古墳時代後期の年代が与えられる。行方台地北西の沖積地の砂州上には三昧塚古墳（全長87.3mの前方後円墳）が立地する。墳丘の大半は失われたが、未盗掘の埋葬施設を検出し、古墳時代中期末から後期初頭を代表する古墳として位置づけられている（齋藤・大塚・川上1960、大塚・小林1995、小林2001）。

　沖洲古墳群の大きな特色として、古墳時代前期後半に形成が始まったことをあげることができる。次に、前方後方墳1基と大日塚古墳も含めて前方後円墳古墳3基が存在し、後期古墳群に特徴的な小円墳だけでなく前方後方墳・前方後円墳の比率が高いことも特筆すべきである。ただし、勅使塚古墳築造から、次の三昧塚古墳築造まで1世紀強の時間的隔たりがある。

　この大日塚古墳は、稀有な猿形埴輪（国指定重要文化財）が出土した古墳として、全国的に有名である。明治38年（1905）に石室羨道付近から出土したと伝えられ、柴田常恵（1906）などがすぐに報告している（著者不詳1907）。この資料は、所蔵者の中澤澄男氏が長らく東京国立博物館へ寄託していたが、2001年に正式に同博物館の所蔵となった。その他に、大日塚古墳から出土したとされる衝角付冑・挂甲小札・馬具が知られ、写真とともに紹介されている（長谷川1976、海老澤1994）。

　1955年の沖洲三昧塚古墳発掘調査中に、大塚初重が大日塚古墳墳頂部に円筒埴輪列が密接してめぐる様子を確認している（齋藤・大塚・川上1960）。1965年の旧玉里村上玉里の舟塚古墳調査の折、明治大学文学部考古学研

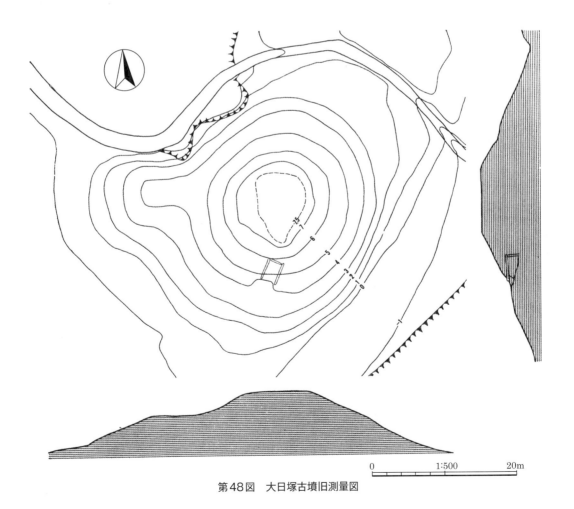

第48図　大日塚古墳旧測量図

究室が茨城県鉾田土木出張所の援助を受けて、墳丘測量および石室の計測を実施した（第48図）。前方部を西に向けた帆立貝形古墳で、主軸長約40m、後円部直径30m、高さ6m、前方部長10m、高さ3mと大塚（1974）は報告している。また横穴式石室は「奥壁・側壁・天井とも各々20cm内外の厚みをもつ一枚石で架構してあり、奥行3m、幅2mの矩形（大塚1974）」と述べる。これが今回の調査に直接関わる唯一の先行研究である。

さらに、大日塚古墳は、例えば石橋充（1995, p.37）や小林孝秀（2004, pp.201-202）らが6世紀中葉と評価するように、箱形石棺が6世紀になっても伝統的に採用された霞ヶ浦沿岸地域で、最初に横穴式石室が導入された古墳として知られている。精密な測量を行うことにより、大日塚古墳の系譜に迫りたかったのである。同時に他の古墳の測量データと統一する必要もあるため、舟塚山古墳など科研のプロジェクトと同じ等高線間隔25cmで再測量を実施した。

大日塚古墳の墳丘測量は2007年9月1日から10日まで、石室実測は同年12月23日から25日、2008年3月27日に実施した。またこの古墳の横穴式石室は霞ヶ浦沿岸地域への横穴式石室導入を考えるうえでカギとなる石室であるため、石室の規模と構造解明のため、発掘調査を2015年3月と8月に2回に分けて実施した。3月の調査は11日から20日までの10日間、8月の調査は18日〜27日と9月6日の11日間である。

（佐々木・中村新之介）

第2項　調査の方法

A. 基準点の設定（第49図、第8表）

大日塚古墳の測量調査に先立ち、プラスチック杭で基準点を設置した。設定に際してはトータルステーション（PENTAX社：V-270C）を用い、各基準点の標高は立木集落内に所在し、大日塚古墳より北東方向に約300mの地点に設置されている3等三角点（標高24.660m）からオートレベルを使用して求めた。本調査は開発を行うことを前提としているわけではなく、また現地は草木が茂る斜面地であることから、公共測量作業規定にのっとり4級水準測量を実施した。

このような条件で、墳丘各所および周辺に平板測量を行うための基準点を計46点設定した。基準点は、任意で中軸線を設定し、そこから派生させて打設した。以下に、各基準点の概要を述べる。

はじめに後円部墳頂のほぼ中央に基準点N0、後円部墳頂の前方部側の肩部に基準点W1をそれぞれ打設し、これらを通る線を中軸線とした。つづいて、中軸線上に東から基準点E3、E4、E2、E1、W4、W5、W2、W3、W6、W7、W8の計11点、さらに基準点N0から中軸線と直交方向に北から基準点N5、N4、N2、N3、N1、S1、S2、S3、S4、S5の計10点をそれぞれ打設した。この2線に並ぶ基準点から派生させたもののうち、2回目以降となるものには「TP」とつけ、1〜7まで設定した。各基準点はトータルステーションの角度を0°00′00″、90°00′00″、180°00′00″、270°00′00″のいずれかに設定し、適宜派生させた。この調査では、閉合トラバース測量を行っておらず、いずれの基準点も開放のままであり、座標値を設定していない。

各基準点の位置関係は第49図、標高は第8表のとおりである。なお基準点TP6は、平板を設置した際に使用する見返しのために設定したものであり、標高は測定していない。

B. 測量方法

墳丘の地形測量はトータルステーションによって打設した各基準点をもとに、平板とオートレベルによって行った。

作図に関しては、絶対高で求めた25cm間隔のコンターを、縮尺100分の1で行った。傾斜変換線は目視によって決定し、破線で図面に書き入れた。調査範囲と道は実線で表現した。

今回は、以上のようにして得た測量図を提示する。なお、平板測量に際しては、気温や気圧などによる自然誤差は考慮していないが、器械を扱う人物をなるべく固定することで個人誤差を減らすように努めた。　（小野寺）

第1節 墳丘の測量調査

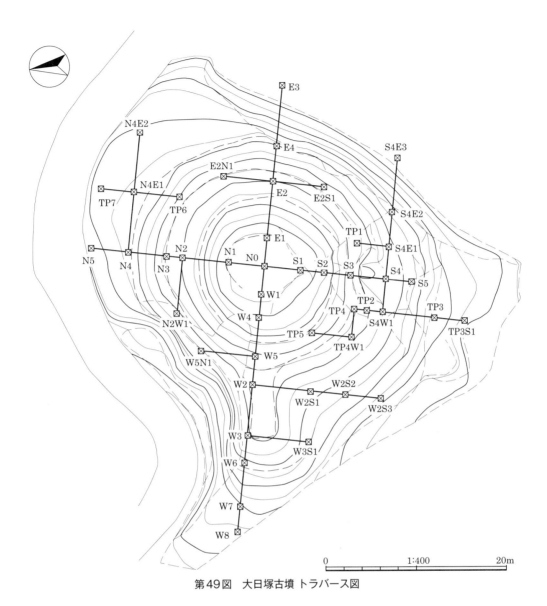

第49図 大日塚古墳 トラバース図

第8表 大日塚古墳基準点

基準点	標高（m）	基準点	標高（m）	基準点	標高（m）	基準点	標高（m）
N0	30.805	E2S1	27.458	W1	30.820	W8	23.515
N1	30.707	E3	22.839	W2	27.370	TP1	27.648
N2	28.040	E4	25.939	W2S1	26.327	TP2	27.223
N2W1	27.006	S1	30.546	W2S2	25.526	TP3	24.298
N3	27.581	S2	29.212	W2S3	24.564	TP3S1	23.379
N4	25.632	S3	27.895	W3	27.042	TP4	27.601
N4E1	25.628	S4	26.228	W3S1	25.735	TP4W1	26.539
N4E2	25.066	S4E1	26.262	W4	30.093	TP5	27.665
N5	24.988	S4E2	25.488	W5	27.987	TP6	—
E1	30.639	S4E3	22.673	W5N1	26.836	TP7	25.443
E2	27.939	S4W1	26.563	W6	26.098		
E2N1	27.825	S5	25.758	W7	23.822		

第4章 大日塚古墳の調査

第3項 墳丘の現状（第50図）

　大日塚古墳は前述の通り、前方部が西を向く帆貝形前方後円墳である。葺石は存在しない。墳丘の南西、南東、北西の裾が近代の道路・地境工事などにより削られており、周濠の有無はわからない。

　後円部墳頂平坦面は、石室が開口する南側で等高線が乱れているが、それ以外は良好に残っており、円に近く、直径7mほどの広さがある。後円部最高点は、墳丘復元で以下に述べる中心点からやや北西にずれ、標高30.807mを測る。

　後円部　墳丘斜面は南東側と北西側の大きな削平を除けば、等高線が乱れるような削平は数箇所にとどまる。また墳丘の特に北側では、標高28.750mと標高27.500mの2本の傾斜変換線を確認できる。特に標高27.500m前後のレベルで、傾斜が非常に緩やかな部分があり、これが大塚（1974）の指摘する2段築成のテラス部分に相当すると考えられる。標高28.750m付近の傾斜変換線は、墳頂平坦面の縁部の崩落土がテラスに堆積し、その崩落土の最高部と考えられる。いずれにせよ、この2本の傾斜変換線の間にテラスが存在した（第50図）。斜面北側の等高線が最も安定し、上段・下段ともに約30°の傾斜を測る。墳裾は、北東1/4ほどが良好に遺存している。石室の開口している南側は削平を受けていないが、全体的に土が崩れており、墳裾の傾斜変換線を見出せなかった。墳裾が比較的明確に把握できる北側のレベルは標高25.500m程度で、北西側へ少しずつ高くなり、東側で北側とほぼ同じレベルになる。これに基づけば、後円部高は5.31mという数値になる。

　前方部　後円部北側から続くテラス部の傾斜変換線は、ほとんどレベルが変わらず墳頂平坦面に接続するようにみえる。墳頂平坦面の最高点は標高27.026mである。北側斜面は、道路工事あるいは土取りなどによる削平を受けている。南側は安定した等高線を描くものの、くびれ部付近の墳裾に伴う傾斜変換線は見出せなかった前端付近から南側の一部が原状を留めており（傾斜変換線の標高25.504m）、これに基づけば、前方部高1.52mとなる。

　以下に、本古墳の各部の計測値をまとめる（計測値はすべて残存値）。

　　墳丘長：35.5m
　　後円部径：28.4m　　後円部高：5.31m
　　前方部長：6.7m　　前方部幅：9.1m　　前方部高：1.52m

（中村・佐々木）

第2節　横穴式石室の発掘調査

第1項　トレンチの設定（第51・52図）

　測量調査時に設定した基準点が残されており、これを利用してトレンチの設定を行った。まず、基準点N0とS5を結んだラインを中軸線とした。第1次調査の目的は、後世に流れ込んだ土砂を排出し、石室の底面を検出することであり、墳丘部分での掘削を行わなかった。したがって、トレンチの幅は石室の幅に合わせて1.7mとした。また羨道側は、残存する側石のほかの側石やそのほかの痕跡を検出することを目的とし、奥壁側から羨道側へ2.4mの範囲でトレンチを設定した。玄室内は、後世の流入土の排出後、床面の検出と西側の玄門立柱石の有無を調べるため、逆「L」字状に深さ0.8m掘り進めた。さらに、側石の裏込めの素材ならびに構造を調べるため、東側側石の手前に幅0.2m、奥行き0.2mの小トレンチを中軸線と直交方向に設けた。

　第2次調査では、すでに発見されていた大型の埴輪片の取り上げならびに横穴式石室の羨道部構造の確認を目的とし、第1次調査で設定したトレンチを墳裾まで延長した。これによって、トレンチの全長は奥壁から11.1mとなった。また、墳丘部分の発掘を極力避けたため、トレンチ幅に変更はない。しかし、トレンチ設定範囲内に樹木がかかったため、その付近の掘削は行っていない。また、すでに少なくとも左右1枚ずつの側石が抜き取られたことが判明していたため、側石抜き取り後の土砂の石室内部への流出状況を確かめるべく、東側に奥壁から

第2節　横穴式石室の発掘調査

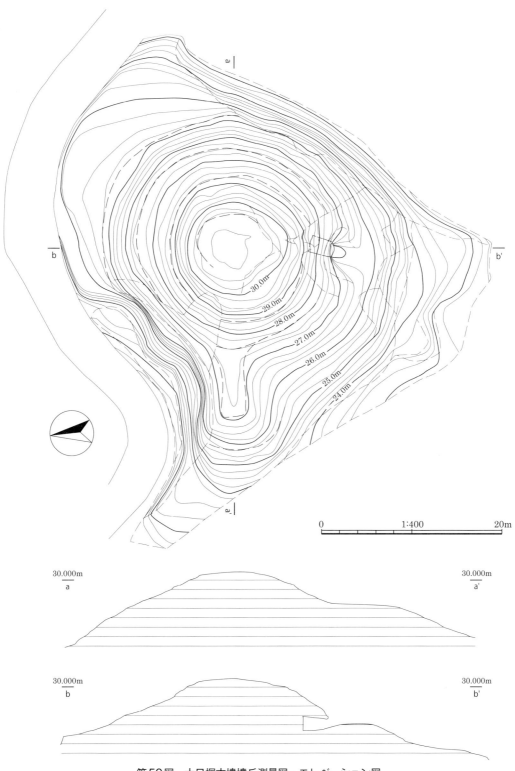

第50図　大日塚古墳墳丘測量図・エレベーション図

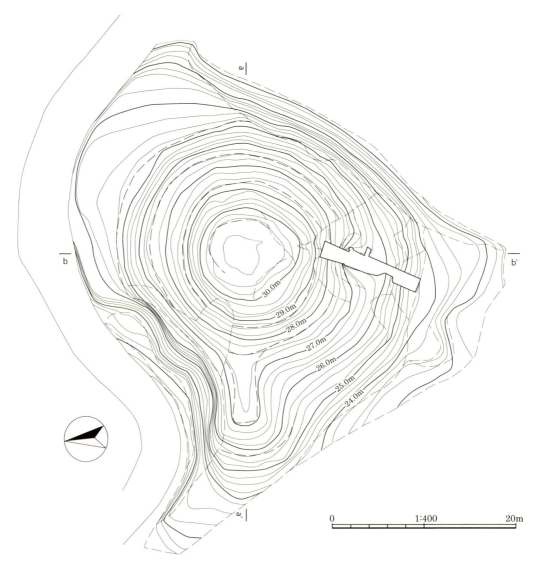

第51図　大日塚古墳トレンチ位置図

羨道側へ1.7mの地点に、中軸線と直交方向に幅0.5m、奥行き0.9mの小トレンチを設定した。さらに、石室床面の下部構造ならびに地山や側石との関係性を調べるのを目的として、玄門立柱石から羨道側0.95mの地点に、幅0.15mの小トレンチを中軸線と直交方向に設定した。

(小野寺)

第2項　横穴式石室（第53図）

　横穴式石室は、後円部中心から約8m南に奥壁を設置し、そこから南南西27°方向に開口する。つまり、ほぼ東北東10°方向の墳丘主軸と石室主軸は直交に近い。今回の2回の発掘調査の結果、この横穴式石室が、羨道が玄室に直接とりつく単室構造か、羨道と遺骸を安置する玄室との間に前室が設けられる複室構造なのかは、断定するだけのデータを得られなかった。今回の調査では後述する「玄門立柱石」や「梱石」を検出することができたので、発掘調査前から開口している石室が横穴式石室の玄室であることが確定した。その玄室の構造は、奥壁・両側壁・天井石が各々厚さ約20cmの一枚の雲母片岩の板石で構成されるものである。

　まず玄室の高さは約2mと推定できる。確定できないのは、玄室が祠に作り替えられた際に、玄室床面が剥がされたようで、床面を検出することができなかったからである。約2mの根拠は、玄室の天井のレヴェルが海抜26.800〜26.830mで、仮称前室の床面の一部である梱石上面の海抜高が24.892〜24.897m、そして梱石と玄室の床面は同レヴェルという想定に基づく。

　玄室の平面プランは長方形に近いが、厳密には、奥に向かってハの字状に開く。天井部での幅は、奥壁で1.76m、現在の入り口部で1.53mである。発掘調査前の玄室内地表面での幅は奥壁で1.75m、入り口部で1.55mである。また両側壁は内側にやや傾斜しているが直立に近い。玄室床面が残っていなかったため、床面での玄室幅は確定できなかったが、両側壁がほぼ直立するため、玄室床面での奥壁幅も1.75m程度と推測する。

　今回の発掘調査では、石室の入り口を画す「玄門立柱石」の一部を原位置で検出したことにより、玄室の奥行を確定することができた。その立柱石は東側（奥壁に向かって右側）のみ、それも下1/3のみ残存していた。その玄門立柱石を原位置と判断できたのは、それが東側壁1枚の端に立っていること、さらに重要なのは立柱石の仮称前室側で梱石を検出したことに拠る。梱石は明らかに原位置であるから、空間的位置関係を勘案すると、立柱石も原位置であることはほぼ確実である。この立柱石の上部2/3が破壊され失われていたのは、祠築造時の改変の結果であろう。西側（左側）の玄門立柱石は失われて、残っていなかった。その玄門立柱石と奥壁との距離が奥行となるから、2.82mである。

　なお、内側に倒れこんだ仮称前室の側壁のため梱石の西端を検出することができなかったが、その長さは玄室の内側の幅と同じであると推定する。

　仮称前室には、側壁が存在したことは確実である。玄室前に、内側に倒れこんでいる雲母片岩の板石が厚さ20cm近くあるため、玄門立柱石ではなく、西側壁と判断した。仮称前室の東側壁の抜取痕は床面で容易に認識でき、床面サブトレンチでも層位的に確認できた。玄室東側壁の延長線上に位置する。西側壁は認識が難しいが、倒れこんだ側壁の根本が玄室西側壁の延長線上にあるため、仮称前室の幅は玄室の幅と同一と判断した。しかしながら、仮称前室の奥行を確定することはできなかった。東側壁抜取痕の長さは約1.4mであったが、この痕跡の長さがこの仮称前室の奥行であるかは、わからない。というのは、この痕跡より墳裾側が、埋葬施設を大日信仰の祠に改造した際に全体的に破壊されているからである。したがって、もし仮称前室にとりつく羨道があったとすると、羨道に関しては一切不明である。仮称前室が羨道の一部であれば、その幅は玄室の幅と同一であったといえる。

　ただ、気になるのは、側壁抜取痕から墳裾方向に、側壁抜取痕を確認することができなかったことである。仮称前室より少し高いレヴェルの床面を有する羨道がとりついていた可能性も指摘しておきたい。　　　　（佐々木）

第3項　墳丘の復元（第54・55図）

　発掘調査は横穴式石室とその前庭部に相当する場所に限られたため、墳丘の復元も測量調査の成果のみに基づいて行った。

　まず、後円部の中心点を求める。北側では墳裾・テラス部分・墳頂平坦面のいずれも良好に残っていた。この

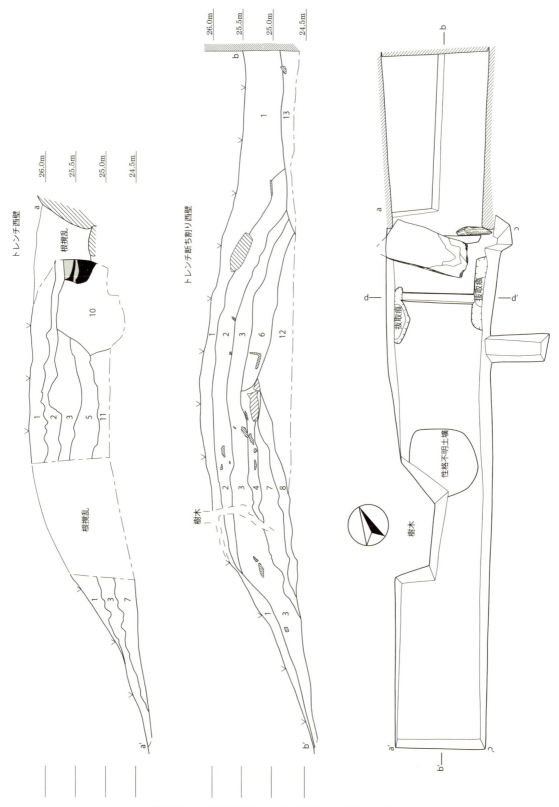

第52図　大日塚古墳トレンチ平面図・セクション図

第 2 節　横穴式石室の発掘調査

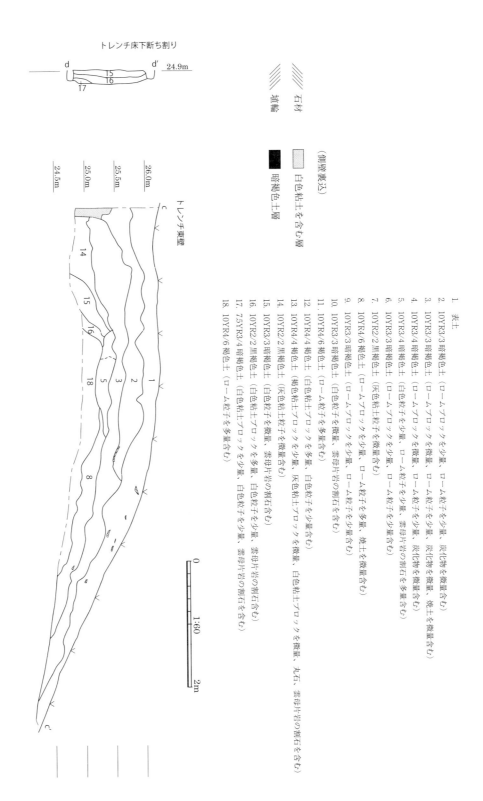

1. 表土
2. 10YR3/3 暗褐色土（ロームブロックを少量、ローム粒子を少量、炭化物を微量含む）
3. 10YR3/3 暗褐色土（ロームブロックを微量、ローム粒子を少量、炭土を微量含む）
4. 10YR3/4 暗褐色土（ロームブロックを微量、ローム粒子を少量、炭化物を微量含む）
5. 10YR3/4 暗褐色土（白色粒子を少量、ローム粒子を少量、雲母片岩の割石を微量含む）
6. 10YR3/3 暗褐色土（ロームブロックを少量、ローム粒子を少量含む）
7. 10YR2/2 黒褐色土（灰色粘土粒子を微量、ローム粒子を少量含む）
8. 10YR4/6 褐色土（ロームブロックを少量、ローム粒子を多量、焼土を微量含む）
9. 10YR3/3 暗褐色土（ロームブロックを少量、ローム粒子を少量、雲母片岩の割石を含む）
10. 10YR3/3 暗褐色土（ローム粒子を多量含む）
11. 10YR4/6 褐色土（白色粒子を微量、雲母片岩の割石を少量含む）
12. 10YR4/4 暗褐色土（白色粘土ブロックを多量、白色粒子を少量含む）
13. 10YR4/4 暗褐色土（褐色粘土ブロックを多量、灰色粘土ブロックを微量、白色粘土ブロックを微量、丸石、雲母片岩の割石を含む）
14. 10YR3/3 暗褐色土（白色粒子を微量、雲母片岩の割石を含む）
15. 10YR3/3 暗褐色土（白色粒子を微量、雲母片岩の割石を含む）
16. 10YR2/2 黒褐色土（白色粘土ブロックを多量、白色粒子を多量、雲母片岩の割石を含む）
17. 7.5YR3/4 暗褐色土（白色粘土ブロックを少量、白色粒子を少量、雲母片岩の割石を含む）
18. 10YR4/6 暗褐色土（ローム粒子を多量含む）

第4章 大日塚古墳の調査

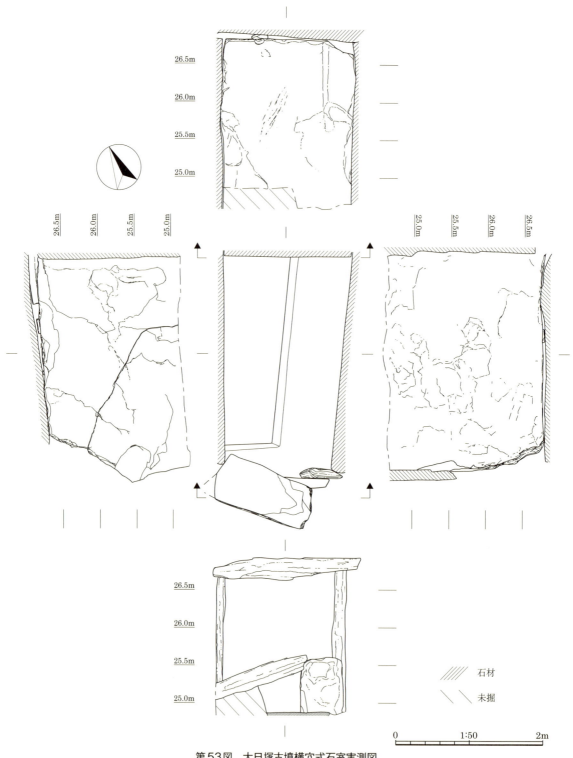

第53図 大日塚古墳横穴式石室実測図

第 2 節　横穴式石室の発掘調査

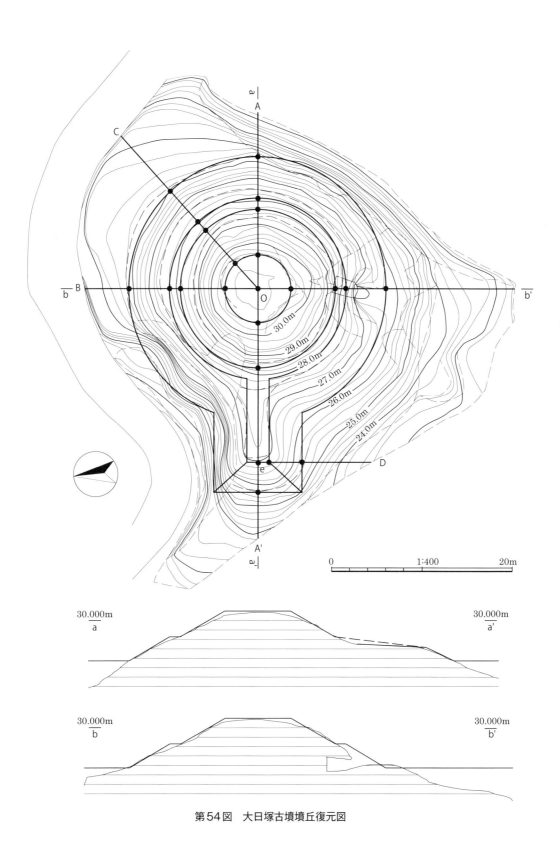

第54図　大日塚古墳墳丘復元図

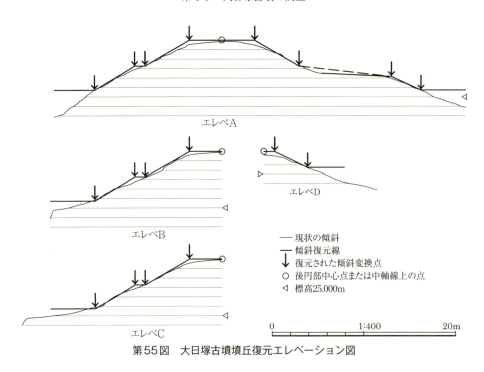

第55図　大日塚古墳墳丘復元エレベーション図

ため、墳丘北側の傾斜変換線に合わせて正円を復元し、中心Oを仮決定した。

　次に、墳丘の遺存状態が良好な部分の3点A・B・Cをとり、エレベーション図A－A'・B－O・C－Oを作成した。墳頂最高点の標高30.807mを墳頂平坦面の標高と仮定し、エレベーション図から復元できた墳丘傾斜線（傾斜角30°）との交点を墳頂平坦面の縁部とした。墳裾の標高は25.500m～26.000m付近と想定し、現状の墳丘斜面から30°の傾斜角をもつ墳丘の復元線と地表面との交点を墳裾と仮定する。

　この作業をそれぞれのエレベーション図（A－A'・B－O・C－O）で行い、3点ずつ墳裾と墳頂平坦面の縁部を導き出した。墳裾の3点すべてを通る正円と、墳頂平坦面の3点すべてを通る正円の中心が重なる点を求めた。重なった点を中心としたとき、墳頂平坦面径7.2m、後円部径28.0mと復元できる。

　また、本古墳では、標高27.500m前後のレベルでテラスが確認されている。最も良好に遺存すると考えられるエレベーション図（B－O）から、テラスを復元した。上段の復元線と27.500mの交点を墳丘上段の径とした。テラスは水平であるという前提に基づき、墳丘下段の傾斜復元と標高27.500mの交点を作成し、テラス部幅を導き出した。

　中軸線は、次の2点に基づき導き出した。第1は後円部中心点である。第2は前方部平坦面幅を二等分した点である。この2点から復元した中軸線上に、後円部から前方部に向かって舌状に張り出す部分の頂点が乗る。このことから、この復元中軸線が妥当であることが裏付けられる。

　前方部の復元は、中軸線上のエレベーション図（エレベーション図A－A'）をもとに行った。前方部墳頂平坦面は水平でなく、約5°傾斜している。前方部墳頂平坦面から前方部前端にかけての傾斜角は約25°であることを確認した。後円部・前方部の現状の接続部から前方部前端に向けて5°の傾斜線を引くと、現状の前方部最高点と交わることがわかった。この線を墳頂平坦面として復元する。次に、前方部前端付近の傾斜変換線のレベルから、裾部が標高25.500m～25.750mと推定した。復元した墳丘傾斜線（傾斜角25°）と地表面との交点から前方部前端を復元し、前方部前端の復元線と墳頂平坦面との交点を墳頂平坦面前端とした。

　さらに、墳頂平坦面前端から中軸線に対して垂直線を南側へ延長したエレベーション図（D－e）を作成した。エレベーション図上では、前方部平坦面から、前方部側縁にかけての傾斜角は約25°である。南側縁の墳裾も傾斜変換線に基づき、標高25.500m～25.750m付近と推定した。墳丘の傾斜を25°と復元し、地表面の交点から前

方部側縁を確定させた。エレベーション図（D−e）において、墳頂平坦面南側縁部は、前述の傾斜変換線と墳頂平坦面との交点とした。北側は削平により遺存状態が悪く、復元が難しかったため、南側を反転させ、前端部幅9.6m、墳頂平坦面前端幅2.4mを導き出した。なお、くびれ部は残りが不明瞭であったため、前方部前端幅をくびれ部幅として復元した。

以上の復元作業から、導き出された墳丘規模をまとめておく。

墳丘長：35.6m

後円部径：28.0m　　　後円部墳頂平坦面径：7.2m

後円部上段径：16.8m　　後円部テラス部幅：1.2m

前方部長：7.6m　　　前方部幅：9.6m　前方部墳頂前端幅：2.4m

最後に、本古墳の特徴について指摘する。テラスが後円部高のほぼ半分のところに位置する2段築成である。同様の特徴をもつ帆立貝形古墳として、小美玉市（旧玉里村）の雷電山古墳や愛宕塚古墳を挙げることができる。これらは墳頂平坦面径：墳丘上段径：後円部径が1：2：3となり、6分割原理が働いていると想定できる。しかしながら本古墳では、墳頂平坦面径：墳丘上段径：後円部径は1：2.3：3.9である。さらに、後円部径：前方部長＝3.7：1となり、前方部・後円部ともに6分割原理が働いていたとは考えがたい。

(中村)

第3節　遺　物

第1項　埴　輪（第56～62図、第9表）

2度にわたる発掘調査によって、本古墳からは700点を超える多量の埴輪片が出土した。器種としては朝顔形埴輪、円筒埴輪、人物埴輪、家形埴輪、動物埴輪がある。内訳は、朝顔形を含む円筒埴輪片638点、形象埴輪片105点で、少なくとも人物埴輪4個体、家形埴輪3個体が存在する。

残存状態の良い人物埴輪3個体および家形埴輪1個体は、玄門立柱石から羨道側に2.3m以内の範囲から出土している。未確定ではあるものの、この埴輪の集中区は前室もしくは羨道部にあたる箇所であり、いずれの個体も床面直上より出土していないことから、本来の樹立位置を留めていないことは明らかである。

A．朝顔形埴輪（第56図）

1は朝顔形埴輪の頸部片である。内外面ともにナデ調整が施されており、突帯は断面M字形を呈す。2は朝顔形埴輪の肩部片で、頸部に向かい内湾する様子がうかがえる。一定程度残存していたことから、突帯部径27cmで反転復元を行った。外面はタテハケ後にナデ調整、内面はナデ調整を施す。突帯は断面M字形を呈しており、突帯上側には横長の楕円形となる透孔が残存している。

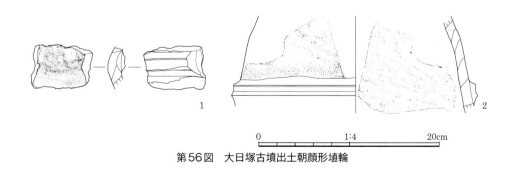

第56図　大日塚古墳出土朝顔形埴輪

B．円筒埴輪（第57図）

3〜10はいずれも普通円筒埴輪の口縁部である。いずれも口唇部をナデによって成形し、外面を一次調整のタテハケ、内面をユビナデによって調整しているが、5のみ内面をヨコハケで調整している。口唇部の断面は断面がM字状になるものが多いが、8のみ断面三角形となっている。

11〜13は胴部片である。外面は一次調整のタテハケ、内面はユビナデによって調整されている。11は突帯と透孔が残存しており、突帯の断面はM字形で稜がやや丸みを帯びている。また、透孔はやや横に長い楕円形になる。12も突帯と透孔が残存している破片で、突帯は断面M字形で大きく突出させている。透孔は円形で、他の個体と比べやや小ぶりである。13は突帯の残る破片で、突帯は明確な稜をもつ断面M字形である。また断面形はやや外反している。

14の底部片は、発掘調査資料と測量調査時の表採資料が接合したものである。残存高20.3cm、第一突帯までの高さは13cmで、第1段の高さが確認できる唯一の資料である。外面は一次調整のタテハケ、内面はユビナデにより調整され、底部調整が行われていないため内面に粘土がはみ出している。下端部付近には焼成不良による黒斑が見られ、底部は2枚の粘土板を貼り合わせることで成形している。

C．形象埴輪（第58〜62図）

先述の通り、本古墳では2度の発掘で出土した105点のほか、2007年度の測量調査時に1点破片を採集している。小規模なトレンチ調査にもかかわらず残存状態の良い資料が非常に多く出土しており、本書が刊行される2018年2月現在も整理作業を続けている。しかし、学術的価値が高い資料であることから、現段階において資料化が完了した資料24点を報告する。

なお本稿においては、入母屋造の家形埴輪屋根部のうち、壁体部と接合し、軒が表現される下側を「下屋根」、破風板や千木などが表現される上側を「上屋根」と呼称する。また、家形埴輪のうち入り口等が表現される幅広の側を桁方向、いわゆる側面側を梁方向として扱う。

人物埴輪　15は腕、髷を欠失した人物埴輪で、顔面に赤彩が残ることや首飾りが表現され、また胴部には乳房の剥離した痕跡が見られることから、女子の人物埴輪と考えられる。成形は粘土紐積み上げによるものとみられ、胴部下半より下はタテハケ、それより上部はユビナデにより調整される。内面は全面ナデ調整が施されるが、一部にユビオサエも確認できる。両脇に透孔が穿孔されており、いずれも工具で刳り抜かれた後にナデ調整が施されている。内外面に残るナデ調整からして、胴部成形が終了した後で穿孔、調整が行われたものと思われる。頭部も粘土紐積み上げにより成形され、後頭部を開放し残した状態で別作りの髷により閉塞している。目と鼻は刳り抜きにより表現されるが、耳・鼻・眉は粘土貼り付けにより成形される。耳には工具の押し当てによる耳孔の表現があるが、内面までは貫通しない。右耳には耳環が半分ほど残っており、左耳にも剥離痕が確認できることから、耳環は両耳に存在していたと思われる。顎は頭部成形がある程度完了した段階において外面に粘土を付加することで立体感を表現している。顔面には赤彩表現が明瞭に残っている。眉表現の粘土の稜線に沿うように幅3mmほどの直線状に施されるほか、目および口から下方へと幅5mmでこちらも線状に施されている。鼻の先端部にもわずかに赤彩が残っている。髷は粘土板により成形されている。端部がすべて欠失しているため形状の復元はできないが、中央に半円状の抉りをもつことから、分銅形と考えられ、髷の中央には髪結いの表現が残る。また、頭頂部には粘土の貼り付けによる櫛の表現も確認できる。胴部以下には装飾表現があまり見られないものの、先述の通り頸部には径1.2〜1.5cmほどの粘土粒による首飾りの表現が見られる。いずれも指での押圧により貼り付けられており、背面側では剥離痕が観察できないことから、前面および側面にのみ装飾されていたものと思われる。なお、腕は欠失しているものの、肩付近の残存状態から両腕を前に突き出すような所作をしていたと考えられる。

16は腰部から上が残存している人物埴輪で、頭部に髷表現が見られること、また胸部に乳房の表現があるこ

第3節 遺物

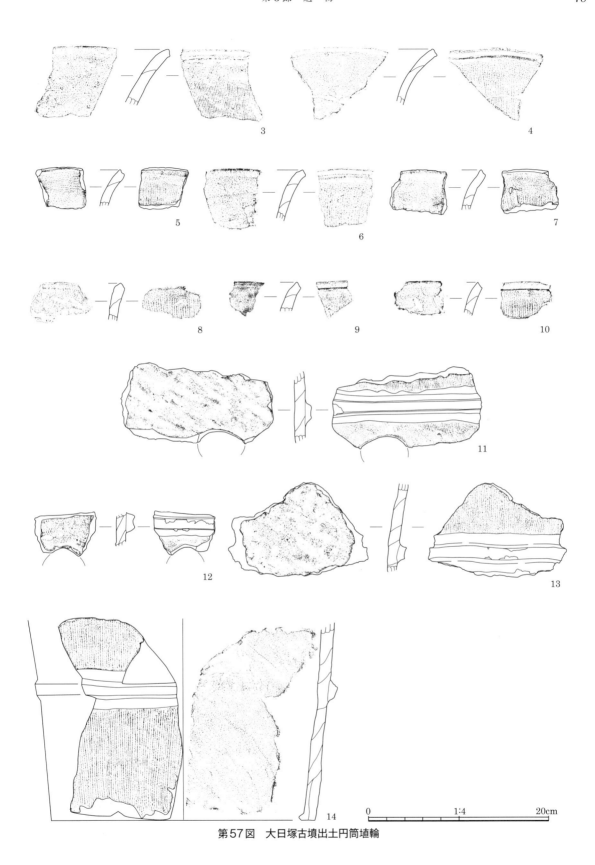

第57図　大日塚古墳出土円筒埴輪

第4章　大日塚古墳の調査

第9表1　大日塚古墳出土埴輪観察表

No.	器種	部位	計測値 (cm) 残存高	計測値 (cm) 幅・径	調整	胎土	焼成	色調	備考
1	朝顔形	頸部 （突帯）	4.8	—	ナデ ナデ	透明粒子（〜0.5mm）多量 白色粒子（〜1mm）少量 黒色粒子（〜0.5mm）少量	良好	にぶい黄橙（Hue10YR 7/3） にぶい黄橙（Hue10YR 7/4）	
2	朝顔形	肩部 （突帯・透孔）	10.4	(27.0)	タテハケ、ナデ ナデ	透明粒子（〜0.5mm）少量 白色粒子（〜1mm）多量 黒色粒子（〜0.5mm）多量	良好	にぶい黄橙（Hue10YR 7/4） にぶい黄橙（Hue10YR 6/3）	
3	円筒	口縁	6.8	—	タテハケ、ナデ ナデ	透明粒子（〜0.5mm）少量 白色粒子（〜1mm）多量 黒色粒子（〜0.5mm）多量	良好	淡黄（Hue2.5Y 8/3） 淡黄（Hue2.5Y 8/4）	
4	円筒	口縁	6.0	—	タテハケ、ナデ ナデ	半透明粒子（〜0.5mm）微量 白色粒子（〜0.5mm）少量 黒色粒子（〜0.5mm）多量 赤色粒子（〜0.5mm）微量	良好	浅黄橙（Hue10YR 8/4） 浅黄橙（Hue10YR 8/4）	
5	円筒	口縁	4.5	—	タテハケ、ナデ ヨコハケ	透明粒子（〜0.5mm）少量 白色粒子（〜1mm）多量 黒色粒子（〜0.5mm）多量	良好	橙（Hue7.5YR 6/6） 橙（Hue7.5YR 6/7）	
6	円筒	口縁	5.7	—	タテハケ、ナデ ナデ	半透明粒子（〜1mm）多量 白色粒子（〜1mm）多量 黒色粒子（〜0.5mm）多量	良好	浅黄（Hue2.5Y 7/3） 浅黄（Hue2.5Y 7/3）	
7	円筒	口縁	4.5	—	タテハケ、ナデ ナデ	半透明粒子（〜0.5mm）多量 白色粒子（〜0.5mm）多量 黒色粒子（〜0.5mm）多量	普通	にぶい黄橙（Hue10yR 6/4） にぶい黄橙（Hue10yR 6/4）	
8	円筒	口縁	4.1	—	タテハケ、ナデ ナデ	半透明粒子（〜0.5mm）少量 黒色粒子（〜0.5mm）多量 赤色粒子（〜0.5mm）微量	良好	明黄褐（Hue10YR 7/6） 明黄褐（Hue10YR 7/6）	
9	円筒	口縁	3.4	—	タテハケ、ナデ ナデ	半透明粒子（〜0.5mm）少量 白色粒子（〜1mm）多量	良好	にぶい黄褐（Hue10YR 7/4） 灰オリーブ（Hue5Y 5/2）	
10	円筒	口縁	3.6	—	タテハケ、ナデ ナデ	半透明粒子（〜0.5mm）多量 白色粒子（〜0.5mm）微量 黒色粒子（〜0.5mm）多量	良好	明黄褐（Hue10YR 7/4） 明黄褐（Hue10YR 7/4）	
11	円筒	胴部 （突帯・透孔）	7.0	—	タテハケ ナデ	半透明粒子（〜0.5mm）微量 白色粒子（〜0.5mm）少量 黒色粒子（〜0.5mm）多量 赤色粒子（〜0.5mm）微量	良好	明黄褐（Hue10YR 7/6） 浅黄橙（Hue10YR 8/4）	
12	円筒	胴部 （突帯・透孔）	4.5	—	タテハケ ナデ	半透明粒子（〜2mm）多量 白色粒子（〜0.5mm）少量 黒色粒子（〜0.5mm）多量 赤色粒子（〜0.5mm）微量	良好	橙（Hue5YR 7/8） 橙（Hue7.5YR 7/6）	
13	円筒	胴部 （突帯）	9.9	—	タテハケ ナデ	半透明粒子（〜2mm）多量 白色粒子（〜0.5mm）微量 黒色粒子（〜0.5mm）多量	良好	明黄褐（Hue10YR 7/6） 明黄褐（Hue10YR 6/6）	
14	円筒	底部 （突帯）	20.3	(28.6)	タテハケ ナデ	半透明粒子（〜0.5mm）少量 白色粒子（〜1.5mm）多量 黒色粒子（〜0.5mm）多量	良好	黄橙（Hue10YR 8/6） にぶい黄橙（Hue10yR 6/4）	
15	人物（女子）	頭〜腰部	42.2	31.0	ナデ、タテハケ ナデ	透明粒子（〜2mm）多量 半透明粒子（〜2mm）多量 白色粒子（〜2mm）多量 黒色粒子（〜2mm）多量	良好	浅黄橙（Hue10YR 8/4） 明黄褐（Hue10YR 7/6）	
16	人物（女子）	頭〜腰部	46.7	33.7	ナデ ナデ	透明粒子（〜2mm）多量 半透明粒子（〜2mm）多量 白色粒子（〜2mm）多量 黒色粒子（〜2mm）多量	良好	黄橙（Hue10YR 8/6） 明黄褐（Hue10YR 7/6）	
17	人物（女子）	頭〜衣服裾部	58.4	30.6	ナデ、タテハケ ナデ	透明粒子（〜2mm）多量 半透明粒子（〜2mm）多量 白色粒子（〜2mm）多量 黒色粒子（〜2mm）多量	良好	黄橙（Hue7.5YR 7/8） 橙（Hue7.5YR 7/6）	
18	人物	腕	18.5	—	ナデ	透明粒子（〜1.5mm）少量 半透明粒子（〜2mm）多量 白色粒子（〜2mm）多量 黒色粒子（〜0.5mm）多量	普通	黄橙（Hue10YR 7/8） 明黄褐（Hur10YR 6/6）	
19	人物	腕	17.7	—	ナデ	透明粒子（〜2mm）多量 半透明粒子（〜2mm）多量 白色粒子（〜2mm）多量 黒色粒子（〜2mm）多量	良好	黄橙（Hue7.5YR 7/8）	

第9表2　大日塚古墳出土埴輪観察表

No.	器種	部位	計測値 (cm) 残存高	幅・径	調整	胎土	焼成	色調	備考
20	人物	腕	11.9	—	ナデ	透明粒子（～1.5mm）少量 半透明粒子（～1mm）多量 白色粒子（～1mm）多量 黒色粒子（～0.5mm）多量	普通	にぶい黄橙（Hue10YR 7/4） 明黄褐（Hue10YR 7/6）	
21	人物	手	8.9	—	ナデ	透明粒子（～1mm）多量 半透明粒子（～1mm）少量 白色粒子（～2mm）少量 黒色粒子（～0.5mm）多量	良好	淡黄（Hue2.5Y 8/4） 黄褐（hue2.5Y 5/4）	
22	人物	手	8.4	—	ナデ	透明粒子（～1.5mm）少量 半透明粒子（～1mm）多量 白色粒子（～1mm）多量 黒色粒子（～0.5mm）多量	良好	淡黄（Hue2.5Y 8/4） 黄褐（hue2.5Y 5/4）	
23	人物	手	5.3	—	ナデ	透明粒子（～1mm）少量 半透明粒子（～0.5mm）多量 白色粒子（～1mm）多量 黒色粒子（～0.5mm）多量	良好	黄橙（Hue10YR 8/6） 灰黄（Hue10YR 7/2）	
24	人物	手	10.8	—	ナデ	透明粒子（～1mm）多量 白色粒子（～1.5mm）多量 黒色粒子（～0.5mm）多量	良好	にぶい黄橙（Hue10YR 6/4）	腕飾の表現あり
25	人物	手	8.4	—	ナデ	半透明粒子（～1mm）多量 白色粒子（～2mm）多量 黒色粒子（～0.5mm）多量 赤色粒子（～0.5mm）微量	良好	黄橙（Hue10YR 8/6）	
26	人物？	衣服裾部か	8.0	—	タテハケ、ナデ / ナデ	透明粒子（～1mm）多量 白色粒子（～1.5mm）多量 黒色粒子（～0.5mm）多量	普通	黄橙（Hue10YR 8/6） にぶい黄橙（Hue10YR 7/4）	外面に彩色（黒色）あり
27	人物？	衣服裾部か	9.1	—	タテハケ、ナデ / ナデ	透明粒子（～1mm）多量 白色粒子（～1.5mm）多量 黒色粒子（～0.5mm）多量	良好	明黄褐（Hue10YR 7/6） にぶい黄橙（Hue10YR 6/4）	29と接合
28	人物？	衣服裾部か	9.8	—	タテハケ、ナデ / ナデ	透明粒子（～1mm）多量 白色粒子（～1.5mm）多量 黒色粒子（～0.5mm）多量	良好	淡黄（Hue2.5Y 8/4） 明黄褐（Hue10YR 7/6）	
29	人物？	衣服裾部か	8.5	—	タテハケ、ナデ / ナデ	透明粒子（～1mm）多量 白色粒子（～1.5mm）多量 黒色粒子（～0.5mm）多量	良好	明黄褐（Hue10YR 7/6） にぶい黄橙（Hue10YR 6/4）	27と接合
30	人物？	衣服裾部か	9.4	—	タテハケ、ナデ / ナデ	透明粒子（～1mm）多量 白色粒子（～1.5mm）多量 黒色粒子（～0.5mm）多量	不良	黄橙（Hue10YR 7/8） 明黄褐（Hue10YR 7/6）	
31	動物	脚部	10.1	(10.0)	ナデ、タテハケ / ナデ	透明粒子（～1mm）多量 白色粒子（～1mm）多量 黒色粒子（～0.5mm）少量	普通	にぶい黄橙（Hue10YR 7/4） 黄褐（Hue10YR 5/6） 明黄褐（Hue10YR 7/6）	
32	動物？	脚部か	11.0	—	ナデ / ナデ	半透明粒子（～0.5mm）微量 白色粒子（～0.5mm）多量 黒色粒子（～0.5mm）微量 赤色粒子（～1mm）多量	普通	黄橙（Hue7.5YR 7/8） 橙（Hue7.5YR 6/8）	
33	動物？	馬形の障泥か	9.8	—	ナデ / ナデ	半透明粒子（～1mm）少量 白色粒子（～1mm）多量 黒色粒子（～0.5mm）多量 赤色粒子（～0.5mm）少量	良好	明黄褐（Hue10YR 7/6） 明黄褐（Hue10YR 7/6）	
34	家	復元完形	〈100.8〉	—	タテハケ、ナデ / ナデ	透明粒子（～2mm）多量 白色粒子（～1mm）少量 黒色粒子（～1mm）多量	良好	明黄褐（Hue10YR 6/6） 黄褐（Hue10YR 6/6）	外面に彩色（黒色・赤色）あり
35	家	入母屋造り上屋根部	23.6	—	ナデ / ナデ	半透明粒子（～1mm）多量 白色粒子（～1mm）多量 黒色粒子（～0.5mm）多量 赤色粒子（～0.5mm）少量	普通	明黄褐（Hue10YR 7/6） 明黄褐（Hue10YR 6/6）	外面に彩色（赤色）あり
36	家	入母屋造り上屋根部	13.2	—	ナデ / ナデ	透明粒子（～1mm）少量 白色粒子（～1mm）少量 黒色粒子（～0.5mm）多量	良好	黄橙（Hue10YR 8/6） 明黄褐（Hue10YR 7/6）	外面に彩色（赤色）あり
37	家	入母屋造り上屋根部	10.2	—	ナデ / ナデ	透明粒子（～0.5mm）少量 白色粒子（～0.5mm）少量 黒色粒子（～0.5mm）多量	普通	黄橙（Hue10YR 8/6） 黄橙（Hue10YR 8/6）	
38	家	家形埴輪上屋根基部か	13.8	—	ナデ / ナデ	半透明粒子（～0.5mm）多量 白色粒子（～1mm）多量 黒色粒子（～2mm）多量 赤色粒子（～0.5mm）少量	普通	明黄褐（Hue10YR 7/6） 橙（Hue7.5YR 6/8）	外面に彩色（赤色）あり

となどから女子と推測する。胴部、頭部ともに粘土紐積み上げにより成形され、外面は全面をナデにより調整しているものと考えられるが、肩部および頸部周辺は風化しており判然としない。内面も丁寧にナデ調整が施されており、ほとんど粘土の積み痕を確認することができない。肩から上腕にかけても連続して粘土紐を回し成形しているが、取り回しがききにくいため他と比べ調整が粗雑である。両脇には透孔が開けられるが、孔の下半は丁寧にナデ調整される。孔の上半に粘土の寄りが確認できないことから、下端を起点として穿孔を行い、残った粘土をナデ調整によって整えたものと思われる。頭部は積み上げによって後頭部以外を成形し目、口を穿孔によって表現した後に、後頭部に板状の髷を貼り付けることで閉塞している。鼻、耳、眉は粘土貼り付けによって表現され、顎も頭部成形後に粘土を付加して立体感を表現する手法を採用している。顔には15と同様に眉、口に線状の赤彩が施されるが、頬には面的に赤彩が施される。髷は欠失しているものの分銅形になるものと思われ、髪結いの表現などはないが頭頂部には粘土を貼り付けて櫛の表現を施している。15と比べ装飾が多く、胸部には径1cmほどの粘土粒が×字状に貼り付けられている。肩付近の表面が風化してしまっているため、どのように回っているのかは明らかではないが、いずれも背面の頸部中央に収束している。頸部には径1cmほどの小ぶりの粘土と粒径1.5cmほどの大ぶりな粘土粒が上下二段に分かれ貼り付けられており、背面の一部には勾玉状の粘土も確認できる。また、耳にも径1cmほどの粘土粒が貼り付けられている。粘土粒は大半が剥離してしまっているが、明瞭な剥離痕が観察できるため、いずれの表現も正面から背面にかけて施されていたものと思われる。腕は欠失しているものの、本例もまた肩付近の残存状態から両腕を前に突き出すような仕草をしていたと考えられる。

17は顔部が欠失している人物埴輪で、頭部に髷表現が見られることなどから女子と推測した。全体を粘土紐の積み上げにより成形しており、腰部以下をタテハケ、腰部以上をナデにより調整している。内面はナデにより調整しているが、積み痕が残るなどほかと比べやや雑である。両脇には透孔が開けられるが、ほかの埴輪が径4cm程度なのに対して本例は径が2cmほどとかなり小ぶりで、穿孔後は調整を施していない。頭部は頭頂部まで粘土を積み上げて成形し、板状の髷によって閉塞している。髷は分銅形で、頭頂部に髪結いの表現がある。胸部には径0.9cmほどの粘土粒を×字状に貼り付け胸飾りを表現しているほか、首には幅1.7cmほどの粘土帯の上下に、それぞれ径1cm、径1.3cmの粘土粒を貼り付け首飾りを表現している。首飾りは背面側も表現がある一方で胸飾りは正面のみに表現されていることから、装飾に作り分けがあったことがうかがえる。本個体のみ腕が接合しており、胸の前で掌を上に向ける仕草をとっていたことがわかる。ただし、指先および片腕を欠失しているため、何かを捧げ持つ所作であったかは明らかでない。15・16と異なり腰部が強く括れるほか、かなり小型であり、また頭部の閉塞技法が異なるなど技法的な差が目立つ。

18～25は人物埴輪の腕部である。18は左腕である。15～17のいずれとも接合しなかったため、上記とは別の個体のものと考えられる。親指以外の指を欠失しているものの、比較的残存状態は良好である。腕全体は粘土板を丸めた中実技法で成形しており、全面に丁寧なナデ調整を施している。ほかの腕よりも強く湾曲し、掌は平たく成形されている。19は右腕である。接合はしないものの、胎土や焼成などから17と同一個体とみられる。腕全体を中実に成形し、ナデ調整を施している。手の下側には乾燥用の支持棒と見られる圧痕が残っている。20は上腕部の破片である。15～17のいずれとも接合せず、前腕部を欠失していることから、左右どちらの腕かは判別できなかった。腕全体を中実に成形し、ナデ調整を施している。21は前腕部の破片である。上腕部を欠失しているため確実ではないが、掌が平らに作られていることや親指の付き方などから、右腕の破片だと考えられる。粘土板を丸めた中実技法により成形され、外面は丁寧なナデ調整を施している。なお、親指以外の四指に関しては、個別に成形するのではなく一括して丸く成形した後に指間を切り取る手法を採用している[1]。22は前腕部の破片である。左腕の破片とみられ、焼成や胎土、製作技法などから21と同一個体であると考えられる。粘土板を丸めた中実技法により成形され、ナデ調整が施されている。21同様、四指は一括成形後に切り取ることで成形している[2]。23は前腕部の破片である。指および掌の表現から左腕と考えられる。上腕部および五指の端

第3節 遺物

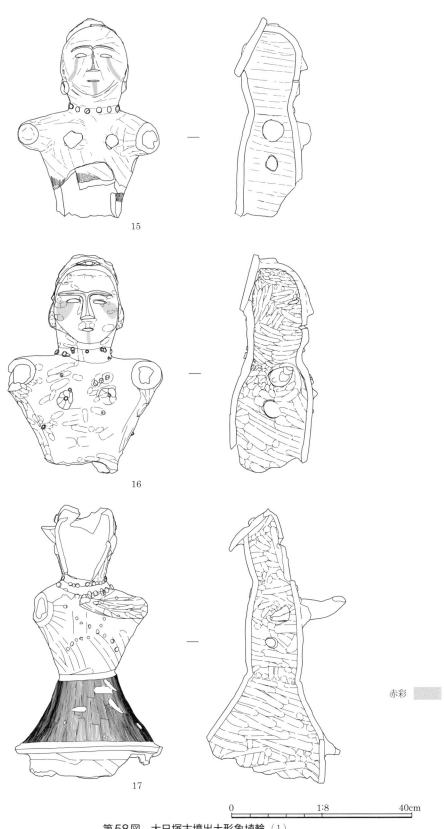

第58図 大日塚古墳出土形象埴輪（1）

第4章　大日塚古墳の調査

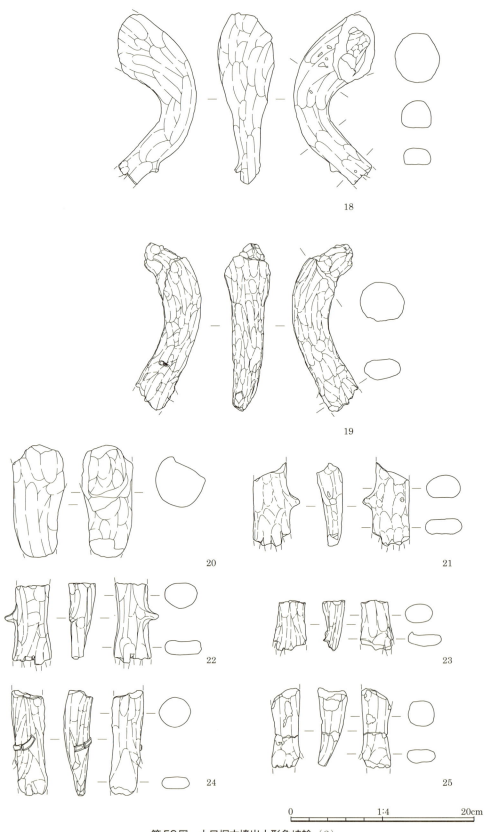

第59図　大日塚古墳出土形象埴輪（2）

第3節 遺 物

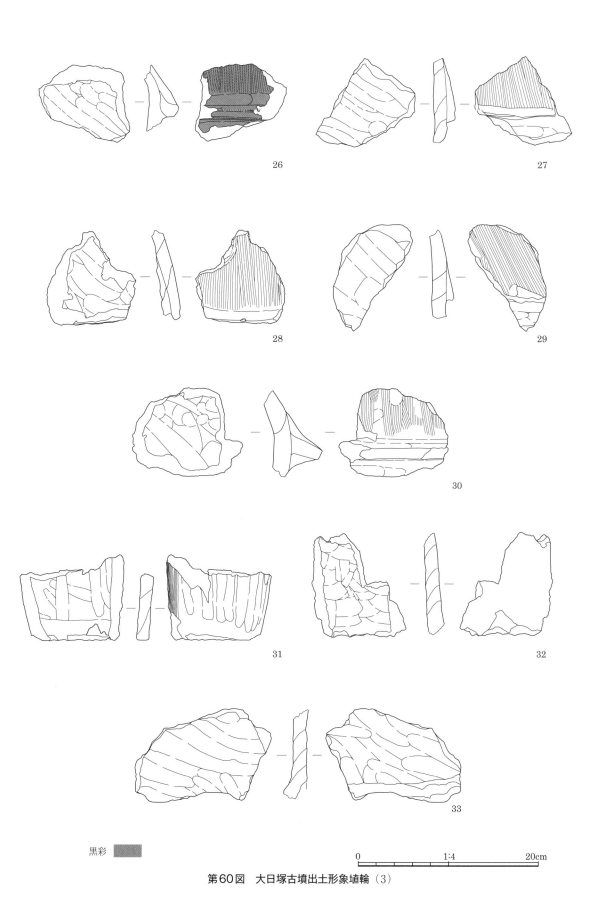

黒彩

0　　　　1:4　　　　20cm

第60図　大日塚古墳出土形象埴輪（3）

部を欠失している。他の破片と異なり親指が掌側へ湾曲しているほか、他の四指も折り曲げられ何かを掴むような所作を表現していると思われる。粘土板を丸めた中実成形で、外面はナデ調整が見られる。24は右前腕部の破片である。上腕部および五指を欠失している。中実成形で外面はナデ調整が施される。一部には腕飾りを表したと思われる幅5～6mmの粘土紐が貼り付けられている。25は右前腕部の破片である。上腕部および五指を欠失している。中実成形で外面にはナデ調整が施される。掌は平たく整形され、やや強く内湾している。

人物と考えられる形象埴輪　26は人物埴輪の衣服裾部と考えられる。粘土紐積み上げにより成形され、外面はタテハケ後に端部整形のヨコナデ、内面は斜方向のユビナデ調整が施されている。外面には黒色の彩色が施されているが、15～17のいずれにも黒彩は見られないことから、別個体の可能性が指摘できる。27は人物埴輪の衣服裾部と考えられる。粘土紐積み上げにより成形され、外面はタテハケ後に端部整形のためのヨコナデ、内面は斜方向のナデ調整が施される。端部の突出は弱く、基部に貼り付くような形で成形されている。一体成形の双脚人物埴輪の衣服裾および脚部の可能性が考えられ[3]、玉里舟塚古墳にて類例が報告されている（佐々木・忽那2015）。28は人物埴輪の衣服裾部と考えられる。粘土紐積み上げ成形で、外面はタテハケ後に端部整形のためのヨコナデ、内面は斜方向のナデ調整が施される。外面の左側上部に円形のナデ調整が確認できることから、粘土貼り付けにより何らかの装飾がなされていたことがうかがえる。27・29同様に端部の突出は弱い。29は人物埴輪の衣服裾部と考えられる。粘土紐積み上げ成形で、外面はタテハケ後に端部整形のためのヨコナデ、内面は斜方向のナデ調整が施される。衣服の裾端部の突出は弱い[4]。30は人物埴輪の衣服裾部と考えられる。粘土紐積み上げ成形で、外面はタテハケ後に端部整形のためのヨコナデ、内面は斜方向のナデ調整が施される。26～29と比べ端部の突出が強く接合方法が異なることから、家形埴輪の可能性もある。

動物埴輪　31は動物埴輪の脚部と考えられる。粘土紐積み上げ成形で、外面はユビナデおよびタテハケ、内面はナデ調整が施されている。底部50％ほどが残存しており、底径は10cmほどに復元できる。

動物と考えられる形象埴輪　32は動物埴輪の脚部と考えられる。径が小さく、また他の人物埴輪都は焼成や胎土が異なる。粘土紐積み上げにより成形され、内外面ともにナデ調整が施されているが、外面は風化が進み明瞭でない。内面は細かいピッチで丁寧に調整が施されている。33は馬形埴輪の障泥と考えられる破片である。鐙等は確認できなかったが、湾曲具合が緩やかであり、粘土紐積み上げにより成形され、内外面ともに丁寧にナデ調整が施されている。外面下部には直線状の剥離が見られ、垂下させていた粘土が剥離したことがうかがえる。

家形埴輪　34は高さ100.8cmの完形に復元できた家形埴輪である。焼成にはムラがあり、上屋根に向かうほど良好な焼成になっている。現存する部分での最大値は、壁体部で桁方向65.6cm、梁方向37.6cm、下屋根軒部では桁方向63.6cm、梁方向44.2cm、上屋根部で桁方向56.9cm、梁方向40.1cmである。壁面には現状で5条の突帯が確認でき、わずかに貼り付けのヨコナデが確認できることから6条目が存在したことがうかがえる。基底部は欠失しているため不明であるが、基本的に薄い粘土板を積み上げて隅丸方形ないしは楕円状に成形、タテハケ調整を施し、四隅に粘土を貼り付けて角を明瞭に表している。内面は斜位のナデ調整が施される。壁体部を下屋根との接合面まで積み上げた後は、下屋根部の基部となる断面台形の粘土を被せ、軒部も成形する。下屋根も外面をタテハケにより調整するが、端部は整形のためのナデ調整が見られる。また、内面は斜位のナデ調整である。なお、下屋根においても四隅に半円状の粘土を貼り付けて角表現をしている。下屋根と上屋根の接合部には幅3.1cmほどの粘土帯を各面1枚ずつ回し、角でそれぞれを貼り合わせていたことが確認できる。なお、基本的にナデにより貼り付けが行われているものの、この粘土帯のみ押圧による貼り付けである。上屋根は乾燥期間をおかずに積み上げたためか、直立せずわずかに歪む。外面はヨコハケおよびナデ、内面は縦位、斜位のナデにより調整されている。また、破風板は上屋根の成形後に貼り付けられ、最大で3cm程度突出する。なお、下屋根から上部に向かうほど突出度が強くなっている。棟木の上には堅魚木が8本取り付くが、うち1本は欠失している。堅魚木の中央には半球状の窪みをつけ、そこに角状の突起を載せていたが、こちらも2本がわずかに残存す

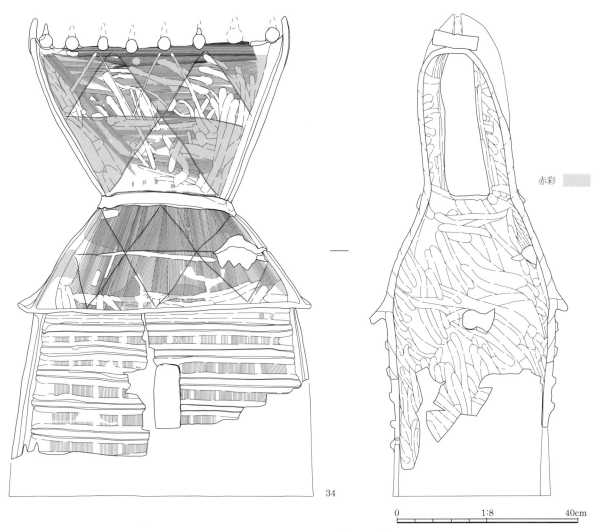

第61図　大日塚古墳出土形象埴輪（4）

るのみで大半は欠失している。壁体部の桁方向には復元高13.9cm、幅6.9cmの方形透孔が開けられており、入り口の表現がなされていると思われる。また、桁方向逆側にも同様の透孔が開けられ、梁方向両面の壁体部最上段には楕円形の透孔が開けられている。屋根部には上下ともに連続する三角文が表現され、一面おきに赤彩が施されている。いずれも横線を先行して施した後に、斜方向の沈線を充填する方法をとっている。なお、この際下屋根部においては斜線が横線による区画をまたいで施される。上屋根の場合は、先に横線による区画を設定し上側から区画ごとに斜線を充填していたが、なんらかの理由から途中で断念し、再度区画をまたぐ形で斜線を施し、最後に断念した最初の斜線をナデ消している。そのため、横線や再設定した斜線の付近ではナデ消しが行えず失敗した斜線が残ってしまっている。

　35～38は家形埴輪の破片である。35は直線的で湾曲が弱く、また外面に三角文や破風板と思われる粘土貼り付けが見られることから、入母屋造り上屋根部の破片とした。粘土紐積み上げにより屋根部を成形、丁寧にナデ調整を施した後に端部に粘土貼り付けを行ったものと思われる。なお、破風板は34と比べて突出が弱く幅広である。下端部付近はやや厚みが増し、また内面が内側へわずかに湾曲することから、下屋根部との接合部付近であったことがうかがえる。三角文は先に7cm間隔で横方向に沈線を引いて区画し、次に斜方向の沈線を引いて区画することで表現している。また、三角文の中には赤彩を施していたことがごくわずかに確認できるが、残存

84　　第4章　大日塚古墳の調査

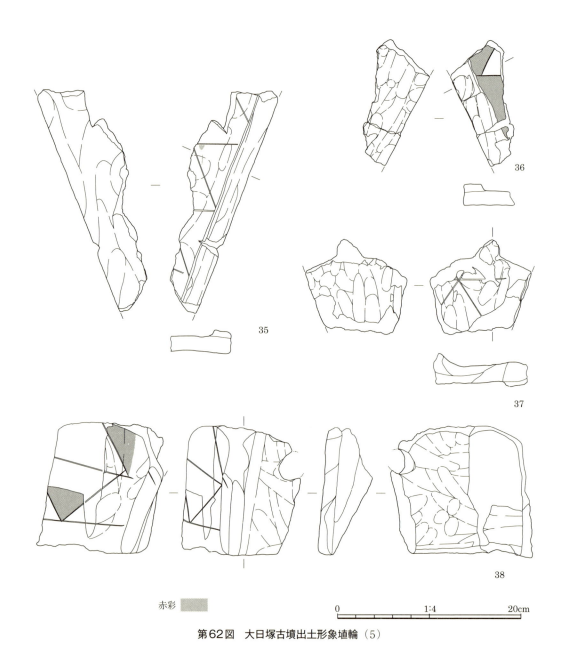

第62図　大日塚古墳出土形象埴輪（5）

状態が悪く判然としない。36は直線的で弱く湾曲しており、外面には粘土貼り付けや三角文、赤彩が確認できることから入母屋造り上屋根部の破片と推定した。粘土紐積み上げにより成形した後に、外面に幅2.1cm、厚さ0.8cm程度の粘土を貼り付け、35と類似する破風板を表現している。外面にはわずかに沈線が確認でき、三角文が表現されたものと考えられ、下向きの三角文の中には赤彩が明瞭に残っている。37は端部に粘土貼り付けがなされ、外面に三角文が表現されることから家形埴輪としたが、円筒状のものから剥離した痕跡が残ることから、ほかの形象埴輪の可能性も考えられる。粘土紐積み上げ成形で内外面ともに丁寧なナデ調整が施される。38は分離造形の家形埴輪の上屋根基部と考えられる破片である。粘土紐積み上げにより成形され、内外面は丁寧なナデ調整が施される。外面には幅6cm程度の間隔で横線を引き、その中に斜線を施して表現する三角文が見られ、一部には赤彩も確認できる。側面には径2.5cmほどの透孔があり、穿孔後にナデにより整形されている。

（齋藤）

第2項 土器（第63図）

　古墳時代の土器としては、須恵器坏身の口縁部破片（1）とほぼ完形に復元できる土師器坏身（2）が出土した。須恵器片はトレンチ内の排土より出土したため正確な出土地点は不明であり、原位置を留めていた可能性はきわめて低い。

　土師器坏は玄門立柱石のすぐ背後の玄室内で発見された。場所が場所だけに、原位置に近いと考えたが、玄室の床面は剥がされているので、原位置ではない。坏の口縁を上に、正位置に置かれていた。玄室入口から2m以上離れた場所で、埋土から発見された。

　須恵器坏身の口縁部破片は口縁部の10％しか残存しておらず、口径を復元することは不可能である。残存高は

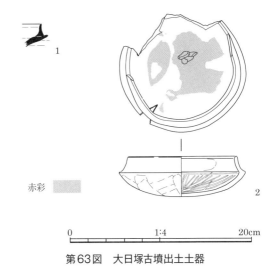

第63図　大日塚古墳出土土器

23.5mmである。灰白色（19Y8/1）の色調を呈し、胎土には1mm以下の半透明粒を少量、1mm程度の白色粒を微量に含む。須恵器としては、焼成は不良である。全体として粗悪な印象を与える。産地の判断は難しく、製作時期も特定しづらいが、立ち上がりの形状から判断するとTK43を上限とする時期と考えられる。

　土師器の坏身は、玄室内の玄門立柱石と東側壁がつくるコーナー付近から出土した。中に赤色塗料を塗り、伏せた状態で出土。完形品ではないが、口縁部に残る痕跡から一部を打ち欠いた可能性がある。橙色（7.5TR6/8）の色調を呈し、また断面を観察すると器肉の中央部は黒色であり、器壁はもろく、焼成はあまり良くない。ただし、調整は入念である。須恵器坏身の模倣坏で、口縁部が内傾して短く立ち上がり、体部との境に明瞭な稜がみえることから、TK43～TK209期の所産（長谷川1991）と考えられる。　　　　　　　　　　　　　　　　　　　　　　　　　（小野寺）

第3項　鉄製品（第64図）

　古墳時代から近世・近代にかけての様々な鉄製品が出土した。そのうち、古墳時代の遺物としては辻金具2点と、錆がひどく図化できない刀子片2片、鉄鏃片4個体分がある。鉄鏃はいずれも頸部から茎部にかけての破片であり、それぞれが接合する可能性は低い。1点棘状関らしき頸部関が確認できるが、鏃身部は不明であり型式の同定はできない。

　辻金具2点（第64図）は両方とも4鋲で、本体も残存する鋲も鉄地金銅張りである。1は鋲が3本失われ、1本のみ残っている。2は鋲が4本とも残っているが、うち2本の鋲頭が半分欠けている。この種の辻金具はTK209型式の須恵器に並行する時期（6世紀末～7世紀初頭）のものという[5]。

　TK209型式に並行する時期といえば、常陸地域では埴輪の生産が終わっている時期である。つまり、この辻金具は追葬の際の副葬品の可能性が極めて高いのである。　　　　　　　　（佐々木・箕浦）

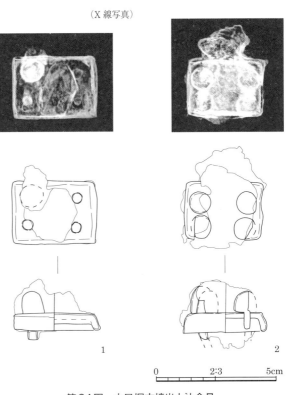

第64図　大日塚古墳出土辻金具

第4節　まとめ

第1項　大日塚古墳の年代

今回は2回に分けて20m²程度の発掘調査であったが、その意義は多岐にわたって、大きかった。まず、大日塚古墳の築造時期は、6世紀第3四半期後半頃と推定しておきたい。先の測量調査報告（佐々木ほか2007）で、筆者は6世紀後半の築造と結論づけた。その根拠は、測量調査の過程で採集したバラエティーに富んだ埴輪の様相が小美玉市閑居台古墳に類似し、閑居台古墳は、旧玉里村南部の前方後円墳のなかで、埴輪に基づき、本田信之（1999）は後期後半（6世紀後半）と比定しているからである。また曾根俊雄（2007）も築造規格の観点から閑居台古墳と7世紀の同木船塚古墳の共通性を指摘しており、閑居台古墳の年代を6世紀後半まで下げて考える根拠になりうると筆者は考えたのである。

大日塚古墳では今回の調査で、本格的な形象埴輪が多数樹立されていたことが判明したことから、6世紀後半といっても、6世紀第4四半期中葉以前の築造の可能性が高い。また須恵器片がTK43型式（6世紀第4四半期頃）の可能性もある。大日塚古墳は、霞ヶ浦沿岸地域では最初に横穴式石室を埋葬施設として採用した古墳として知られる。この地域への横穴式石室の導入は相当遅かったことになる。

また、出土した辻金具がTK209型式（6世紀末～7世紀初頭）に並行する時期であることも判明した。この時期は、常陸地域では埴輪生産が終了している時期であり、本格的な形象埴輪が多数樹立されていたことを考え併せると、この辻金具は追葬の所産であろう。追葬を前提とした横穴式石室が埋葬施設であるから当然といえば当然だが、この古墳で追葬が行われた可能性を提起した意味は大きい。

第2項　大日塚古墳の埋葬施設

大日塚古墳の横穴式石室が単室か複室構造かは2回にわたる調査の結果からも確定することができなかった。玄室は、大型の片岩の一枚岩を用いた構造で、平面プランは正方形に近い長方形である。

霞ヶ浦沿岸地域における横穴式石室の型式編年案は、これまで石川功（1989）、稲村繁（1991・2000）、石橋充（1995・1997）、日高慎（2000）、草野潤平（2016, pp.112-126）らによって提示されている。また近年、小林孝秀（2004）が筑波山周辺麓地域と霞ヶ浦高浜入り沿岸地域との地域差を重視したうえでの、常陸南部における横穴式石室の変遷を考察した。副葬品が判明している横穴式石室古墳の調査成果に基づき、先学による編年案の最大公約数的な成果をまとめると、次の通りになろう。

　　石材利用：小型石材（乱石積・小口積）→大型石材（板石組）（大型石材の板石組の出現は埴輪に基づき6世紀中葉
　　　　　　［石橋1995、小林2004, pp.201-202］）（ただし、板石組石室出現後も板石・割石併用の石室は残る）
　　室構造：単室羨道→複室羨道→石棺系石室（複室羨道の出現は7世紀初頭）
　　平面形：長方形→正方形（正方形の出現は7世紀中葉）

大日塚古墳横穴式石室を単室構造と想定したとき、常陸南部で同様に、板石組の単室構造の横穴式石室はかすみがうら市（旧千代田村）の栗田石倉古墳（TK209型式期、稲村・塩谷1983）、同栗村6号墳、栗村東10号墳（MT85型式期）、栗村西6号墳（以上、伊東1997）、かすみがうら市（旧霞ヶ浦町）太子唐櫃古墳（大野1896、齋藤1974a）の6基に過ぎない。旧千代田村の石岡台地に営まれた栗村古墳群は横穴式石室を主体とする後期古墳群で、箱形石棺を主体とする常陸南部では特殊な事例で、小林（2004）も筑波山周辺麓に含め、高浜入り沿岸地域とは区別して考えており、大日塚古墳と比較することには問題があるかもしれない。しかし、例が極めて少ないので、あえて比較を試みると、玄室平面プランが奥壁に向かってハの字に開く形態を有するのは栗村東10号墳である。その時期はTK43の時期くらいであるから、本稿で筆者が想定する大日塚古墳の築造年代と合致する。

第4節　まとめ

　また草野（2016,pp.116-117）は6世紀末〜7世紀の霞ヶ浦北岸の片岩板石組石室の変遷を考えるなかで、玄門立柱石も一つの重要な属性と考えている。今回の発掘調査以前、この地域での玄門立柱石の最古例は太子唐櫃古墳であった。埴輪を伴う大日塚古墳は、埴輪を伴わない（埴輪生産終焉後）の太子唐櫃古墳より年代的に遡るので、この地域における玄門立柱石の出現時期がTK43の時期まで遡ることが明らかとなった。

　さらに、玄室平面プランが奥壁に向かってハの字に開く形態は複室構造の横穴式石室に多いことも事実で、TK209段階の風返稲荷山古墳例（千葉2000）や折越十日塚古墳例などをあげることができる。そういった意味で、大日塚古墳横穴式石室が単室構造であったとしても、次のTK209段階の複室構造の横穴式石室への繋がり、系譜を指摘することは十分可能だろう。玄室平面プランが奥壁に向かってハの字に開く形態の太子唐櫃古墳横穴式石室（単室構造）も、7世紀代に高浜入り沿岸地域を中心に分布する片岩板石組の複室羨道構造の横穴式石室に技術系譜的に直接つながることを小林（2004,p.204）が想定している。

　今回の調査の結果、大日塚古墳横穴式石室が複室構造である可能性も出てきた。常陸南部では複室構造が7世紀初頭に出現するとこれまで解釈されていたが、複室構造だとすると、その出現時期が数十年遡ることになる。また同時に、霞ヶ浦沿岸地域に横穴式石室が導入された際、複室構造の横穴式石室が同時に導入されたことにもなる。

　単室か複室構造かは別として、玄室の構造に関して気になるのは、大日塚古墳横穴式石室の玄室の平面プランが長方形であるが、長辺と短辺の差が大きくなく、正方形に近いことである。例えば、7世紀初頭築造がほぼ確実である折越十日塚古墳の玄室の床面での奥行は中央部で2.58m、奥壁での玄室幅は2.09m玄門部での玄室幅は2.03mであり、大日塚古墳の玄室に近い数値を示す。正方形の出現は7世紀中葉とされているが、その出現が遡る可能性は大きいであろう。

第3項　墳丘の復元（第65図）

　墳丘部分の発掘調査ができなかったため、墳丘の復元は困難であった。横穴式石室の「前庭部」の発掘調査でも、墳丘裾を確認することができなかった。したがって、築造当時の古墳の規模は未確定のままである。ここで、多くの横穴式石室古墳と同様、横穴式石室の床面の高さが大日塚古墳の築造面、墳丘裾と仮定してみる。他の横穴式石室との比較から、仮称前室の床面のレヴェルは玄室の床面のレヴェルと同一と推定し、その海抜高は25.3m程度である。そうすると、古墳の裾の海抜高も25.3m程度となり、後円部直径が32.0mと大きくなる（第65図）。ただ、この仮復元案を採用すると、前方部の裾と後円部の裾のレヴェルがあわなくなり、あまり現実的な復元案とは思えない。

　もし仮に、羨道床面のレヴェルが梱石のレヴェルより若干高ければ、もう少し現実的な復元案となろう。羨道床面のレヴェルが梱石のレヴェルより高いということになれば、梱石は羨道床面ではなく、複室構造の前室床面の可能性が出てくる。

第4項　大日塚古墳の埴輪

　今回、ほぼ完形の家形埴輪1棟、人物埴輪3体をはじめ、多数の形象埴輪を検出できた意義は大きい。編年が可能な人物埴輪に注目すると、塚田（2007）の第3期、TK43の時期である可能性が高い。

　また、完全ではないものの、形象埴輪の組成を一部明らかにできたことも常陸の古墳時代史研究に大きな貢献となろう。家形埴輪は住居型が複数、人物埴輪も複数の巫女と少なくとも1体の武人が樹立されていた。また動物埴輪の脚部があることから、馬かなんらかの動物も樹立されていた。

第5項　大日塚古墳の再利用

　古墳時代史には関係がないが、大日塚古墳横穴式石室が江戸時代になって別目的に再利用されたことも触れて

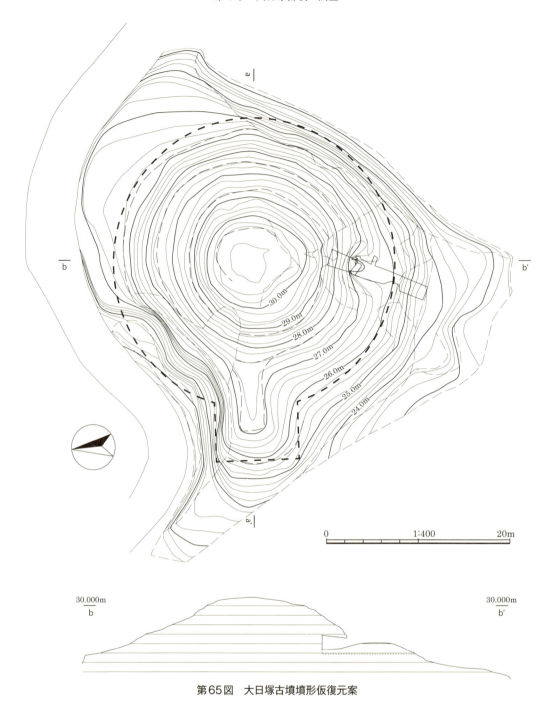

第65図 大日塚古墳墳形仮復元案

おかねばなるまい。とにかく、横穴式石室は、その羨道の痕跡が完全に失われるほど破壊されたし、比較的よく残存している玄室も床面は剝がされ、左玄門立柱石は失われ、右玄門立柱石も上部2/3は壊された。発掘調査中も石室石材である筑波石の破片が大量に出土した。また、家形埴輪1棟や3体の人物埴輪はほぼ完形であるにもかかわらず、他の大量の埴輪片と同様、原位置をとどめていなかった。

　しかしながら、玄室の両側壁、奥壁、天井石は完全な形で保存され、また形象埴輪も完全に近い形で残されたのは、横穴式石室が宗教施設に改装された可能性を強く示唆する。その名前の通り、大日如来信仰のための祠に改装されたのであろう。横穴式石室がこのような宗教施設に改装された事例として、田中裕（田中・吉澤2011）が調査した茨城県つくば市平沢3号墳をあげることができる。このような事例は少なくなかったようである。

第6項 まとめ

　以上、非常に限られた面積での発掘調査であったが、多大な成果をあげることができた。特に、常陸で古墳の調査例が少ないなか、多様な形象埴輪の存在が判明した意義は大きいし、時期も6世紀後半、TK43の時期で落ち着きそうである。またもし埋葬施設が複室構造であるならば、複室構造の出現時期をTK209から須恵器型式1段階分の年代を遡らせることになる。また、追葬の可能性を指摘できた意義も大変大きい。　　　　　　　　（佐々木）

註

1) 実測図の作成後、整理の過程で第四指が接合した。
2) 実測図の作成後、整理の過程で第五指が接合した。
3) 実測図の作成後、29と接合することが判明した。
4) 実測図の作成後、27と接合することが判明した。
5) 宮代栄一氏のご教示による。

第5章　そのほかの古墳の測量調査

第1節　佐自塚古墳

第1項　立地・群構成と既往の調査（第66～70図）

　佐自塚古墳（八郷町001）は茨城県石岡市（旧八郷町）佐久に所在する。付近には数多くの古墳が存在し、「柿岡」古墳群を構成している（第66図）。柿岡古墳群は後藤・大塚（1957）が使用した名称である。この古墳群は、霞ヶ浦の高浜入りに注ぐ恋瀬川の中流域に立地する。その恋瀬川の河口付近には東国第2位の規模を誇る舟塚山古墳が存在する。後藤・大塚（1957）は、柿岡古墳群を丸山支群、佐久支群、長堀支群に分けており、それら3支群が現在の丸山古墳群、佐自塚古墳群、長堀古墳群に相当する（曾根2010）。これら3古墳群に共通する大きな特色として、古墳時代前期に形成が始まったことをあげることができる。前期古墳としては、前方後方墳の丸山1号墳（後藤・大塚1957）、長堀2号墳（早稲田大学考古学研究室1973）、前方後円墳としては佐自塚古墳（佐自塚古墳

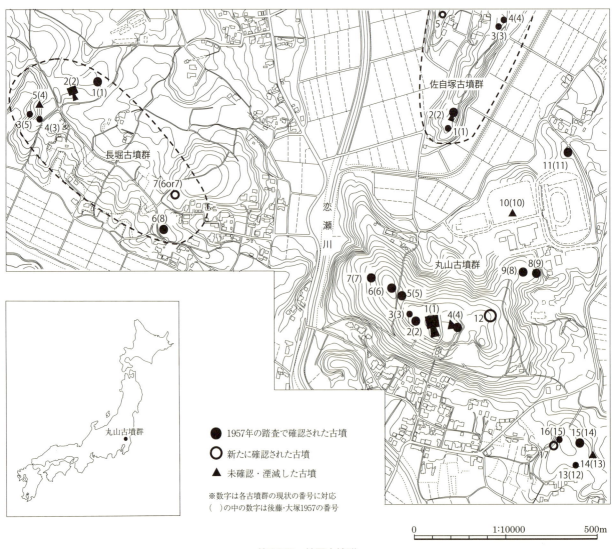

第66図　柿岡古墳群

第1節 佐自塚古墳

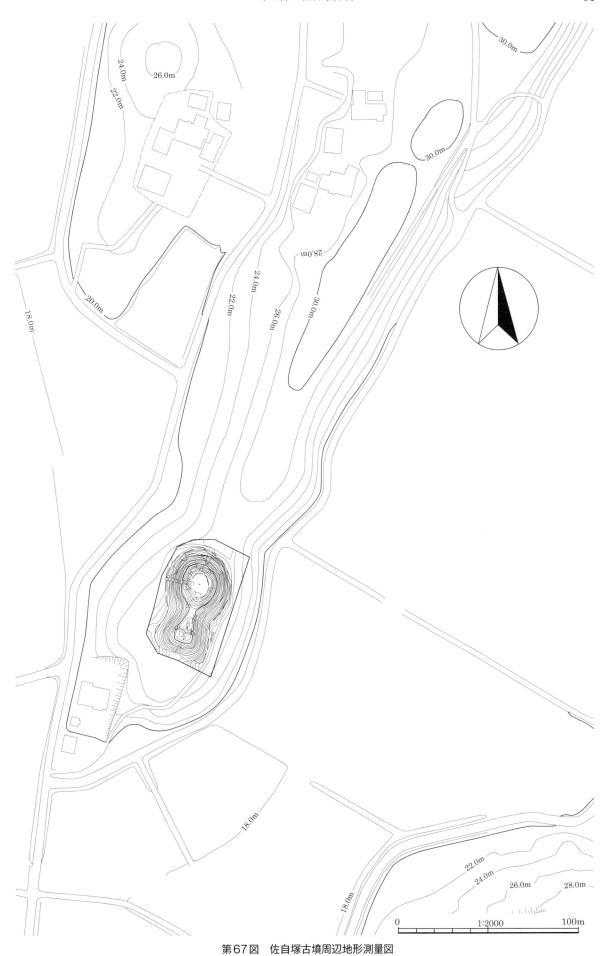

第67図 佐自塚古墳周辺地形測量図

92 第5章 そのほかの古墳の測量調査

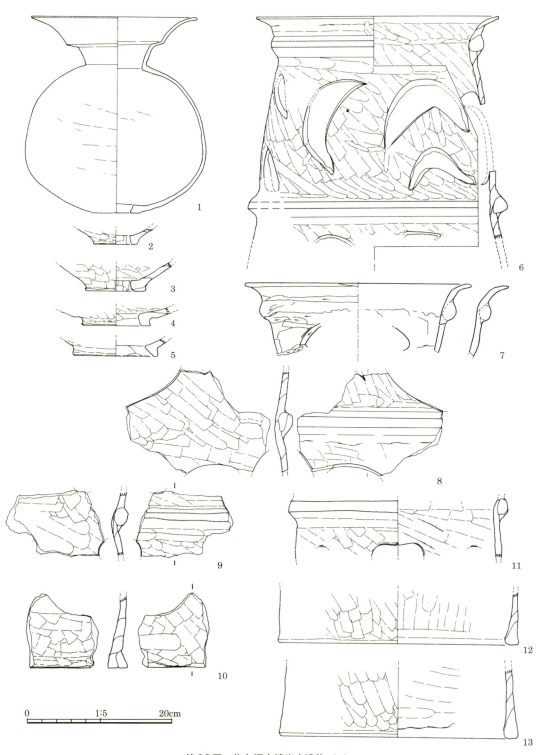

第68図 佐自塚古墳出土遺物（1）

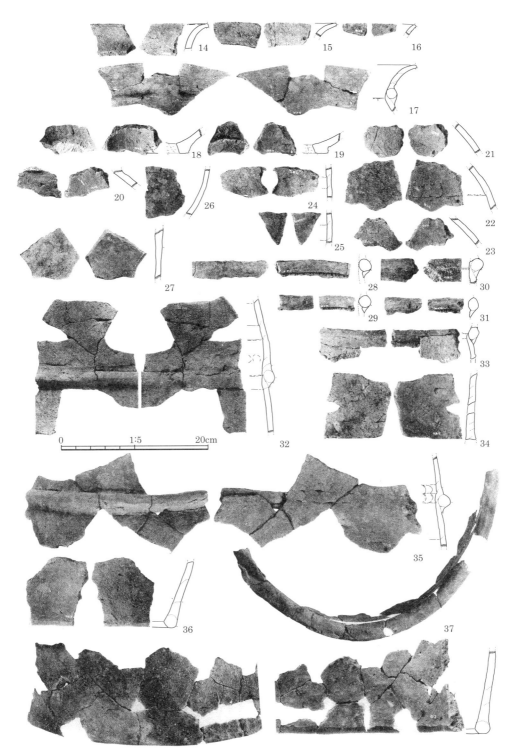

第69図　佐自塚古墳出土遺物（2）

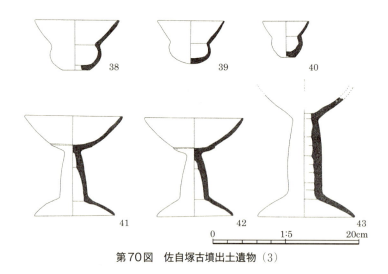

第70図　佐自塚古墳出土遺物（3）

調査団1963）、長堀6号墳（小杉山2007）が該当する。つまり、佐自塚古墳は柿岡古墳群のなかで、最初に築造された前方後円墳2基のうちの一つである。

丸山古墳群が立地する丘陵は、北東から南西にのびる尾根の先端部分に位置する（第66図）。この「先端部」はこの尾根と直交する方向に、北西から南東に広がっており、結果として、丘陵先端部はT字形を呈する。丘陵の比高差は約40mある。この丘陵の最高部に前期の前方後方墳である丸山1号墳が立地する。なお付近には式内の佐志能神社が存在しており、注目しておきたい。

丸山古墳群の北方、稲瀬川を隔てて、北からのびる尾根に佐自塚古墳群が存在する。この古墳群には、前方後円墳の佐自塚古墳と3基の円墳が存在する。また佐自塚古墳群が立地する尾根と、谷を隔てた西側の尾根上にも円墳1基が存在する。

恋瀬川を隔てて丸山古墳群の北西には、北西から南東にのびる台地上に、長堀古墳群が存在する。この古墳群には、前方後円墳4基、円墳5基、合計9基の存在を大塚（1957a）が報告しているが、現存するものは少ない。前述の通り、2号墳と6号墳が前期古墳である。

これら3古墳群は、古墳時代前期に形成が始まったが、そのほか発掘などの結果年代がわかる古墳は、丸山4号墳のようにすべて後期古墳である。しかしながら、曾根俊雄（2010, p.126）が長堀古墳群に関して推測するように、古墳時代を通じて造墓活動が継続した可能性を筆者も指摘しておきたい。田中裕（2010, p.334）が言うように、前期古墳と後期の古墳群が同じ立地にあるのは単なる偶然とは考えにくく、今後の調査で、小円墳のいくつかが中期の所産と判明する可能性も十分ある。

（佐々木）

佐自塚古墳は1963年2月に茨城県教育委員会を主体に齋藤忠・大塚初重が測量調査および発掘調査を実施している。調査概要によると、規模は主軸長58.0m、後円部径35.0m、後円部高6.0m、前方部幅27.0m、前方部高4.3mであり、前方部がやや未発達な前方後円墳である。前方部墳裾から底部穿孔壺、後円部墳頂から土師器（器台・小形坩・高坏）（第68図-1～6・8～13、第70図）が出土した。

埋葬施設は全長8.4m、最大幅4.2m、全長6.2m、幅約1.0m、深さ0.7mの割竹形木棺であり、副葬品には刀子、勾玉、管玉、小玉、竹櫛、土師器（小型坩）がある（佐自塚古墳調査団1963）。『土師式土器集成』では、調査概要で報告された遺物のほかに、円部墳頂付近から器台形円筒埴輪が出土したことについて言及されており（大塚1972）、田中裕・日高慎によって実測が行われた（田中・日高1996）（第70図-1～6・8～13）。現在、出土資料は明治大学博物館が所蔵している。また、それ以外にも底部穿孔壺や器台形円筒埴輪の採集資料が報告されている（斉藤2004・土筆舎2008）（第68図-7、第69図）。

（尾﨑）

第2項　調査の方法（第71図、第10表）

A．基準点の設定

佐自塚古墳の測量調査に先立ち、プラスチック杭で基準点を設置した。設定に際してはトータルステーション（TOPCON社：GPT-9000A）を用い、各基準点の標高は佐自塚古墳より南方向に約600mの地点に所在する佐志能神社境内に設置されている3等三角点（標高60.120m）からオートレベルを使用して求めた。本調査は開発を行うことを前提としているわけではなく、また現地は草木が茂る斜面地であることから、公共測量作業規定にのっと

第1節　佐自塚古墳

り4級水準測量を実施した。

　このような条件で、墳丘各所および周辺に平板測量を行うための基準点を計38点設定した。基準点は、任意で中軸線を設定し、そこから派生させて打設した。本調査では温度や湿度による自然誤差を想定していない。以下に、各基準点の概要を述べる。

　はじめに後円部墳頂のほぼ中央に基準点N0、前方部墳頂のほぼ中央に基準点S2をそれぞれ打設し、これらを通る線を中軸線とした。つづいて、中軸線上に北から基準点N4、N3、N2、N1、S0、S1、S3、S4の計8点、さらに基準点N0から中軸線と直交方向に東からE4、E3、E2、E1、W1、W2、W3、W4の計8点をそれぞれ打設した。また、基準点N3から基準点N3W1を、基準点N2から基準点N2E1、N2W1を、基準点S0から基準点S0E3、S0E2、S0E1、S0W1を、基準点S1から基準点S1E3、S1E2、S1E1、S1W1、S1W2、

第10表　佐自塚古墳基準点

基準点	標高（m）	備考
N0	31.722	
N1	31.532	
N2	30.181	
N2E1	29.627	
N2W1	29.602	
N3	28.359	
N3W1	28.116	
N4	26.309	
E1	31.461	
E2	30.002	
E3	28.314	
E4	25.908	
S0	31.537	
S0E1	31.623	
S0E2	29.443	
S0E3	26.477	
S0W1	30.515	
S0W2	27.971	
S1	30.250	
S1E1	29.488	
S1E2	27.752	
S1E3	26.366	
S1W1	28.639	
S1W2	27.013	
S1W3	25.958	
S2	30.557	
S2E1	30.125	
S2E2	26.453	
S2W1	27.013	
S2W2	25.958	
S3	29.877	
S4	27.883	
S4E1	26.926	
S4W1	27.022	
W1	31.872	
W2	29.805	
W3	25.846	調査範囲外に設定
W4	23.532	調査範囲外に設定

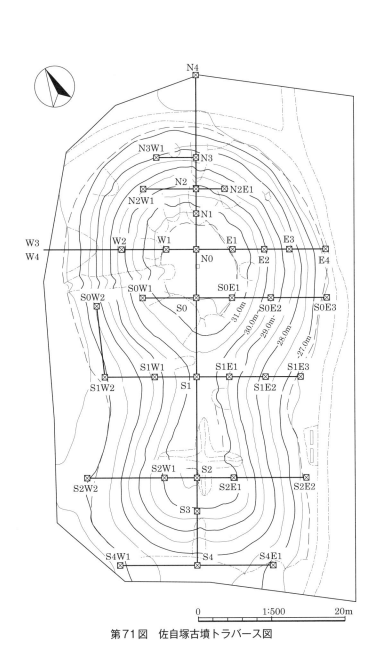

第71図　佐自塚古墳トラバース図

S1W3 を、基準点S2 から基準点S2E2、S2E1、S2W1、S2W1 を、基準点S4 から基準点S4E1、S4W1 をそれぞれ中軸から直交方向に派生させた。な各基準点は、トータルステーションの角度を 0°00′00″、90°00′00″、180°00′00″、270°00′00″ のいずれかに設定し派生させることを基本とした。ただし、基準点S0W2 に関しては視界不良のため基準点S1W2 からS1W1 を視準して265°00′00″ で派生させた。また、この調査では、閉合トラバース測量を行っておらず、いずれの基準点も開放のままであり、座標値を設定していない。

各基準点の位置関係は第71図、標高は第10表のとおりである。なお、基準点の標高は適宜設定したものの、視準不良や基準点同士の間隔から設定が不要なものが生じたため、測定していないものもある。

B. 測量方法

墳丘の地形測量はトータルステーションによって打設した各基準点をもとに、平板とオートレベルによって行った。

作図に関しては、絶対高で求めた25cm間隔のコンターを、縮尺100分の1で行った。傾斜変換線は目視によって決定し、破線で図面に書き入れた。調査範囲は実線、道は破線でそれぞれ表現した。

今回は、以上のようにして得た測量図を提示する。なお、平板測量に際しては、気温や気圧などによる自然誤差は考慮していないが、器械を扱う人物をなるべく固定することで個人誤差を減らすように努めた。　（小野寺）

第3項　墳丘の現状と復元（第72・73図）

A. 墳丘の現状（第72図）

佐自塚古墳は、前方部前端の墳裾と、墳丘東側の墳裾に削平を受けているものの、全体として墳丘の残存状態は良い。ただし、前方部平坦面と前方部前端の斜面から墳裾にかけて1963年に行われた発掘調査時にあけられたトレンチの痕跡が残っており、とくに平坦面は「十」字状の窪みがみられる。段築はなく、墳丘上に葺石は確認できないが、今回の調査で底部穿孔壺の底部片と、土師器片を採集した。以下、墳丘の現状について記載する。

後円部　後円部墳裾は、東側から北東側にかけて道によって一部に削平を受けるものの残存状態は非常に良い。墳裾のレベルは、最高点が北側の26.846mであり、西側が26.300m前後、東側が26.350m前後をそれぞれ計測した。後円部墳丘斜面は、墳頂部にある祠へ向かう参道状の窪みが墳丘の西側にあるほかは墳形を良好に残しており、コンターの乱れも少ない。ただし、墳頂部平坦面は南側から南西側にかけて土砂の流出があり、傾斜変換線がみえづらくなっている。後円部における現状での最高点は31.892mであり、墳丘斜面と平坦面との傾斜変換線のレベルは、南側が31.400m前後、北側は31.850m前後となっている。なお、後円部の墳形は正円ではなく、南北方向に長い楕円形を呈しており、その軸は墳丘の中軸から27°00′00″西側へふれている。

前方部　前方部墳裾は、前端部と東南側に削平を受けているが、その他の残存状態は良好である。墳裾のレベルは、最低点が東側の26.151mであり、西側が27.000m前後を計測した。なお、最高点は削平を受けた状態ではあるが前端部の27.878mである前方部墳丘斜面は、前述したトレンチの痕跡を除いて残存状態は良好であり、コンターの乱れも少ない。ただし、前方部平坦面は「十」字状のトレンチ、あるいはそこから掘り出された排土の影響によって傾斜変換線を明瞭に観察することができない。このような状況ではあるが、前方部における現状の最高点は30.381mである。

次に本古墳の立地についてふれる。墳裾の傾斜変換線を比較してみると、南北側の方が東西側よりも標高が高いことから、本古墳は南北方向にのびた尾根筋上に築造されていることがわかる。さらに、南側の方が北側よりも約1.3m、西側の方が東側よりも約0.9mそれぞれ標高が高くなっている。このことから、本古墳は地形的に低い位置に後円部、高い位置に前方部を築造していることがわかる。したがって、後円部は前方部に比して見た目以上に高く造られたといえる。また今回の調査範囲外となっているが西側、東側ともに墳丘の外側は下った斜面となっており、周濠やその他の外部施設の存在はみられない。さらに本古墳が築造された尾根の先端には小円墳

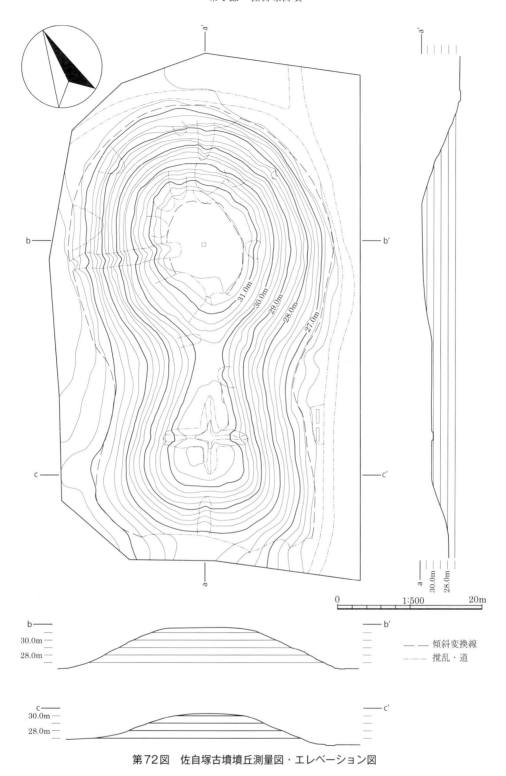

第72図　佐自塚古墳墳丘測量図・エレベーション図

である佐自塚1号墳が存在する。同古墳は調査がされていないため年代などを含めた詳細は不明であるが、佐自塚古墳との関係性についての検討が待たれるところである。

以下、本古墳の各部の計測値をまとめる（計測値はすべて残存値）。

墳丘長：57.2m

後円部長径：40.3m　　後円部短径：35.8m　　後円部高：5.0m

前方部長：24.0m　　前方部幅：30.0m　　前方部高：2.5m

くびれ部幅：23.9 m

B．墳丘の復元（第73図）

墳丘の事実記載にもとづいて墳丘の復元を行う。上田宏範は、旧測量図（佐自塚古墳調査団1963）をもとに後円部を正円として復元し、A型式として分類した（上田1985）。しかし前述のように本古墳の中軸線は西側に偏った楕円形を呈しており、築造当時から正円であったとは考えにくい。再測量調査報告では、後円部を中軸線方向に

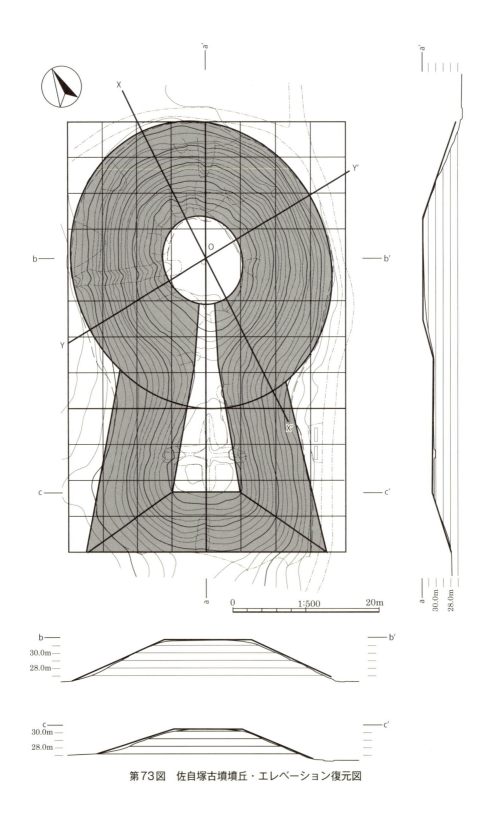

第73図　佐自塚古墳墳丘・エレベーション復元図

長い楕円形とし、これに8区分法を用いて復元を行った（佐々木ほか2015）。しかし、再測量報告では後円部中軸線が偏っていることを把握しながらも後円部の復元には反映せず、またその楕円形を用いてグリットを組んで単位を設定し、前方部裾の復元を行ったため、前方部長が極めて短くなった。古墳築造時に「尋」などの尺度を使用したと考えるのであれば、長方形を単位とすることに対して不自然な感覚であることは否めず、適切な方法ではなかったと言わざるを得ない。したがって本項にて再度復元案を提示する。

後円部　まず中心点を求めたいが、本古墳は後円部が楕円形を呈している。そこで、後円部のうち墳裾と墳頂部の傾斜変換線を参考にして、後円部の長軸（X－X'）と短軸（Y－Y'）を設定し、それらの交わる点を中心点（点O）とした。墳裾ならびに後円部の傾斜変換線については、現状でみることができたラインを重視して復元を行った。その結果、長軸が38.7m、短軸が34.8mの楕円形となった。なお、墳裾と墳頂部の円は相似形ではない。

前方部　復元にあたっては8区分法（石部・田中ほか1979、倉林1998など）を用いた。すなわち、復元した後円部に8×8マスのグリットをかけ、その1マス分を1単位として復元していく方法である。グリットをかけるにあたっては、前方部の主軸を基準とする。これは、古墳築造段階で地割区分がなされたと想定する場合、墳丘の主軸となる部分を基準とした可能性が高いものと考えるためである。後円部の長軸が前方部の中軸線上にないことに関しては、地形や築造技術の未熟さなどに起因するものと考えたい。このようにしてグリットをかけたようすを示したのが第75図である。これをみると、4単位目と前方部の墳裾とが合致する。また、くびれ部と前方部墳裾の傾斜変換線とをつなげ、前方部側にのばすと、前端幅は7区分の幅に合致する。最後に前方部平坦面前端幅を復元する。前方部平坦面前端幅は前述のとおり、墳丘斜面との傾斜変換線が観察しづらい状況であるため、復元の際してはやや強引な部分があることはあらかじめ断っておく。前方部の各コンターが一番大きくカーブする部分をつなげていくと30.000mのコンターとグリットの1区分の単位とが左右ともに合致すること、また、30.250mとのコンターとの間隔が29.750m以下のものに比べて広くなっていることからここを傾斜変換線と想定し、前端部として復元した。そして、30.000mのコンターに沿わせる形で平坦面を復元し、後円部墳頂までのばした。

以上のような作業から、本古墳はいわゆる「4区型7区幅」に復元することができる。

以下、これまでの復元で求められた墳丘各部の規模をまとめる。

墳丘長：59.2m

後円部長径：38.7m　　　　後円部短径：34.8m

後円部平坦面長径：11.9m　後円部平坦面短径：10.6m

前方部長：17.5m　　　　　前方部幅：33.0m　　　　　前方部平坦面幅：9.4m

くびれ部幅：23.8m

（小野寺）

第4項　遺　物（第74図、第11表）

2012年8月の測量調査時に底部穿孔壺の破片1点、土器破片1点、合計2点、2007年3月の丸山4号墳周辺の分布調査の際に器台形埴輪の破片1点を採集した。そのなかから底部穿孔壺と器台形埴輪片を報告する。

1は後円部西側墳丘で採集された底部穿孔壺の底部片である。約1/4が残存し、底部復元径9.0cm、底面幅2.5cm、残存高2.9cmを測る。胎土は砂粒を多量、黒色粒（〜0.5mm）・赤褐色粒（〜2mm）を少量含み、色調はにぶい黄橙色を呈する。調整は内外面にナデを施す。底面を成形した後に、ヘラ状工具を用いて焼成前に穿孔する。出土資料と同じ製作技法によると考えられ、これまでに報告されたものと形態や穿孔部径が類似する（田中・日高1996）。赤彩は確認できない。

2・3は器台形埴輪の胴部である。また、どちらも弧状の透孔部分である。2は左右両端に透孔の一部を有することから、並列する透孔の中間に位置する破片と考えられる。透孔は内外面の調整後に刀子によって穿孔されており、刀子を止めた静止痕が複数確認できることから、穿孔に際して関節の可動域による制限または刀子の進

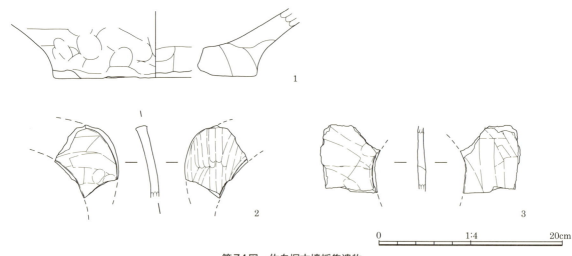

第74図 佐自塚古墳採集遺物

第11表 佐自塚古墳採集遺物観察表

No.	器種	部位	残存高(cm)	器壁(cm)	調整	胎土	焼成	色調	採集位置	備考
1	壺(底部穿孔)	底部(穿孔)	2.9	2.5(底面)	ナデ	黒色粒子(～0.5mm)少量 赤色粒子(～2mm)少量	良好	にぶい黄橙(10YR6/4)	後円部	
					ナデ			にぶい黄橙(10YR6/4)		
2	器台形埴輪	胴部(透孔)	7.5	0.9	タテヘラナデ	石英(～2mm)少量 白色粒子(～1mm)少量	良好	黄褐(2.5YR5/4)	後円部	指頭圧痕
					ヨコナデ			明黄褐(10YR6/6)		
3	器台形埴輪	胴部(透孔)	6.9	0.9	タテナデ	石英(～1mm)少量 白色粒子(～1mm)少量	良好	明黄褐(10YR6/6)	後円部	指頭圧痕
					ヨコナデ			明黄褐(10YR6/6)		

行方向の変化などの要因が想定される。外面は縦方向のヘラナデ、内面には横方向のナデと指頭圧痕が確認できる。3は左側面に弧状の透孔が確認でき、2と同様に刀子の静止痕が複数みられる。外面はナデ調整が施され、内面には右斜め下方向のナデ調整と指頭圧痕があり、粘土帯の輪積み痕もみられる。2・3ともに透孔の形状から、これまでの出土した器台形埴輪と同型のものと考えられる。

(尾﨑・土井翔平)

第5項 まとめ

　茨城県石岡市佐自塚古墳は古墳時代前期の前方後円墳である。今回、等高線間隔25cmで再測量を実施し、その成果に基づいて築造当時の墳丘を復元すると、墳丘長59.2m、後円部長径38.7m、短径34.8m、前方部長17.5m、前方部前端幅33.0m、くびれ部幅23.8mと考えられる。古墳時代前期のどの段階の築造かについては、今回表採の資料も限られるが、土師器の形態に基づき4世紀第3四半期頃と考えたい。

(佐々木)

第2節　丸山4号墳

第1項　立地・群構成と既往の調査 (第75〜77図)

　丸山4号墳は丸山古墳群(八郷町032)の4号墳であり、茨城県石岡市(旧八郷町)柿岡に所在する。丸山4号墳は、本来ならば横穴式石室が一般化するはずの6世紀になっても竪穴系埋葬施設である箱形石棺が伝統的に採

第 2 節　丸山 4 号墳

点線内が測量範囲

第75図　丸山 4 号墳周辺地形測量図

用された霞ヶ浦沿岸地域で、横穴式石室が導入された極く初期の古墳として知られている（石橋1997、小林2004）。

　丸山古墳群が立地する丘陵は、北東から南西にのびる尾根の先端部分に位置する（第75図）。この「先端部」はこの尾根と直行する方向に、北西から南東に広がっており、結果として、丘陵先端部はT字形を呈する。丘陵の比高差は約40mある。この丘陵の最高部に前期の前方後方墳である丸山1号墳、その南東約30mにこの4号墳が立地する。ただし現在、両古墳は中世に掘削されたと思われる堀で隔てられている。なお付近には式内の佐志能神社が存在しており、注目しておきたい。

　丸山4号墳の周辺には、大小多くの古墳が存在し、丸山古墳群を構成している。丸山古墳群は前期古墳である前方後方墳と前方後円墳である4号墳のほか、湮滅したものも含めて21基の古墳の存在を大塚（1957a）は報告しているが、2007年の踏査で確認できたのは9基のみである。

　丸山4号墳は、1952年に墳丘測量と横穴式石室の実測（第76図）調査が行われ、1954年5月に4日間発掘調査が行われた（大塚1957b）。以下、その成果を以下にまとめる。まず測量調査の結果、墳丘は全長35m、後円部直径20.5m、前方部幅18m、くびれ部幅15m、後円部高3m、前方部高さ2.66mとされた。発掘調査では、北側（石室開口方向の反対側）のテラスで原位置と思われる円筒埴輪・形象埴輪を61個検出した。その構成は、武装男子1体、男子2体（うち1体は天冠をかぶる）、女子4体、性別不明人物1体、馬形3体、円筒50個（うち1個は顔付き円筒）である。大塚は、南側には形象埴輪が置かれていなかったと推測する。

　横穴式石室は盗掘により、大きく破壊されていた。石室石材はすべて片岩である。西側壁は比較的残っていたものの、天井石が1枚原位置で残るだけで、特に東側壁はほとんど築造当時の姿を留めていなかった。また羨道と石室の接続状態も十分調査できなかった。ただ、石室前方に残る石が、「側壁としては原位置から僅かに内側へ出過ぎている」ことから、大塚（1957b, p.107）は片袖形を想定し、小林孝秀（2004）も追認する。左片袖形横穴式石室と考えた場合、石室の規模は、玄室長2.8m、幅1.4m、奥壁での高さ1.9m、羨道長約3m、羨道幅1mである。

　石室内からは、石室修復中に見つかった鉄鏃5本と、盗掘時に石室内に投げ込まれたであろう須恵器の大甕が検出された。墳丘からは、前方部斜面において鉄製短刀が、羨道部付近から須恵器の坏身（第77図）が出土した。大塚（1957b, pp.111-112）はこの坏に関して、「埋葬後の祭祀に用いられた後に、羨門外に埋置された」と推測する。その他、丸山4号墳石室出土と所有者が言う石製模造品も大塚（1957b, pp.110-111）は紹介している。

　これら遺物に基づいて、大塚（1957b, p.117）は「六世紀中葉以後、後半に比定」する。墳丘出土の須恵器

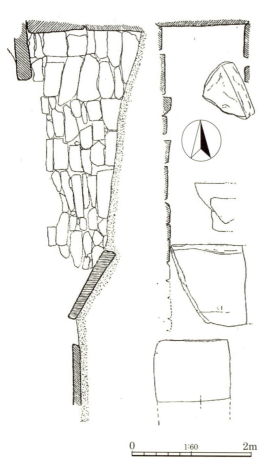

第76図　丸山4号墳横穴式石室実測図

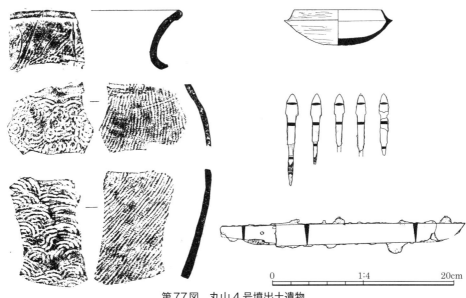

第77図　丸山4号墳出土遺物

坏はTK43型式であるから、現代でも妥当な位置づけである。石橋充（1997, p.83）もMT85併行としており、矛盾はない。6世紀第3四半期といえるだろう。大塚による報告以来、常陸南部最古の横穴式石室古墳として、よく引用されることとなったのは、前述の通りである。

(佐々木)

第2項　調査の方法（第78図、第12表）

A. 基準点の設定

　丸山4号墳の測量調査に先立ち、プラスチック杭で基準点を設置した。設定に際してはトータルステーション（TOPCON社：GPT-1003 F）を用い、各基準点の標高は丸山4号墳より南西方向に約100mの地点に所在する佐志能神社境内に設置されている3等三角点（標高60.120m）からオートレベルを使用して求めた。本調査は開発を行うことを前提としているわけではなく、また現地は草木が茂る斜面地であることから、公共測量作業規定にのっとり4級水準測量を実施した。

　このような条件で、墳丘各所および周辺に平板測量を行うための基準点を計26点設定した。基準点は、任意で中軸線を設定し、そこから派生させて打設した。以下に、各基準点の概要を述べる。

　はじめに後円部墳頂のほぼ中央に基準点N0、前方部墳頂のほぼ中央に基準点W2をそれぞれ打設し、これらを通る線を中軸線とした。つづいて、中軸線上に東から基準点E3、E2、E1、W2、W3、W4の計6点、さらに中軸線と直交方向に基準点N0からS2、S1、N1、N2、N3、N4を、W1からW1S1、W1N1を、W2からW2S2、W2S1、W2N1、W2N2、W2N2をそれぞれ打設した。また、周濠の痕跡を測量するため後円部南側に基準点S2から基準点S2E1を、前方部北側に基準点W2N1から基準点W2N1W1、W2N1W2を、基準点W2N1W2からW2N1W2S1を、前方部西側に基準点W2S2から基準点W2S2W1、W2S2W1をそれぞれ派生させている。各基準点は、トータルステーションの角度を0°00′00″、90°00′00″、180°00′00″、270°00′00″のいずれかに設定し派生させた。この調査では、閉合トラバース測量を行っておらず、いずれの基準点も開放のままであり、座標値を設定していない。

　各基準点の位置関係は第78図、標高は第12表のとおりである。なお、基準点の標高は適宜設定したものの、視準不良や基準点同士の間隔から設定が不要なものが生じたため、測定していないものもある。

104　第5章　そのほかの古墳の測量調査

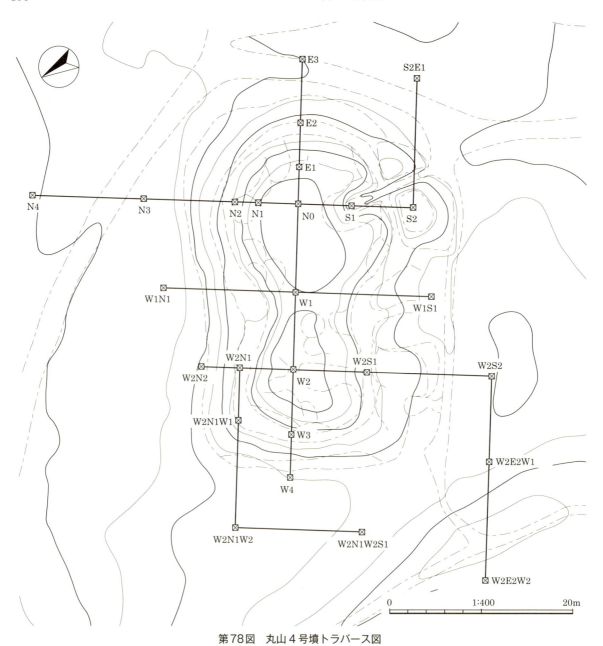

第78図　丸山4号墳トラバース図

B. 測量方法

　墳丘の地形測量はトータルステーションによって打設した各基準点をもとに、平板とオートレベルによって行った。

　作図に関しては、絶対高で求めた25cm間隔のコンターを、縮尺100分の1で行った。傾斜変換線は目視によって決定し、破線で図面に書き入れた。調査範囲は実線、道と横穴式石室の範囲は破線でそれぞれ表現した。

　今回は、以上のようにして得た測量図を提示する。なお、平板測量に際しては、気温や気圧などによる自然誤差は考慮していないが、器械を扱う人物をなるべく固定することで個人誤差を減らすように努めた。　（小野寺）

第3項　墳丘の現状と復元（第79～81図）

A. 墳丘の現状（第79図）

　横穴式石室を主体部とし、テラス部をもつ2段築成の前方後円墳であり、前方部を北西に向けている。葺石は

第2節　丸山4号墳

第12表　丸山4号墳基準点

基準点	標高（m）
N0	59.376
N1	59.107
N2	57.853
N3	55.259
N4	54.968
E1	58.780
E2	57.349
E3	56.140
S1	59.006
S2	57.836
S2E1	―
W1	58.956
W1N1	―
W1S1	―
W2	59.673
W2N1	57.743
W2N1W1	―
W2N1W2	―
W2N1W2S1	―
W2N2	56.068
W2S1	57.743
W2S2	56.994
W2S2W1	56.662
W2S2W2	―
W3	57.921
W4	56.530

存在せず、周濠の痕跡は認められない。

　周囲では植林が行われ、その際の整地により墳丘が削られていると考えられる。また、後円部・前方部ともに盗掘によるとみられる撹乱により大きく墳丘が削られているが、全体としては比較的遺存状態は良好である。以下、後円部、くびれ部、前方部の順に各部の状況を記述していく。

　後円部　墳頂平坦面縁部に多数の撹乱が認められ、特に南側は主体部の盗掘による撹乱が存在し、明確な傾斜変換線を観察することはできなかった。現状での墳丘の最高点は、墳丘復元の項で述べる中心点よりも若干北西に位置し、標高は59.400mとなっている。斜面は南側が最も状態が悪い。後円部の墳頂縁部から南に向かって開口する横穴式石室の前面にかけて等高線が大きく乱れていて、盗掘時の撹乱と排土の堆積によるものと考えられる。南東側が比較的状態が良く、等高線の大きな乱れはあまりない。後円部北側では標高57.250mと標高57.000m、東側では標高57.500mと標高57.250mの2本に沿うように走る傾斜変換線が確認でき、その間には傾斜が緩やかなテラス部が存在している。南東側が墳丘の状態が良いため、南東側の傾斜変換線に近いレベルに後円部のテラスが存在していたと考えられる。墳裾は植林による整地の影響で南側の大部分が改変を受けていると考えられる。北側・東側は比較的良好だと考えられ、現状では北側で56.000m、南東側で標高56.500m付近で傾斜変換が確認でき、これに基づくと現状の後円部の高さは北側3.400m、南東側2.900mとなる。

　くびれ部　1段目では南西側が大きく撹乱を受けているが、北東側では大きな等高線の乱れはない。くびれ部墳裾は南西側が後円部と同様に植林の影響を受けていると考えられ、築造当時の状態を留めていないと判断した。くびれ部は、1段目では前方部前端幅とあまり変わらない幅であったのに対し、2段目では前方部前端よりも幅が狭くなっている。これにより1段目ではくびれ部が幅広で不明瞭なのに対し、2段目ではくびれ部が明確である。また、くびれ部北側ではテラス部の幅が後円部・前方部よりも広くなっていて、後円部北側から続く傾斜変換線は標高を変えず、同じレベルで接続してきている。南側ではテラス部から1段目斜面にかけての傾斜変換線を観察することはできなかった。

　前方部　墳頂平坦面は縁部に多数の撹乱を受けており、築造当時の状態を留めていると判断できる箇所は観察できなかった。特に南側は幅2～3m、高さ1.5mと広い範囲で盗掘による撹乱が確認できる。現状における前方部の最高点は59.612mであり、後円部よりも高い数値を示している。斜面は南側が前述した盗掘坑により改変を受けている以外は、大きく等高線が乱れる箇所は見受けられず、北東側が最も状態が良好と判断した。北東側ではくびれ部から続く傾斜変換線を観察でき、テラス部が接続してきている。傾斜変換線は南側まで観察できたが、盗掘坑付近ではテラス部から1段目斜面にかけての傾斜変換を見受けることはできなかった。北東から北側では標高57.750mと標高57.500mに沿うように傾斜変換線が2本確認でき、北西から西側では標高58.000mと標高57.750mの間で傾斜変換線が2本見受けられ、後円部よりも高い位置に前方部のテラスは存在していたと考えられる。墳裾は南側では撹乱により乱れが大きく、盗掘坑の南側では等高線が外側に張り出していて、盗掘坑からの排土の堆積の影響と考えられる。北側では撹乱を観察されなかったが、後円部・くびれ部と同様に植林時の整地の影響を受けているとみられ、築造当時の状態を残していると判断できる箇所は存在しなかった。前方部墳裾の標高は北側で56.250m、北西側で56.750m付近であり、これを基準とすると北東側3.362m、北西側で2.86mとなり、後円部と前方部の高さは近接値を示すことになる。

106　第5章　そのほかの古墳の測量調査

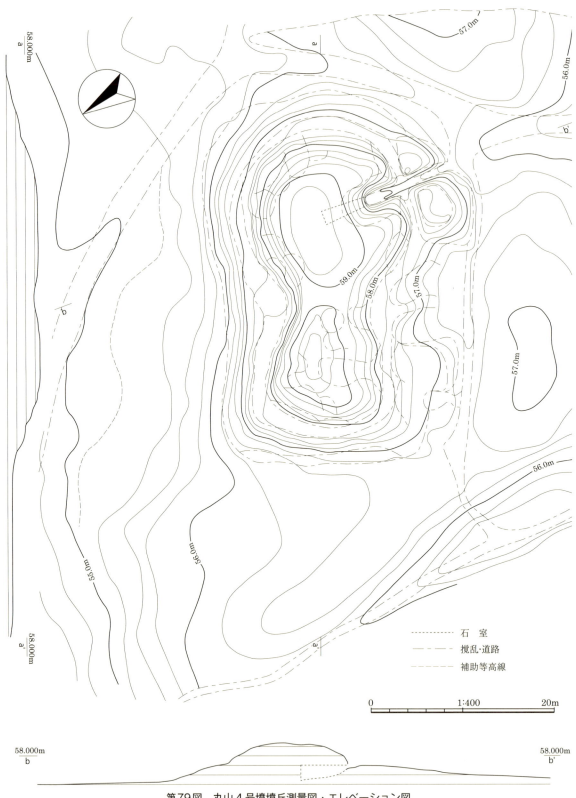

第79図　丸山4号墳墳丘測量図・エレベーション図

第 2 節　丸山 4 号墳

以下に今回の測量によって判明した各部の規模を記載する（数値はすべて現状）。

墳丘長：39.6m

後円部径：25.2m（反転復元）　　後円部高：北側 3.40m　　南東側 2.90m

前方部長：19.0m　　　　　　　　前方部高：北側 3.36m　　北西側 2.86m

くびれ部幅：11.7m

(鶴見)

B. 墳丘の復元

上述のとおり、丸山 4 号墳の再測量調査は 2007 年に行われた。しかしながら、丸山 4 号墳は 1954 年の発掘調査によって墳丘の大部分が発掘調査されていることから、現在の墳丘が発掘調査以前の姿を反映しているのかという点が疑問となる。そこで本項では墳丘の復元にあたり、まず再測量図について旧測量図と比較することで、資料価値の確認を行いたい。そして、そのうえで復元案を提示したい。

1. 旧測量図と再測量図（第 80 図）

丸山 4 号墳の墳丘は 1952 年に等高線間隔 50cm の測量調査が行われ、2007 年には 25cm 間隔で再測量調査が行われた。本項では、1952 年の測量図を旧測量図、2007 年の測量図を再測量図と呼称する。

1952 年の測量調査の後、1954 年には墳丘埴輪列の調査を主眼とした発掘調査が行われ、また発掘調査と併行して石室の修復作業が行われている（後藤・大塚 1957）。そこで、再測量図の資料価値を確認するために、再測量図から 50cm 間隔の等高線のみを抽出したものを作成した（第 80 図-2）[1]。これと旧測量図（第 80 図-1）とを比較すると、等高線の流れや間隔について、大きな差異があることに気づく。例えば後円部の石室部分である。旧測量図では石室が露呈している状況であったが、再測量図では埋め戻されている。これは報文中にもある石室修復作業によるものであろう。もう一つは、くびれ部北側における等高線の流れと間隔である。再測量図のテラス部を走る等高線がくびれ部で蛇行しているが、その下方を走る等高線はくびれ部で屈曲することなく、直線的に走っている。この箇所が、「上段墳丘が前方後円墳らしい墳丘であるのに対し、下段墳丘があまりくびれず、したがってクビレ部のテラス幅が異常に広い」（佐々木・鶴見 2012）という再測量による新所見の裏づけとなる部分である。言い換えると、新所見としてあげられた「クビレ部のテラス幅が異常に広い」という特徴は、等高線間隔 50cm においても表現される特徴であることがわかる。しかし、同じく等高線間隔 50cm である旧測量図では読み取ることができないのである。旧測量図は模式的に作成され、細部まで測量されていないのであって、今回の精緻な測量によって表現することができた、と理解することもできるであろう。しかしながら、今回認識されたような幅広なテラスについて、報文中にも記述はないのである。

となると考えられるのは、発掘調査による墳丘への影響であろう。1954 年の発掘調査について、具体的な調査区の設定方法について図面や記述はないが、埴輪列の探索が主眼であったと考えられる。そこで旧測量図に表現されている埴輪列を、再測量図に合成したものを作成した（第 80 図-3・4）[2]。この図面と旧測量図とを比較してみると、再測量図では埴輪列上部の等高線が密になっているのに気づく。これは特に前方部北側の埴輪列付近において顕著であるが、後円部でも同様である。ここから想定されるのは、発掘調査においてテラス部が埴輪列を探索するために削られ、埴輪列上部の等高線が密になった、ということであろう。また、その排土が下方に置かれたことにより、テラス部がより幅広になり、またその下方の等高線の流れも変わってしまったのであろう。すなわち、「下段墳丘があまりくびれず、したがってクビレ部のテラス幅が異常に広い」という特徴は、発掘調査によって生まれたと考えられるのではないだろうか。

なお、旧測量図・再測量図を比較すると、最初に述べた石室部分のほか、前方部南側部分の撹乱についても埋め戻し・修復がされていることがわかる。つまり、上記の推測の正否は別としても、丸山 4 号墳の墳丘には 1952 年の測量以後、1954 年の発掘調査を含め、手が加えられているのである。再測量図の使用の際にはこれらの影響について十分留意する必要があるだろう。

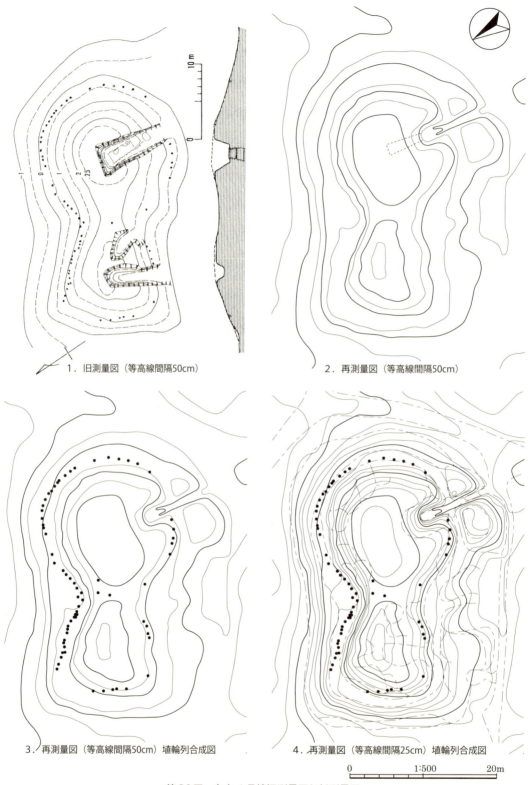

第80図　丸山4号墳旧測量図と新測量図

第81図　丸山4号墳墳丘復元図

2. 墳丘の復元 （第81図）

B-1で確認した再測量図使用にあたっての留意点を踏まえながら、墳丘の復元を試みる。まず、後円部中心点は、石室の奥壁中央と考えられる。そして、1954年の調査で確認された埴輪列をもとに、旧・再測量図の等高線を参考に後円部上段径および、前方部上段径を復元した[3]。そして、旧測量図から前方部上段と下段の側辺が平行と判断し、復元した。前方部前端の位置については、旧測量図では明瞭でないことから、再測量図を参考に決定した。

以上の方法により復元したのが第81図にあたる。計測値は墳丘長36.5m、後円部径23.5m、前方部長13mとなる。

なお、後藤・大塚（1957）では、南側くびれ部付近で等高線が突出する部分があることから、造出の可能性が指摘されているが、再測量図で新たな所見は得られていないことから、存否は保留したい。

以上の復元作業の結果に基づき、想定される墳丘の規模を記す。

墳丘長：36.5m

後円部径：23.5m（2段目：直径：17.0m　平坦面径：8.2m）

前方部長：13.0m　　前方部幅：22.5m（2段目幅：13.0m）

くびれ部幅：14.0m

(谷仲)

第4項　まとめ

丸山4号墳の墳丘再測量調査の結果、墳丘の規模を復元すると次の通りである。墳丘長36.5m、後円部径23.5m、（2段目：直径：17.0m　平坦面径：8.2m）、前方部長13.0m、前方部幅22.5m（2段目幅：13.0m）、くびれ部

幅14.0m。常陸南部におけるTK43の時期の古墳として、全長35.5m、後円部径28.5mの帆立貝形の行方市大日塚古墳（本書第4章）、全長60m、後円部径28mの小美玉市（旧玉里村）閑居台古墳（玉里村立史料館2002）がある。その前の時期の前方後円墳には、全長54.5m、後円部径30.4mの小美玉市（旧玉里村）桃山古墳がある。6世紀前半では、旧玉里村域で70〜80mクラスの前方後円墳の築造が連続するが、桃山古墳、閑居台古墳と規模を縮小させる。丸山4号墳は、桃山古墳、閑居台古墳よりさらに小規模である。この規模の縮小が時期差を示すのかはわからない。

(佐々木)

第3節　地蔵塚古墳

第1項　立地・群構成と既往の調査（第82図）

　地蔵塚古墳（小川町027）は茨城県小美玉市（旧小川町）にある、古墳時代後期に位置づけられる60m級前方後円墳である。旧小川町域は、霞ヶ浦北西岸地域では珍しく古墳の密度が低いところであるが、霞ヶ浦の高浜入りに注ぐ園部川の下流域には比較的古墳が集中して築造される。これらの古墳は、遺跡台帳上では単独分として記載されているが、同じ台地に立地していることから、本田信之（2010）は「下馬場」古墳群として一括した（第82図）。なお、玉里古墳群はこの園部川を挟んだ対岸に立地する。

　下馬場古墳群は、前方後円墳である地蔵塚古墳の他に、大型円墳2基（56m、35m）、小型円墳5基の合計8基で構成される。この古墳群では地蔵塚古墳が最大規模を誇る。地蔵塚古墳は1981年に、周溝と埴輪列を確認するための発掘調査が実施された。発掘調査では、後円部北西側の中段と鞍部から円筒埴輪列が確認された。出土した円筒埴輪（4条5段）、朝顔形円筒埴輪、形象埴輪は6世紀後半の所産という（宮内・石田1981）。

　地蔵塚古墳は1981年の発掘調査の際に測量はされているが、等高線間隔が荒い。この発掘調査以来、地蔵塚

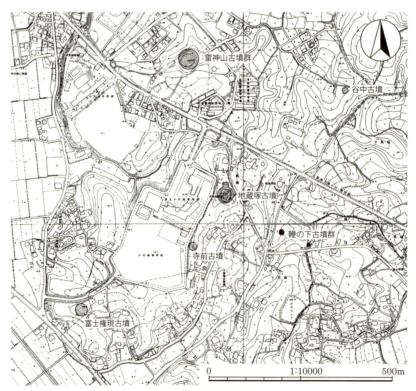

第82図　地蔵塚古墳の位置

古墳はあまり学界に紹介されていない。隣接する行方市（旧玉造町）所在の、地蔵塚古墳と同様前方部が短い大日塚古墳の測量調査成果の報告において、曾根俊雄が比較を試みた。下馬場古墳群は、地蔵塚古墳のほかは大型円墳と小型円墳のみであるため、本田信之（2010）は首長系譜としてみなさない。しかし、玉里古墳群も下馬場古墳群も同じ田余郷の領域に所在することから、「下馬場」古墳群について、首長系列である玉里古墳群の政治勢力と関連も考慮しなければならない、と評価した。 （佐々木）

第2項 調査の方法（第83図、第13表）

A. 基準点と座標の設定

地蔵塚古墳測量調査に先立ち基準点を設置した。設定に際してはトータルステーション（TOPCON社：GPT-9000A）を用い、各基準点の絶対高は鹿嶋神社内の3等水準点（標高25.540m）からオートレベルを使用して求め

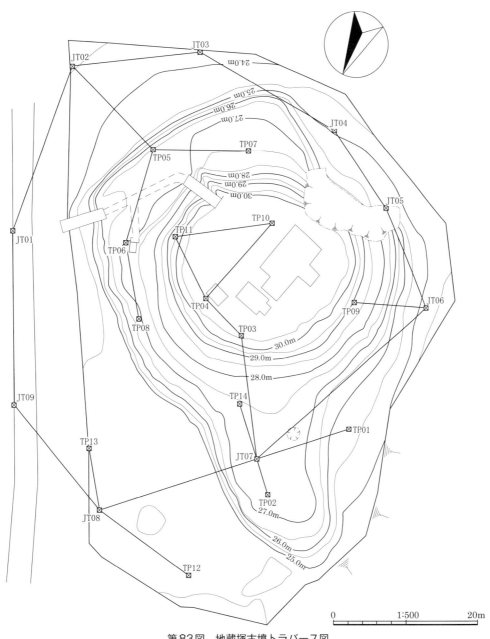

第83図　地蔵塚古墳トラバース図

第5章　そのほかの古墳の測量調査

第13表　地蔵塚古墳基準点

基準点	X座標（南北）	Y座標（東西）	Z座標（標高）	備考
JT01	500.000	499.996	22.565	
JT02	476.833	503.480	23.925	
JT03	466.972	489.114	23.720	
JT04	467.041	468.453	24.664	
JT05	472.582	457.056	24.888	
JT06	481.301	445.778	24.397	
JT07	510.126	456.384	27.312	
JT08	526.460	471.743	24.730	
JT09	519.981	488.659	23.172	
TP01	500.520	447.351	25.297	開放
TP02	513.512	452.783	27.300	開放
TP03	496.949	466.077	30.823	開放
TP04	485.505	454.877	28.059	
TP05	481.242	488.546	27.039	開放
TP06	493.777	485.795	27.852	開放
TP07	475.058	477.181	27.256	開放
TP08	501.813	479.406	28.033	開放
TP09	495.012	472.720	30.803	開放
TP10	482.527	477.546	30.626	
TP11	495.188	481.754	30.707	
TP12	528.201	456.972	24.672	開放
TP13	519.240	477.401	24.700	開放
TP14	504.898	461.944	―	開放

　た。本調査は開発を行うことを前提としているわけではなく、また現地は草木が茂る斜面地であることから、公共測量作業規定にのっとり4級水準測量を実施した。

　調査に先立ち、地蔵塚古墳の周辺に任意の座標を設定した。まずは、真北を求めてその南北方向をX軸、直交する東西方向をY軸とし、JT01の座標を（X, Y）=（500.000, 500.000）とした。基準点は、JT01からJT09までの9点を用いて閉合トラバース測量を行った。総延長182.705mに対し、X軸で－0.003m、Y軸で＋0.036mの誤差を生じたため、誤差の補正は均等法によって各点に振り分けた。続いて、それぞれの杭より必要な地点に放射測量によって基準点を14点打設した。各基準点は、閉合トラバースに使用した杭から2回までの派生を許容とし、開放状態のままとした。後円部平坦面に打設したTP10とTP11がこの条件から外れるため、TP04を含めた3点で閉合トラバース測量を行った。総角180°に対して＋00°00′09″の誤差を生じたため、均等法によって各点に振り分けた。なお、TP08も先述の条件から外れるが、視界不良によって基準点を視準できなかったため、開放状態のままとした。

　以上のように、今回の測量調査で設定した基準点は合計で23点であり、各基準点の位置関係は第83図、標高は第13表のとおりである。なお、基準点の標高は適宜設定したものの、視準不良や基準点同士の間隔から設定が不要なものが生じたため、測定していないものもある。

B．測量方法

　墳丘の地形測量は上記のようにして打設した各基準点をもとに、平板とオートレベルによって行った。作図は絶対高で求めた25cm間隔のコンターを縮尺100分の1で行った。後円部南側の墳丘斜面の撹乱も後述のように土取りの痕跡と判断したため、コンターは書き入れず空白とした。傾斜変換線は目視によって決定し、破線で図面に書き入れた。建物、調査範囲は実線、道は破線でそれぞれ表現した。今回は、以上のようにして得た測量図を提示する。なお、平板測量に際しては、気温や気圧などによる自然誤差は考慮していないが、器械を扱う人物をなるべく固定することで個人誤差を減らすよう努めた。

（小野寺）

第3項　墳丘の現状と復元（第84・85図）

A．墳丘の現状（第84図）

　後円部　墳丘1段目斜面は2段目に比して急である。墳丘1段目の南東側の角付近では、人物埴輪の腕（第87図-27）や家形埴輪片（第87図-28）など多数の資料を表採した。墳丘2段目では参道の階段の南隣で土砂の流出が確認できた。東側テラス部は他の部分よりも平坦かつ広いが、これは後世の改変と推測する。2段目斜面は、くびれ部に向かうほどテラスとの境は不明瞭となる。テラス部の北東側には建物があり、その付近では改変が激しい。後円部西側は東から北側に比してコンターの乱れが少ないが、テラス部と1段目斜面ならびに2段目斜

第 3 節　地蔵塚古墳

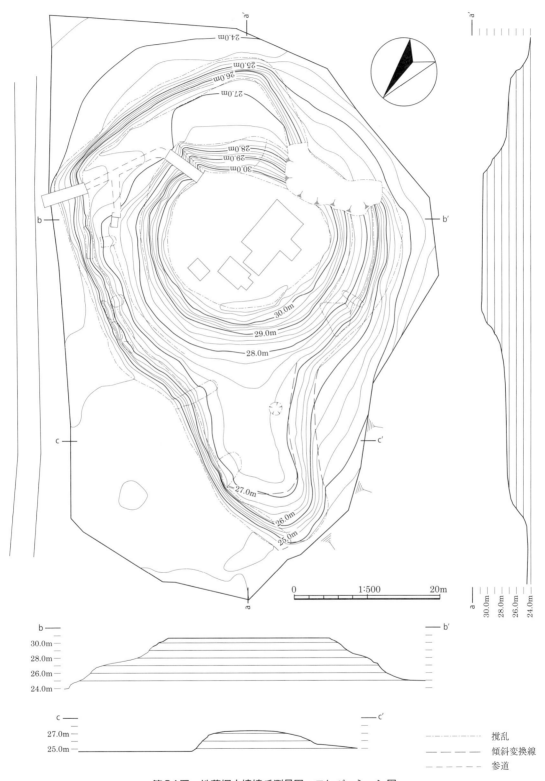

第84図　地蔵塚古墳墳丘測量図・エレベーション図

面との境は観察しづらい。テラスから墳丘1段目斜面に沿って確認できる二つの撹乱は、以前行った発掘調査時のトレンチの痕跡と考えられる（北側がEトレンチ、南側がFトレンチ）。テラス部西側は他に比べて土砂の流出が少なく、墳丘築造時の姿をとどめている可能性が最も高い。北から西側テラスの標高は27.500～28.000mと東側に比べて1.0m程度高く、本古墳においては後円部径に対して水平方向でのズレは大きいといえる。後円部墳頂には小美玉市指定有形文化財である石造地蔵菩薩立像（日限地蔵）をまつった社殿のほか2棟の建物が建つなど、明らかに古墳築造当時の姿ではない。現状での墳頂面はおおむね楕円形である。後円部における最高地点は30.913mであり、墳裾の傾斜変換線における最低点は24.451mである。

　前方部　前方部北東側は、標高26.500～26.750m付近より墳丘の土砂が大きく抉り取られている。前端部ならびにくびれ部とのそれぞれの境に、以前行った発掘調査時のトレンチの痕跡と考えられる撹乱がみえる（くびれ部がAトレンチ、前端との境がBトレンチ）。前方部南西側は、北東側に比べて残存状況は良好であり、コンターの乱れも少ない。平坦面との傾斜変換線は27.000mのコンター付近に観察できるが、墳裾の傾斜変換線はくびれ部から前端部にかけて1.5m程度の比高差がある。前方部前端は、北東から東側にかけての墳裾は墳丘の土砂が削り取られており、南西側のみ残存している。南西側の角はカットされているように見えるが、墳頂部のコンターの曲がり方とは異なっており、以前の測量図で確認された小道による改変であると考える。また、墳裾へいくほど斜面は急となっていることがわかる。なお、前端部墳裾における最低点は24.688mである。前方部墳頂は、おおむね27.250～27.500mの高さを計測した。ただし、コンターの回り方は北東側と南西側とでは対称とはならず、ズレがみえる。南東側では斜面との境は27.000m付近に観察できるが、北西側も同様かは判断しづらく、こちら側の傾斜変換線は描き入れていない。なお、前方部墳頂における最高点は27.397mである。くびれ部は両側とも前方部平坦面とテラス部との関係性は不明瞭である。

　以上のように、本古墳は全体として墳丘の残存状況は良くないことがわかった。とくに後円部での改変は激しく、古墳築造当時の姿を残している地点はほとんどないといっても良い。一方で前方部は、南西側が比較的残存状況が良いようである。この周辺のコンターをみると後円部から前方部にいくほど傾斜が下がっていることがわかり、後円部が前方部に比して標高が高かったことが推測できる。また、周辺地形をみると前方部の北東側は極めて平坦である。発掘調査報告書をみるかぎり、本来は西へいくほど下っていた斜面を墳丘削平の際に平らに整地したようである。

　以下に今回の測量によって判明した各部の規模を記載する（数値はすべて現状）。

　　全　長：61.8m
　　後円部径：41.2m　　後円部高：6.50m
　　前方部長：20.6m　　前方部幅：14.2m　　前方部高：2.70m
　　くびれ部幅：19.8m

B. 墳丘の復元（第85図）

　墳丘の事実記載にもとづいて墳丘の復元を行う。まずは、墳丘の中軸線を設定する。後円部は改変の影響を強く受けており、中軸線の設定に使用するには不適切である。一方、前方部は墳頂平坦面が墳丘築造当時の姿を比較的留めているため、ここを使用する。標高27.000mならびに27.250m同士の中間を通る線を中軸線とする。

　後円部　後円部墳裾の復元を行うにあたり、西側が比較的残存状態の良いポイントとして判断し、傾斜変換線に沿う形で正円をかけ復元を行った。後円部墳丘1段目肩部のラインは墳丘築造当時の姿を比較的留めていると思われる西側において、コンターの間隔が狭まりはじめる点をつなげて復元を行った。同様にして墳丘2段目裾部を復元した。墳丘2段目裾部は墳丘1段目肩部に比べて各所での土砂の流出が少ないため、コンターに沿わせて復元線を設定することができた。墳頂部と斜面との境は明らかに後世に改変を受けており、築造当時の線ではないため、墳頂部の復元は行っていない。

第3節　地蔵塚古墳

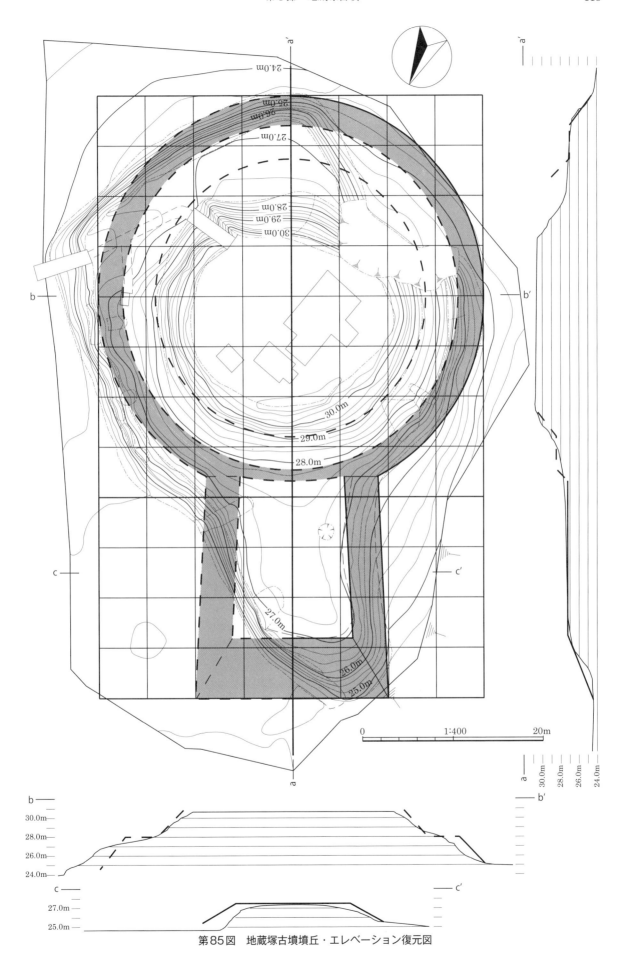

第85図　地蔵塚古墳墳丘・エレベーション復元図

前方部 復元にあたっては8区分法（石部ほか1979）を用いる。その結果を示したのが第88図であるが、前方部長は後円部長の8単位に対し、4単位であることがみてとれる。前方部墳裾は南西側で観察することができた墳裾のラインを利用し、前端部につなげて復元を行う。前述のように前方部の南西側墳裾の角は後世にカットしたようであり、もともとの形状ではないと考える。墳頂平坦面は、標高27.000m付近の傾斜変換線をつなげて復元を行う。墳裾、平坦面ともに直線とはならず、ともに撥形に弱く広がるようにみえるが、本来は直線であったと推測される。前端部の傾斜はほかの箇所に比べて緩やかである。また、前方部墳頂の高さは、後円部テラスの高さに比べてやや低く復元できたが、後円部北東側のテラス部の円筒埴輪列は、前方部墳頂部よりも0.4〜0.5mほど高い位置で検出されており（宮内・石田1981）、矛盾はしない。最後にこれを反転させ、全体の復元を完了とする。

全体的に、墳丘の左側の復元線が現状での墳丘上にあたる。しかしこの辺りは後世に盛土を行っているようであり、現状の調査成果から築造当時の姿を推定することは難しい。

以上のような作業から、本古墳はいわゆる4区型4区幅に復元することができた。以下、これまでの復元で求められた墳丘各部の規模をまとめる。

墳丘長：64.0m
後円部径：39.6m
前方部長：24.4m　　　前方部幅：22.8m
くびれ部幅：18.4m

なお、旧案（佐々木・小野寺ほか2016）とは前方部の形状が異なり、墳裾を撥形、墳頂平坦面の中央部をくびれさせた。しかし、これらはあくまで現状でのラインであり、築造当時は直線であったと考える方が適切であろう。

（小野寺）

第4項　遺　物（第86〜88図、第14表）

A．埴　輪（第86図・第87図・第88図30-34）

本古墳において採集した埴輪は72点あり、そのうち39点を報告する。採集した円筒埴輪に全形・突帯間隔がわかる資料は見出せなかった。また、1981年に行われた発掘調査では朝顔形埴輪が出土しているが、今回の調査でそれとわかる破片はない。形象埴輪は人物埴輪の腕部1点を含む9点を採集した。胎土は肉眼観察によって判断した。全ての埴輪片に1.0mm未満の白色粒子と透明粒子が含まれる。

円筒埴輪　1〜5は口縁部片である。5は内面にヨコハケが施されている。口縁端部は1・2は平坦に整え、3〜5は口唇部の中央をわずかに凹ませる2パターンが確認できる。6〜14は突帯を有する胴部片である。9は本古墳表採資料のなかでも器壁が薄く、突帯は低くゆるやかな断面M字状を呈する。6・11は突帯のナデ付けが不十分である。13は内面調整のナデが甘く、輪積み痕が明瞭に残るが、それ以外は磨耗が激しく確認できない。突帯断面は7・9・13が台形、それ以外は断面M字形である。15〜20は透孔を有する胴部片である。15は外面調整のタテハケの上にユビナデが残る。16は突帯ナデの直下に幅7mmほどの工具痕が残る。突帯は下端がやや外方に出る断面は台形を呈している。17・18は穿孔ののち透孔断面がナデ調整されている。17の突帯はナデ付けが不十分であり、断面は上端を強くつまんだM字形を呈する。19は突帯断面が低い台形を呈し、内面調整は透孔に沿ってヨコナデが施されている。21〜26は底部片である。全てに外面調整のタテハケののちヨコナデ、内面調整の左上のナナメナデを施す。21は基部に指頭圧痕が残る。22は外面はタテハケ調整ののち、破片上方と基底部にナデが施されている。底部破片に突帯が残存する資料は見出せなかったが、本資料については破片上方のナデから、第1突帯の高さは約12cmと推測できる。基部は5.8cmの粘土板を貼り合わせ、その上から輪積みを始める。23は内面に粘土塊が付着する。24は基底に指頭圧痕が残っている。基部は輪積みの内側に薄い粘

第3節　地蔵塚古墳

第14表1　地蔵塚古墳出土遺物観察表

番号	器種	計測値（不良m） 口径	計測値（不良m） 器高	計測値（不良m） 底径	調整	色調	胎土	焼成	残存率	備考
1	円筒		〈6.2〉		タテハケ	明赤褐（5YR5/8）	透明粒子（〜1mm）多量 黄褐色粒（〜1mm）多量 黒褐色粒（〜1mm）少量	良好	口縁部 不明	
1	円筒		〈6.2〉		ナデ	明赤褐（5YR5/6）				
2	円筒		〈6.0〉		タテハケ→ヨコナデ	明赤褐（5YR5/6）	白色粒（〜3mm）少量 半透明粒（〜2mm）少量 透明粒子（〜1mm）微量 赤褐色粒（〜2mm）微量 黒色粒（〜1mm）微量	不良	口縁部 不明	
2	円筒		〈6.0〉		ナデ	明赤褐（5YR5/8）				
3	円筒		〈7.0〉		タテハケ	明赤褐（5YR5/6）	白色粒（〜1mm）多量 半透明粒子（1〜2mm） 透明粒子（〜1mm）多量 黒色粒（〜1mm）	良好	口縁部 不明	
3	円筒		〈7.0〉		ナデ	明赤褐（5YR5/6）				
4	円筒		〈5.0〉		タテハケ→ナデ	明褐（7.5YR5/6）	白色粒（〜1mm） 半透明粒子（〜1mm） 透明粒子（〜1mm） 赤色粒（1〜2mm）	良好	口縁部 不明	
4	円筒		〈5.0〉		ヨコナデ	黄褐（10YR5/8）				
5	円筒		〈4.3〉		タテハケ	明黄褐（10YR6/6）	白色粒（〜2mm）少量 透明粒子（〜1mm） 赤色粒（〜1mm） 黒色粒（〜2mm）少量	良好	口縁部 不明	
5	円筒		〈4.3〉		ヨコハケ	明黄褐（10YR6/6）				
6	円筒		〈4.3〉		タテハケ	明褐（7.5YR5/6）	白色粒（〜3mm）多量 半透明粒子（〜1mm）多量 透明粒子（〜1mm）多量 黄色粒（〜1mm）微量	良好	胴部 不明	突帯
6	円筒		〈4.3〉		ナデ	橙（7.5YR6/8）				
7	円筒		〈10.3〉		タテハケ→ヨコナデ	明褐色（5YR5/6）	白色粒（〜1mm）微量 半透明粒子（〜1mm）多量 透明粒子（〜1mm）多量 黄色粒（〜1mm）多量	良好	胴部 不明	突帯
7	円筒		〈10.3〉		ナデ	赤褐（2.5YR4/6）				
8	円筒		〈5.5〉		タテハケ→ヨコナデ	赤褐（2.5YR4/8）	白色粒（〜1mm）多量 半透明粒子（〜2mm）微量 透明粒子（〜5mm）多量 黒色粒（〜1mm）多量	良好	胴部 不明	突帯
8	円筒		〈5.5〉		ナデ	赤褐（2.5YR4/6）				
9	円筒		〈4.7〉		タテハケ→ヨコナデ	褐（7.5YR4/6）	白色粒（〜1mm）少量 透明粒子（〜1mm）多量	良好	胴部 不明	突帯
9	円筒		〈4.7〉		ナデ	褐（7.5YR4/4）				
10	円筒		〈7.4〉		タテハケ→ヨコナデ	赤褐（2.5YR4/6）	白色粒（〜1mm）多量 半透明粒子（〜1mm）多量 透明粒子（〜1mm）多量 黒色粒（〜2mm）多量	良好	胴部 不明	突帯
10	円筒		〈7.4〉		ナデ	赤褐（2.5YR4/6）				
11	円筒		〈8.3〉		タテハケ→ヨコナデ	橙（7.5YR6/6）〜 褐灰（7.5YR4/1）	白色粒（〜1mm）少量 半透明粒子（〜1mm）少量 透明粒子（〜1mm）多量 赤褐色粒（〜1mm）微量	良好	胴部 不明	突帯
11	円筒		〈8.3〉		ナデ	橙（7.5YR6/6）				
12	円筒		〈8.5〉		タテハケ→ヨコナデ	橙（7.5YR6/6）	白色粒（〜1mm）多量 半透明粒（〜1mm）多量 透明粒子（〜1mm）多量 赤色粒（〜1mm）微量 黒色粒（〜1mm）	良好	胴部 不明	突帯
12	円筒		〈8.5〉		ナデ	橙（7.5YR6/8）				
13	円筒		〈6.4〉		タテハケ→ヨコナデ	明赤褐（5YR5/8）	白色粒（〜2mm）多量 透明粒子（〜1mm）少量 黄色粒（〜1mm）微量 不透明粒子（〜1mm）多量	不良	胴部 不明	突帯
13	円筒		〈6.4〉		ナデ	明赤褐（5YR5/8）				
14	円筒		〈7.6〉		タテハケ→ヨコナデ	赤褐（5YR4/8）	白色粒（〜1mm）少量 透明粒子（〜2mm）多量 黄褐色粒（〜1mm）少量 不透明粒子（〜1mm）微量	良好	胴部 不明	突帯
14	円筒		〈7.6〉		ナデ	赤褐（5YR4/6）				
15	円筒		〈8.2〉		タテハケ→ヨコナデ	赤褐（5YR4/8）	白色粒（〜1mm）少量 透明粒子（〜1mm）多量 赤褐色粒（〜1mm）微量	良好	胴部 不明	突帯 透孔（5%）
15	円筒		〈8.2〉		ヨコナデ	赤褐（5YR4/6）				
16	円筒		〈9.3〉		タテハケ→ヨコナデ	褐（5YR4/6）	白色粒（1〜2mm）微量 半透明粒子（〜1mm）少量 透明粒子（〜1mm）多量 赤褐色粒（〜1mm）微量	良好	胴部 不明	突帯 透孔（25%）
16	円筒		〈9.3〉		ナデ	褐（5YR4/5）				
17	円筒		〈5.1〉		タテハケ→ヨコナデ	明赤褐（5YR5/8）	白色粒（〜2mm）多量 透明粒子（〜1mm）多量 黄褐色粒（〜2mm）少量	良好	胴部 不明	突帯 透孔（25%）
17	円筒		〈5.1〉		ナデ	明赤褐（5YR5/6）				
18	円筒		〈4.0〉		タテハケ　ヨコナデ	灰黄褐（10YR5/2）	白色粒（〜1mm）多量 透明粒子（〜0.5mm）多量	不良	胴部 不明	突帯 透孔（25%）
18	円筒		〈4.0〉		ナデ	にぶい黄褐（10YR5/4）				
19	円筒		〈5.2〉		タテハケ→ヨコナデ	明褐（7.5YR5/6）	白色粒（〜1mm）少量 透明粒子（〜1mm）多量	良好	胴部 不明	突帯 透孔（20%）
19	円筒		〈5.2〉		ナデ	褐（7.5YR4/6）				
20	円筒		〈6.9〉		タテハケ	黒（2.5YR2/1）〜 黄褐（10YR5/4）	白色粒（〜1mm）多量 半透明粒子（〜1mm）多量 透明粒（〜1mm）多量	不良	胴部 破片	透孔（30%）
20	円筒		〈6.9〉		ナデ	暗褐（7.5YR3/3）				
21	円筒		〈10.3〉	〈17.0〉	タテハケ→ナデ	赤褐（5YR4/6）	白色粒（〜1mm）多量 半透明粒（〜4mm）多量 透明粒（〜1mm）多量 黒色粒（〜1mm）少量	良好	底部 20%	指頭圧痕
21	円筒		〈10.3〉	〈17.0〉	ナデ	赤褐（5YR4/6）				

第14表2　地蔵塚古墳出土遺物観察表

番号	器種	計測値（不良m） 口径	計測値（不良m） 器高	計測値（不良m） 底径	調整	色調	胎土	焼成	残存率	備考
22	円筒		〈11.5〉	(15.0)	タテハケ	黄褐（2.5YR5/3）	白色粒（～1mm）多量 透明粒子（～1mm）微量	良好	底部 不明	
					ナデ	にぶい黄褐（10YR5/3）				
23	円筒		〈12.6〉	(14.0)	タテハケ	明黄褐（10YR6/6）	白色粒（～3mm）多量 透明粒子（～1mm）少量 赤色粒（～2mm）微量	良好	底部 25％	指頭圧痕
					ナデ	明黄褐（10YR6/6）				
24	円筒		〈8.8〉	(16.8)	タテハケ→ナデ	赤褐（5YR4/8）	白色粒（～2mm）少量 半透明粒子（～1mm）少量 透明粒子（～1mm）少量 黄褐色粒（～1mm）多量 黒色粒（～1mm）微量	良好	底部 50％	指頭圧痕
					ナデ	明赤褐（5YR5/8）				
25	円筒		〈6.2〉		タテハケ	明褐色（10YR6/6）～ 暗黄灰（2.5YR5/2）	白色粒（～2mm）少量 半透明粒子（～2mm）多量 透明粒（～1mm）多量	良好	底部 不明	指頭圧痕
					ナデ	黄灰（2.5YR4/1）				
26	円筒		〈4.5〉		タテハケ	にぶい褐（7.5YR5/4）	白色粒子（～1mm）多量 透明粒子（～1mm）多量	良好	底部 不明	指頭圧痕
					ナデ	にぶい褐（7.5YR5/4）～ 明黄褐（10YR6/6）				
27	形象 人物 右腕		〈12.7〉		ナデ	にぶい黄橙（10YR7/4）～ 明赤褐（5YR6/5）	白色粒（～4mm）多量 半透明粒子（～5mm）少量 透明粒子（～2mm）多量 赤色粒（～2mm）多量 黄褐色粒（～3mm）微量 黒色粒（～1mm）微量	不良	右腕 90％	指頭圧痕
28	形象 家		〈12.9〉		ナデ　線刻	にぶい赤褐（5YR4/4）～ 赤褐（5YR4/8）	白色粒（～2mm）少量 半透明粒子（～3mm）多量 透明粒子（～2mm）少量 黒色粒（～1mm）微量	良好	屋根部 不明	彩色
					ナデ	明褐（5YR5/6）～ 赤褐（5YR4/8）				
29	形象 馬鐸 or冠 or帯		〈3.6〉		ナデ　線刻	にぶい黄褐（10YR5/4）	白色粒（～1mm）少量 半透明粒子（～1mm）少量 透明粒（～1mm）少量 黄褐色粒（～1mm）少量	不良	不明	彩色
					無調整	明赤褐（5YR5/6）～ 明赤褐（2.5YR5/8）				
30	形象 馬		〈1.2〉		ナデ	橙（7.5YR6/6）	白色粒（～1mm）微量 半透明粒子（～2mm）多量 透明粒子（～1mm）多量 黒色粒（～1mm）微量	良好	脚端部 不明	
					ナデ	にぶい黄橙（10YR7/4）				
31	形象 盾or 鎧		〈8.0〉		タテハケ　彩色　線刻	にぶい黄橙（10YR6/4）	白色粒（～3mm）多量 半透明粒（～4mm）多量 透明粒子（～2mm）多量 黒色粒（～2mm）少量	良好		
					ナデ	橙（7.5YR6/6）				
32	形象 器財		〈6.0〉		タテハケ　沈線	明褐（7.5YR5/6）	白色粒（～4mm）多量 半透明粒子（～1mm）多量 透明粒子（～1mm）多量 黄色粒（～1mm）多量	良好	器財 不明	
					無調整	橙（7.5YR6/6）				
33	形象 不明		〈11.2〉		ナデ	にぶい赤褐（5YR4/4）～ 赤褐（5YR）	白色粒（～2mm）少量 半透明粒子（～2mm）多量 透明粒子（～2mm）多量 赤褐色粒（～1mm）微量 黒雲母　微量	良好		
					ナデ	明褐（5YR5/6）～ 赤褐（5YR4/6）				
34	形象 馬？		〈6.6〉		タテハケ→ナデ	にぶい黄橙（10YR7/3）	白色粒（～3mm）微量 半透明粒子（～2mm）少量 透明粒子（～1mm）少量	良好		
					ナデ	にぶい黄橙（10YR7/4）				
35	土師 器 甕	〈15.4〉	〈3.9〉		ナデ	にぶい褐（7.5YR4/5） ～明褐（7.5YR6/5）～ 灰褐（7.5YR4/2）	白色粒（～1mm）少量 透明粒（～1mm）微量 黄褐色粒（～1mm）微量	不良	口縁～ 頸部 15％	
					ナデ	明褐（7.5YR5/6）				
36	須恵 器 甕		〈6.3〉		平行タタキ→ヨコナデ	灰（5Y 5/1）	白色粒（～1mm）中量 透明粒（～1mm）少量	良好	胴部 不明	
					当て具痕（青海波文）	灰（N5/）				
37	土師 器 内耳 鍋		〈6.2〉		ヨコナデ	褐灰（10YR4/1）	白色粒（～1mm）少量 透明粒（～1mm）多量 赤褐色粒（～1mm）少量 金雲母（～1mm）少量	良好	不明	
					ナデ	にぶい黄橙（10YR6/4）				
38	土師 器 甕		〈3.3〉		ナデ	にぶい黄褐（10YR5/4）	白色粒（～1mm）少量 透明粒（～1mm）少量 黒色粒（～1mm）微量 金雲母（～1mm）微量	良好	頸部 5％	
					ナデ	褐（7.5YR4/4）				
39	陶器 鍋		〈8.4〉			灰オリーブ（5Y 6/2）	白色粒（～1mm）少量 透明粒（～1mm）少量 黄褐色粒（～1mm）少量 金雲母（～1mm）少量	良好	注口部 100％ 口縁部15％	外耳鍋？
						黄灰（2.5Y 6/1）				

観察表凡例
1. 大きさにおいて、（ ）は復元径、〈 〉は残存高を示す。
2. 調整と色調において、ともに上段は外面、下段は内面の観察結果を表す。
3. 色調は、小山正忠・竹原秀雄2008『新版標準土色帖 30版』日本色研事業株式会社による。

第3節　地蔵塚古墳

第86図　地蔵塚古墳採集遺物（1）

第 5 章　そのほかの古墳の測量調査

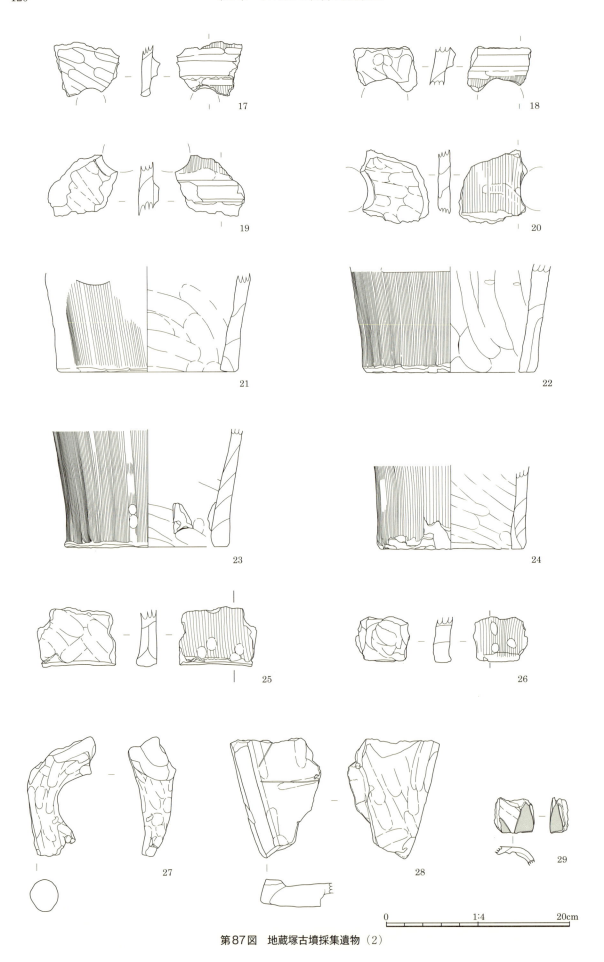

第87図　地蔵塚古墳採集遺物（2）

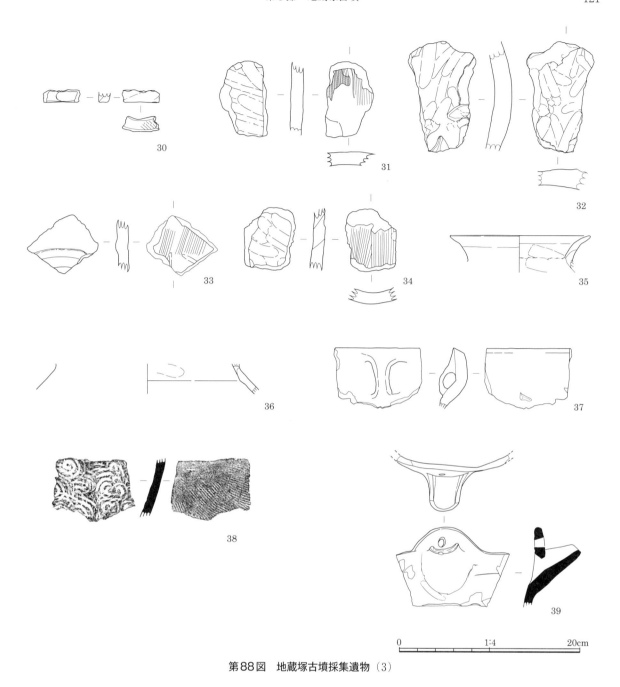

第88図　地蔵塚古墳採集遺物（3）

土板を張り付けて成形される。25は基部外面に指頭圧痕が残っている。粘土板で4.9cmの基部を作り、その上から輪積みを始める。

　地蔵塚古墳で採集された円筒埴輪は突帯幅が広く、断面はゆるやかなM字状もしくは台形である。その断面形態と突出度を塩谷修の円筒埴輪編年案（塩谷1997）に照らし合わせると、本古墳の埴輪の製作時期は6世紀第2四半期の築造と考えられる舟塚古墳に後出し、6世紀第3四半期前半築造と考えられる山田峰古墳、滝台古墳と相前後する可能性が高い。

　形象埴輪　27は人物埴輪の右腕である。表面は腕の付け根に向かってナデ調整を施す。指は全て欠損しているが、親指の付け根に剝離痕と粘土塊が残っているため、弓などを持たせていた可能性がある。製作は、棒状の粘土芯を作りその周囲に板状の粘土を巻きつける→ソケット状の肩に腕を挿しこむ、という工程が推測できる。28は盾、もしくは入母屋造りの屋根の端部の可能性がある。外面はナデ調整ののち、一度施した線刻をナデ消した上から新たに三角文を描き直す。板状の粘土を継ぎあわせた基盤の上に薄い粘土板を張り付けて表面を成形

しており、さらにその上から破片端部に粘土板を貼って低い突帯を作る。30は強く屈曲しており、底面にはハケ目状の摩擦痕が残る。31は器財形埴輪片で、外面の一部に調整のタテハケと平行に描かれた線刻と赤彩が残存している。32は器壁が厚く、ゆるく屈曲している。破片外面右端部に剥離痕があり、その周囲に剥離痕に沿ったナデが施されているが、これは脚部ないし尻尾が接続していたものと推測できる。内面調整には指頭圧痕が残る。29・33・34は不明形象埴輪片である。29は強く屈曲しており、小さい径をもつものの一部であることから、馬鐸もしくは冠や帯の一部と考えられる。外面調整にナデを施したのち、三角文の線刻を描き赤彩でその内側を塗りつぶしている。胎土は赤みが強い。33は器壁が薄く、破片上方に強い屈曲が見られることから土器の肩部と推測される。屈曲の直下がわずかに比厚する。34はゆるく屈曲しているため馬などの形象埴輪の一部と推定できるが、器種を特定することはできない。

(佐藤リディア・尾﨑)

B. 土師器 (第88図35～37)

土師器は、合計で5点採集したが、破片資料が多く器種の特定を含めて全体像を復元できるものはほとんどない。ここではそのうち3点を図示するが、各径については反転復元を行っているため多少の誤差が生じている可能性があるとあらかじめ断っておく。

35と36は甕である。35は口縁から頸部まで残存し、頸部が「く」字状に屈曲する。断面は黒褐色を呈する。36は頸部から肩部までが残存する。肩部内面が弱く屈曲する。37は内耳鍋で、口縁部と内耳が残存する。器壁はやや丸みを帯びながら立ち上がり、接合部外面が外側へ膨らむ。口縁端部は平坦に整え、内耳断面は紐状を呈する。常陸・下総地域では16世紀中葉に出現し、17世紀以降もみられる器形である (両角1996)。本資料は器高ならびに底部の形状を類推することができないため、中世末～近世のいずれかの所産とのみ推測しておく。

C. 須恵器・陶器 (第88図38・39)

須恵器 (38)、陶器 (39) ともに1点ずつ採集している。

38は、外面に平行タタキ、内面に青海波紋を施し、外面はタタキののちにナデをくわえた部分もある。本資料は器壁の厚さが2.5mm前後であることや、タタキ目や当て具痕を残していることから、甕や横瓶と考えられるが、器壁の曲がり具合から前者の可能性が高いと推測する。本資料の年代を特定することは困難である。39は、割竹形の注口部をもち、その上部に長径2.7mmの円孔を穿つ。注口部につながる穴は、ヘラ状工具のようなもので横方向につぶれた楕円形に穿孔する。注口部は口縁部までを成形したのち粘土を継ぎ足して作り出したものと推測する。

(小野寺)

第5項 まとめ

今回の測量調査の結果、地蔵塚古墳は墳丘長64.0m、後円部径39.6m、前方部前端幅22.8m、くびれ部幅18.4mに復元できそうである。墳頂部の改変が著しく、3段築成かどうかは不明である。最大の成果は、発掘調査でも検出できなかった形象埴輪を採集できたことであろう。人物埴輪を伴うことは確実であるし、家形埴輪、馬形埴輪も存在した可能性がある。常陸南部における古墳の編年研究に大きく貢献することとなった。

(佐々木)

第4節 坂稲荷山古墳

第1項 既往の調査 (第89図)

坂稲荷山古墳 (霞ヶ浦町285) の周辺の古墳については、第3章第1節で述べた通りである (第31図)。坂稲荷山

第 4 節　坂稲荷山古墳

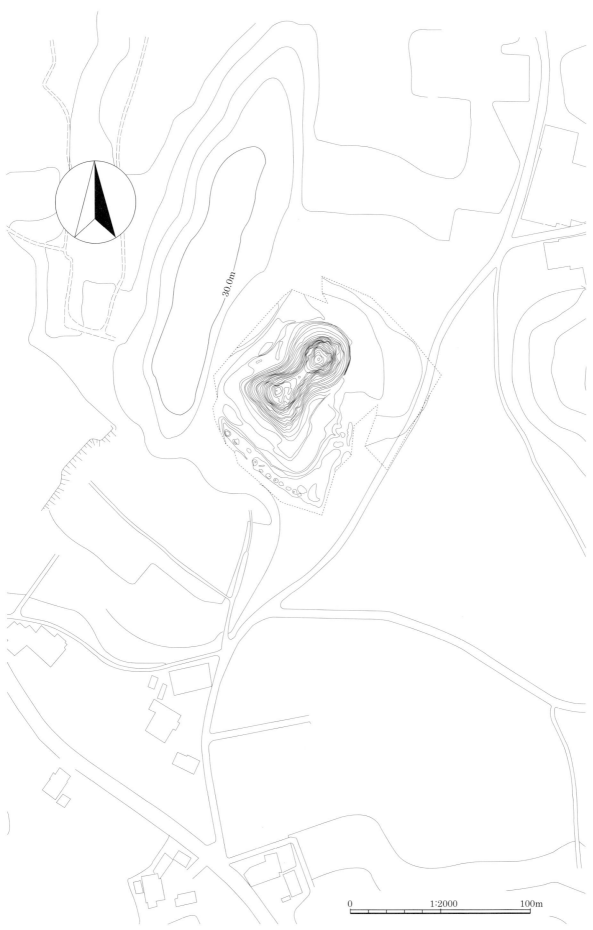

第89図　坂稲荷山古墳周辺地形測量図

古墳の測量・発掘調査はこれまで行われていない。しかしながら、大正大学考古学研究会（1985, 第81図の12）が出島半島の遺跡を踏査した際、坂稲荷山古墳の付近で円筒埴輪の底部片を採集している。外面はタテハケ、内面はタテナデで、突帯は剥離しているものの、断面三角形を想定する。出島半島の網羅的な遺跡踏査の成果を踏まえ、田中広明（1988, pp.35-44）はこの地域の古墳の変遷を概観し、坂稲荷山古墳を6世紀第3四半期に位置づけた。

（佐々木）

第2項　調査の方法（第90図、第15表）

A. 基準点の設定

坂稲荷山古墳の測量調査に先立ち、プラスチック杭で基準点を設置した。設定に際してはトータルステーション（TOPCON社：GPT-1003F）を用い、各基準点の絶対高は、坂稲荷山古墳から北東方向約850mの地点に所在するかすみがうらOGMゴルフクラブ内の3等三角点（標高27.130m）からオートレベルを使用して求めた。本調査は、調査後に開発を行うことを前提としているわけではなく、また現地は草木が茂る斜面地であることから、公共測量作業規定にのっとり4級水準測量を実施した。

このような条件で、墳丘各所および周辺に平板測量を行うための基準点を計55点設定した。基準点は、任意で中軸線を設定し、そこから派生させて打設した。以下に、各基準点の概要を述べる。

はじめに後円部墳頂のほぼ中央に基準点N0、後円部墳頂の北側に基準点N1をそれぞれ打設し、これらを通る線を中軸線とした。つづいて、中軸線上に北から基準点N4、N3、N2、S1、S2、S3、S4、S5、S6、S7、

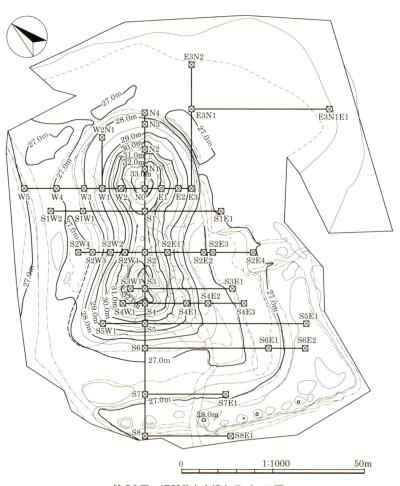

第90図　坂稲荷山古墳トラバース図

第15表　坂稲荷山古墳基準点

基準点	標高(m)	備考
N0	36.869	
N1	36.044	
N2	33.490	
N3	31.740	
N4	—	
E1	35.305	
E2	33.174	
E3	32.031	
E3N1	30.397	
E3N2	30.703	
E3N1E1	—	
S1	35.376	
S1E1	27.177	
S1W1	27.081	
S1W2	26.866	
S2	35.205	
S2E1	33.199	
S2E2	30.364	
S2E3	29.870	
S2E4	26.855	
S2W1	34.042	
S2W2	32.153	
S2W3	30.443	
S2W4	27.179	
S3	35.420	
S3E1	26.841	
S3W1	35.963	
S4	35.093	
S4E1	32.565	
S4E2	30.956	
S4E3	29.838	
S4W1	34.535	
S5	32.761	
S5E1	26.911	
S5W1	32.070	
S6	30.638	
S6E1	27.497	
S6E2	—	
S7	29.909	
S7E1	30.131	
S8	—	
S8E1	—	
W1	34.974	
W2	32.625	
W2N1	—	
W3	31.007	
W4	—	
W5	—	
R1	30.556	調査範囲外に設定
R2	30.869	調査範囲外に設定
R3	31.047	調査範囲外に設定
R4	31.165	調査範囲外に設定
R5	31.109	調査範囲外に設定
R6	—	調査範囲外に設定
R7	—	調査範囲外に設定

S8の計11点を打設した。さらに、基準点N0から中軸線と直交方向に東から基準点E3、E2、E1、W1、W2、W3、W4、W5を、基準点S1から同じく基準点S1E1、S1W1、S1W2を、基準点S1から同じく基準点S2E4、S2E3、S2E2、S2E1、S2W1、S2W2、S2W3、S2W4を、基準点S3から同じく基準点S3E1、S3W1を、基準点S4から同じく基準点S4E3、S4E2、S4E1、S4W1を、基準点S5から同じく基準点S5E1、S5W1を、基準点S6から基準点S6E1、基準点S7から基準点S7W1、基準点S8から基準点S8E1をそれぞれ打設した。また、基準点E3から基準点E3N1とE3N2を、基準点E3N1から基準点E3N1E1を、基準点W2から基準点W2N1をそれぞれ派生させた。さらに、測量した墳丘図を都市計画図と合わせるために必要なポイントを測量するための基準点TP1からE3N1E1とR1からR7までの計8点を基準点E3N1から設定した。各基準点は、トータルステーションの角度を0°00'00"、90°00'00"、180°00'00"、270°00'00"のいずれかに設定し派生させることを基本とした。この調査では、閉合トラバース測量を行っておらず、いずれの基準点も開放のままであり、座標値を設定していない。

各基準点の位置関係は第90図、標高は第15表のとおりである。なお、基準点の標高は適宜設定したものの、視準不良や基準点同士の間隔から設定が不要なものが生じたため、測定していないものもある。

B. 測量方法

墳丘の地形測量はトータルステーションによって打設した各基準点をもとに、平板とオートレベルによって行った。

作図に関しては、絶対高で求めた25cm間隔のコンターを、縮尺100分の1で行った。傾斜変換線は目視によって決定し、破線で図面に書き入れた。調査範囲は実線、道は破線でそれぞれ表現した。

今回は、以上のようにして得た測量図を提示する。なお、平板測量に際しては、気温や気圧などによる自然誤差は考慮していないが、器械を扱う人物をなるべく固定することで個人誤差を減らすように努めた。

（小野寺）

第3項　墳丘の現状と復元（第91〜93図）

A. 墳丘の現状（第91図）

本古墳は後円部の北東側から北側の斜面と、北東側から南東側にかけての墳裾が削平を受けていることを除くと、比較的墳形が保たれており、とくに前方部の残存状態は良好である。墳丘上には葺石ならびに埴輪を確認することができなかった。以下、墳丘の現状について記載する。

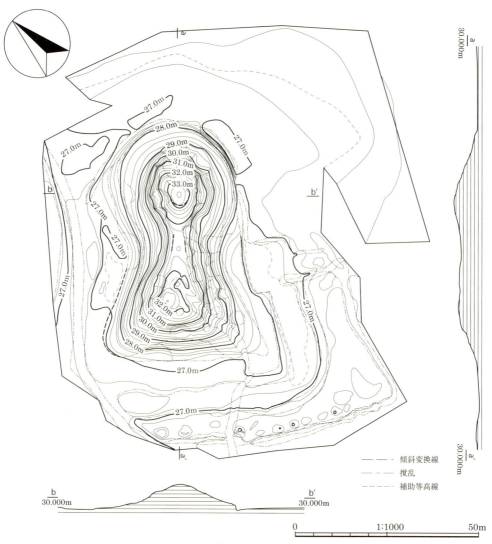

第91図　坂稲荷山古墳墳丘測量図・エレベーション図

後円部　後円部墳裾は北東側から南東側にかけて大きく改変を受けており、とくに南東側では墳裾が大きく削られているため、傾斜変換線と認識できる箇所は見当たらなかった。現状の墳裾と認識できる場所で標高が最も低くなるのは、西側で標高27.150m、北西側で26.601m、北側で26.972m、北東側で26.762mである。墳丘斜面は北西側から北側に削平を受けており、標高29.000mのコンターよりも下でコンター同士の間隔が広くなる。東側でも一部に攪乱を確認でき、標高31.750mから29.250mの間でコンターが乱れる。後円部の北東側から北側の現状は2段築成とも見ることができる状態だが、前方部では段築をもつと考えられる傾斜変換線は確認できないことから、墳丘の改変として理解できる。墳丘の斜面では北西側が比較的良好な状態で残っている。後円部墳頂の平坦面は、それと認識できる範囲が狭く、直径5～6m程の広さである。現状での最高点は復元で得られた中心点とほぼ一致し、標高は33.572mである。

前方部　前方部墳裾は明瞭に確認することができ、北側から南西側にかけて状態が良い。南側では若干のコンターの乱れがあるが、後円部に比べ残存状態は良好である。傾斜変換線が確認できる西側における墳裾の最低点の標高は26.860mとなっている。前方部墳丘斜面は南東側で攪乱が見受けられるが、墳形を大きく損なうものではない。北側から南西側では墳裾同様にコンターに乱れはなく、築造当初の状態に近いものと想定できる。前方部墳頂の平坦面には祠があり、そこに続く参道状の攪乱により墳丘南側斜面は若干コンターが乱れる。前方部墳

頂の平坦面端部は前述したように参道の影響によって南側でコンターが乱れる。北側でも若干の撹乱がみられるが、南側ほどのコンターの乱れではない。前方部墳頂の平坦面における現状での最高点は墳丘の主軸からは6ｍほど北西方向にずれており、標高は32.677ｍである。南側では墳裾と周濠の間に平坦面が確認できる。北西部側のくびれ部付近では5～6ｍほどの幅の平坦面が存在している。この平坦面は南東側でもくびれ部付近まで確認でき、もともとは墳丘の周囲を巡っていた可能性も考えられる。

周　濠　本古墳では目視で周濠の存在を確認することができる。後円部北側・北東側は耕作地として利用されているため、傾斜変化線も見受けられないが、墳丘から離れるにしたがって徐々に標高が高くなることからは周濠の存在を想定できる。周濠の幅は前方部南西側・南東側で10ｍ前後の規模が想定できる。

周　堤　本古墳は周堤をもち、現状では前方部の南西側から南東側にかけて見ることができる。今回は調査範囲外とした墳丘北西側から北側にかけては踏査を行ったが、明確に周堤と言える場所を見出すことはできなかった。墳丘北側から東側にかけても現状では周堤を確認することはできない。前方部南西側を中心としていくつかの高まりが見受けられ、これらは小円墳として記載されてきた。周堤上には木等が等間隔で存在し、高まりがある位置と木の生えている位置とが一致することから考えると、これらの高まりを古墳と判断することは難しい。北西側の最も高さのある場所でも、現状では「塚」と考える根拠には欠けている。

周堤の外側　ここでは一度標高が低くなってから、もう一度高くなるという地形が観察できた。場所によって1～2ｍ程の幅で、最も低い場所で10cmほどが周囲よりも低くなっている。これを二重目の周濠とも判断できるが、一重目に比べ幅も深さもなく現段階では確定はできない。

以下、本古墳の各部の規模についてまとめる（数値は全て残存値）。

墳丘長：63.1ｍ

後円部径：35.4ｍ　　　後円部高：9.8ｍ

前方部長：27.7ｍ　　　前方部幅：46.0ｍ　　前方部高：5.82ｍ

くびれ部幅：24.9ｍ

（鶴見）

B. 墳丘の復元（第92・93図）

坂稲荷山古墳の墳丘・周濠・周堤について観察所見に基づき復元案を示したい。復元にあたっては段築をもたず、基壇遺構・周濠・周堤が全周することを前提としている。今回は墳丘の西側一帯が調査範囲外であること、墳丘北側では削平を受けており、周濠・周堤の形態が明確ではないが、比較的状態が良いと判断できる前方部側での幅やコンターの状態などを参考として周濠・周堤の復元案を作成した。なお、前回の報告（佐々木ほか2012）では、傾斜変換線を最大限に評価した復元案を提示したが、墳丘築造規格論的な手法を伴っていないものである。そこで、今回は墳丘築造規格を用いることで、復元案の妥当性を高めることとする。

本古墳ではくびれ部と前方部の等高線の状態が比較的良好であるため、これらの等高線を参考に、墳丘中軸線を設定し、後円部の中心は後円部南西側のコンターの状態が良好であるため、それを参考に中心点Oを設定した。

後円部　後円部墳裾は全体的に改変を受けているため、傾斜変換線を観察できていない。墳裾を確定させるために、エレベーション図c～fを作成し、墳丘の傾斜にあわせて復元線の参考とした。この復元線と墳丘裾との交点を求め、それらの点を通るように円を設定した。次に、現状での最高点である標高33.572ｍを墳丘の最高点であったと仮定し、この等高線と墳裾を復元するために設定した復元線との交点を求めた。交点はエレベーション図c・dとエレベーション図e・fとでは求められる墳頂平坦面の肩部の位置が異なったため、エレベーション図c・d、エレベーション図e・fを参考として2通りの墳頂平坦面の肩部を設定したが、墳丘の状態からは後者が妥当と判断し、後円部墳頂平坦面の肩部を確定した。平坦面は、エレベーション図c～fのうち、eならびにfが0.5単位と合致したため、これをもとに復元を行った。

前方部　前方部の復元を行うにあたり、まずは8区分法を用いたが、いずれの単位も前方部前端部墳裾の傾斜

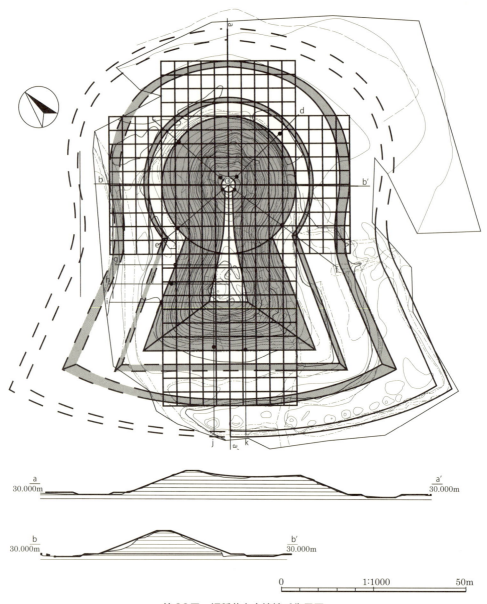

第92図　坂稲荷山古墳墳丘復元図

変換線を合致しなかった。つづいて、10区分を用いたところ7単位目と墳裾との傾斜変換線とが合致したため、これを用いて復元を行った。次に、前方部北西側では墳裾の傾斜変換線が確認できたため、北西側斜面を通るエレベーション図を3本作成した。斜面の傾斜に合わせて復元線を作成し、前方部墳裾との交点を求めたところ、観察できた傾斜変換線と一致した。この3点を通る復元線を作成して、南東側墳裾については、反転させて墳裾を確定させた。つづいて、前方部墳頂平坦面縁部は前方部墳裾を確定させるときに作成したエレベーション図g〜kで求めた復元線と各部の標高の最高点のコンターとの交点を求めた。これによって示された前方部前端肩部の復元線を延長すると、くびれ部で確認できた傾斜変換線の位置とほぼ一致することから、この復元が妥当と判断した。

基壇状遺構　この部分の復元については、前方部前端で確認できる最大幅が5mであり、その幅を基本として墳丘を全周しているという前提で復元した。なお、この基壇状遺構の幅は1単位分と等しい幅であることは留意される。

周　濠　内濠の外側の肩部については、後円部東側ならびに前方部前端部をもとして復元を行う。両者とも墳

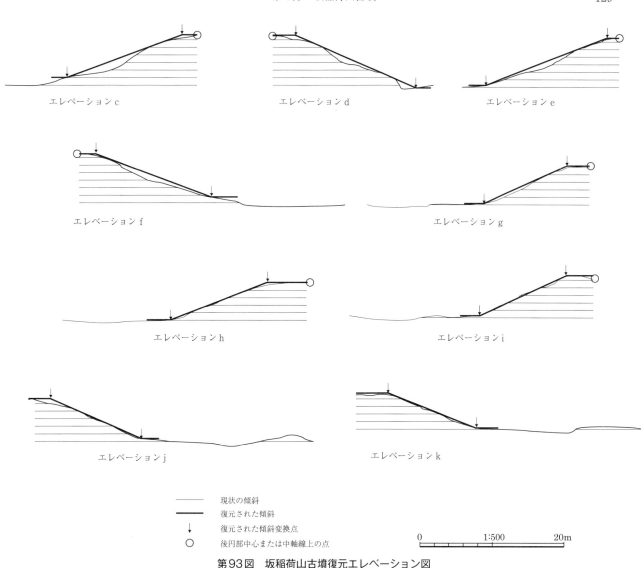

第93図　坂稲荷山古墳復元エレベーション図

裾から外側へと4単位分のばした地点とほぼ合致することからこの規格が採用されたものと推測して復元を行った。周堤については観察できた形状をもとに復元し、調査範囲外とした西側、詳細が不明な北側などはコンターの状態を参考として復元した。なお、周堤と外濠との傾斜変換線ならびに外濠の外側のラインは、後円部を10区分して設定した単位とは合致しなかった。

　このように、本古墳の墳丘築造規格は、10区分法を用いたと推測して復元を行った。とくに、内濠の内側・外側ともに設定した単位と合致することは、ここを掘削する以前になんらかの設定がなされたことの表れとみることができよう。ただし、底面と斜面との境は不明瞭であり、斜面の幅と角度は、わずかな地点で確認できたものも全体に援用したため、恣意的な感は否めない。また、外濠については、段差などを推測できるデータを得ることができなかったため、濠の幅のみを示している。

　復元から想定される坂稲荷山古墳の墳丘は、後円部墳頂平坦面が狭いことを特徴の一つとして挙げることができる。周堤の外側にある溝状の落ち込みは本報告では外濠と記述しているが、一重目よりも幅がなく、濠かどうかについては今後発掘調査によって確認する必要があるだろう。それは墳丘北側の畑となっている部分についても同様であり、将来的な調査によってより正確に墳丘の形状を確定させる必要がある。

　ここまでの復元で求められた本古墳の墳丘各部の規模についてまとめる。

墳丘長：62.2m

後円部径：36.5m（墳頂部平坦面径：4.0m）

前方部長：25.7m　　前方部幅：47.0m（墳頂部平坦面幅10.7m）

くびれ部幅：23.8m

基壇状遺構長：81.6m　　基壇状遺構：63.7m

全　長：109.5m　　周濠幅：123.0m

　佐々木ら（2012）の報告では、基壇状遺構の長さを墳丘長にしており、その長さは70.6mとする。しかし、計測箇所が本報告でいうところの基壇状遺構の上端同士であり、下端を復元した本報告よりも短くなる。なお、二重目の周濠を含んだ古墳の全長ならびに幅には変更はなかった。

　また、墳丘築造規格から本古墳の年代を推定することは困難である。日高慎は本古墳の年代を集成編年10期のうち古い段階としており（日高2010a）、須恵器編年（田辺1981）ではTK43型式期に付近に位置づけることができる。しかし、埴輪をもたないことからTK209型式期に近い時期と考えることもできる。この時期の近畿中央部の大型墳としては、奈良県橿原市五条野丸山古墳や、大阪府太子町太子西山古墳があるが、前者は前方部長が坂稲荷山古墳より長く、後者も基壇や二重周濠を有さないなどの少なくない差異があり、相似墳とは認定できない。

（鶴見・小野寺）

第4項　まとめ

　本節では、坂稲荷山古墳の測量調査の成果をまとめ、その意義に触れておきたい。坂稲荷山古墳は、墳丘長62.2m、後円部径36.5m、後円部墳頂平坦面径4.0m、前方部長25.7m、前方部墳頂平坦面幅10.7m、前方部前端幅47.0m、周濠を含めた古墳の全長109.5m、周濠の最大幅123.0mと復元した。二重周濠を伴う可能性が高く、豪壮な前方後円墳という印象を与える。また、2回の現地調査では、埴輪を一切採集することができなかったので、埴輪を伴わなかったと考えたい。

　坂稲荷山古墳も折越十日塚古墳と同様に埴輪をもたないことと、共通して二重周濠を伴うことから、古墳時代終末期の近接する時期、6世紀末～7世紀初頭の築造と考える。坂稲荷山古墳については、埋葬施設が不明であり、折越十日塚古墳との前後関係については、発掘調査を待たなければならないが、後円部と前方部の比高差が坂稲荷山古墳の方が大きいため、坂稲荷山古墳の方が古いととりあえず想定しておきたい。ただ、この両古墳は二重周濠を伴う点で共通し、また立地も近接している。墳丘築造規格を共有しているかどうかは今後の課題である。両古墳の系譜については、今後の研究に期したい。いずれにせよ、常陸において埴輪生産が終了し、畿内において前方後円墳の築造が廃れたこの時期に、二重周濠を伴う60～70mクラスの前方後円墳が300mという近接した位置に2基築造された意味は大きいと考える。

（佐々木）

註

1) 検討の方法については、新井（2000）を参考とした。
2) 旧測量図と再測量図の合成にあたっては、石室および石室前面の攪乱、および後述する前方部南側の攪乱の痕跡を基準とした。
3) 後藤・大塚（1957）では、埴輪列を「墳丘の裾を画するもの」としているが、佐々木ほか（2012）と同じく、墳丘中段の埴輪列と判断した。

第6章　常陸南部の古墳をめぐって

第1節　茨城県の横穴式石室の地域性

鶴 見 諒 平

はじめに

　茨城県は現在の行政範囲に、古代において常陸国と下総国と呼ばれた地域を含んでいる。そのうち、常陸が現在の茨城県の大半を占め、古墳時代の遺構・遺物を扱う場合、特に常陸を対象として研究が行われる場合が多い。

　この常陸のなかには、板石組の石室と大型切石組の石室という、特徴的な横穴式石室が存在し、これらの石室の分析を中心に研究は進展してきている。一方でそれ以外にみられる石室については、地域的な特徴などについて検討の余地が残っている。その検討にあたって注意しなければいけないのは、対象とする地域の範囲だろう。常陸は、正確にいえば古代以降の国の範囲であり、古墳時代当時の地域圏とすぐに結びつくとは限らない。そこで本稿では、「常陸」という視点から範囲を広げ、現在の茨城県内で確認されている横穴式石室の集成を行い、横穴式石室の地域的な特徴や、共通する特徴をもつ石室の分布から古墳時代当時の地域圏を検討してみたい。

1　茨城県の横穴式石室の研究の現状

　茨城県における横穴式石室の様相については、田中広明、石川功、稲村繁、阿久津久・片平雅俊らにより基本的な方向性が示された（田中1988、石川1989、稲村1991、阿久津・片平1992）。地域性という注目した事例としては、田中が砂岩の切石積みの石室が古鬼怒川沿いの地域に分布すると指摘している。稲村は北部の凝灰岩、南部の片岩という使用石材の違いに注目し地域を二つに分けている。また、石室の変遷の面では、稲村が割石割石積み→板石・割石併用→板石というように、使用石材が変化していくとした。それに対して石橋充は、茨城県における横穴式石室を、板石組、割石積み、切石組、切石積みの4系統に分け、県南部の地域では板石のみの石室が割石・板石併用よりも古い段階からみられ、これらの石室を別系統として併行する時期のものとしている（石橋1997）。また、複室構造石室は首長層を含む上位層の石室とし、地下に石室を構築する石室・箱形石棺を中間層の埋葬施設として階層的な区分をしている。石橋は地上埋葬と地下埋葬を階層差と見ているが、地下埋葬の石室や石棺にも馬具や装飾付大刀が副葬されるといういう、中間層とは言い切れない事例も含むため、日高、黒澤彰哉は時期差を示す要素と指摘している（日高2000、黒澤2005）。日高は、門構造・楣石県構造・室構造・平面形などを総合して型式学的に分析し、片岩板石組石室の編年を示した（日高2000）この編年は、片岩板石組石室の年代的な位置づけを試みた点で評価さえているが、一部の年代観については異論が示されている（白石2001、白井2002）。

　近年の大きな成果と言えるのは、小林孝秀、草野潤平の両氏による論考だろう（小林2004、草野2016）。小林は南部地域の横穴式石室を中心として分類・分析を行い、石室を受容する側の地域の地域的特性、他地域との技術的交流を踏まえた変遷観が必要であるとした（小林2004）。草野は、小林のこの考えに賛同しつつ、個々の石室の位置づけでは異なる考えを示している（草野2016）。小林は、霞ヶ浦沿岸地域と筑波山周辺地域で見られる石室構造の違いを指摘し、二つの地域圏の存在を示している。筑波山周辺地域ではL字形・コの字形の石材を組み合わせた玄門が、栃木県でみられる刳り抜き玄門の影響を受けたものと指摘し、栃木県域との交流について言及している。一方で、草野は栃木県でL字形・コの字形の石材を組み合わせた玄門がみられず、九州の肥後地域に類例

132　第6章　常陸南部の古墳をめぐって

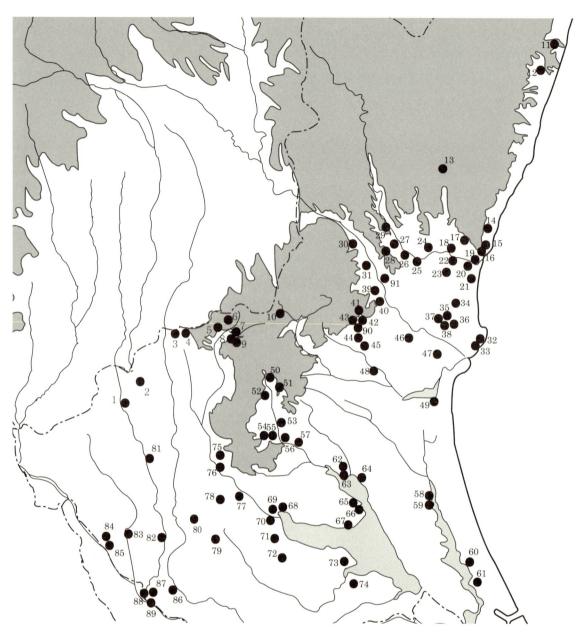

1. 船玉古墳　2. 八丁台2号墳　3. 小栗地内古墳群　4. 山ノ入古墳群　5. 富谷2号墳　6. 間中古墳・向原1号墳
7. 岩瀬ひさご塚古墳　8. 花園古墳群　9. 松田2号墳　10. 四所神社古墳　11. 神岡上古墳群　12. 赤浜古墳群
13. 小森明神古墳　14. 甕の原2号墳　15. 吹上古墳群　16. 割山古墳群　17. 入浄塚古墳　18. 幡山古墳群
19. 真崎10号墳　20. 舟塚1号墳　21. 白方10号墳　22. 二本松古墳　23. 孫目1号墳　24. 天神森古墳　25. 白河内2号墳
26. 鹿島台古墳　27. 十林寺古墳　28. 新宿古墳　29. 一騎山古墳群　30. 徳化原古墳　31. 増井古墳　32. 三ツ塚2号墳
33. 新道古墳群第2号主体部　34. 須和間古墳　35. 長堀6号墳　36. 虎塚古墳群　37. 金上古墳　38. 大平1号墳
39. ニガサワ1号墳　40. 西原古墳群　41. 田島10号墳　42. 加倉井古墳群　43. 牛伏4号墳　44. 権現塚1号墳
45. 高寺1号墳　46. 吉田1号墳　47. 北屋敷1号墳　48. 権現堂1号墳　49. 天神山4号墳　50. 中戸古墳
51. 兜塚古墳　52. 丸山4号墳　53. 五霊古墳群　54. 岩屋乙古墳　55. 栗村東・西古墳群、粟田石倉古墳、丸峯古墳
56. 峠遺跡・道祖神古墳群　57. 十三塚古墳　58. 札場2号墳　59. 成田3号墳　60. 志崎1号墳　61. 宮中野古墳群
62. 岡岩屋古墳　63. 栗又四箇岩屋古墳　64. 大日塚古墳　65. 風返稲荷山古墳　66. 太師唐櫃古墳　67. 折越十日塚古墳
68. 東台9号墳　69. 北西原遺跡　70. 寺家ノ後A遺跡・十三塚A遺跡　71. 石倉山古墳群　72. ヤツノ上遺跡
73. 大谷1号墳　74. 前山古墳　75. 中台遺跡　76. 平沢古墳群・山口古墳群　77. 高崎山2号墳　78. 中谷津遺跡
79. 羽成7号墳　80. 島名ツバタ遺跡・高山1号墳　81. 下栗野方台2号石室　82. 七塚3号墳　83. 高山古墳
84. 鵠戸古墳群　85. 仙人久保古墳群　86. 市之代8号墳　87. 沼台塚古墳　88. 穴薬師古墳　89. 八竜神塚古墳
90. 内原178号墳　91. 上宿古墳

第94図　茨城県の横穴式石室の位置

があることから、九州との影響関係を想定している。

　北部の石室の変遷は、稲村によって大枠が示され、その後、生田目和利により段階分けがなされている（稲村前掲、生田目1996・2005）。稲村は、霞ヶ浦沿岸における石室彩色画が茨城県北部に伝播したとして、両地域の密接な交流を指摘している。周辺地域との関係性という点では、稲田が城里町徳化原古墳・ひたちなか市虎塚4号墳の石室構造が、奥壁・側壁が1枚の大型石材で構築される点や、虎塚4号墳に刳り貫き玄門が伴うことから、栃木県に見られる切石組石室との共通性を見出し、両地域の関係性を指摘し、草野も同様の見解を示している（稲田2007・2008a、草野前掲）。また、北部の切石積み石室の成立過程については、稲村は、霞ヶ浦沿岸の太師唐櫃古墳との関係性を指摘していたが、草野は石材や石室構造の点で関係性が認められず、甕の2号墳や吹上1号墳のような切石積みの腰石をもつ無袖石室をベースに成立したと想定している。

　別視点からの分析とし、岡見知紀によって石室の分布と古代の郡域とを対比する試みがなされている（岡見2015）。岡見は石材や構築方法から石室を4系統に分類し、郡衙や寺院などから出土した共通する特徴をもつ分布域と、石室の分布域が一致することを指摘し、8世紀初頭に見られる地域圏が7世紀段階に成立していた可能性を示している。茨城県のうち、常陸と呼ばれる地域は、『常陸国風土記』の内容が現代まで伝わっているため、文献の研究から郡の成立に関する多くの研究が蓄積されている。岡見の分析は文献資料と考古資料の整合性をより具体的に分析したものと言える。ただ、これまでの研究の蓄積からみると、横穴式石室の地域的なまとまりは、岡見が示すよりも細分できると考えられる。

　以上のように、横穴式石室の変遷や、周辺地域からの技術的影響みた周辺地域との関係という点に関して、着々と研究成果が蓄積されてきている。一方で、主な対象とされているのは、片岩板石組石室と切石組石室であり、それ以外の割石積み石室などについては、検討の余地を残している。そこで、本稿ではこれまでの知見に加えて、割石積み石室や切石積みの石室の検討を加えて、茨城県における横穴式石室の地域性を探っていきたい。

2　横穴式石室の分類とその分布

　茨城県における横穴式石室は、大きく4系統に分類されている（石橋1997・岡見2015ほか）。この分類は茨城県の横穴式石室を理解するうえでは、わかりやすい分類といえる。そのため、それを踏襲して、以下のように分類した。

　　A類：大型切石を組み合わせて構築されたもの
　　B類：切石積みのもの
　　C類：板石を組み合わせて構築されたもの
　　D類：割石積のもの、割石と板石・切石を組み合わせたもの
　　E類：上記に該当しないのも、または残存状況が悪く、上記のA～D類に分類できないもの

以下、それぞれの分類ごとに事例と分布を確認して、どのようなまとまりがみられるのかを整理していく。

（1）A類の横穴式石室（第95図）

　A類である切石組の石室は、石材として凝灰岩が用いられている場合が多い。A類の石室は、先行研究で指摘されているように、県北部地域で確認されている。事例としては、東海村銭塚古墳（茂木ほか1996）、真崎10号墳（大森1955）、荒谷台D号墳（小川編2003）、須和間7号墳（茂木1972）、須和間12号墳（茂木1989）、水戸市ニガサワ1号墳（江幡・黒澤2003）、吉田古墳（関口ほか2006）、西原5・7号墳（高瀬1952）、加倉井古墳群中の石室（市毛1999）ひたちなか市孫目1号墳（大塚1999）、虎塚古墳（大塚・小林1979）、虎塚4号墳（鴨志田1988）、金上古墳（大森1964b）、大平1号墳（川崎ほか1986）、那珂市鹿島台古墳（丸子1983）、白河内2号墳（斉藤1974a）、城里町徳化原古墳（伊東1985）など、多くの例がある。これらの石室は、切り石を組み合わせたという点は共通だが、平面形や規模などには違いがみられる。基本的には、玄室のみに大型切石を用いるもの→羨道にも大型切石を用いるも

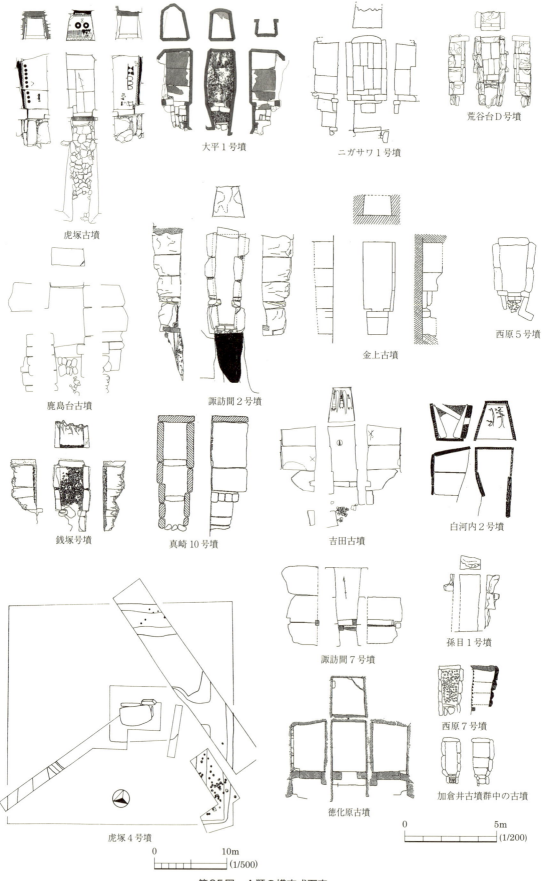

第95図　A類の横穴式石室

の→玄門立柱石・楣石が省略され仕切石のみになり、無袖になるという変遷が想定されている。徳化原古墳は使用されている石材は左右共に1枚で、他の石室とは異なっている。虎塚4号墳も同様に側壁の石材は1枚で、刳り貫き玄門が確認されている（稲田2008）。また、加倉井古墳群中の古墳、西原7号墳のような小型の石室もみられる。

　副葬品が出土した事例が少なく、正確な年代がわからない古墳が多いが、虎塚古墳・大平1号墳は埴輪を持たない前方後円墳で、TK209型式期に位置づけられる。A類の石室はこれらの古墳での採用が初期の斧と考えられ、7世紀代に多く築造されていると考えられている。分布としては、那珂川や久慈川流域といった県北部の地域に集中しているが、久慈川と那珂川に挟まれた地域に特に集中している。

（2）B類の横穴式石室

　切石積みの石室であるB類は、小型の切石を積み上げたB1類と、玄室側壁の下部に横幅の広い切石を用いるものをB2類とした。

B1類（第96・97図）

　高萩市赤浜2号墳・4号墳（川崎ほか1972）、常陸太田市幡山12・14・15・28号墳（大森ほか1977）、天神森古墳（大場・茂木1985）、那珂市十林寺古墳（丸子1983）、城里町増井古墳（相田1993）、日立市割山4号墳（小川2001）、河原子2号墳（小川2004）東海村舟塚1号墳（大森1974）、水戸市天神山4号墳（和田1983）、北屋敷1号墳（梶山1993）、ひたちなか市長堀6号墳（伊東1971）、下妻市下栗野方台2号石室（河野ほか1993）、坂東市鵠戸古墳群中石室（岩井市史編さん委員会1999）、取手市市之代8号墳（宮内2000）、境町八竜神塚古墳・沼台塚古墳（時信2004ab）、常総市七塚3号墳（上智大学史学会1963）、五霞町穴薬師古墳（茨城県1970）、稲敷市前山古墳（斉藤・川上1974）、行方市札場2号墳（黒澤1998）の他、写真のみで知ることができる坂東市仙入久保古墳群中の1基の古墳がある（岩井市史編さん委員会1999）。

　B1類の石室は、大きく二つの分布域がある。一つは鬼怒川流域周辺である。下栗野方台2号石室、鵠戸古墳

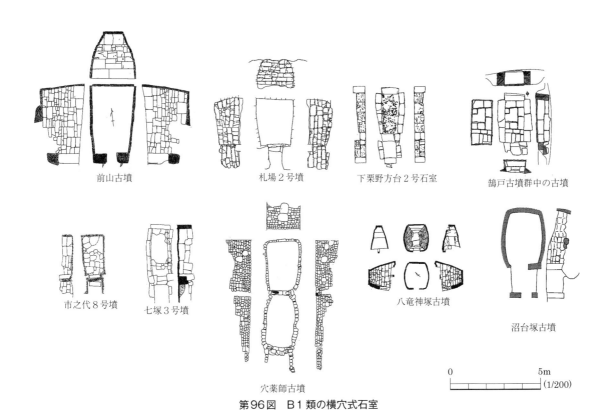

第96図　B1類の横穴式石室

136　第6章　常陸南部の古墳をめぐって

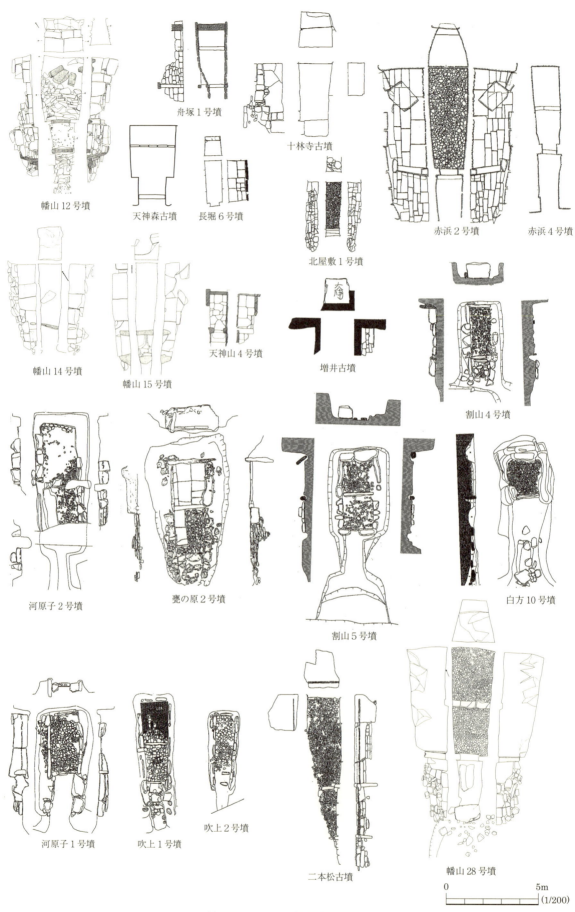

第97図　B1・2類の横穴式石室

群中の石室、市之代8号墳、仙入久保古墳群中の古墳の4基は長方形の玄室をもつ。いずれの古墳からも出土遺物はない。それに対し、八竜神塚古墳、沼台塚古墳、七塚3号墳、穴薬師古墳の4基は、平面形が胴張形をしている。このうち穴薬師古墳は複室構造であり、他の3基は単室である。八竜神塚古墳は豊富な副葬品が残されており、TK209型式期に相当すると考えられる。同じ切石使用の石室でも、平面形が長方形のものと胴張形のものの2系統が存在するようである。

もう一つの分布域は県北部にある。赤浜2号墳・4号墳、幡山12・14・15・28号墳、天神森古墳、十林寺古墳、舟塚2号墳、割山4号墳、天神山4号墳、北屋敷1号墳、長堀1号墳、札場2号墳が該当する。一部は県南部に分布するが、他は県北部に集中している。幡山12号墳、天神森古墳は両袖の石室で、玄門立柱石が見られる。天神森古墳は側壁の図がないが、切石を積み上げたものと記載されている。玄室の平年形は幡山12号墳と同じであり、玄門ではなく、羨道の途中に仕切石を置く特徴も共通している。天神森古墳では、玄室の中ほどに石材が配置されていて、立面図がないため判断が難しいが、報告では、これは「障壁（隔障）」で、高さは「五寸位（約15cm）」と記載されている。このことからは、赤浜4号墳で見られるような玄室を前後に区分する間仕切石と考えられるが、玄室中央よりも奥壁寄りに設置されている。同じよう特徴は、舟塚2号墳で見ることができる。ただ、天神森古墳では舟塚2号墳では見られる奥壁に沿って設置された屍床の石材がないことから、屍床を省略したものの可能性がある。また、床面には礫が敷かれていたようである。十林寺古墳は舟塚2号墳と同じ片袖の石室で、赤浜2・4号墳、天神山4号墳、長堀6号墳、は玄門立柱石をもつ疑似両袖の石室、羨道の状況が不明な増井古墳以外は無袖の石室である。赤浜4号墳では、玄室中央の床面に間仕切石が設置されている。この特徴は舟塚2号墳、天神森古墳で見られた特徴と類似し、奥壁に近い位置から玄室中央に石材を配置する位置が変化していった可能性が想定される。幡山28号墳は玄室部分は地山を切り出して構築し、羨道部は石積みで構築される特徴をもち、横穴墓との関連が指摘されている（生田目1996）。B1類に含めるのは適当ではないかもしれないが、赤浜2号墳との類似がみられることから、便宜的に分類した。前山古墳は霞ヶ浦沿岸、札場2号墳は北浦沿岸に分布するが、そのうち、札場2号墳は太平洋側に位置している。平面形態は、北部のものとは異なり、方形に近い。分布をみると県北部以南でB類の石室がみられるのは鬼怒川流域周辺と札場2号墳だけで、内陸部には分布していなく、広く見た場合、太平洋沿岸に分布があると言える。他に共通する特徴としては、床面に礫が敷かれているものがあり、赤浜2号墳、天神森古墳、北屋敷1号墳、割山4号墳、河原子2号墳で確認できる。

B2類（第97図）

B1類とは異なる特徴の切石を使用した石室で、玄室側壁の最下段に幅の広い扁平な石材を用いること、玄室長の長い長方形の平面形をしているものが多い。事例としては、甕の原2号墳（佐藤1987）、河原子1号墳（小川2004）、東海村二本松古墳（根本・渡辺1983）などで、石材の痕跡からは日立市割山5号墳（小川2001）、吹上1・2号墳（鈴木1981）、東海村白方10号墳も該当すると考えられる。二本松古墳は県北地域では珍しい複室構造になっている。割山5号墳、白方10号墳、河原子1号墳、吹上1・2号墳、二本松古墳など床面に礫を敷いたものが多い。また、吹上1号墳では、玄室中央部に間仕切石が設置されていて、割山5号墳・白方10号墳も石材の痕跡から間仕切石が設置されていた可能性が高い。分布は、県北部の中でも久慈川流域に集中している。吹上1号墳、甕の原2号墳で埴輪が確認されている。また、甕の原2号墳は須恵器が確認され、TK209型式期の築造と推定される。

（3）C類の横穴式石室

板石を組み合わせたC類の石室は、その特徴からいくつかに細分することができる。C1類は複室構造のものとした。C2類は単室のもので、石室が盛土中あるいは半地下式のものとする。C3類は、単室構造で石室が地下または半地下に構築されるものである。また、上記の分類のいずれにも該当しないものをC4類としてまとめ

138　第6章　常陸南部の古墳をめぐって

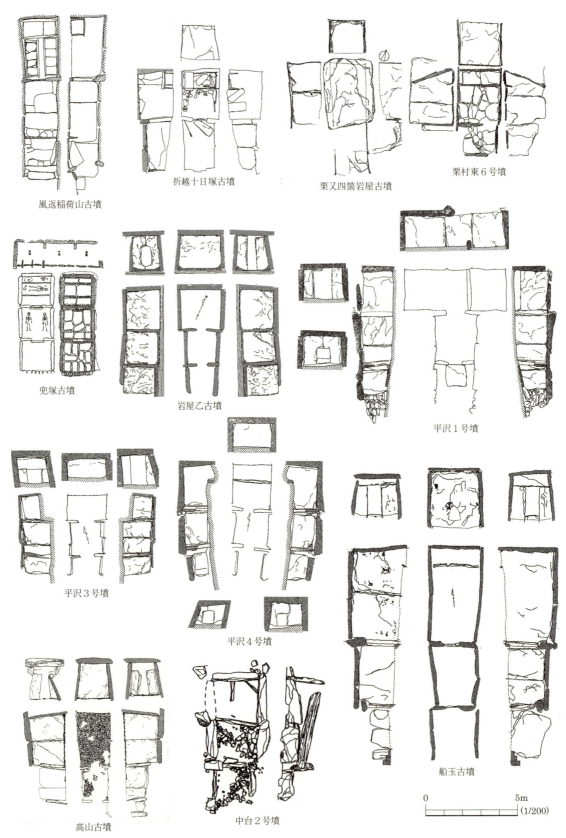

第98図　C1類の横穴式石室

第1節　茨城県の横穴式石室の地域性

た。C類の石室は基本的には霞ヶ浦沿岸や筑波山周辺安などの県南部地域を中心に確認されている。

C1類（第98図）

C1類は複室構造のもので、基本的には前室と玄室を玄門構造で区分する。事例としては、かすみがうら市風返稲荷山古墳（千葉ほか2000）、折越十日塚古墳（日高2000、佐々木ほか2012）、小美玉市栗又四箇岩屋古墳（小玉・本田2000）、石岡市兜塚古墳（坪井・中野1898）、栗村東6号墳（伊東1997）、岩屋乙古墳（相田1993）、つくば市中台2号墳（吉川ほか1995）、平沢3号墳、平沢4号墳（増田1981）、筑西市船玉古墳（生田目1988）、坂東市高山古墳（三木1992）という例が知られている。これらの石室は日高、小林、草野などにより変遷が検討され、編年観の大枠が固まってきている（日高2000、小林2004、草野2016）。風返稲荷山古墳、折越十日塚古墳、栗又四箇岩屋古墳が霞ヶ浦沿岸、兜塚古墳、栗村東6号墳、岩屋乙古墳が八郷盆地、平沢3号墳・4号墳が筑波山南麓に分布している。風返稲荷山古墳と折越十日塚古墳では、玄室に箱形石棺が置かれていること、玄室と前室の天井の高さに違いがあり、前室が低くなっていること、楣石が天井石で挟まれていることなど類似する点が多いが、風返稲荷山古墳では羨道と前室の区分が梱石であるのに対し、折越十日塚古墳では玄門が採用されているなど違いも存在し、風返稲荷山古墳が古く位置づけられている。船玉古墳は折越十日塚古墳と玄門部の構造、側壁の石材の配置など一致する点が多い。岩屋乙古墳、平沢1号墳、平沢4号墳ではL字形・コの字形の石材を組み合わせた玄門が見られる。この特徴は前述したように、栃木県あるいは九州との関連が指摘されている（小林2004、草野2016）。中台2号墳は玄室中央の床面に間仕切りを設置して区分し、玄門立柱石などの立面的な構造が見られない構造で、複室構造の出現期の事例とされている。

中台2号墳は埴輪をもつこと、また出土馬具などの面からT43型式期からTK209型式期に相当すると考えられる。副葬品が明らかな風返稲荷山古墳は埴輪をもたない前方後円墳で、須恵器や馬具などの年代観からTK209型式期に該当する。石室構造が類似する折越十日塚古墳も、最終末の前方後円墳であり、TK209型式期の可能性が高い。また、中台2号墳は埴輪をもち、TK43～TK209型式期頃と推定されている。これらの石室が編年観の基準となっており、基本的には7世紀前半代に築造された古墳が多いと推定される。

C2類（第99図）

C2類の事例としては、大日塚古墳（大塚1974、佐々木ほか2008）、大師唐櫃古墳（斉藤1974b）、岡岩屋古墳（箕輪1998）の3例が該当する。大日塚古墳は一部発掘調査が行われたが、遺存状態が悪く単室か複室かは正確には判断できていない。現状では6世紀末より古い複室構造石室が確認されていなことから、ここでは単室としておきたい。太師唐櫃古墳は玄門立柱石をもち、玄門部では床面に段差があり、羨道よりも玄室が一段低くなっている。大日塚古墳の時期はTK10型式期とみる立場と（小林2004）、埴輪の突帯の形態が多様なことなどを理由にTK43型式期（佐々木ほか2008）とみる立場がある。

C3類（第99・100図）

C3類は、単室構造で石室が地下または半地下に構築される石室である。先行研究の分類では石棺系横穴式石室とも呼ばれている。このうち、石室構造がわかる例はかすみがうら市栗村東3・5号墳（伊東1997）、十三塚古墳（黒澤2005）、つくば市羽成7号墳（春日1990）、石岡市道祖神1号墳（箕輪1995）、行方市成田3号墳（黒澤1998）、鹿島市志崎1号墳（篠原・鈴木2013）の7例のみである。栗村東3号墳は一部に石積みが見られることが特徴的だが、基本的にはほかのC3類の石室と同じ構造であるといえる。十三塚古墳、栗村東3号墳では玄門立柱石・楣石が見られない。道祖神1号墳では、玄門部に段差があることが特徴的である。

鹿島市宮中野99－1号墳第1号石室・第2号石室（市毛1970）、急石岡市峠1号墳・2号墳（松田1990）、道祖神2号墳（箕輪1995）、土浦市東台9号墳（小川・大淵編1991）、北西原1号墳（石川ほか2004）・3号墳（比毛・福田2006）・4号墳（小川ほか2003）、寺家ノ後A1号墳・2号墳・3号墳（小松崎1990）、十三塚A1号墳（小松崎1990）、高山1号墳（茨城県教育財団1983）、つくば市島名ツバタ1号墳（皆川2003）、中谷津1号墳（川村1998）、大谷1号墳（駒沢ほか2009）は、石材の痕跡などからC3類に該当する可能性が高いと推定される。宮中野99－1号墳第

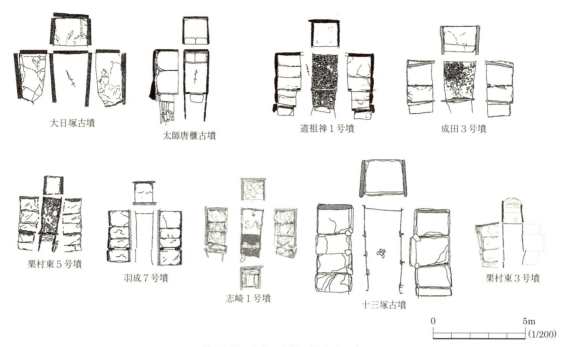

第99図　C2・3類の横穴式石室

1号石室と第2号石室では石室が片岩で構築され、前庭部が砂岩で構築されるという特徴があり、厳密には別系統ともいえる。宮中野99-1号墳は、双室の方墳であることが、千葉県龍角寺岩屋古墳と共通しており、畿内との関連が想定されている（小林2014）。石室内から遺物が出土する古墳は稀であり、前庭部あるいは墓道からの出土である。出土した遺物も破片が多く年代判定は難しい。年代がわかる例としては羽成7号墳からフラスコ瓶が出土しており、TK217型式期のものと推定されている。型式学的に見ても、大半が7世紀以降のものと推定される。

また、霞ヶ浦沿岸地域・筑波山周辺からは外れるが、笠間市慈救堂古墳（友部町史編さん委員会1990）は使用されている石材が薄く板石とも思われる。側壁の石材の配置に類似が見られるが、北部の切石組の石室も同様の特徴をもつため、判断が難しいが、板石を使う点では関連が想定される。

C4類（第101図）

C4類は上記の分類では整理できないものをまとめた。栗村西6号墳は特殊な石室で、羨道がなく、玄室のみが確認されている（伊東1997）。かすみがうら市丸峯古墳（伊東1997）、石岡市五霊1・2号墳（西宮1997）、つくば市平沢2号墳（増田1981）、山口3・4号墳（増田1981）、小美玉市岡岩屋古墳（箕輪1998）は石室の残存状況から、分類が難しいためC4類とした。平沢2号墳では、コの字形の加工石材を使用した玄門が確認されている。

（4）D類の石室

D類の石室は、確認されている事例が多い。厳密にみた場合、割石積みではない石室も含まれていると思われるが、便宜的にD類としている。事例が多いため、まずは県北部、県南部、県西部に分けて整理をしておく

県北部（第102図）

常陸太田市幡山26号墳（大森ほか1977）、常陸大宮市入浄塚古墳（小室1983）は両袖の石室である。幡山26号墳は側壁・奥壁の石材の加工度や摘み方に違いはあるが、平面形、羨道に間仕切石を設置する特徴はB1類の幡山12号墳に類似している。入浄塚古墳は残存状況が悪いが、平面形は正方形に近く、長方形を基調とする石室の多い、県北地域では異質な石室である。遺物は幡山26号墳で埴輪が確認されているほか、馬具が出土しており、

第1節 茨城県の横穴式石室の地域性

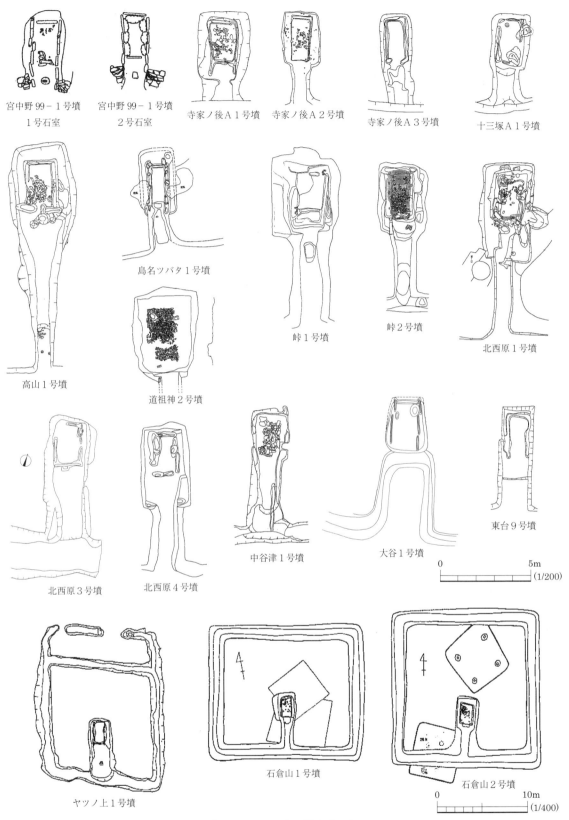

第100図 C3類の横穴式石室

第6章 常陸南部の古墳をめぐって

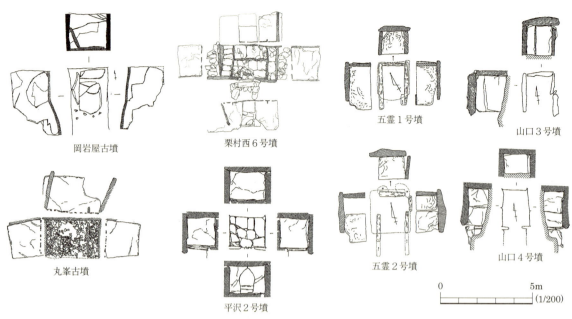

第101図　C4類の横穴式石室

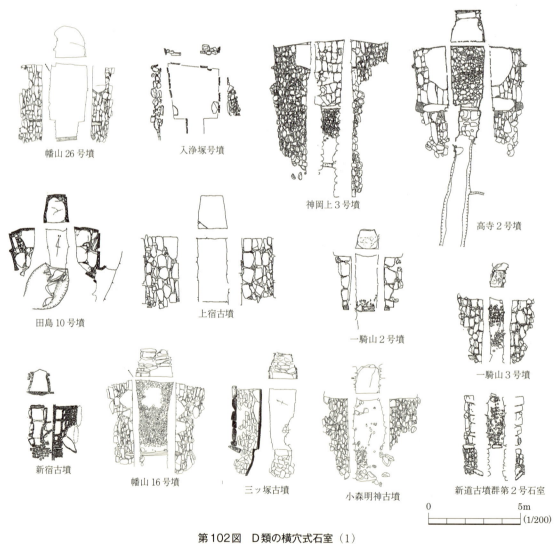

第102図　D類の横穴式石室（1）

TK209型式期ごろのものと推定されている。

片袖の石室は北茨城市神岡上3号墳（折原1995）、笠間市高寺2号墳（瓦吹1976）の2基が確認できる。高寺2号墳は玄門立柱石をもつが、内部に突出せず、側壁と一体になっている。高寺2号墳からは土器が出土しており、埴輪をもつことと合わせてTK209型式期以前だろう。神岡上3号墳も出土遺物からTK209型式期の範疇で収まると考えられる。

常陸大宮市一騎山2・3号墳（高根ほか1974）、那珂市上宿古墳（瓜連町史編さん委員会1986）、新宿古墳（丸子1983）は長方形の玄室の玄室を持ち、新宿古墳には玄門立柱石が見られる。また、水戸市田島10号墳（井1999）も、玄室幅から無袖の可能性が高いと推定している。常陸太田市幡山16号墳は無袖だが、羨道から玄室中央付近までは側壁が直線的に構築されているが、中央から奥壁にかけて幅を徐々に広げていく。ひたちなか市三ッ塚古墳は無袖の羽子板形の平面形で、玄門部の床面に段差があり、羨道よりも玄室が一段低くなっている。また、開口部から玄門部に羨道が傾斜している。ひたちなか市新道古墳群2号主体部（斉藤1987）、常陸太田市小森明神古墳（綿引・安田1979）は、わずかだが中央部付近で玄室幅が広く、胴張形を意識した可能性がある。三ッ塚古墳は鉄鏃が再整理されており、6世紀末頃の年代が推定されている（稲田2008b）。

県南部（第103図）

県南部では、筑波山周辺に割石積みの石室が多い。両袖の山口1号墳、片袖の山口2号墳（増田1981）、両袖の高崎山2号墳（平岡2001）は他地域の石室から影響を受けたものと考えられ、山口1号墳・2号墳は畿内系の横穴式石室との類似が、高崎山西2号墳は北部九州の横穴式石室との構造の類似が指摘されている（小林2005、広瀬2008など）。高崎山西2号墳は埴輪があり、石室内から土器が出土している。土器はTK10型式期併行で、茨城県の中では早い段階の横穴式石室である。中台18号墳（吉川ほか1995）は両袖の石室だが、山口1号墳ほど袖部は明瞭ではない。粟田石倉古墳（稲村・塩谷1983）は片袖の石室で、玄室側壁の最下段に大型の石材を用いている点が特徴である。

中台6号墳・19号墳・21号墳（吉川ほか1995）、丸山4号墳（後藤・大塚1957）は無袖で、長方形の玄室をもつ石室である。丸山4号墳の石室は片袖の可能性も考えられているが、袖部の状況が不明のため、無袖としておく。丸山4号墳は埴輪をもち、須恵器からはTK43型式期と考えられる。中台6号墳・21号墳の馬具からはTK209型式期前後が想定される。

中戸古墳（西宮1992）、栗村東10号墳（伊東1997）は羽子板形に近い平面形で、南部の他の割石積み石室とは異なっている。両石室とも玄室側壁の最下段に大型石材を用いる点が共通している。また、栗村東3号墳は、玄室部の床面に段差があり、玄室が羨道よりも低くなっている。

県西部（第104・105図）

県西部では、岩瀬盆地周辺で割石積み石室の事例が確認できる。

複室構造の花園2号墳（岩瀬町教育委員会2002）、富谷2号墳（相田1998）の2基は玄室側壁の最下段に大ぶりの石材を用いる共通の特徴をもつ。花園3号墳（岩瀬町1985）は玄門部から開口部にむけて羨道がハの字に広がっている。

小栗地内I号墳（協和町1986）、松田2号墳（横倉2004）、岩瀬ひさご塚古墳（荻原1991）は両袖の石室だが、小栗地内I号墳と松田2号墳は長方形で、岩瀬ひさご塚古墳は、玄門立柱石をもち、平面形は羽子板形をしている。山ノ入10号墳（小沢2006）は、岩瀬ひさご塚古墳に類似した平面形をもち、前庭部から羨道にかけて下っていく点も類似する。松田2号墳、岩瀬ひさご塚古墳、山ノ入10号墳は、玄室側壁の最下段に大振りの石材を用いる点が共通している。小栗地内V号墳はわずかではあるが、袖部があり片袖の可能性がある。山ノ入17号墳も開口部から見て右側にわずかな袖部らしき箇所が見受けられる。岩瀬ひさご塚古墳では埴輪が確認されている。現状では、岩瀬盆地周辺の横穴式石室をもつ古墳のなかで、唯一埴輪が確認できる古墳で、6世紀後半代の築造と推定される。山ノ入2号墳からは土器や馬具など比較的遺物の出土量が多い。TK209型式期の築造と考

第6章 常陸南部の古墳をめぐって

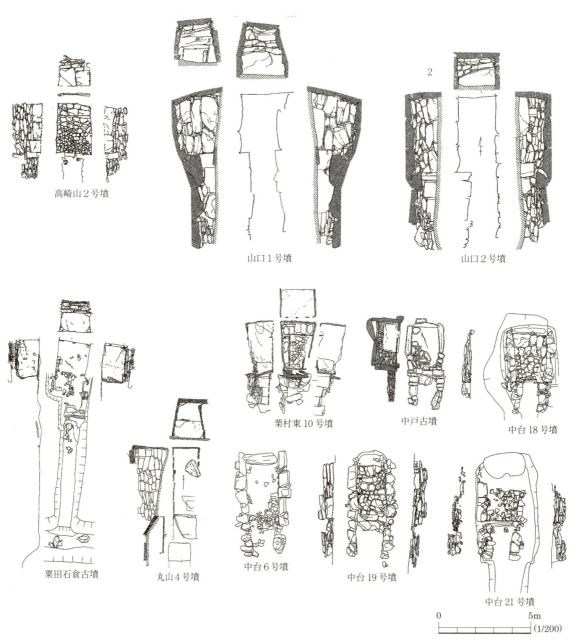

第103図　D類の横穴式石室（2）

第1節　茨城県の横穴式石室の地域性

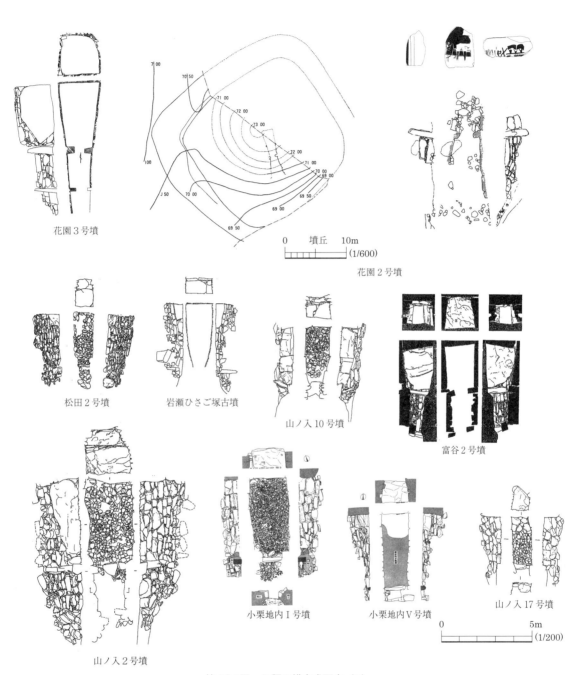

第104図　D類の横穴式石室（3）

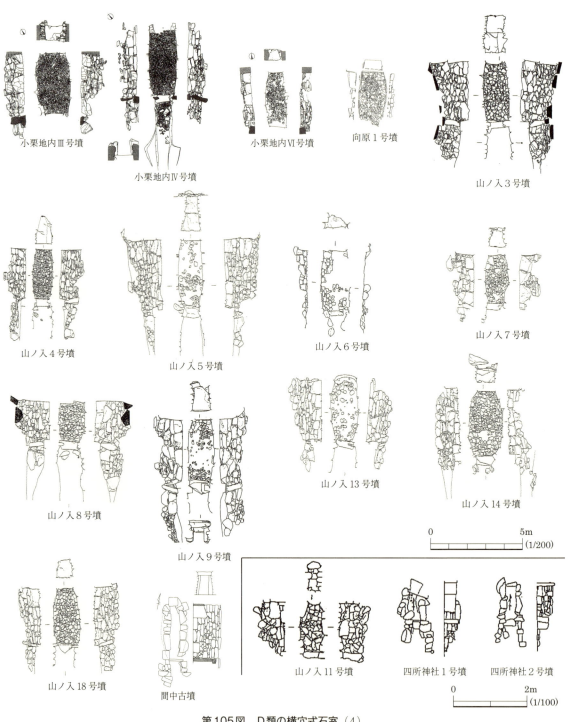

第105図　D類の横穴式石室（4）

えられる。山ノ入2号墳は前方後円墳で、玄門立柱石をもつ。袖部らしき屈曲が見られることから、羽子板形の平面形に玄問構造が取り入れられと考えられる。花園2号墳は装飾壁画をもち石室として知られる（岩瀬町教育委員会1985）。

　小栗地内Ⅲ・Ⅳ・Ⅵ号墳（共和町1986）、山ノ入3～9・13・14・18号墳（小沢2006）、向原1号墳（岩瀬町史編さん委員会1983）、間中古墳（西宮1982）は胴張形の玄室をもつ。玄門立柱石が見られる石室が多く、梱石の上に立柱石の乗せる組み立て玄門（中村1996）が多く見られ、小栗地内Ⅳ号墳、山ノ入3・4・8・9・13・18号墳で確認できる。玄門部床面に段差があり、羨道よりも玄室が一段低いという特徴が見られる石室が多い。同様の特徴は岩瀬ひさご塚古墳でも見受けられる。また、玄門部の幅が狭く、玄門部から開口部にかけて羨道がハの字に開くように広がる特徴が見られる。

　山ノ入11号墳（小沢2006）、四所神社1号墳・2号墳（大森1953）の3例は、石室規模が小さな一群である。玄門部に立柱石のような構造をもつが、規模の関係からか、立柱石は内部には突出しない。胴張形の石室は、県西部以外では非常に少なく、岩瀬盆地周辺に集中している。その他にも組み立て玄門や、玄門部での床面の段差など特徴的な構造も見られ、地域的な特徴といえる。

　岩瀬盆地周辺の横穴式石室については、これまで詳細に検討されたことがなかったため、どのように変遷するのかが未整理である。時期がある程度わかる古墳では、岩瀬ひさご塚古墳からは埴輪が出土していて、6世紀後半代に築造され可能性が高い。山ノ入2号墳は埴輪をもたない前方後円墳で、最終段階の前方後円墳と考えられることから、TK209型式期と考えられる。小栗地内Ⅰ・Ⅳ号墳も出土遺物からTK209型式期頃と推定される。それ以前に遡る事例はなく、これらの石室が基準となる。小栗地内Ⅰ号墳のような袖部の明瞭な両袖型石室は他になく、袖部での屈曲が少ない羽子板形の平面形を基本として変化していった可能性が高い。羽子板形の平面形をもつ松田2号墳は玄門立柱石がなく、岩瀬盆地周辺の中では古く位置づけられる可能性があるが、埴輪をもつ岩瀬ひさご塚古墳で玄門立柱石が見られ、それよりも新しい小栗地内Ⅰ号墳では玄門立柱石がないため、玄門立柱石の有無だけで、松田2号墳を岩瀬ひさご塚古墳よりも古く位置づけることは難しい。同時期かそれよりも新しいと考えておいた方がいいだろう。次の段階には胴張形の平面形と組み立て玄門が採用された可能性が高い。山ノ入2号墳は栃木県でみられる基壇をもつ前方後円墳との類似していて、組み立て玄門も栃木県でみられる特徴であり、地理的な条件も踏まえると、栃木県からの影響を受けていると考えられる。さらに次の段階では、羨道がハの字に開くようになり、最終段階で山ノ入11号墳や四所神社1・2号墳のような小型化したものがみられるようになるという変遷が考えられる。

（5）E類の横穴式石室（第106図）

　E類は、分析資料としては用いないが、参考資料として紹介しておく。県北部では、神岡上1号墳、吹上3号墳、割山3号墳、牛伏4号墳（井1999）、内原178号墳（鯉渕・能島1999）、権現堂1号墳（茨城県教育財団1998）、権現1号墳（茨城県教育財団1991）、幡山13号墳（大森ほか1977）などの古墳で横穴式石室がある。県西部では、小栗地内Ⅷ号墳、八丁台2号墳（川津1998）がある。

4　石室からみた地域と各地域の関係

　ここまで、分類ごとに石室の分布や特徴などをみてきた。それをもとに茨城県の横穴式石室の分布の特徴や周辺との関係について整理したい（第107図）。那珂川・久慈川流域を中心とした県北の地域においては、A類の石室が久慈川・那珂川流域を中心に分布している。その分布圏の中には、他の類型の石室少なく、排他的な分布をしている。那珂川以南や久慈川以北では、A類が少なくなり、那珂川と久慈川に挟まれた地域が中心で、一つの地域的なまとまりとして認識できる。久慈川流域周辺ではB1・2、D類の石室が見られるが、特にB2類が久慈川下流域周辺に集中していることは特徴的である。久慈川流域以北にはB1類とD類が見られ、分布のまとまり

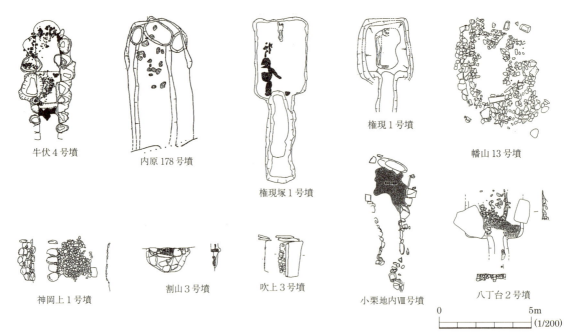

第106図　E類の横穴式石室

はないように見られる。ただ、D類の幡山26号墳とB1類の幡山12号墳では平面形や、羨道に間仕切石を設置する特徴が類似している。B1類・D類ともに長方形の石室が多く、玄室床面の礫敷きなど、共通する特徴がある。幡山12・26号墳の事例から考えると割石→切石、と技術の向上で使用する石材が変形したと考えられ、完全に別系統とは言えない。また、久慈川流域以北ではB1・2類どちらでも、玄室中央の床面に間仕切り石を置いて区分する事例が多数見られ、地域的な特徴をもっている。

　那珂川流域で見られるD類の石室は数が少ないが、三ッ塚古墳や新道古墳群2号石室などは岩瀬盆地周辺の石室との関連が想定される。三ッ塚古墳は羽子板形の平面形や、玄門部の床面に段差があり玄室が羨道よりも一段低く、岩瀬盆地周辺で見られる特徴と同じ構造を有している。この特徴は6世紀後半と推定される岩瀬ひさご塚古墳で見られることから、6世紀後半には出現していた可能性があり、現状では岩瀬盆地周辺を経由している可能性が高い。また、新道古墳群第2号石室は岩瀬盆地周辺で多い胴張形の平面形態を志向している。那珂川流域周辺では数は少ないが、岩瀬盆地周辺から那珂川河口域付近にかけて広い範囲でみた場合、東西に広く分布するD類の石室が分布していて、那珂川流域周辺は分布圏の東端にあたる。慈救堂古墳は使用石材や形態の特徴が県南部地域の石室と類似していて、関連が想定される。

　岩瀬盆地周辺ではD類だけが確認できる。この地域では、羽子板形や胴張形の平面形態、組み立て玄門、羨道よりも低い玄室など、ほかの地域ではあまりみられない特徴をもつ石室が多く、一つの地域的なまとまりがみられる。

　霞ヶ浦沿岸・筑波山の周辺は基本的にはC類の石室が分布する地域だが、霞ヶ浦沿岸で確認できる別系統の石室は高崎山2号墳・前山古墳と少数であるのに対し、筑波山南麓や八郷盆地ではC類とD類が混在している。石室系統が複数あるという面では、霞ヶ浦円沿岸地域とは別の地域的とみることができる。霞ヶ浦沿岸地域と筑波山周辺が別地域という点はすでに指摘されていて、筑波山南麓では別地域の玄門に影響を受けたと考えられる玄門をもつ石室がみられる（小林2004・2005、草野2016）。また、八郷盆地では、栗村東6号墳の石室は、玄門に段差があり、玄室が羨道よりも一段低くなっている。これは岩瀬盆地周辺にみられる特徴を取り入れていた可能性がある。栗村東6号墳は羨道から奥壁に向けて広がっていく平面形や、玄室側壁の最下段に大型石材を用いる点

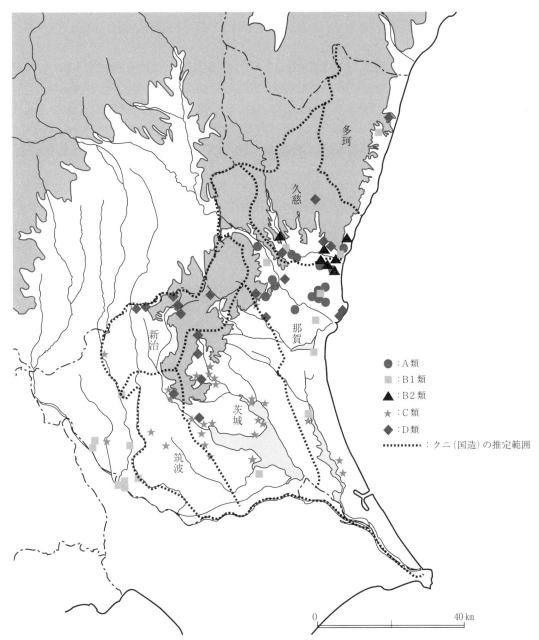

第107図　茨城県における横穴式石室の分布と地域性（国造の範囲は門井2011を参考）

などは、花園3号墳と類似している。他に、霞ヶ浦沿岸の太師唐櫃古墳、八郷盆地周辺の道祖神1号墳も、玄室が羨道より一段低くなっている。太師唐櫃古墳が6世紀末頃、道祖神1号墳はそれに後続する7世紀代の可能性が高い。現状では、岩瀬盆地周辺で先行して出現した特徴と言え、八郷盆地周辺を経由して霞ヶ浦沿岸に伝わったと推定される。

　北浦沿岸地域では、調査事例が少ないがB類とC類の石室が確認されている。宮中野99－1号墳は方墳で、二つの石室を有している。石室は片岩板石と砂岩の切石を併用したもので、墳形や双室墳という特徴から龍角寺岩屋古墳との類似が指摘されている（小林2014）。板石使用の石室と切石使用の石室が一つの地域内に混在している状況は、千葉県北部と同じであり、霞ヶ浦沿岸地域とは別に一つの地域的なまとまりとしてみることもできるが、現状では霞ヶ浦沿岸地域との大きな差はみられない。今後の資料の増加に期待したい。

　鬼怒川流域周辺は、基本的にはB類の石室が分布する地域で、例外的に船玉古墳や高山古墳のようなC類の石

室が分布している。船玉古墳は、玄室側壁の配置が折越十日塚古墳と同じで、基本的には霞ヶ浦沿岸地域との交流関係をベースにするが、奥壁沿いに屍床仕切石が配置される特徴は、筑波山南麓の特徴であり、筑波山南麓からの影響も想定されている（草野2016）。また、玄門部の玄室側壁に楣石をはめ込むための加工が見られ、前述の栗村東6号墳などと同じく、栃木県からの技術的影響が指摘されている（小林2004）。B類の石室は、玄室の平面形が胴張形と長方形があり、別系統と考えられる。これらの石室については、隣接する埼玉県や千葉県で切石積みの石室が多く、基本的にはどちらかの地域の系統の石室と考えられるが、埼玉県では、胴張形の切石積み石室が多数あり、八竜神塚古墳などの胴張形の石室は、埼玉県域の特徴と類似することが指摘されている（小林2014）。このように、鬼怒川流域周辺は様々な系譜の石室が混在して地域といえるが、この地域の厳密な位置づけには埼玉県や千葉県の資料と合わせて検討することが必要だろう。

　以上のように、横穴式石室の特徴から地域性を検討した。石室は大きく四つの系統に分類したが、石室の系統などの特徴から細分していくと、久慈川流域以北、久慈川と那珂川に挟まれた地域、岩瀬盆地周辺、筑波山南麓・八郷盆地、霞ヶ浦沿岸・北浦沿岸、鬼怒川流域周辺というように、より小さな地域のまとまりがみられると考える。これらの地域の接点にあたる部分、例えば八郷盆地周辺では、板石組石室を基本にしながら、岩瀬盆地周辺でみられる割石積み石室に類似するものがみられるというように、他の地域の特徴をもつ石室が混在している。北部九州との関連が想定される高崎山2号墳や、栃木県あるいは九州との関連が指摘される平沢1・2号墳などのL字形・コの字形の石材を組み合わせた玄門など、より広い範囲での交流により、別の地域の特徴が導入されることで茨城県における石室形態は多種多様なものになっているといえるだろう。

　最後に、この石室の分布について、別視点から考察をしておきたい。岡見が指摘したように、石室にみられる地域的なまとまりは、古墳時代当時の地域圏がある程度反映されている可能性がある（岡見2015）。発掘調査の成果から、茨城県における郡衙の成立は7世紀第4四半期～8世紀第1四半期といわれている。また、国造制は7世紀成立したとされている（白石2000）。茨城県においては、6世紀末以降に石室をもつ古墳の築造が増加し、7世紀代を中心に横穴式石室をもつ古墳が多く築造されたと考えられる。時期的な点から考えると、郡との対応ではなく、国造の範囲との対応を検討してみたい。南部からみていくと、南部には筑波・茨城国造があったと考えられるが、この両地域はともにC類の板石組の石室が分布していて、石室の分布からは国造との一対一の対応はみられない。西部にある新治国造の範囲には、D類の石室が排他的に分布していて、胴張形の平面形・組み立て玄門・床面の段差など特徴的な構造が多くみられる。これらの石室は新治国造あるいはその基盤となる地域圏との関連が想定できる。

　那賀国造の範囲は南北に長く、涸沼より北側ではA類、B1・2類、D類が、南側ではB1類、D類が確認できる。那賀国造という範囲でみた場合、石室系統が混在していることになる。ただ、A類は久慈川以南那珂川以北に排他的に分布していて、岡見は那賀郡との対応を指摘している。

　久慈国造の範囲もA類、B1・2類、D類が確認されているが、A類は少数でありB1・2類、D類が占める。推定される久慈国造と那賀国造の境界付近を境に、A類と、B1・2類・D類の分布は分かれている。久慈川流域以北の石室には、長方形の平面形、玄室中央への間仕切石の配置、床面の礫敷などの共通する特徴があり、久慈国造の範囲に多くみられることから、国造の範囲と対応する可能性がある。

　ここまで、国造との対応について検討したが、図に示した境界線は推定のものであり、また、境界が変わることもあるため注意が必要だろう。例えば、八郷盆地周辺などは、茨城国造の範囲に含まれ、霞ヶ浦沿岸との共通性もあるが、別系譜の石室も存在する。地域圏と地域圏の境界付近では複数系統の石室が存在し、別系統の石室で見られる構築技術を導入することもあって、明確な境界線を引くことは難しい。また、実際の地域圏は、石室のまとまりよりも広い範囲あるいは狭い範囲であった可能性はある。地理的な条件によっては、政治的な地域圏と実際の生活における地域圏も変わってくるだろう。石室の一つのまとまり＝古墳時代当時の地域圏というほど単純なものではなく、岡見のように、瓦などほかの要素も併せて検討することで、当時の地域圏に対する理解が

深まると考えている。

参考文献

石川　功　1989「茨城県における横穴式石室の様相」『東日本日本における横穴式石室の様相』『東日本における横穴式石室の受容』第10回三県シンポジウム　千曲川水系古代文化研究所・北武蔵古代文化研究所・群馬県考古学研究所

石橋　充　1995「常総地域における片岩使用の埋葬施設について」『筑波大学　先史学・考古学研究』第6号　筑波大学歴史・人類学系

稲田健一　2007「東茨城郡城里町徳化原古墳について―切石石室を有する古墳の一例―」『考古学の深層―瓦吹堅先生還暦記念論文集―』瓦吹堅先生還暦記念論文集刊行会

稲田健一　2008a「茨城県ひたちなか市虎塚古墳群第四号墳の石室―刳り貫き玄門を有する古墳の一例―」『多知波奈の考古学』橘考古学会

稲田健一　2008b「三ッ塚古墳群の鉄鏃」『ひたちなか埋文だより』29　ひたちなか市埋蔵文化財センター

稲村　繁　1991「茨城県における横穴式石室の変遷―装飾古墳の背景―（1）」『博古研究』創刊号古研究会

岡見知紀　2015「常陸国における国郡成立の歴史的背景―横穴式石室と瓦の分布比較から―」『Archaeo – Clio』第12号　東京学芸大学アーキオ・クレイオ刊行会

門井直哉　2011「常陸国の形成過程に関する一考察」『福井大学教育地域科学部紀要』2　福祉大学教育科学部

草野潤平　2008「千葉県竜角寺浅間山古墳の石室系譜」『地域と文化の考古学Ⅱ』明治大学文学部考古学研究室（草野潤平2016『東国古墳の終焉と横穴式石室』雄山閣　所収）

草野潤平　2016「常陸地域―片岩板石組石室と凝灰岩切石組石室の展開―」『東国古墳の終焉と横穴式石室』雄山閣

黒澤彰哉　2005a「調査のまとめ」『十三塚古墳調査報告書』千代田町教育委員会

小林孝秀　2004「常陸南部における横穴式石室の系譜と地域性」『専修考古学』10　専修大学考古学会（小林孝秀2014『横穴式石室と東国社会の原像』雄山閣　所収）

小林孝秀　2005「常陸高崎山西2号墳の横穴式石室に関する再検討―関東地方における横穴式石室導入の評価をめぐって―」『茨城県考古学協会誌』17　茨城県考古学協会

小林孝秀　2014『横穴式石室と東国社会の原像』雄山閣

塩谷　修　1992「終末期古墳の地域相―茨城県桜川河口の事例から―」『土浦市立博物館紀要』第4号　土浦市立博物館

白井久美子　2002「横穴式石室について」『印旛郡栄町浅間山古墳発掘調査報告書』千葉県

白石太一郎　2000「常陸の後期・終末期古墳と風土記建評記事」『古墳と古墳群の研究』塙書房

白石太一郎　2001「龍角寺岩屋古墳の築造年代を巡って」『千葉県史研究』第9号　千葉県（白石太一郎2007『東国の古墳と古代史』青木書店　所収）

田中広明　1988「霞ヶ浦の首長―茨城県出島半島をめぐる古墳時代の研究―」『婆良岐考古』第10号　婆良岐考古同人会

中村享史　1996「鬼怒川東岸域の横穴式石室」『研究紀要』第4号　栃木県文化振興事業団埋蔵文化財センター

生田目和利　1996「常陸における台形形横穴墓について」『博古研究』博古研究会

生田目和利　2005「茨城県の横穴墓と古墳」『横穴墓と古墳』東北・関東前方後円墳研究会

日高　慎　2000「雲母片岩使用の横穴式石室と箱形石棺」『風返稲荷山古墳』霞ヶ浦町教育委員会

広瀬和夫　2008「常陸と上総の畿内的な横穴式石室―茨城県山口一・二号墳と千葉県割見塚古墳を巡って―」『多知波奈の考古学』橘考古学会

古墳出典

相田美喜男　1993「茨城県における後・終末期古墳実測調査（1）」『婆良岐考古』第15号　婆良岐考古同人会

相田美喜男　1998「岩瀬町富谷2号墳（岩屋塚）の横穴式石室」『常総台地』14　常総台地研究会　pp.75-81

井　博幸ほか　1999『牛伏4号墳の調査』国士舘大学牛伏4号墳調査団

石川功・藤原均・渡辺丈彦・福田礼子　2004『北西原遺跡（第1次調査）』土浦市・土浦市教育委員会・土浦市遺跡調査会

伊東重敏　1985『頓（徳）化原古墳整備調査報告書』桂村教育委員会

伊東重敏　1997『栗村東古墳群・栗村西古墳群・丸峯古墳群　附栗村東遺跡・栗村西遺跡』千代田町教育委員会・高倉・粟田地区埋蔵文化財発掘調査会

稲古墳群発掘調査会　1992『稲古墳群7号墳』

稲村繁・塩谷修　1983『粟田石倉古墳—附 粟田A・B地点—』千代田村文化財調査報告書　千代田村教育委員会

茨城県教育委員会　1970『茨城県埋蔵文化財調査報告書Ⅲ』

茨城県教育財団　1983『ツバタ遺跡・高山古墳群』茨城県教育財団文化財調査報告第22集　財団法人茨城県教育財団

茨城県教育財団　1991『五平遺跡・蔵田千軒遺跡・権現古墳群』茨城県教育財団文化財調査報告第67集　財団法人茨城県教育財団

茨城県教育財団　1998『南小割遺跡・権現堂遺跡・親塚古墳・後原遺跡』茨城県教育財団文化財調査報告第129集　財団法人茨城県教育財団

市毛　勲　1970『宮中野古墳群調査報告』茨城県教育委員会

市毛美津子　1999「加倉井古墳群内の一古墳について」『菟玖波』第3号　菟玖波倶楽部　pp.26-28

岩瀬町教育委員会　1985『花園壁画古墳（第3号墳）調査報告書』岩瀬町文化財調査報告書第7集　岩瀬町教育委員会

岩瀬町教育委員会　2002「花園古墳群2号墳」『岩瀬町の文化財』岩瀬町教育委員会　pp.46

岩瀬町史編さん委員会　1987『岩瀬町史　通史編』

瓜連町史編さん委員会　1986『瓜連町史』瓜連町

江幡良夫・黒澤秀雄　2003『二の沢A遺跡・二の沢B遺跡（古墳群）・ニガサワ古墳群』　財団法人茨城県教育財団

大塚初重　1974「大日塚古墳」『茨城県史料』考古資料編古墳時代　茨城県　pp.120-121, 278, 392

大塚初重・小林三郎　1976『勝田市史　別編Ⅰ　虎塚壁画古墳』勝田市

大塚雅昭　1999『孫目A遺跡・孫目古墳群』茨城県教育財団間文化財調査報告第157集　財団法人茨城県教育財団

大場磐雄・茂木雅博　1985「茨城県天神森古墳の発掘」『常陸国風土記と考古学』雄山閣

大森信英　1951『茨城県那珂郡靜村大字靜新宿古墳調査報告』茨城高等学校史探会

大森信英　1953『四所神社境内古墳調査報告』北山内村役場

大森信英　1955『常陸国村松村の古代遺跡』村松村教育委員会

大森信英　1964a「勝田市金上所在古墳調査報告書」『日本考古学年報』12

大森信英　1964b『津田・西山古墳発掘調査報告』勝田市教育委員会

大森信英　1974「舟塚古墳群」『茨城県史料』考古資料編古墳時代　茨城県　pp.101-103, 387

大森信英・糸賀茂男　1990「古代の友部地方」『友部町史』友部町

大森信英・関根忠邦・高根信和・寺門守男・佐藤正好・海老沢稔　1977『幡山遺跡発掘調査報告書』常陸太田市教育委員会

小川和博　2001『割山古墳群発掘調査報告書』日立市文化財調査報告第60集　日立市教育委員会

小川和博　2004a『河原子古墳群発掘調査報告書』日立市文化財調査報告第69集　日立市教育委員会

小川和博編　2004b『荒谷台A遺跡・荒谷台B遺跡・荒谷台C遺跡・荒谷台D遺跡・中丸古墳—水戸・勝田都市計事業東海中央土地区整理事業地内埋蔵文化財発掘調査報告書—』東海村遺跡調査会・東海村教育委員会

小川和博　2009『白方遺跡群』東海村・東海村教育委員会・有限会社日考研茨城

小川和博・大淵淳志　1991『木田余台Ⅰ』土浦市教育委員会・土浦市遺跡調査会・木田余台土地区画整理組合

小川和博・窪田恵一・比毛君男・福田礼子　2003『山川古墳群確認調査・西谷津遺跡・北西原遺跡第6次調査・神明遺跡第4次調査』土浦市教育委員会

荻原義照　1991『稲古墳群2号墳（ひさご塚）』岩瀬町教育委員会

小澤重雄　2006『山ノ入古墳群・大日下遺跡』茨城県教育財団文化財調査報告第255集　東日本高速道株式会社・財団法人茨城県教育財団

折原洋一　1995『神岡上古墳群』北茨城市文化財調査報告Ⅳ　北茨城市教育委員会

梶山雅彦　1993『中ノ割遺跡・小山遺跡・諏訪前遺跡・高原古墳群・沢幡遺跡・高原遺跡・北屋敷遺跡』茨城県教育財団文化財調査報告第79集　財団法人茨城県教育財団

春日綱男　1990『羽成7号墳』つくば市教育委員会

瓦吹　堅　1976『高寺2号墳』友部町教育委員会

鴨志田篤二　1988『虎塚古墳群第4号墳』勝田市教育委員会

川崎純徳ほか　1986『茨城県大平古墳』大平遺跡調査会

川津法伸　1998『八丁台遺跡』茨城県教育財団文化財調査報告第138集　財団法人茨城県教育財団

河野辰夫・春日綱男・玉井輝男・赤井博之・酒井弘志　1993『下栗野方台遺跡』千代川村教育委員会
協和町小栗地内遺跡調査会　1986『小栗地内遺跡群発掘調査報告書』協和町
黒澤彰哉　2005b『十三塚古墳調査報告書』千代田町教育委員会
黒澤秀雄　1998『炭焼遺跡・札場古墳群・三和貝塚・成田古墳群』茨城県教育財団文化財調査報告第130集　財団法人茨城県教育財団
小高五十二　1993『ヤツノ上遺跡』茨城県教育財団文化財調査報告第81集　財団法人茨城県教育財団
小玉秀成・本田信之　2000「岩屋古墳発掘調査報告」『玉里村立史料館報』第5号　玉里村立資料館　pp.50-121
後藤守一・大塚初重　1957『常陸丸山古墳』山岡書店
駒澤悦郎・成島一也・作山智彦　2009『大谷貝塚』茨城県教育財団文化財調査報告第317集　茨城県竜ケ崎土木事務所・財団法人茨城県教育財団
小松崎猛彦　1990『寺家ノ後A遺跡・寺家ノ後B遺跡・十三塚A遺跡・十三塚B遺跡・永国十三塚遺跡・旧鎌倉街道』茨城県教育財団文化財調査報告第60集　財団法人茨城県教育財団
小室　勉　1983『入浄塚古墳発掘調査報告』常陸太田市教育委員会
斉藤　新　1987『新道古墳群調査報告書』那珂湊市教育委員会
斎藤　忠　1952『那珂郡平磯町三ッ塚古墳群調査報告書』茨城県教育委員会
斎藤　忠　1974a「白河内古墳」『茨城県史料』考古資料編古墳時代　茨城県　pp108-111
斎藤　忠　1974b「大師の唐櫃古墳」『茨城県史料』考古資料編古墳時代　茨城県　pp.139-141
佐々木憲一・倉林眞砂斗・曾根俊雄・中村新之助　2008『考古学集刊』第4号　明治大学文学部考古学研究室　pp.53-79
佐藤政則　1978『日立市六ツヶ塚遺跡発掘調査報告書』日立市教育委員会
上智大学史学会　1963『茨城県水海道市七塚古墳群の調査』上智大学史学会研究報告一
鈴木裕芳　1981『久慈　吹上』日立市文化財報告第8集　日立市教育委員会
関口慶久・瓦吹堅・川口武彦・小野寿美子・中尾麻由美　2006『吉田古墳Ⅰ』水戸市教育委員会
高瀬比佐雄　1952「渡里村地下式古墳の予備調査について」『茨城県東茨城郡渡里村古墳概報　附アラヤ遺跡調査報告』渡里村古墳調査団
高根信和・高村勇・山本貴之・荻沼勇市・小室勉　1974『常陸一騎山』大宮町教育委員会
吉川明宏・新井聡・黒澤秀雄　1995『(仮称) 北条住宅団地建設工事地内埋蔵文化財調査報告書　中台遺跡』茨城県住宅供給公社・財団法人茨城県教育財団
千葉隆司ほか　2000『風返稲荷山古墳』霞ヶ浦町教育委員会
坪井正五郎・野中完一　1898「常陸国新治郡瓦曾村の古墳」『東京人類学雑誌』第40巻第153号　東京人類学会　pp.98-111
時信武史　2004a「沼台塚古墳」『下総境の生活史』境町　pp.100
時信武史　2004b「八竜神塚古墳」『下総境の生活史』境町　pp.102-111
生田目和利　1988「船玉装飾古墳」『関城町史　別冊資料編―関城町の遺跡―』関城町　pp.128-148
生田目和利・佐藤政則　1992『爪ボッコ横穴墓・吹上3号墳』日立市埋蔵文化財発掘調査会・日立市教育委員会
西宮一男　1975『烏山遺跡』茨城県住宅供給公社
西宮一男　1982『間中古墳』岩瀬町教育委員会
西宮一男　1992『中戸古墳』八郷町教育委員会
西宮一男　1997『下林・中溝遺跡 (付五霊古墳群)』八郷町教育委員会
根本康弘・渡辺俊夫　1983『二本松古墳・石神外宿A遺跡・石神外宿B遺跡』茨城県教育財団文化財調査報告第23集
能島清光・鯉渕和彦　1999『三本松古墳群 (内原178号墳) 発掘調査報告書』内原町三本松古墳群 (内原178号墳) 発掘調査会
比毛君男・福田礼子　2006『弁財天遺跡・北西原遺跡 (第5次調査)』土浦市教育委員会
平岡和夫・高野浩之ほか　2001『高崎山古墳群西支群第2号墳・第3号墳』山武考古学研究所・新治村教育委員会
増田誠一　1981『筑波古代地域史の研究』筑波大学
松田政基　1990『峠遺跡発掘調査報告書』石岡市教育委員会
丸子　亘　1983『鹿島台古墳・十林寺古墳・上宿古墳』瓜連町史編纂委員会
三木ますみ　1992「高山古墳」『岩井市の遺跡』岩井市遺跡調査報告書第1集　岩井市史編さん委員会　pp.72-94

皆川　修　2003『島名ツバタ遺跡』茨城県教育財団文化財調査報告第203集　財団法人茨城県教育財団
箕輪健一　1995『道祖神古墳発掘調査報告　染谷古墳群の調査』石岡市教育委員会
箕輪健一　1998「高浜入の最後の首長墓—岡岩屋古墳の横穴式石室について—」『玉里村立史料館報』第3号　玉里村立史料館　pp.81-92
宮内良隆　2000『取手市遺跡分布調査報告書』取手市教育委員会
茂木雅博　1972『常陸須和間遺跡』東海村教育委員会
茂木雅博　1989『須和間12号墳の調査』東海村教育委員会
茂木雅博・郡司真由美・松浦志保　1996『常陸銭塚古墳・白方古墳群』東海村遺跡調査会・東海村教育委員会
茂木雅博・永井三郎　2002『常陸真崎古墳群—測量調査報告書—』
諸星政得　1972『茨城県高萩市赤浜古墳群』高萩市教育委員会
横倉要次　2004『松田古墳群』茨城県教育財団文化財調査報告第102集　財団法人茨城県教育財団
和田正年ほか　1983『天神山古墳群（4号墳）』旭村教育委員会・天神山古墳群発掘調査会
綿引逸雄・安田厚子　1979『小森明神古墳』里美村

第2節　舟塚山古墳の墳丘築造企画と築造年代

小野寺　洋介

はじめに

　霞ヶ浦北岸の高浜入りの丘陵上から霞ヶ浦をのぞむ舟塚山古墳は、東国地域では第2位の規模をもつ前方後円墳である。本古墳はこれまでに2回の測量調査と、1回の発掘調査を経ている。しかし、発掘箇所は周濠に限定され、またその範囲はせまく、古墳の全容が明らかになっているとはいえない。また、墳丘測量図は明治大学考古学研究室（大塚・小林1964）と石岡市教育委員会（1995）によって作成されているが、いずれもコンターは1m間隔で、近年すすむ墳丘築造企画研究に耐えうるほどの精度を有しているとはいえなくなっている。しかし、2012～2013年度にかけて計3回にわたる測量調査が明治大学・茨城大学・学芸大学の3大学によって行われ、良好な精度をもつ測量図が作成された。これによって、墳丘築造企画の点から、本古墳における年代的位置づけ、さらにその歴史的な意義づけを行うにあたって大きな検討材料となったものと考える。本稿では本古墳における墳丘築造企画の検討を行い、続いて本古墳における年代的位置づけを行う。

1　研究略史

（1）舟塚山古墳の築造年代に関して

　舟塚山古墳の調査遍歴と各研究者の年代的位置づけについては、荻野谷悟によって詳細にまとめられており（荻野谷2009）、ここでは概略のみを示す。

　本古墳の本格的な学術調査は、1963年の明治大学考古学研究室による測量調査が最初であり、その報告のなかで大塚初重は、三昧塚古墳の先行するものとして6世紀代の中葉前後とする（大塚・小林1964）。また、この年代観は『日本の考古学』Ⅳに所収の「古墳の変遷」にも反映され、氏の区分した後・Ⅱ期の初頭頃の築造、実年代としておおよそ6世紀後半と推定する（大塚1966）。しかし同時に、年代の考定に若干の幅をもたせる必要性を

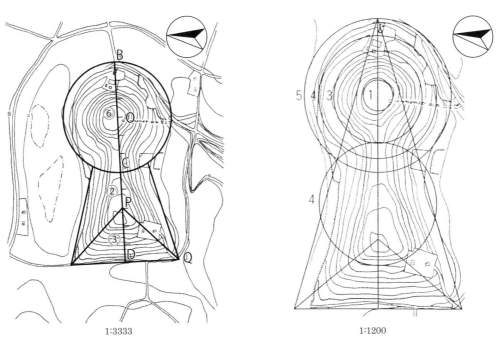

第108図　上田宏範と青木敬による舟塚山古墳の墳丘築造企画

認め、実際に同じ論考中で後・Ⅰ期中の古墳の1基としてもあげている。その後、大塚の年代観は変化し、1974年段階では6世紀代の比較的古い時期（大塚1974a）、あるいは5世紀後半としており（大塚1974b）、この時点でもまとまった見解には至っていなかったようである。その後、後述する円筒埴輪の編年研究がすすむに伴い、5世紀中頃から後半に引き上げ（大塚1985）、最終的には、17号墳における発掘調査の成果を受け、5世紀中葉にまでさかのぼらせている（大塚2009）。

舟塚山古墳出土の円筒埴輪を検討した車崎正彦は、川西宏幸の円筒埴輪研究（川西1973）に依拠し、5世紀中葉の築造とした（車崎1976）。この年代観は、川西の「円筒埴輪総論」（川西1978）でも援用されたことでその後に大きな影響を与えることになり、稲村繁（1985）、茂木雅博（1995）、塩谷修（1997）、小沢重雄（2001）、萩野谷悟（2009）の各論者もこれに依拠する形で追随する。なお、5世紀中葉から第3四半期する田中広明（1988）、5世紀前半とする橋本博文（1994）の見解もある。

このように、舟塚山古墳の年代に関しては、5世紀中葉を中心する考えが大勢を占める。しかし、日高慎は14号墳出土の石製模造品から5世紀前葉に位置づけ（日高1998）、井博幸は円筒埴輪の再検討からTK73型式、Ⅲ-2からⅣ-1段階併行期とするように（井2007・2009）、従来よりも遡らせる傾向にある。また、近畿中央部の暦年代のままに4世紀末から5世紀初頭と位置づける見解も存在する（福永2015）。

そもそも本古墳から出土した円筒埴輪は、川西宏幸によってⅡ期と判断されたように、同時期の近畿中央部のものとは大きくかけ離れた特徴をもつ（川西1978）。現状では、常陸において円筒埴輪の体系的な編年が組まれるまでに至っておらず、また須恵器や鋲留短甲といった他地域とも比較しうる品目との良好な共伴関係は不明である。したがって、萩野谷悟の述べるように、本古墳の築造年代については結局のところ、円筒埴輪の生産技術拡散についての個々の見解によるところに大きい（萩野谷2009）。本古墳出土の埴輪は出土数に一定の蓄積があるものの、やはり地域性の大きな資料をもとに築造年代を判断することは限界があるといえる。そのため、他資料からのアプローチを踏まえ、総合的に判断を行うという必要性が増してきているといえる。

（2）舟塚山古墳の墳丘築造企画に関して

舟塚山古墳は東国を代表する大型古墳であり、これまでに墳丘築造企画研究においていくつかの実例がある。

まずは、最初の測量調査の時点で本格的な築造企画を行ってはいないものの、大仙古墳やウワナベ古墳との墳形が類似することが指摘されるが、一方でそれのみで年代を決定することはできないとされる（大塚・小林1964）。

上田宏範は、自身の研究を進めるうえで常陸を取り上げ、舟塚山古墳についてはBC：CP：PD＝6：2：3のD型式としている[1]（上田1985）。同型式の古墳として大阪府土師ニサンザイ古墳、同前の山古墳、同今城塚古墳を上げており、同氏に区分に照らし合わせると、年代は6世紀前半となる。ただし、比較資料として福岡県岩戸山古墳や、愛知県断夫山古墳、群馬県七輿山古墳などをあげていることや、「継体陵として比定できるのであれば」と前置きしたうえで今城塚古墳との関係性に触れていることから、6世紀初頭から前葉に位置づけていた可能性が高い。

1999年には、群馬大学にて第4回東北関東前方後円墳研究大会「前方後円墳の築造企画」と題したシンポジウムが開催されており、この報告中で以下7名の論者がとりあげている。

甘粕健は、墳丘長が宋尺で120歩、後円部径60歩、前方部長60歩、前方部幅65歩で設計された古墳とし、大阪府御廟山古墳との類似性を指摘する（甘粕1999）。

石部正志と宮川徏の両氏は、8区分法に基づいたときの7区型の1例としており、1区8尋、1尋約155.5cm、1区約6.998mで設計されたものとする。また、この類例として奈良県島の山古墳、同川合大塚古墳、御廟山古墳をあげている（石部・宮川1999）。

栩國男は、墳丘長8分比設計を用い、舟塚山古墳については、AB（＝墳丘長）：CD（＝くびれ部）：EF（＝前方

第 2 節　舟塚山古墳の墳丘築造企画と築造年代

部幅）＝ 8：2.5：5 とし、仁徳陵型設計のなかでもくびれ部が細い類型であるⅠ類型とする（梢1999）。

　坂本和俊は、上田の 6 区分法を参考に自身の墳丘企画を作成し、「6（＝後円部比）：前方部長：左側の前方部幅＋右側の前方部幅＜後円部比からみた主軸の位置（－で示す：筆者補足）＜前方部の稜線をつなげた点／前方部長」という形態表現数式で各古墳を数値化した（坂本1999）。舟塚山古墳は、6（＝後円部比）：5（＝前方部長）：3＋ 3（左側の前方部幅＋右側の前方部幅）＜－ 3（＝後円部比からみた主軸の位置）＜ 2/5（＝前方部の稜線をつなげた点／前方部長）とする[2]。本論考中では近畿中央部の大型古墳の検討を行っていないため、大王墓クラスの古墳との比較は不可能である。しかし、舟塚山古墳を含めて東北・関東の27例を検討しており、これをみると茨城県三昧塚古墳と似るようである。

　澤田秀実は、19類型ある古墳類型のなかでも、大仙類型の一つに舟塚山古墳を位置づけ、大仙古墳の 2/5 サイズで設計されたものとする（澤田1999）。なお、同類型同サイズの古墳として、御廟山古墳、大阪府淡輪ミサンザイ古墳、岡山県両宮山古墳があげられている。

　塚田良道は、岸本直文の測量図を直接対比する方法を参考にし（岸本1992）、大阪府仲津山古墳の 3/4 サイズかつ 2 段目以上を用いたものとする（塚田1999）。

　青木敬は、後円部の 1 段目外周：2 段目外周：3 段目外周：墳頂部外周の比率から古墳の築造企画をとらえ、舟塚山古墳については 5：4：3：1 で、くびれ部の比率が 4 であること示し、D 系列（後円部 1 段目外周の比率が 5 の倍数になるグループ：筆者補足）に区分した（青木2003）。青木によると同じ比率の古墳は、氏が区分したⅣ段階にあたり、舟塚山古墳と同一の比率をもつ古墳として、古市古墳群の市野山古墳、百舌鳥古墳群の上石津ミサンザイ古墳、御廟山古墳、土師ニサンザイ、三島古墳群の太田茶臼山古墳があげられている。

　舟塚山古墳を検討の対象としたものは以上であるが、現在の墳丘築造企画は、テラス部の幅や各所傾斜変換線の重なり具合など、立体的な要素からの検討が行われている。本稿では、平面形態での比較を行いつつ、墳丘における傾斜変換線をみながらまずは類似する古墳を抽出する作業を行う[3]。

2　墳丘築造企画の検討

　舟塚山古墳の墳丘復元については、本書中に述べているので概要だけを述べる。本古墳は、墳丘長183.3ｍに復元された三段築成の前方後円墳である。後円部を 8 区分と 12 区分した際には、設定した単位と前方部の墳裾とは合致しない。しかし、10区分法を用いると前方部の墳裾はちょうど 9 単位分と合致し、通常の中期古墳と比して前方部が長い墳丘形態である。

　舟塚山古墳において以上に示した墳丘形態が採用された背景として、二つのことが考えられる。一つ目は、近畿中央部で採用された墳丘築造企画がそのまま使用されたことであり、二つ目は霞ヶ浦北岸あるいは常陸で独自に墳丘築造企画が変化したことである。しかし、常陸ではこれほど前方部の長い墳丘形態をもつ前方後円墳はこれよりも前の時期にはなく、また常陸地域最大の規模をもちながらも、後円部 1 段目と前方部 1 段目の水準高がほとんど変わらないほどの精度で墳丘の築造が行われたこと、周辺に従属する古墳が並ぶという墳丘構成を採用するなど、近畿中央部で築造された古墳と共通する要素がみえる。このことから、当時の近畿中央部で採用されて築造原理と築造企画が持ち込まれたものと考える。したがって、ここでは 5 世紀前半から中頃にかけて築造された近畿中央部の古墳との比較を試みる。

　この当時、近畿中央部で最大の前方後円墳を築造していた地域は大阪府内の古市・百舌鳥古墳である。近年、この両古墳群に関してはレーザー測量が行われおり（堺市文化観光局世界文化遺産推進室2015、藤井寺市総務部世界遺産登録推進室2015）、これによって得られた測量図を使用する[4]。比較方法としては、対象となる古墳の墳裾を復元して設定し、後円部同士を重ね合わせ、そのときの前方部の長さならびにそれぞれの傾斜変換線の重なり具合を確認することとする。当然のことながら、墳丘の復元を行ううえで、墳丘上における傾斜変換線と墳裾のラインをいかにしてとらえるということが重要となる。古市・百舌鳥古墳群のレーザー測量図の精度はたしかに高い

158　第6章　常陸南部の古墳をめぐって

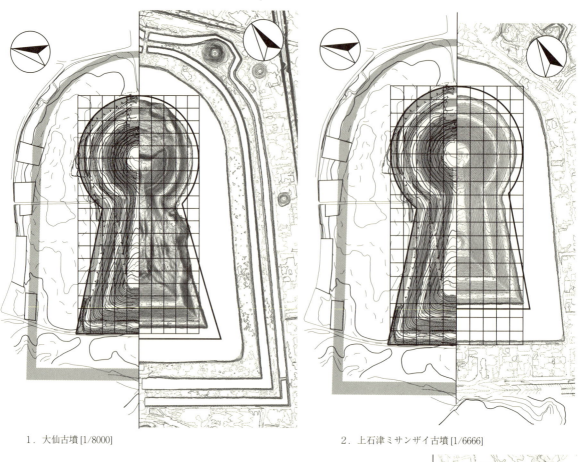

1．大仙古墳 [1/8000]　　　　　　　　　2．上石津ミサンザイ古墳 [1/6666]

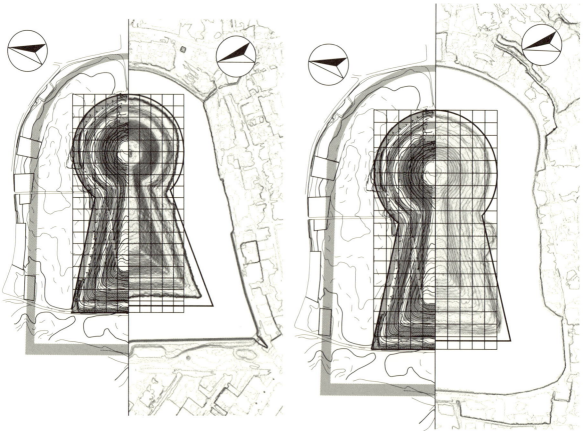

3．土師ニサンザイ古墳 [1/5333]　　　　4．御廟山古墳 [1/3333]

第109図　舟塚山古墳と各古墳との比較（1）

ものの、測量者が実際に墳丘の観察を行って傾斜変換線を描き加えたものではない。しかし、測量図をみるとコンターが密になっているため、傾斜の変わり目はとらえやすく、規模が大きくなればなおさらである。したがって、本来であれば避けるべきことではあるが、コンター同士の密接具合から傾斜変換線を判断することとする。そして、舟塚山古墳と同様に10区分法を利用し、墳丘全体にグリットをかけることとする。また、墳丘の裾は周濠内に水が入った状態を当初から想定し、最下段と2段目との高さを1：2の比率で築造を行ったとする考えもある（甘粕1975、新納2011など）。しかし、周濠に水をたたえる上石津ミサンザイ古墳は、水位が下がると東側にも造出し出現することや、空濠がめぐる仲津山古墳や市野山古墳では、最下段と2段目との高さの比率が1：1に近いことから、古市・百舌鳥古墳群内の全ての古墳でも同一であるとする考え（白石2015）がより自然であろう。

　以上のように、各古墳の墳丘の復元については、やや強引ながら①傾斜変換線はコンターの間隔が狭くなりはじめるライン、②最下段の復元は2段目と同様の幅、傾斜角度である、という前提で復元を行う。なお、時期区分については、須恵器と円筒埴輪を用い、それぞれ田辺昭三による編年（田辺1981）、埴輪検討会による編年（小浜2003）を使用する。ただし、暦年代観については白石太一郎の見解を参照する（白石2006）。

　大仙古墳との比較　舟塚山古墳との墳形の共通性が大塚初重・小林三郎の両氏によって指摘されている（大塚・小林1964）。築造時期はON46型式併行期、Ⅳ-2とされる（徳田・清喜2001）。墳丘は前方部、後円部ともに墳丘3段目が大きく崩れ、土砂の流出が確認できる。しかし、後円部、くびれ部ならびに前方部前端部に墳丘築造当時の姿を留めており、これらを結ぶことで墳裾のラインを復元した。10区分を用いるとおおむね9.5単位となり前方部の長さの比率は舟塚山古墳よりも長い。後円部では各段の裾部がほぼ合致しており注目される。ただし、前方部ではこのような類似性は認められない。

　上石津ミサンザイ古墳との比較　Ⅲ-2期に位置づけられる。須恵器の出土は報告されていないものの、陪冢とされる寺山南山古墳からはTG232型式の須恵器が出土しており（植野2008）、ほぼ同時期の築造と考えられる。墳丘の残存状況が非常に良く、コンターの乱れはほとんどみられない。前述のように、現状では造出しは西側にしかみられないが、水位が下がると東側にも出現する。測量図をもとに傾斜変換線を引き、墳丘1段目を復元したものに10区分のグリットを重ねると6単位よりもやや長い程度であり、前方部の長さは舟塚山古墳よりも短い。墳丘上の傾斜変換線同士を比べてみても、類似する点はほとんどないことがわかる。

　土師ニサンザイ古墳との比較　造出し上からTK208型式の須恵器がみつかっており（徳田・清喜ほか2013）、円筒埴輪はⅣ-3期に位置づけられている。上石津ミサンザイ古墳と同様に墳丘の残存状況は良く、墳丘上の傾斜変換線が推定しやすい。墳丘1段目の復元を行い、10区分のグリットをかけると8単位よりもやや長くなり、前方部の長さは舟塚山古墳よりもやや短いことがわかる。後円部では、1段目テラス部から3段目墳頂にいたるまで傾斜変換線が重なる部分が多い。一方で前方部では、舟塚山古墳よりも墳丘が拡がる形状を呈している。

　御廟山古墳との比較　2008、2009年に堺市教育委員会ならびに宮内庁書陵部によって発掘調査が行われ、墳丘長203ｍ、後円部径113ｍ、前方部最大幅が136ｍであることが判明した（内本・十河編2011）。造出し上から出土した須恵器はTK208型式を示し、円筒埴輪はⅣ-3期とされる。この成果を測量図に反映させ、10区分のグリットをかける。墳丘は8単位よりもやや長く。前方部の長さは舟塚山古墳よりも短く、幅は広いことが確認できる。後円部における傾斜変換線を比べると、1段目裾部と墳頂部との比率は類似しているようであるが、その他に類似点を見出すことはできない。

　田出井山古墳との比較　Ⅳ-2期に位置づけられ、墳丘の残存状況は良好で、大きな崩れはみられない。本古墳では、復元を行ったところ西側くびれ部で現状の墳丘よりも内側に復元線が通ることとなった。ただし、この付近では造出しがあることや、周囲に比べてテラス部が幅広いことから上段からの土砂の流出や、もともと東側よりも盛土を行った可能性も考えられる。10区分のグリットかけると8単位よりやや長くなり、舟塚山古墳よりも0.5単位程度短くなったが、幅広となった。後円部を比較すると、3段目墳頂から1段目肩部にかけての傾

160　第6章　常陸南部の古墳をめぐって

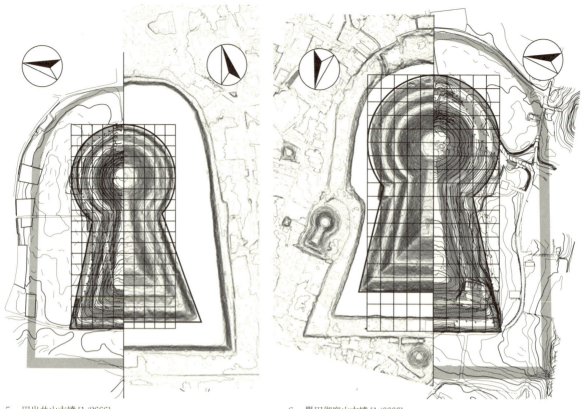

5．田出井山古墳 [1/2666]　　　　6．誉田御廟山古墳 [1/6666]

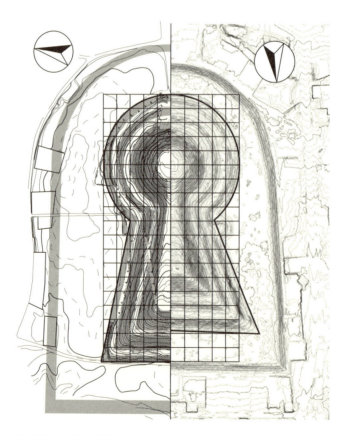

7．市野山古墳 [1/6666]

第110図　舟塚山古墳と各古墳との比較（2）

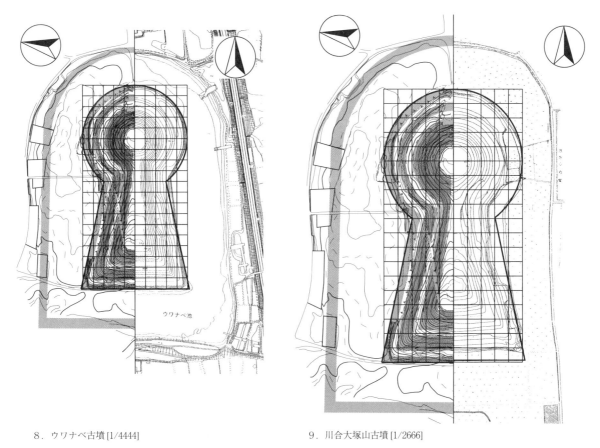

8．ウワナベ古墳 [1/4444]　　　　　　　　9．川合大塚山古墳 [1/2666]

第111図　舟塚山古墳と各古墳との比較（3）

斜変換線は合致する点が多くみえる。

　誉田御廟山古墳との比較　Ⅳ－1期に位置づけられる。墳丘は前方部西側で地震による土砂崩れがみられるが、その他の残存状況は良好である。周濠は水を湛えているものの、西側くびれ部から後円部にかけては地表面をのぞかせているようである。現状における墳丘の1段目と2段目の高低差に大きな差があるわけではないことから、墳裾のラインと現状での汀線をほぼ変わりないものと想定して復元を行った。グリットを重ね合わせてみると6単位にほぼ合致し、舟塚山古墳に比べて前方部の長さがきわめて短いことがわかる。また、後円部における傾斜変換線と合わせてみても合致する線は認められない。

　市野山古墳との比較　外堤よりTK208型式の須恵器が出土し（一瀬1981）、円筒埴輪はⅣ－3期に位置づけられる。墳丘はさほど改変を受けておらず、コンターの乱れは少ない。周濠は空堀であるため、現状での墳裾をグリットにかけ比較を試みる。前方部の前端部のラインは主軸とは垂直ではなく、東側の方が0.5単位ほど短くなっているようであるが、一番長いところで7単位目のラインとほぼ合致する。当然前方部は舟塚山古墳よりも短いものの、幅が広いことが確認できる。後円部ならびに前方部のいずれにおいても傾斜変換線などの類似性はみられず、関係性は低い。

　ウワナベ古墳との比較　本古墳はレーダー測量ならびに0.250ｍ間隔での測量調査を行っていないため、比較対象とするには精度に差があることは否めない。しかし、大塚・小林両氏が舟塚山古墳との類似性を指摘している点や、大仙古墳との同型式とされてきた経緯から、比較検討を行う必要性は高い。造出し裾付近でTK216型式の須恵器が出土しており（町田1974）。本古墳では、墳丘西側に墳裾の傾斜変換線が記録されており、やや強引ではあるがこの線を使用して10区分のグリットと合わせる。その結果、墳丘の長さ、くびれ部の位置にきわめて高い類似性がみられる。また、前方部の前端部においても同様で、斜面同士、あるいはテラス部同士の共通性

がみられる。

川合大塚山古墳との比較 馬見古墳群を構成する1基で、同古墳群の中では比較的前方部が長い墳形をしており、円筒埴輪からウワナベ古墳と同様の築造時期とする考えもあるが（坂2007）、一段階新しく位置づける考えもある（小栗2003）。本古墳は、墳丘上において斜面とテラス部との傾斜変換線が不明なため、現状の墳裾にグリットをあわせることで検討を行う。その結果、舟塚山古墳よりもやや前方部が長いものの、その幅とくびれ部の位置はさほど変わりないことが確認できた。一方墳丘上では、コンター同士の間隔が1mであるため、そこから傾斜変換線を推定することは難しいものの、少なくとも前方部では合致しないようである。

以上のように、舟塚山古墳の墳丘築造企画は、前方部の幅ならびに各傾斜変換線などから、これまでにも指摘された通りウワナベ古墳との類似性の強さを改めて示すこととなった。一方で、古市および百舌鳥古墳群を構成する古墳との相似関係を見出すことができなかった。しかし、後円部の段比率を考慮すると大仙古墳と田出井山古墳に共通性をみることができる。ウワナベ古墳の築造年代はTK216型式期であり、大仙古墳の築造年代はON46型式期（TK208型式前半期）である。したがって、舟塚山古墳の築造年代もTK216型式～TK208型式期、5世紀第2四半世紀と考えられる。

3 舟塚山古墳の築造年代に関わる資料の検討

（1）舟塚山古墳出土土師器と伝出土須恵器

舟塚山古墳からは墳丘上での発掘調査の結果、土師器甕がみつかっている（山内・瓦吹1972）。また、須恵器甕も採集されている（安藤・新山編2001）。ここではこれらについての検討を行い、墳丘築造年代についての判断材料としたい。

土師器甕は、北側くびれ部、造出しから出土している。出土状況については言及されていないが、「耕作の鍬によって、半分が削りとられ、なくなっている」とされる一方で、写真図版をみるかぎり口縁部から底部までは残存していたことがわかるため、横倒しの状態で出土した可能性が高い。現在は口縁～頸部のうち50％ほどが残存しており、体部の行方は不明である。体部は横方向につぶれた扁平であったようであるが、円孔は写真図版では確認できず、そのようすは確認できない。第114図－1が現状における本資料の実測図である。口縁から頸部の5.9cmが残存し、反転復元によって口縁部径は11.0cmに復元できた。口唇部は外側に強く屈曲し、一次口縁も同様であり、稜は鋭い。体部を作ったのち、一次口縁を接合し、その後二次口縁を付け足している。全体としてナデを施したのち、外面には縦方向にミガキを施す。ただし、一次口縁の方が入念であり、二次口縁よりも太く短いミガキの痕跡を残す。一次・二次とも口唇部には横方向のナデを施す。調整は全体として入念であるが、表面はザラザラとした手触りである。内面の体部と頸部との境に輪積痕を残す。胎土は、0.5mm以下の赤褐色粒、透明粒、雲母、1mm以下の黒色粒を微量ずつ含むが、良好である。焼成は土師器としては良好であるが、口縁部の一部に黒斑がみえる。

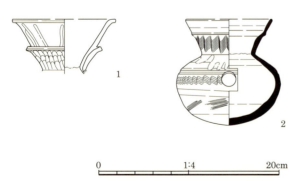

第112図　舟塚山古墳出土土師器と伝出土須恵器

須恵器甕は、反転して復元した口縁部径9.4cm、胴部径11.4cm、器高9.4cmをそれぞれ測り、いわゆる小型甕である。本資料は、口縁部のうち30％ほどが欠損しているがその他の残存状況は良好である。頸部から口縁部は外側に開いて立ち上がり、口唇部は丸く、段を作らない。口縁部外面の稜はさほど鋭くない。頸部には10条の櫛描による波状文を施す。内面の体部と頸部との境に輪積痕を残す。体部は横方向につぶれた扁平を呈し、肩部に沈線をめ

ぐらす。体部上半はロクロナデ、中部から下半には平行タタキののち回転ケズリを施す。底部に向かうほど平行タタキの痕跡が回転ケズリによって消されている。表面の調整を行ったのち、体部中央にはロクロナデののち5条の櫛描による波状文を施す。口縁部から体部中央にかけて自然釉の付着がみえる。円孔は径1.5cmで、上向きに穿つ。焼成は良好で、胎土中に1mm以下の白色粒と黄褐色粒を微量含むが、砂粒は少なく良好といえる。

土師器甕には、当初口縁部径よりも径の大きい体部がついていたことや、体部が横方向に扁平であることから、須恵器の形状を模しているのであれば、TK208型式が下限であろう。器高は11.7cmと報告されているため、体部高は5.8cmとなり、口縁から頸部高との比率がほぼ1：1となることはやや気がかりであるが、須恵器の模倣品であることを考えると、製作技法の稚拙さによる誤差と考えることもできよう。

須恵器甕について『石岡市遺跡分布調査報告』（安藤・新山編2001）のなかでは、猿投Ⅱ型式第1小期前半（東山61号窯式）に比定されているが、これには賛同できない。そもそも、猿投山東南麓窯跡群（以下、猿投窯）において、須恵器小型甕の出土がみられるのは東山44号窯式（陶邑編年TK43型式併行期）ではじめてであり、それ以前の窯跡からの出土は全く報告がなされておらず、猿投窯において小型甕の型式的な変遷過程は不明である。また、尾張で生産された甕には肩部に二子平行線がみえるものがあるが（伊藤2004）、本資料ではみられないことも積極的に尾張産とすることができない要素である。以上のことから、前述のような時期認定を行っていることには疑問をもたざるを得ない。また、本資料を猿投窯産とした根拠として胎土とされているが、それ以上の詳細な記述はなく、やや説得力を欠く印象である。本資料は体部径が口縁部径よりも大きく、頸部の立ち上がりの外反具合、体部の肩部が沈線のみで屈曲をつくらず、口唇部が段を作らず丸くおさめることからTK208型式に比定できよう。ただし、器壁が全体的に厚く、口縁部の稜に鋭さを欠く点から同時期の陶邑産須恵器よりもシャープさに欠ける印象である。

以上のように、舟塚山古墳から出土した土器類の検討を行った。土師器甕は類例の少なさから年代の決定には必ずしも明確ではない部分もあり、須恵器甕については採集資料であるため、古墳築造年代の決定的要素とはなりえない。しかし、霞ヶ浦沿岸部では未だTK73型式に比定される須恵器が報告されておらず（小野2003）、本古墳出土の土師器甕も現状ではこれより後の時期のものを模倣したと考えるべきであろう。したがって、TK216型式からTK208型式の所産と考えておきたい。

（2）舟塚山14号墳出土石製模造品について

前述のように、舟塚山古墳の築造年代を5世紀の早い段階に位置づける根拠として、後円部南東側に位置する14号墳から出土した石製模造品がある（日高1998、井2012など）。明治大学考古学研究室が2013年に行った本古墳の測量調査中に採集した埴輪には黒斑がなく、有黒斑の円筒埴輪をもつ舟塚山古墳とは年代差があることは明確である。このため14号墳の年代的位置づけは、舟塚山古墳の築造時期の下限を考えるうえで重要な要素となる。ここではまず、この資料の概要についてまとめ、つづいて年代的な位置づけの検討を行う。

14号墳からは、刀子形石製品が6点、鎌形石製品が1点の計7点の出土が報告されている。そのうち『愛石遺稿』（長谷川1978）と『石岡市史』（石岡市教育委員会1979）で刀子形がそれぞれ1点、『石岡市史』で鎌形1点のみが図化されている。両書に掲載される図版は、おそらく同じ資料を図化したものと考えられる。出土の経緯については、豊崎卓の報告に詳細が記載されており、これによると棺外の蓋石より下から整然と並んだ状態で出土したようである（豊崎1979）。ただし、実際に調査に立ち会ったのは長谷川愛石という郷土史家と考えられ、出土資料も同氏が所蔵していた。長谷川の逝去後、同氏が他に採集した資料は「長谷川愛石コレクション」として茨城県立歴史館に寄贈されたが、このなかに14号墳から出土した石製模造品は含まれておらず、現在は所在不明となっている[5]。

石岡市教育委員会による14号墳測量調査報告文中では、曲刃鎌の存在から、白石太一郎による編年（白石1985）における第三期の所産とし、実年代を中期中葉から後半としている（関根・篠原2001）。たしかに、白石論文中で

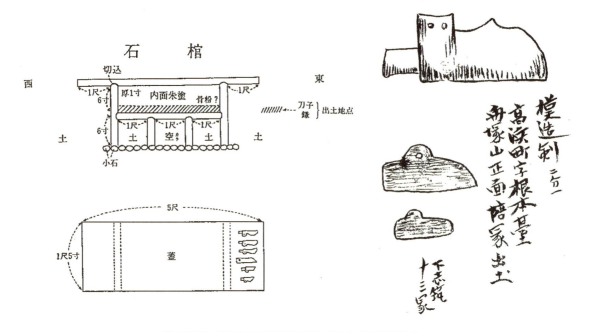

第113図　舟塚山14号墳の石棺と出土した石製模造品

は実年代比定は上記のようになるが、寺沢知子が指摘するように、本論文は白石による前期古墳ならびに須恵器の実年代論が反映されていない（寺沢1990）。実際、第三期の事例としてTK73型式と位置づけられる京都府久津川車塚古墳をあげていることから、上限については半世紀ほど遡らせる必要がある。

　黒澤彰哉は、前述した刀子形石製品を剣形石製品とし、類例資料として大洗町日下ヶ塚古墳[6]をあげる（黒澤1993）。しかし、日下ヶ塚古墳出土資料はよく知られるように、模造の対象とした刀子をきわめて写実的にうつしたものであるのに対し、14号墳出土資料の模式図でも確認できるように明らかに簡略化が進んでいる。このため、両資料には明確な時期差が見込まれる。

　図示された石製模造品を改めてみてみる。刀子形の計測値は長さ12.5cm、幅3cm前後である。厚さについては記載されていないが、図に記載されている長さとの比率から1.5cm前後と考えられる。鎌形は長さ9.5cm、幅3cm、厚さ2mmであり、茶褐色の石材が用いられている。

　本資料は、いわゆる大型品に分類される一群であり、清喜裕二の形態分類（清喜1998）にあてはめると、背部の延長ラインが柄頭を超えないB類と区分できる。また、全体の長さに対して占める柄部の長さは低く、かなり簡略化が進んだものと判断でき、清喜区分の第5段階の所産と位置づけることができよう。しかし、清喜は第5段階に属する大型刀子は、形態や表現に写実性を残す第4段階までの一群とは明確に区別しており、第5段階以降については細かな変遷や年代を示しておらず、その存続期間についてはふれられていない。筆者の不明のため、ここでは細かな検討を行うことはできないが、大型刀子の存続期間を考えるうえで群馬県高崎市舞台1号墳（西田編1991）ならびに群馬県太田市鶴山古墳（石川・右島1986）出土資料が注目される。舞台1号墳からは、全長12.9cm、幅2.9cmの大型刀子が出土しており、鶴山古墳からは、全長13.1cm、幅3.5cmの大型刀子が出土している。それぞれの年代は、舞台1号墳が埴輪や火山灰層から5世紀中頃から後半、鶴山古墳が出土した横矧板鋲留短甲にⅡa式とⅡb式を含むことから、実年代として5世紀第3四半世紀がそれぞれあてることができる（滝沢1991）。これらから、大型刀子は少なくともこの時期まで存続することを示すものと考えられる。これは曲刃鎌の存続年代をも齟齬をきたすこともなく、したがって14号墳の築造年代を引き下げることが可能であると考える。

第2節　舟塚山古墳の墳丘築造企画と築造年代　　165

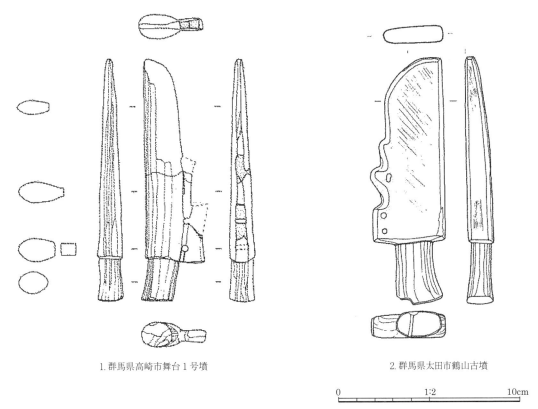

1. 群馬県高崎市舞台1号墳　　　　　　　　2. 群馬県太田市鶴山古墳

第114図　清喜区分第5段階の刀子形石製模造品

　このように、石製模造品だけで判断するのであれば、14号墳の築造年代は、5世紀前葉から5世紀第3四半世紀の比較的長い期間の中のいずれかに位置づけることができよう。したがって、この資料の存在は必ずしも「舟塚山古墳の位置づけを新しく考える研究者」にとっても「問題が多い」（井2012）というものではない。

　以上のように、舟塚山古墳の築造年代に関わる土器ならびに石製模造品の検討を行ったが、いずれにしても墳丘築造企画から導き出されたTK216からTK208型式、実年代に当てはめると5世紀第2四半期ないしは中葉という年代に齟齬をきたすものではなく、むしろその年代観を補強するものといえよう。

まとめ

　これまで、舟塚山古墳の墳丘築造企画と築造年代について検討を行った。築造時期としては、ウワナベ古墳と墳丘形態が類似することから当古墳と同時期に位置づけた。ただし、舟塚山古墳の墳丘の復元に際しては、現状のラインをなるべく生かしたため、前方部の1段目と2段目の傾斜角度が一致していないという問題もある。しかし、これまでは円筒埴輪と周辺の出土品しか年代を判断するしかなかったことに対して、新たな判断材料を提供できたものと考える。

　墳丘築造企画は、古市・百舌鳥古墳群以外にも複数の系譜が存在したものと考えられており（一瀬1997ほか）、その系譜をたどることで中央と地方との関係性について言及されてきている。この立場に立ち墳丘築造企画からみると、舟塚山古墳の被葬者は、百舌鳥古墳群の被葬者が大王に座についていた時期に築造され、佐紀古墳群の首長を介して王権とのつながりをもったことが、当墳丘築造企画を採用することなった背景とも考えることができよう。

　墳丘築造企画論において基準資料とされる大型古墳は、発掘調査を経ていないものがほとんどであるため、過

大評価はできないものの、ある程度の有意性が認められるものと考える。いずれにしても近年の測量調査技術は向上の一途をたどっており、今後の調査・研究の進展に期待される。

謝辞　本稿の作成にあたりましては、資料調査の際にお手間を取らせました小杉山大輔氏、石岡市教育委員会には大変お世話になりました。そのほかにも尾﨑裕妃、小澤重雄、北山大熙、齋藤直樹、佐々木憲一、荘林純、十河良和、高橋透、田中裕、鶴見諒平、土井翔平、永山はるか、福田賢二の各氏ならびに茨城県立歴史館、百舌鳥・古市古墳群世界文化遺産登録推進本部会議には多大なるご教示、ご協力をいただきました。末筆となりますが記して感謝を申し上げます。

註

1) 上田宏範の分類は（上田2016）で表記法が変更されており、BC：CP：PD＝6：2：3は、UMⅡ3：2とされている。
2) 坂本1999の表中（p.69）の舟塚山古墳の形態表現数式には、「6：5：3＜−3＜2.5」となっているが、当日配布の正誤表には「6：5：3＜−3＜5」と訂正されている。しかし、訂正版では前方部の稜線を結んだ点（P点）が存在しないことになってしまうため、こちらも誤りであろう。そのため、正しい数値は「6：5：3＜−3＜2/5」と推測している。
3) 墳丘企画論は本来、尺度論へつなぐための前提的な議論であるが、近年の研究ではそこまで踏み込まないことが多い。したがって、最終的には尺度論へと展開するべきであるが、本稿では類似墳の抽出を目的とするものであるため、そこまでの議論を行わないことをあらかじめ断っておく。
4) レーザー測量図は、実際に人が立ち入って作成したものではないため、現地での状況を図面に反映し切れてはいないものと考えられる。また、墳丘の規模に関わらず測点条件が同様であるため、墳丘規模によって点群の密度が異なるという問題点がある。しかし、大規模墳の場合にはコンターによって傾斜の変換点が読み取れるものと判断し、本稿では使用することにした。レーザー測量図に関する問題点は一瀬和夫によってまとめられている（一瀬2015）。
5) 本資料の探索にあたっては石岡市教育委員会の小杉山大輔氏と茨城県立歴史館の小澤重雄氏のお手を煩わせました。
6) 学史的には常陸鏡塚古墳として著名であるが、本古墳が所在する大洗町では日下塚古墳として周知していることから本稿ではこちらの名称を用いる。

参考文献

青木　敬　2003『古墳築造の研究—墳丘からみた古墳の地域性—』六一書房

甘粕　健　1965「前方後圓墳の研究　その形態と尺度について」『東洋文化研究所紀要』第37巻　東京大学海洋文化研究所 pp.1-109

甘粕　健　1999「前方後円墳の造営企画論と関東・東北の古墳研究」『前方後円墳の築造企画』東北関東前方後円墳研究会 pp.17-28

井　博幸　2007「御前塚古墳出土の埴輪」『婆良岐考古』第29号　婆良岐考古同人会　pp.55-79

井　博幸　2012「舟塚山古墳をめぐる断想—埴輪、出土・採集遺物からの接近—」『茨城県考古学協会誌』第24号　茨城県考古学協会　pp.64-87

石岡市教育委員会　1979『石岡市史』石岡市

石川正之助・右島和夫　1986「鶴山古墳出土遺物の基礎資料Ⅰ」『群馬県立歴史博物館　調査報告書』第2号　群馬県立歴史博物館　pp.11-20

石部正志・宮川徙　1999「東北・関東の前方後円墳の築造企画試論」『前方後円墳の築造企画』東北関東前方後円墳研究会 pp.19-50

一瀬和夫　1981『允恭陵古墳外堤の調査—国府遺跡80-3区—』大阪府教育委員会

一瀬和夫　1997「奈良県築山古墳の調査—馬見古墳群の動向の中で—」『古代学研究』138　古代學研究會　pp.46-49

一瀬和夫　2015「墳丘構築論1—古市古墳における墳丘設計施工面から—（上）」『古代学研究』207　古代學研究會　pp.1-6

伊藤禎樹　2004「尾張型須恵器の出現」『韓式系土器研究』Ⅷ　韓式系土器研究会　pp.15-60

稲村　繁　1985「茨城県霞ヶ浦北西部における前方後円墳の変遷」『史学研究集録』第10号　pp.61-80

植野浩三　2008「古市・百舌鳥古墳群の須恵器」『近畿地方における大型古墳群の基礎的研究』平成17年度〜平成19年度科学研究費補助金〔基盤研究（A）〕研究成果報告書（研究代表者：白石太一郎）　奈良大学文学部文化財学科　pp.357-369

上田宏範　1969『前方後円墳』学生社

上田宏範　1985「前方後円墳における築造企画の展開　その5—型式分類からみた常陸の前方後円墳—」『末永先生米壽記念　獻呈論文集　乾』末永先生米寿記念会　pp.281-307

上田宏範　2016『前方後円墳の型式学的研究』公益財団法人　由良大和古代文化研究協会

内本勝彦・十河良和編　2011『御廟山古墳（GBY-6）発掘調査報告書』百舌鳥古墳群の調査5　堺市市長公室文化部文化財課

大塚初重　1966「古墳の変遷」『古墳時代　上』日本の考古学Ⅳ　河出書房新社　pp.40-100

大塚初重　1974a「舟塚山古墳」『茨城県史料』考古資料編　古墳時代　茨城県史編さん原始古代史部会　pp.67-68

大塚初重　1974b「解説　2前期・中期古墳の概観」『茨城県史料』考古資料編　古墳時代　茨城県史編さん原始古代史部会　pp.29-34

大塚初重　1985「古墳の分布と変遷」『茨城県史』原始古代編　茨城県　pp.288-300

大塚初重　2009「舟塚山古墳とその問題点」『常総の歴史』第38号　崙書房　pp.7-12

大塚初重・小林三郎　1964「茨城県舟塚山古墳の性格」『考古学手帖』22　pp.1-3

小栗明彦　2003「大和の円筒埴輪編年」『埴輪論叢』第5号　埴輪検討会　pp.33-58

小澤重雄　2001「茨城県」『中期古墳から後期古墳へ』東北・関東前方後円墳研究会　pp.112-132

小野寿美子　2003「古霞ヶ浦沿岸地域のおける古墳時代須恵器の受容—器種組成の変遷から—」『筑波大学先史学・考古学研究』第14号　筑波大学　pp.23-66

川西宏幸　1973「円筒埴輪の研究」『史林』第56号第4号　pp.108-125

川西宏幸　1978「円筒埴輪総論」『考古学雑誌』第64巻第2号　pp.95-164

川西宏幸　2011「常陸の実相—総説に変えて—」『東国の地域考古学』六一書房　pp.3-33

瓦吹　堅　1995「舟塚山と愛宕山」『石岡市の歴史』市制30周年記念　石岡市　pp.45-48

岸本直文　1992「前方後円墳築造規格の系列」『考古学研究』第39巻第2号　考古学研究会　pp.45-63

椚　國男　1999「方眼を使った墳丘長8分比設計」『前方後円墳の築造企画』東北関東前方後円墳研究会　pp.51-60

黒澤彰哉　1993「常総地域における群集墳の一考察」『婆良岐考古』第15号　婆良岐考古同人会　pp.95-158

車崎正彦　1976「常陸舟塚山古墳出土の埴輪」『古代』59・60号　早稲田大学考古学会　pp.38-49

小浜　成　2003「円筒埴輪の観察視点と編年方法—畿内円筒埴輪編年に向けて—」『埴輪論叢』第4号　埴輪検討会　pp.(1)-(10)

堺市文化観光局世界文化遺産推進室　2015『百舌鳥古墳群測量図集成』堺市

坂本和俊　1999「前方後円墳の築造企画検討のすすめ」『前方後円墳の築造企画』東北関東前方後円墳研究会　pp.61-70

澤田秀実　1999「前方後円墳築造企画の型式学的研究」『前方後円墳の築造企画』東北関東前方後円墳研究会　pp.71-82

塩谷　修　1997「霞ヶ浦沿岸の埴輪」『霞ヶ浦の首長』霞ヶ浦町郷土資料館　pp.66-75

白石太一郎　1985「神まつりと古墳の祭祀—古墳出土の石製模造品を中心として—」『国立歴史民俗博物館研究報告』第7集　国立歴史民俗博物館　pp.79-114

白石太一郎　2006「須恵器の暦年代」『年代のものさし—陶邑の須恵器—』大阪府立近つ飛鳥博物館　pp.66-73

白石太一郎　2015「百舌鳥・古市古墳群における履中天皇陵古墳の位置」『巨大古墳あらわる〜履中天皇陵古墳を考える〜』第4回百舌鳥古墳群講演会記録集　堺市文化財講演会録　第7集　堺市文化観光局文化部文化財課　pp.133-163

清喜裕二　1998「初期農工具形石製模造品の基礎的研究—大形石製刀子を中心として—」『古代』第105号　早稲田大学考古学会　pp.75-100

関根信夫・篠原慎二　2001「舟塚山14号墳測量調査報告」安藤敏孝・新山保和編『石岡市遺跡分布調査報告』石岡市教育委員会　pp.79-86

滝沢　誠　1991「鋲留短甲の編年」『考古学雑誌』第76巻第3号　日本考古學會　pp.16-61

伊達宗泰　1959『北葛城郡河合村大塚山古墳群』奈良県史跡名勝天然記念物調査抄報　第12輯　奈良県教育委員会

田中広明　1988「霞ヶ浦の首長」『婆良岐考古』第10号　婆良岐考古同人会　pp.11-50

田辺昭三　1981『須恵器大成』角川書店

塚田良道　1999「測量図の比較から古墳の系譜を考える」『前方後円墳の築造企画』東北関東前方後円墳研究会　pp.83-94

寺沢知子　1990「石製模造品の出現」『古代』第90号　早稲田大学考古学会　pp.169-187

徳田誠志・清喜裕二　2001「仁徳天皇百舌鳥耳原中陵の墳丘外形調査及び出土品」『書陵部紀要』第52号　宮内庁書陵部　pp.1-19

徳田誠志・清喜裕二・加藤一郎・横田真吾・土屋隆史　2013「東百舌鳥陵墓参考地整備工事予定区域に事前調査」『書陵部紀要』第65号　陵墓篇　宮内庁書陵部　pp.5-88

豊崎　卓　1979「稀なる石棺と石製模造品」『石岡市史』上巻　石岡市　pp.141-149

新納　泉　2011「前方後円墳の設計原理詩論」『考古学研究』第58巻第1号　考古学研究会　pp.16-36

西田健彦編　1991『舞台・西大室丸山』群馬県教育委員会

萩野谷悟　2009「古墳の編年史の中の舟塚山古墳群」『常総の歴史』第38号　崙書房　pp.50-65

橋本博文　1994「「王賜銘鉄剣」と五世紀の東国」『古代を考える　東国と大和王権』吉川弘文館　pp.43-68

長谷川愛石　1978「愛石遺稿」『千代田村村史』

坂　靖　2007「大和の円筒埴輪」『古代学研究』178　古代學研究會　pp.1-21

日高　慎　1998「茨城県　前期古墳から中期古墳へ」『前期古墳から中期古墳へ』東北・関東前方後円墳研究会　pp.105-122

藤井寺市総務部世界遺産登録推進室　2015『古市古墳群測量図集成』古市古墳群世界文化遺産登録推進連絡会議

福永伸哉　2015「百舌鳥・古市古墳群の築造背景と東アジア情勢」『百舌鳥・古市古墳群と古代日韓交流』野中古墳出土品重要文化財指定記念国際シンポジウム　資料集　大阪大学大学院文学研究科考古学研究室　pp.33-40

町田　章　1974「ウワナベ古墳東外堤」『平城宮発掘調査報告』Ⅵ　奈良国立文化財研究所　pp.109-117

茂木雅博　1995「常陸」『全国古墳編年集成』雄山閣出版　pp.158-161

谷仲俊雄　2015「茨城県霞ヶ浦北岸地域の古墳編年」『地域編年から考える―部分から全体へ―』東北・関東前方後円墳研究会　第20回大会　シンポジウム発表要旨資料　東北・関東前方後円墳研究会　pp.59-73

山内昭二・瓦吹堅　1972『舟塚山古墳周濠調査報告』石岡市教育委員会

図版一覧

第108図　左：上田1985に一部加筆、右：青木2003より
第109図　1～4：堺市文化観光局世界文化遺産推進室2015に加筆
第110図　5：堺市文化観光局世界文化遺産推進室2015に加筆、6・7：藤井寺市総務部世界遺産登録推進室2015に加筆
第111図　8：町田1974にそれぞれ加筆、9：伊達1959にそれぞれ加筆
第112図　筆者実測
第113図　左：豊崎1979より、右：長谷川1978より
第114図　左：西田編1991より、右：石川・右島1986より

第 3 節　舟塚山古墳周濠内採集の石製品について

小野寺　洋介

　はじめに明治大学・茨城大学・東京学芸大学が行った舟塚山古墳の測量調査中、後円部北側周濠内より 2 点の石製品を採集した。本稿では、舟塚山古墳群中の記録または伝承にみえる石製模造品についてまとめる。また、周辺から出土した資料やこれまでの研究に学びつつ、本資料の製作背景について考えてみたい。

1　舟塚山古墳群の石製品

　舟塚山古墳群（曽根 2009 の区分に従う）では、2 基の古墳から石製模造品出土の記録または伝承が存在する。所在が確認できる資料は皆無であるが、以下に関連する伝承や現在の知見を加えることとする。

　舟塚山古墳墳丘　多数の滑石製模造品が出土したとの伝承があり（佐藤・鹿志村 1994）、前方部から多数の埴輪とともに出土したと伝わる「数百本の刀剣」をこれにあてる考えもある（萩野谷 2009）。ただし、『前方後円墳集成』の「舟塚山古墳」の項目では、墳丘上から「鉄刀」数百本と記されており、伝承中の滑石製模造品とは区別していた可能性は高い（鹿志村 1994）。いずれにしても、現在のところ、明確な出土報告も伝出土資料の来歴もない。

　舟塚山古墳周濠内採集品　今回の調査で新たに採集されたものである。詳細な内容は報告文中にゆずる。採集した 2 点はともに明確に器種がわかるものではないが、模造品であれば鎌形もしくは剣形の可能性が考えられる。ただし、①当該時期の剣形石製品の断面は菱形や山形を呈しているのに対し、採集品は扁平であること。②14 号墳からは厚さ 2 mm とされる鎌形石製品が出土しており、採集品との類似点がみられることから、筆者は鎌形と考えている。本資料は舟塚山古墳から出土した可能性もないわけではないが、この付近にいくつか存在し、現在は湮滅した小規模墳のうちの一つに副葬されていたものと考えられる。

　舟塚山 14 号墳　刀子形石製模造品が 6 点、鎌形石製模造品が 1 点の計 7 点の出土が報告されている（長谷川 1978、豊崎 1979）。詳細な検討は第 6 章第 2 節にて行ったため、ここでは省略する。

2　霞ヶ浦沿岸域の石製模造品

　茨城県内における石製模造品出土事例の集成については、財団法人茨城県教育財団や小澤重雄よる一連の業績がある（財団法人茨城県教育財団古墳時代研究班 1999・2000・2001・2002、小澤 2003・2015）。これらの成果から、石製模造品のうち、有孔円盤、剣形、玉類のいわゆる「3 種の神器」を構成する鏡・剣・玉の模造品が集落内で主に使用されたことが明らかとなっている。とくに、剣形は平面形態と断面形態による変遷案が提示されており（篠原 1997）、石製模造品の出現時期を比定するうえで有効な資料であることが示されている。最近、駒澤悦郎によって霞ヶ浦西岸域出土の剣形石製模造品についての検討が行われており（駒澤 2016）、ここで分類された形態区分を篠原区分に照らしてみると、最も古い段階で 5 世紀前葉から石製模造品の製作・使用がはじまっていることがわかる。駒澤論文を参考として、舟塚山古墳の所在する霞ヶ浦北岸の出土事例をみてみると、西岸と同様に 5 世紀前葉から石製模造品の出土がみられ、両地域はほぼ同時期に石製模造品の製作・使用が開始されたということができよう。

　また、霞ヶ浦沿岸域における石製模造品の使用を考えるうえで、学史的に重視されてきたのが浮島祭祀場遺跡である。そのうち、尾島貝塚は稲城市に所在する遺跡であり、これまでに発掘調査が行われ、55 軒の竪穴建物、6 軒の掘立柱建物などが見つかっており、出土した土器から判断すると古墳時代後期（鬼高式期）に最も建物が建てられたようである（人見 1988）。しかし、剣形、臼玉、有孔円盤の形態から、石製模造品を使用した祭祀は 5 世紀初頭から実施され、中ごろに盛行を極め、6 世紀初頭まで継続し、その後は土製模造品を使用した祭祀に移

第6章 常陸南部の古墳をめぐって

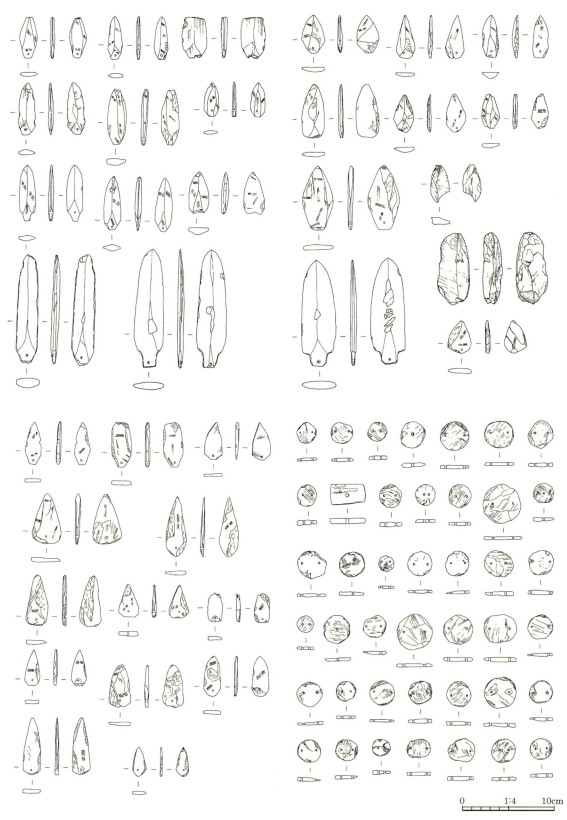

第115図 尾島貝塚出土石製模造品

行したものと考察されている。

このようにみてみると、集落および祭祀遺構から出土したものをみると、霞ヶ浦沿岸部において、石製模造品が広まったのはおおむね5世紀初頭～前葉と判断できよう。

3　宮内庁所蔵資料

舟塚山古墳周濠内採集品に関連する資料として、宮内庁書陵部が所蔵する茨城県新治郡八郷町大字柿岡字八重から出土した剣形石製模造品と有孔円盤がある。以下に徳田誠志氏の報告をもとに本資料についてふれ（徳田1993）、そのうえで舟塚山古墳周濠内採集品との関連性についてみてみる[1]。

該当する資料は、剣形石製模造品7点（第116図1-7、以下図版中に番号のみ記載）と、有孔円盤4点（8-11）の計11点である。出土地の特定はできるものの遺跡名称などは不明とされる。所蔵に至る詳細な経緯は不明なものの[2]、1896（明治29）年に宮内庁が買い上げたものである。該当地では土師器、須恵器などの土器片、滑石製模造品が耕作中から出土していると報告される。一方で、奈良県奈良市大和4号墳から出土した石製模造品との類似性が指摘されているが（宮内庁書陵部宮内庁三の丸尚蔵館2017）、前述のような出土状況から判断すると祭祀遺構から出土したものと推測できる。実際、刀子形や斧頭形を含まないといった石製模造品の組み合わせから、古墳出土品である可能性がよりも高いものと考える。

本資料の製作年代については報告文には言及されてはいない。したがって、まずはこれまでの研究の成果をもとにして製作年代を求めたい。徳田誠志氏は、剣形石製模造品を鎬のあり方からⅠ類（両面のほぼ中央に明瞭な鎬がみられ、断面は菱形：7）、Ⅱ類（片面のほぼ中央に鎬がみられ、断面は三角形に近い形状：1・3・4）、Ⅲ類（中央に鎬がみられないか、認められたとしても短く両面ともに平坦面が多く左右の両端は両面から斜めに研磨され、断面は扁平な六角形：2・5・6）の3種類に区分した。これらを篠原区分に照らすと、Ⅰ類はⅡa-A、Ⅱ類はⅡa-B、Ⅲ類はⅡa-Cにそれぞれ対比することができる。このうち、最も古い段階の特徴をもつものはⅡa-Aであり、それぞれの存続期間はⅡa-Aが5世紀初頭～中葉、Ⅱa-Bが5世紀中葉、Ⅱa-Cが5世紀中葉～後葉とされる。したがって、これらが一括資料であるのであれば5世紀中葉ごろの遺跡に伴ったものと推測されるが、複数の時期にまたがったとしても5世紀代のなかにおさまるものとすることができよう。

石材はいずれも緑泥片岩であるが、これは舟塚山古墳周濠内で採集した石製品の石材と同様である。これらは色調によって、黒緑色のもの（1・3～5・8～10）、淡黒緑色のもの（2）、黒色のもの（6・7）、淡黒色のもの（11）の四つにわけることができる。このうち、淡黒色の有孔円盤は風化のため表面が粗くなっている。また、この有孔円盤は石材の色調や表面の質感が、舟塚山古墳周濠内採集資料と最も類似するものであり、少なくとも石材獲得地はさほど遠いところではないことが考えられる。

まとめ

霞ヶ浦沿岸域では、5世紀初頭から前葉に尾島貝塚などの大型の祭祀遺跡だけではなく、集落内でも石製模造品の製作・使用を開始したということができるが、5世紀前半代は、まさに舟塚山古墳の被葬者の活動時期と推測される時期である。古墳と祭祀遺跡とをつなぐ手がかりとなるものが宮内庁所蔵資料と舟塚山古墳周濠内採集資料であり、これらはそれほど遠くない集団によって製作されたものと推測できるが、同時に消費地の性格によって製作する品目を作り分けていたこととなる。しかし、古墳時代後期には、古墳と集落内とで使用される石製模造品の区別はなくなる（白石1985）。宮内庁所蔵資料が出土した石岡市八郷町柿岡では、石製模造品が出土した後期古墳の丸山4号墳（後藤・大塚1957）があり、中期～後期における石製模造品の副葬の変遷を追うことのできる地域として興味深い。

常陸では、前期古墳の大洗町日下ヶ塚（常陸鏡塚）古墳（大場・佐野1956）や常陸太田市梵天山古墳（横倉2009）において副葬品の一つとして石製模造品を用いたことが知られるが、中期古墳に該当する資料は今一つ知られて

第6章 常陸南部の古墳をめぐって

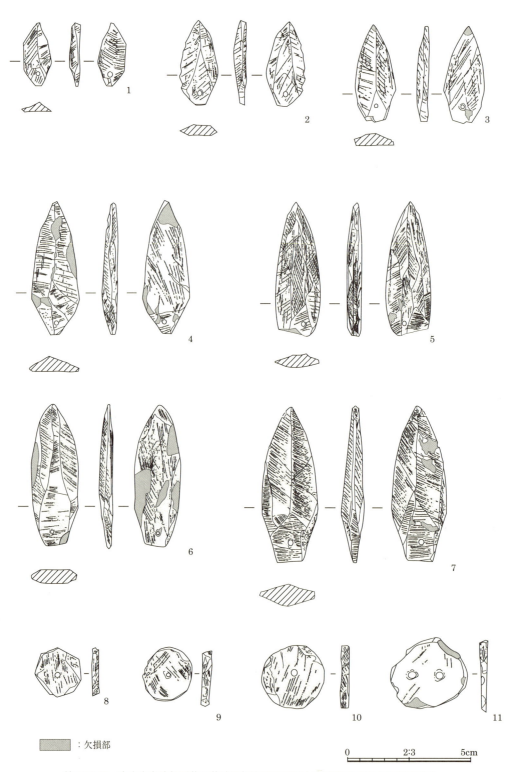

:欠損部

第116図　宮内庁書陵部所蔵の茨城県新治郡八郷町大字柿岡八重出土石製模造品

いない。これは、同時期の上野や上総・下総における様相とは対照的であるといえる。そのような状況のなかで舟塚山古墳群内で出土・採集したものは、前期と後期との間を埋める資料となりうる。しかし一方で、これまで埋葬施設内の発掘調査が行われている行方市三昧塚古墳（斎藤・大塚・川上1960）、小美玉市権現山古墳（小林編2000）や同舟塚古墳（大塚・小林1968・1971）での出土は認められていないことは留意される。このような状況のなかで後期の丸山4号墳への継続、集落内における石製模造品の生産・流通体制の変化など検討するべきことは多いといえる。

　ここまで舟塚山古墳群内で知られる石製模造品と周辺からみつかった資料をみてきた。終始雑多な内容となったものの、今回採集した資料が霞ヶ浦沿岸域で石製模造品儀礼もしくは祭祀が採用された時期とも関わる蓋然性が高いものであるということが確認できた。本稿では推測に推測を重ねた部分も多く、資料の扱い方にも偏りがあることは否定できない。ただし、発掘調査の及んでいない東国随一の大型古墳を検討するための資料として、現状での位置づけを行ったものであり、今後に進められるであろう研究のための踏み台となれば望外の喜びである。

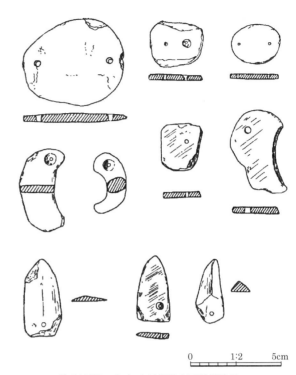

第117図　丸山4号墳出土石製模造品

註
1)　本資料の実見に際しては、宮内庁書陵部ならびに徳田誠志、土屋隆史の両氏には大変お世話になりました。また、掲載許可については有馬伸氏のお手数を煩わせました。記して感謝を申し上げます。
2)　徳田誠志氏のご教示による。

参考文献

財団法人茨城県教育財団古墳時代研究班（集落グループ）　1999「茨城県内出土の『石製模造品』について」『研究ノート』8号　財団法人茨城県教育財団　pp.47-56

財団法人茨城県教育財団古墳時代研究班（集落グループ）　2000「茨城県内出土の『石製模造品』について（2）」『研究ノート』9号　財団法人茨城県教育財団　pp.47-52

財団法人茨城県教育財団古墳時代研究班（集落グループ）　2001「茨城県内出土の『石製模造品』について（3）―牛久市北部における石製模造品の動態―」『研究ノート』10号　財団法人茨城県教育財団　pp.49-59

財団法人茨城県教育財団古墳時代研究班（集落グループ）　2002「茨城県内出土の『石製模造品』について（4）―県内における主な石製模造品の工房跡について―」『研究ノート』11号　財団法人茨城県教育財団　pp.69-80

大塚初重・小林三郎　1968「茨城県舟塚古墳」『考古学集刊』第4巻第1号　東京考古学会　pp.93-114

大塚初重・小林三郎　1971「茨城県舟塚古墳Ⅱ」『考古学集刊』第4巻第4号　東京考古学会　pp.57-103

大場磐雄・佐野大和　1956『常陸鏡塚』國學院大學考古学研究報告　第1冊　綜芸舎

小澤重雄　2003「茨城県内出土の『石製模造品』について（補遺1）」『研究ノート』12号　財団法人茨城県教育財団　pp.9-14

小澤重雄　2015「古墳時代石製品出土地について」『茨城県立歴史館報』42号　茨城県立歴史館　pp.1-18

鹿志村育男　1994「舟塚山古墳（舟塚山16号墳）」近藤義郎編『前方後円墳集成　東北・関東編』山川出版社　pp.282-283

宮内庁書陵部宮内庁三の丸尚蔵館　2017『古代の造形―モノづくり日本の原点―』三の丸尚蔵館展覧会図録No.78
後藤守一・大塚初重　1957『常陸丸山古墳』山岡書店
小林三郎編　2000『玉里村権現山古墳発掘調査報告書』玉里村教育委員会
駒澤悦郎　2016「霞ヶ浦西部地域における剣形模造品の出現から消滅―古墳時代中期の剣形模造品の形態分類と地域区分の検討―」『研究ノート』第13号　公益財団法人茨城県教育財団　pp.33-46
斎藤忠・大塚初重・川上博義　1960『三昧塚古墳』茨城県教育委員会
佐藤政則・鹿志村育男　1994「常陸」近藤義郎編『前方後円墳集成　東北・関東編』山川出版社　pp.61-69
篠原祐一　1997「石製模造品剣形の研究」『祭祀考古学』創刊号　祭祀考古学会　pp.25-47
白石太一郎　1985「神まつりと古墳の祭祀」『国立歴史民俗博物館研究報告』第7集　国立歴史民俗博物館　pp.79-114
曽根俊雄　2009「舟塚山古墳群の再検討―古墳群構成分析のための基礎研究―」『常総台地』16　鴨志田篤二氏考古学業45周年記念論集　常総台地研究会　pp.260-271
徳田誠志　1993「茨城県新治郡八郷町大字柿岡字八郷出土品」『書陵部所蔵の石製品Ⅲ』宮内庁書陵部　pp.80-82
豊崎卓　1979「稀なる石棺と石製模造品」『石岡市史』上巻　石岡市　pp.141-149
萩野谷悟　2009「古墳の編年史の中の舟塚山古墳群」『常総の歴史』第38号　崙書房　pp.50-65
長谷川愛石　1978「愛石遺稿」『千代田村村史』
人見暁朗　1988『一般県道新川・江戸崎線道路改良工事地内埋蔵文化財調査報告書　尾島貝塚外2遺跡』茨城県教育財団文化財調査報告書　第46集　財団法人茨城県教育財団
横倉要次　2009「常陸大宮市梵天山古墳採集の刀子型石製模造品について」『常総台地』16　常総台地研究会　pp.418-427

図版一覧

第115図　人見1988を一部改変
第116図　徳田1993をもとに筆者実測
第117図　後藤・大塚1957を一部改変

第4節　舟塚山14号墳付近採集の埴輪

齋藤　直樹

はじめに

　舟塚山14号墳の年代は、5世紀前半とする見解（日高1998）が有力である。これは出土した石製模造品から導き出されたものであり、これまで他の遺物からの検討はほとんど行われてこなかった。埴輪に関しては、井博幸（2012、第118図）が採集資料を報告しているのみである。これによると、井は野焼きの資料を7点、窖窯焼成の資料を3点表採しており、「窖窯採用最初期の事例と評価される」可能性を指摘しながらも、全10点のうち主体となるのが野焼きの資料であることや、「検証・確認すべき課題も多い」との理由から、窖窯焼成の資料への積極的な評価を避けている。

　そこで本稿では、本学の調査において新たに採集した数十点の資料を小美玉市を中心とする高浜入り周辺地域における5世紀代の埴輪と比較することで、同古墳の埴輪を再評価することにしたい。

第118図　井博幸による舟塚山14号墳周辺採集の埴輪（井2012）

1　研究略史

　舟塚山古墳群が存在する高浜入りは、これまでに多くの研究が行われてきた。そのなかでも埴輪は川西宏幸（1978）の「円筒埴輪総論」以来、未調査の古墳も含めて年代決定の主たる資料となりうることが確認されたのを受けて、積極的に分析が進められている。1985年に稲村繁は、内外面調整や透孔の形状などをもとにして高浜入り周辺の編年案を提唱した（稲村1985）。また、1997年には塩谷修が突帯形状に着目し新たな編年案を提唱し、舟塚山古墳を5世紀中葉に位置づけている（塩谷1997）。2001年の石岡市遺跡分布調査報告書のなかでは、石岡市域の古墳で確認された資料をもとに、「第1期　野焼き焼成の時代―壺形埴輪―」、「第2期　野焼き焼成・窖窯焼成併用の時代―大型古墳と埴輪の大量生産―」、「第3期　窖窯焼成の時代―石岡における埴輪生産の終息―」の3期に区分した。このなかで、舟塚山古墳を第2期に、また府中愛宕山古墳を第3期比定している（石岡市教委2001）。同年には日高慎が玉里村（現小美玉市）に所在する妙見山古墳の表採資料報告にあわせて、高浜入り周辺における5世紀中葉～6世紀前葉の埴輪生産体制に言及した。このなかで日高は5世紀中葉の妙見山古墳の築造に伴い窖窯焼成が導入され、5世紀末葉の権現山古墳・府中愛宕山古墳・富士見塚古墳・三昧塚古墳の段階には複数の技法を共有する小規模な制作者集団が存在しており、やがて6世紀前葉の舟塚古墳の段階には規格性のある多条突帯の円筒埴輪が登場するなど、従来までの生産体制が打破され新たな埴輪生産体制へ移行するとしている（日高2001）。

2　舟塚山14号墳採集埴輪の位置づけ

　舟塚山14号墳の採集資料に関しては、本書第2章第2節第3項にてすでに事実記載が述べられているため、

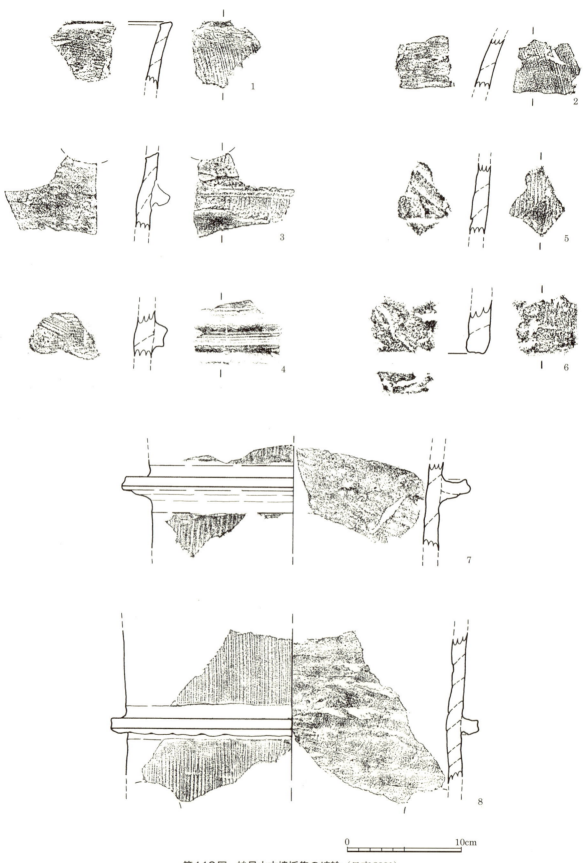

第119図　妙見山古墳採集の埴輪（日高2001）

特徴的な個体のみ言及することにしたい。第27図1は朝顔形埴輪肩部の破片である。本墳採集資料のなかでは器壁が薄く、全面に赤い彩色を施している。外面調整は基本的にタテハケであるが、肩部へは横ナデ調整が施されている。第28図3は口縁部片である。内外面ともに目の粗い工具によるタテハケ調整が施され、外面には赤色顔料が比較的良好に残存している。また、4の内面にも同様の工具による調整が見られ、また、突帯は稜に丸みをもつ断面台形である。5・9は外面に板ナデ調整を施している破片で、器壁は比較的薄い。5には、井の採集資料の中にみられるものと同様の凹線による突帯間隔設定技法（以下、設定技法）が確認できる（第118図5）。また、6には方形ないしは逆三角形を呈する透孔がみられる。なお、ここで図示していないものも含め、本学の採集資料はいずれも窖窯焼成とみられる。

高浜入りにおいては、先行研究で指摘されているように5世紀中葉において窖窯焼成が導入されたものと思われる。実際、5世紀前葉とされる舟塚山古墳（車崎1976、茂木ほか編2002）、塚山古墳（小林ほか編2005、佐々木ほか2016）でも埴輪が確認されているが、両古墳ともに野焼き焼成である。また、いずれも外面タテハケ調整であり、現在のところ板ナデ調整などは確認されていない。一方で、妙見山古墳（第119図）では窖窯焼成、設定技法が確認されている（日高2001）。ただし、日高（2001）の報告資料には板ナデ調整が見られず、5世紀後葉の桜塚古墳（第120図、草野2006）で初めて確認されることから、この地域において板ナデによる外面調整が登場するのは5世紀後葉といえよう。5世紀末葉の権現山古墳や富士見塚古墳、府中愛宕山古墳などにおいて、板ナデ調整に加え円筒埴輪口縁部付近への波状文などが広くみられるようになることは、日高（2001）の指摘する通りである。

こうして5世紀代の円筒埴輪に見られる諸技法の消長を確認してきたが、これをまとめたものが第16表である。ここからは、舟塚山14号墳の資料は外面板ナデ調整や設定技法など5世紀中葉から後葉に登場する技法が見られ、また5世紀末葉に広く分布する波状文が見られないことがわかる。

第16表　円筒埴輪属性表

	外面調整		突帯間隔設定技法	朝顔形埴輪へのナデ調整	基部粘土紐成形	基部粘土板成形
	ハケ	板ナデ				
舟塚山	○	-	-	-	○	○
塚山	○	-	-	-	○	-
妙見山	○	○	○	-	○	-
桜塚	○	○	○	-	○	○
舟塚山14号	○	○	○	○	-	-
権現山	○	○	○	○	-	○

おわりに

これまで、高浜入り周辺の5世紀代の埴輪との比較から舟塚山14号墳の採集資料の年代的な位置づけを行ってきた。その結果、14号墳は妙見山古墳より後出し、桜塚古墳と同時期とみられることが明らかとなった。採集資料であることからこれ以上の言及は難しいが、舟塚山古墳の資料とは少なくとも1段階の時期差をもっているといえる。

謝辞　本稿の作成にあたりまして、小美玉市教育委員会の本田信之氏には資料の実見をご快諾いただいたほか、様々ご教示を賜りました。また、佐々木憲一、小野寺洋介、土井翔平の各氏には多大なるご指導、ご教示を賜りました。末筆となりますが記して厚く御礼申し上げます。

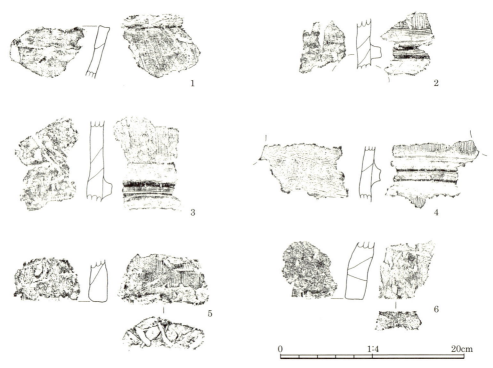

第120図　桜塚古墳採集の埴輪（草野2006を改変）

参考文献

稲村　繁　1985「茨城県霞ケ浦北西部における前方後円墳の変遷—埴輪を中心として—」『史学研究集録』第10号　國學院大學日本史学専攻大学院会　pp.61-80

井　博幸　2012「舟塚山古墳をめぐる断想—埴輪、出土・採集遺物からの接近—」『茨城県考古学協会誌』第24号茨城県考古学協会　pp.64-87

川西宏幸　1978「円筒埴輪総論」『考古学雑誌』第64巻2号　日本考古学会　pp.95-164

草野潤平　2006「茨城県新治郡玉里村桜塚古墳測量調査報告」『考古学集刊』第2号　明治大学文学部考古学研究室　pp.95-108

車崎正彦　1976「常陸舟塚山古墳の埴輪」『古代』第59・60合併号　早稲田大学考古学会　pp.38-49

小林三郎（研究代表）　2005『茨城県霞ケ浦北岸地域における古墳時代在地首長層の政治的諸関係理解のための基礎研究』明治大学考古学研究室

佐々木憲一・田中裕・岩田薫・阿部芳郎・小野寺洋介・尾崎裕妃・木村翔・土井翔平　2016「茨城県小美玉市　塚山古墳2010年度発掘調査報告」『古代学研究所紀要』第24号　明治大学日本古代学研究所　pp.45-77

塩谷　修　1997「霞ヶ浦沿岸の埴輪—5・6世紀の埴輪生産と埴輪祭祀—」『霞ヶ浦の首長—古墳にみる水辺の権力者たち—』（第19回特別展）　霞ケ浦町郷土資料館　pp.66-75

新山保和・深沢太郎　2001「第3章 石岡の埴輪」『石岡市遺跡分布調査報告』石岡市遺跡分布調査会　pp.119-123

日高　慎　2001「妙見山古墳の埴輪—その位置付けと高浜入り周辺の埴輪生産—」『玉里村立史料館報』第6号　玉里村立史料館　pp.115-126

茂木雅博・稲村繁・塩谷修編　2002『常陸の円筒埴輪』（茨城大学人文学部考古学研究報告 第5冊）

第5節　大井戸古墳の墳丘について

谷仲　俊雄

はじめに

　大井戸古墳（伝馬塚、小舟塚）は茨城県小美玉市下玉里693-1ほかに所在する前方後円墳である（第123図）。土砂採取工事により現在は後円部の一部が残るだけだが（写真1）、「全長100mに達する大型古墳」と伝えられる（大塚1974）。筆者は、小美玉市富士峰古墳の墳丘を検討するなかで、終戦後の米軍撮影の空中写真の観察から墳丘長85mの前方後円墳という暫定的な復原案を提示した（谷仲2015b）。その後、旧公図等の資料の観察も行ったことから、改めて復原案を提示することとしたい。

1　大井戸古墳の研究略史

　大井戸古墳の復原にあたり、これまでの調査・研究について概観する。
　『玉川村の古代について』（中島1951）　神官・郷土史家である中島実氏の記録である。謄写印刷され、当時の玉川村の一部に配布されたようである。「四五十年前」、2回にわたる工事により「石室」が露出したと記録され

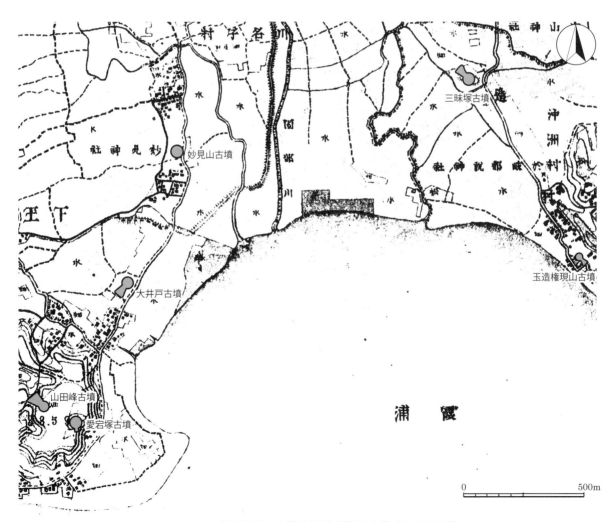

第121図　大井戸古墳と周辺の古墳（S=1/15,000）

ている。また、坪井正五郎が出土遺物を回収したとの聞き取りや、個人所有の資料として「青色硝子製勾玉」の出土も記録されている。

『茨城県古墳総覧』（茨城県教育庁社会教育課1959）　1955〜1959年に実施された茨城県下の古墳の分布調査報告書である。「前方後円墳であったが現在は円部のみ、全長100m位か、円部高8m、墳頂は相当削られ石棺の一部が露出している。墳円頂径18m」。

『茨城県史料』（大塚1974）　「当時は全長100mに達する大型古墳であったといわれており、おそらく周堀がめぐっていたのではないか」と推定されている。また、「明治年間に前方部を失い、その頃に箱式石棺が露出した」や「武装男子像の埴輪が出土した」との伝えも紹介されている。時期については、「三昧塚古墳と同様の5世紀末葉ないし6世紀初頭に位置づけうるのであろうか」としている。

『玉里村史』（玉里村史編纂委員会1975）　「小舟塚古墳（別名伝馬塚または天摩塚）」として紹介されている。「明治初年頃湖岸堤防構築に際し前方部の土を削り工事に使ったため、円墳状になった」。「後円部の石棺は発掘されたままの状態になっている。発掘当時の出土品については伝えられていない」。古墳出土遺物の一覧表では、「太刀、鎧、石棺露出」とある。

塩谷　修（1997）　霞ヶ浦沿岸の埴輪を整理するなかで氏の採集資料をもとに触れ、突帯は幅広で突出が低い「Ⅲ類台形b」で、窖窯焼成としている。編年案のなかでは6世紀後葉に位置づけている。

日高　慎（2001）　後期初頭、後期後半という二つの考え方を示したうえで、「立地を考えると前者の時期を採用したいところ」とする。

『常陸の円筒埴輪』（茂木・稲村・塩谷2002）　墳丘斜面から採集された埴輪が紹介されている。また、「墳頂部に板石が組まれた状態で残されている」（1985年11月8日）、「墳頂部に雲母片岩による板石3枚が確認され、箱式石棺が現存している」（1995年5月1日）との踏査記録も収録されている。茂木雅博は、『日本の古代遺跡　茨城』のなかで

第122図　大井戸古墳（2007年10月撮影）

1・2　2007年10月撮影
3・4　1993年10月撮影（玉里史料館提供）

第123図　大井戸古墳墳頂部の石材

も、「墳頂部には、舟塚古墳の埋葬施設とほぼ同様とおもわれる箱式石棺が露出している」と紹介している（茂木1987）。

『玉里村の遺跡』（玉里村村内遺跡分布調査団2004）　玉里村の遺跡分布調査報告書である。「残存する墳丘規模は16.3m、高さ8.0m」。墳丘下の水田から採集した円筒埴輪片が紹介されているほか、墳丘から古墳時代中期の高杯が採集されていることを伝えている（個人所有）。時期については「断定するには乏しい内容であるが、低地に築造されたという立地面から考えれば、5世紀後半に位置づけられる可能性がある」としている。

黒澤彰哉（2012）　『茨城県古墳総覧』の「全長100m」との推定に疑問を投げかけ、「現状では100m級の大型前方後円墳と判断する材料は見あたらない。円墳とすべきではなかろうか」とする。また、墳頂部にある石材について、現在では箱式石棺の形態をとっておらず、石祠前の敷石として利用されていることから、埋葬施設であったという検証を行う必要性を指摘している。

奥田　尚（2015）　墳頂部に存在する石材について、石岡市染谷の波付岩付近で採石されたと考えられる「ホ

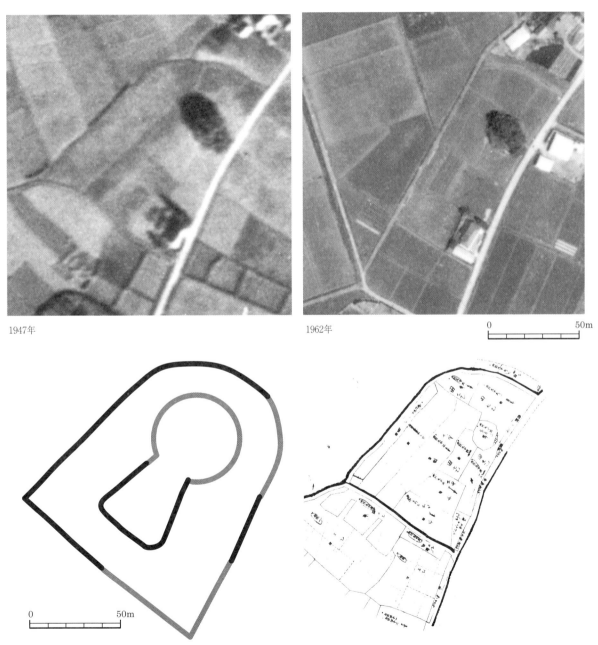

第124図　大井戸古墳の空中写真・旧公図（S=1/2,000）

ルンフェルスB」と推定している。

2 空中写真による大井戸古墳の復原

方　法　破壊されてしまった古墳について空中写真を用いた復原は、渡邊貞幸（渡邊1988）や澤田秀実（澤田2002ほか）、藤原知広（藤原2003ほか）らによる研究がある。これら先学の手法に学び、過去の空中写真を用いて大井戸古墳の復原を行う。

空中写真の観察　大井戸古墳は、明治・大正年間の2度にわたる築堤工事の土砂採取工事によって前方部は消滅し、後円部も縮小しているとされる（中島1951、玉里村村内遺跡分布調査団2004）。したがって、戦後まもない1947年の空中写真（第124図左上）を観察しても、前方部はすでに消滅しており、後円部も現在と同様の状況である。しかし、その周囲をみると古墳の西半には盾形の土地区画が観察できる。道路を挟んだ東側でも、一部途切れながらも、連続するような区画が観察できる。これは周堀の痕跡と考えられるだろう。墳丘部分については、前方部の想定位置にソイルマークが観察できる。後円部も前方部ほど明瞭ではないが、残存墳丘周囲の白っぽく観察できる土地と、その周囲の暗いところとがあり、前者が墳丘だったところ、後者を周堀部分と考えることができるだろう。1962年になると圃場整備が実施され、盾形の土地区画は観察できなくなっているが、ソイルマークとして鮮明に観察できる（第124図右上）。以上の観察をもとに作成したのが、第124図左下である。

旧公図との照合　水戸地方法務局土浦支局において、いわゆる旧公図の写しを取得した（第124図右下）。すでに墳丘は削平されているのか、現在も残る墳丘部分が「官有」の「原野」として円形に描かれている（693-1および693-2）。その周囲は畑、田となっており、水路・道路が巡る。

第125図は、トレースした旧公図に、空中写真の観察から復原した墳丘・周堀を合成したものである。周堀と想定した盾形の土地区画は、古墳の北側から西側では水路・道路、南側では筆界とほぼ一致する。前方部については、1947年の空中写真で観察できた形状と筆界がほぼ一致する。

迅速測図　明治17年7月に測量された迅速測図を観察すると、大井戸古墳の場所には盾形の区画が観察できる（第123図）。これは旧公図に表現されていた水路・道路と一致する。

大井戸古墳の復原　空中写真、旧公図、迅速測図の所見を照合したところ、ほぼ合致することから、第125図をもって大井戸古墳の復原案としたい。墳丘長86m、後円部径46m、前方部長40m、前方部前端幅43mとなる。周堀は盾形を呈し、全周するものと考えられる。

3 築造時期

大井戸古墳の墳丘について、空中写真・旧公図の検討から、墳丘長86mで盾形周堀を有する前方後円墳との復原案を提示した。その築造時期について前稿（谷仲2015b）では、前方部長が後円部径を下回り、前方部があまり広がらない点、幅広な周堀、微高地上という立地から、行方市三昧塚古墳との類似を指摘し、時期についても古墳時代後期初頭、霞ヶ浦北岸編年（谷仲2015a）の後1期を想定した。

しかし、大井戸古墳・三昧塚古墳と同じく、園

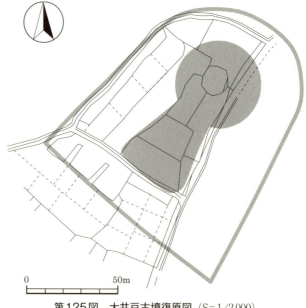

第125図　大井戸古墳復原図（S=1/2,000）

第126図　大井戸古墳採集の埴輪（S=1/8）

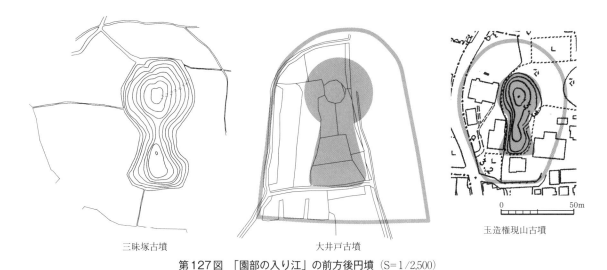

第127図　「園部の入り江」の前方後円墳（S=1/2,500）

部川下流域で微高地上—「園部の入り江」[1]に立地する玉造権現山古墳でも同様な特徴が看取できる（第127図）。玉造権現山古墳は採集されている埴輪から後期後葉（後3期）と考えられる（第128図）。したがって、前稿で指摘した特徴は時期を限定できるものではなく、「園部の入り江」における古墳の「地域的特徴」といえる。

そのほかに時期を考える手がかりとしては、後円部墳頂部に存在する石材と埴輪がある。石材については、黒澤彰哉が指摘するように現在は石祠前の敷石として利用されているに過ぎない（黒澤2012、写真1）。しかし、以前（1985年11月8日）は「板石が組まれた状態で残されてい」（茂木・稲村・塩谷2002）たようで、茂木雅博は「舟塚古墳の埋葬施設とほぼ同様とおもわれる箱式石棺」としている（茂木1987）。この所見によれば、後円部には箱式石棺が埋葬されていた

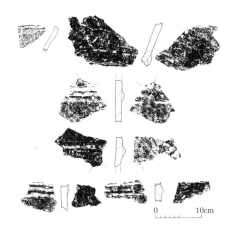

第128図　玉造権現山古墳採集の埴輪（S=1/8）

ことになる。霞ヶ浦北岸地域では、古墳時代後期中葉、後2期（谷仲2015a）、TK10～MT85型式併行期に横穴式石室が導入されるが、大型古墳の主体部として採用されるのは、後期末葉、後4期、TK209型式併行期以降である（黒澤2012）。ただし、副次的な埋葬施設としては大型古墳でも継続して採用される。したがって、後円部に存在した箱式石棺が主体部か否かが問題となるが、主体部であった場合、その時期は後3期以前となる。また、「舟塚古墳の埋葬施設とほぼ同様」という茂木の所見を重視すると、舟塚古墳（後2期）と近い時期を想定できることになる。

埴輪については、良好な資料が少なく、時期比定が難しい（第126図）。玉造権現山古墳の埴輪と対比すれば、同時期か古相を示すといえようか。また、大塚初重は「武装男子像の埴輪」の出土を伝える（大塚1974）。三昧塚古墳では明確に武人像と認定できるものはなく、形象埴輪の組成において武人像が卓越するのは、TK10型式併行期以降とされる（新井2003）。したがって、埴輪からは後2期頃を想定できるだろうか。

以上の検討から本稿では、大井戸古墳の築造時期について前稿の見解を撤回し、三昧塚古墳と玉造権現山古墳の間、後2期と想定したい（第129図）。

おわりに

「本古墳群の築造規格研究では、最大規模と目される古墳が欠如することとなる」—筆者が2005年に玉里古墳群の墳丘について草した稿の一節である（曾根2005b）。以後、霞ヶ浦高浜入りをフィールドとする機会に恵まれ、

184　　　　　　　　　　　　　　　　　　　　　　　　　　　　　　　　第6章　常陸南部の古墳をめぐって

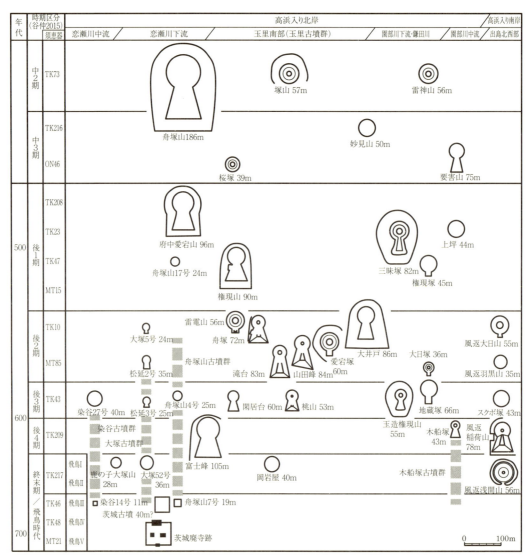

第129図　霞ヶ浦高浜入りの古墳編年

墳丘について考えてきたが、常にこの大井戸古墳の問題があった。しかし、その解決の手がかりは、この2005年段階に「見た」もの（曾根2005a）にあった。それに気づくのに、10年以上の歳月を費やすことになった。まとまりのない拙稿であるが、これ以上の歳月は費やせない。2005年の報告書（小林・石川・佐々木2005）の続編ともいうべき本書への投稿とした。大方の叱正を乞いたい。

　謝辞　本稿執筆の経緯は、「おわりに」に述べたとおりである。この10年の間に本稿をご覧いただけなくなってしまった亡き恩師小林三郎先生に捧げさせていただきます。また、このような機会を与えていただき、原稿を辛抱強くお待ちいただきました佐々木憲一先生に感謝申し上げます。写真・文献の収集にあたっては本田信之氏にご協力いただき、ご助言もいただきました。ありがとうございました。

　　註
　1）「園部の入り江」という視点は、井博幸氏のご教示による。

引用文献

新井　悟　2003「霞ヶ浦北岸における後期古墳の細分」『シンポジウム　後期古墳の諸段階』第8回東北・関東前方後円墳研究会

井　博幸　2016「大足舟塚古墳・要害山1号墳の再検討茨城県央部における中期首長墓編年の確立をめざして」『茨城県考古学協会誌』28

稲村　繁　1983「茨城県における埴輪の出現—鏡塚古墳の埴輪を中心として—」『古墳文化の新視角』雄山閣出版

稲村　繁　1985「茨城県霞ヶ浦北西部における前方後円墳の変遷—埴輪を中心として—」『史学研究集録』第10号

茨城県教育庁社会教育課　1959『茨城県古墳総覧』

大塚初重　1974「大井戸古墳」茨城県史編さん原始古代史部会『茨城県史料』考古資料　古墳時代

大塚初重・小林三郎　1995『三昧塚古墳発掘調査報告書』玉造町教育委員会・三昧塚古墳発掘調査団

奥田尚・茂木雅博・比毛君男　2015「常陸南部から下総北部の古墳石材について」『土浦市立博物館紀要』第25号

黒澤彰哉　2012「茨城県における後期・終末期前方後円墳の地域性と階層性」『茨城県史研究』第96号

小林三郎・石川日出志・佐々木憲一編　2005『茨城県霞ヶ浦北岸地域における古墳時代在地首長層の政治的諸関係理解のための基礎研究』平成13～16年度科学研究費補助金（基盤研究A（2））研究成果報告書　明治大学考古学研究室

澤田秀実　2002「空中写真による玉手山古墳群の復元」『玉手山古墳群の研究II—墳丘編—』柏原市教育委員会

塩谷　修　1997「霞ヶ浦沿岸の埴輪—5・6世紀の埴輪生産と埴輪祭祀—」『霞ヶ浦の首長—古墳にみる水辺の権力者たち—』霞ヶ浦町郷土資料館

曾根俊雄　2005a「聞き取り調査・迅速図・空中写真から見た玉里古墳群」『茨城県霞ヶ浦北岸地域における古墳時代在地首長層の政治的諸関係理解のための基礎研究』平成13～16年度科学研究費補助金研究成果報告書　明治大学考古学研究室

曾根俊雄　2005b「玉里古墳群の墳丘について—系譜整理を中心に—」『茨城県霞ヶ浦北岸地域における古墳時代在地首長層の政治的諸関係理解のための基礎研究』平成13～16年度科学研究費補助金研究成果報告書　明治大学考古学研究室

玉里村史編纂委員会　1975『玉里村史』玉里村教育委員会

玉里村村内遺跡分布調査団　2004『玉里の遺跡—玉里村村内遺跡分布調査報告書』玉里村教育委員会

中島　実　1951『玉川村の古代について』

日高　慎　2001「妙見山古墳の埴輪」『玉里村立史料館報』第6号

茂木雅博　1987『日本の古代遺跡36　茨城』保育社

茂木雅博・稲村繁・塩谷修編　2002『常陸の円筒埴輪』茨城大学人文学部考古学研究報告第5冊

藤原知広　2003「空中写真の検討による瀬名古墳群の復元」『静岡県考古学研究』35

谷仲俊雄　2015a「茨城県霞ヶ浦北岸の古墳編年」『シンポジウム　地域編年から考える—部分から全体へ—』東北・関東前方後円墳研究会第20回大会

谷仲俊雄　2015b「富士峰古墳の墳丘について」『小美玉市史料館報』第9号

渡邊貞幸　1988「小丸山古墳とその時代」『島根考古学会誌』5

挿図・写真出典

第121図　明治17年迅速測図に筆者加筆

第122図　筆者撮影

第123図　1・2：筆者撮影、3・4：小美玉市教育委員会提供

第124図　米軍・国土地理院撮影の空中写真、水戸地方法務局土浦支局より取得した旧公図に筆者加筆

第125図　水戸地方法務局土浦支局より取得した旧公図をトレースし、筆者加筆

第126図　玉里村村内分布調査団2004、茂木・稲村・塩谷2002

第127図　三昧塚古墳：大塚・小林1995、大井戸古墳：水戸地方法務局土浦支局より取得した旧公図をトレースし、筆者加筆、玉造権現山古墳：行方市都市計画図に筆者加筆

第128図　稲村1983、稲村1985、茂木・稲村・塩谷2002

第129図　谷仲2015a掲載文献および井2016を参考に筆者作成

第6節　大日塚古墳の墳丘について
―霞ヶ浦の帆立貝形古墳―

谷仲　俊雄

1　目的と視点

　本稿では、行方市大日塚古墳の墳丘について検討を行う。なお、筆者は墳丘の検討を行う場合、まずは属する古墳群、そして周辺の古墳群というように、「地域」のなかで墳丘の系譜関係・変化の過程を把握することが第一と考え、実践してきた（曾根2005・2007）。むろん、今回大日塚古墳の墳丘を検討するにあたっても、同様の方法をとるべきだと考えている。だが、大日塚古墳の属する沖洲古墳群において、測量・発掘調査が行われているのは、前期後半の前方後方墳である勅使塚古墳を除けば、三昧塚古墳のみであり、玉造権現山古墳（墳丘長約57mの前方後円墳か）のように、測量調査が実施されていない前方後円墳も存在しており、十分な検討を行うことが難しい。

　そこで本稿では、まず、暫定的に大日塚古墳と三昧塚古墳の墳丘の検討を行い、その後、視点を若干変え、「帆立貝形古墳」という「墳形」にこだわり、検討を加えることにしたい。というのも、大日塚古墳の所在する霞ヶ浦高浜入りは、大型の前方後円墳が集中するだけではなく、帆立貝形古墳や造り出し付円墳も数多く、その特殊性が指摘されているからである（茂木1987）。また、塩谷修が検討を行い、大日塚古墳と小美玉市地蔵塚古墳、雷電山古墳、愛宕塚古墳の4古墳は、①前方部の長さは後円部径の約1/3、②前方部幅＝前方部長、③前方部の高さは後円部の高さの1/3以上という特徴が一致することから、「同一の築造規格で設計された」としている（塩谷2000）。測量成果をもとに、再検討することとしたい。

2　大日塚古墳と三昧塚古墳

　まず、大日塚古墳の墳丘と三昧塚古墳の墳丘との関係を検討する。前者は帆立貝形古墳、後者は前方後円墳と異なる墳形ではあるが、近隣の旧玉里村南部域では、帆立貝形古墳と前方後円墳との間で後円部規格の共有が指摘されている（佐々木・古屋2002、曾根2005）。本稿でも同様の視点から検討する。

　第131図1は、半裁した大日塚古墳の測量図と、後円部径を一致させた三昧塚古墳の測量図を対比させたものである。また、第131図2上は、大日塚古墳の後円部主軸直交のエレベーション図に、史跡整備に伴う発掘調査の成果により復原された三昧塚古墳のエレベーション図を合成したものである。これらを見ると、両者の後円部墳頂平坦面や中段テラスの位置、墳丘の傾斜がほぼ一致していることがわかる。したがって、両者の後円部は立体的な構成について近い関係にあることがわかる。

　そこで、さらに両者の段築構造が一致するか検討すべく作成したのが、第131図2下にあたる。大日塚古墳の測量図に、後円部径を一致させた三昧塚古墳の埴輪列を合成したものである。三昧塚古墳は発掘調査の結果、後円部墳頂平坦部縁部と、中段テラスに埴輪が樹立されていたことが判明している。一方、大日塚古墳は、後円部墳頂部に円筒埴輪が「ほとんど密接してめぐっていた」ことが1955年に大塚初重によって確認されている（大塚1974）。後円部墳頂平坦面縁部の埴輪列と考えてよいだろう。また、1959年刊行の『茨城県古墳総覧』によれば、「中腹に円筒列あり」とされており（茨城県教育庁社会教育課1959）、今回の測量調査でも、後円部中段にはテラスが確認できている。第131図2下を見ると、大日塚古墳の後円部墳頂平坦面縁部と、三昧塚古墳の後円部墳頂の埴輪樹立部、さらには大日塚古墳の後円部中段テラスと、三昧塚古墳の中段の埴輪樹立部とがほぼ一致していることがわかる[1]。つまり、両古墳の間では、テラス部を含めた、後円部規格が共有されている可能性が指摘できよう。

　また、大日塚古墳の後円部テラスは、そのまま前方部墳頂平坦面へと接続するが、三昧塚古墳の後円部中段の

第6節　大日塚古墳の墳丘について —霞ヶ浦の帆立貝形古墳—

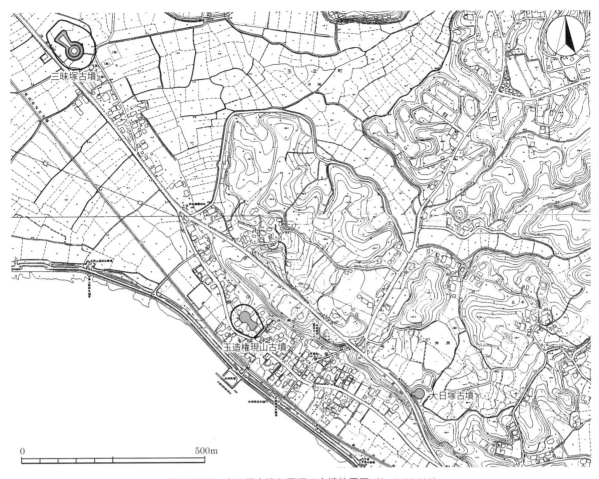

第130図　大日塚古墳と周辺の古墳位置図（S=1/10,000）

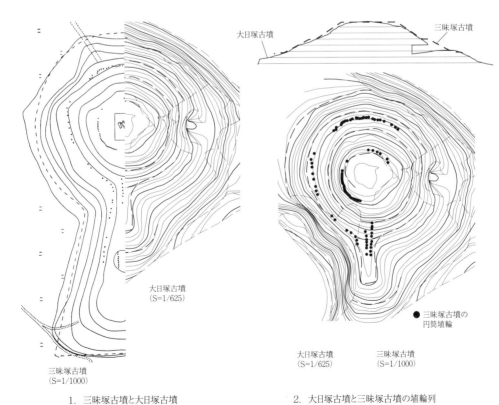

1．三昧塚古墳と大日塚古墳　　　2．大日塚古墳と三昧塚古墳の埴輪列

第131図　大日塚古墳と三昧塚古墳の比較

埴輪列も、前方部の墳頂平坦面へと連続していく。この点も、両古墳の規格が密接に関係している傍証となるだろう。

3　霞ヶ浦高浜入りの帆立貝形古墳・造り出し付円墳

次に、霞ヶ浦高浜入りにおける帆立貝形古墳・造り出し付円墳と、大日塚古墳の墳丘を比較したい。第17表は、帆立貝形古墳・造り出し付円墳を、その可能性があるものを含め集成したもの、第132図は、各古墳の後円部径を一致させたものである[2]。

まず、これらを見て気付くことは、不確かな妙見山古墳を除けば、すべて後円部斜面にはテラス、もしくは傾斜変換線が確認されており、二段築成である点であろう。だが、相違点も存在する。例えば、後円部のテラスと前方部墳頂平坦面への接続法をみると、テラスから前方部へと接続するもの（大日塚古墳、雷電山古墳、地蔵塚古墳）と、接続しないもの（愛宕塚古墳、権現塚古墳、風返大日山古墳）とがある。また、後円部径に対する相対的な前方部長に目を向けると、大日塚古墳の前方部長は後円部径の1/4程度だが、地蔵塚古墳はそれを上回り、一方、雷電山古墳、愛宕塚古墳、権現塚古墳、風返大日山はそれを下回る、というように様々であり、大日塚古墳と近似する古墳を確認できないばかりか、他の古墳でも、近似する古墳は確認できない。

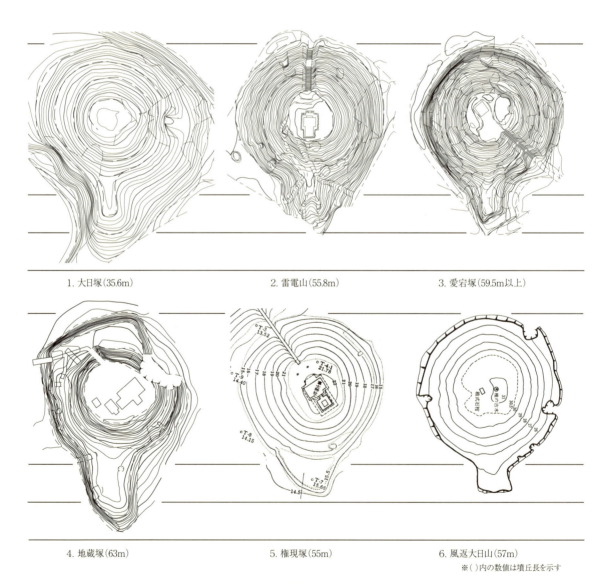

1. 大日塚(35.6m)　　2. 雷電山(55.8m)　　3. 愛宕塚(59.5m以上)

4. 地蔵塚(63m)　　5. 権現塚(55m)　　6. 風返大日山(57m)

※( )内の数値は墳丘長を示す

第132図　霞ヶ浦高浜入りにおける帆立貝形古墳・造り出し付円墳

第17表　霞ヶ浦高浜入りにおける帆立貝形古墳・造り出し付円墳一覧

所在地 (旧市町村)	古墳名	墳丘長	後円部径	前方部長	前方部幅	後円部高	前方部高	時期 (谷仲2015)	備考	文献
行方市 (玉造村)	大日塚古墳 (沖洲古墳群)	35.6	28	7.6	9.6	5.3	1.9	後2期	1965年・2007年測量 後円部二段築成 横穴式石室・埴輪	大塚1974 佐々木・倉林・曾根・中村2008
小美玉市 (玉里村)	妙見山古墳	(50)				(7)		中3期	埴輪・直刀？	玉里村史編纂委員会1975 日高2001 玉里村村内分布調査団2004
小美玉市 (玉里村)	雷電山古墳 (舟塚古墳群第2号墳)	55.8	48	7.8	不明	8.9	3.0	後2期	2001年測量 後円部二段築成 埴輪	玉里村村内分布調査団2004 小林・石川・佐々木2005
小美玉市 (玉里村)	愛宕塚古墳 (大井戸平古墳群第2号墳)	59.5 以上	49.8	9.7	8.9	10.1	2.8	後2期	1985年・2003年測量 後円部二段築成 埴輪	茂木1991 小林・石川・佐々木2005
小美玉市 (玉里村)	地蔵塚古墳	63	45	18	15	6.5	3.5	後3期	1981年発掘 後円部二段築成 埴輪	宮内・石田1981
小美玉市 (玉里村)	権現塚古墳	55	45	10	不明	7.5	1.5	後1期	1980年測量 後円部二段築成 埴輪・剣・管玉・切子玉・鉄鏃	小川町史編さん委員会1982 茂木・稲村・塩谷2002
かすみがうら市 (霞ヶ浦町)	風返大日山古墳 (風返古墳群第2号墳)	57	48	9	10	6.3	1	後2期	1965・61年発掘 墳丘上に2列の埴輪列存在か 箱式石棺・埴輪・鉄鏃・直刀・金銅製品破片・玉	軽部1970 出島村史編さん委員会1971 大正大学考古学研究会1985 千葉2000

※計測値は単位m。(数字)は略測によるものであることを示す。
また、計測値は各報告文献によったが、一部筆者が測量図より再計測した。

　つまり、これら古墳は、前方部長が相対的に短いという点では、いわゆる「前方後円墳」とは区別される一群となるが、その内実を見ると、それらを貫くような規格は存在せず、バラエティ豊かであることがわかる。

　だが、塩谷が指摘するように、相対的な前方部の長さや高さといった点では共通点が認められることから（塩谷2000）、厳格な規格性ではないものの、「帆立貝形古墳・造り出し付円墳」という「墳形」に対する、ゆるやかな「約束事」があった可能性は否定できない。

4　小　結

　以上のように、本稿では大日塚古墳の墳丘を検討すべく、まず、三昧塚古墳の墳丘との比較を行った。その結果、大日塚古墳と三昧塚古墳の墳丘の間では、後円部規格の共有がされている可能性を指摘した。次に、霞ヶ浦高浜入りの帆立貝形古墳・造り出し付円墳との比較を行った。いずれも後円部は二段築成であるものの、後円部のテラスと前方部の墳頂平坦面との接続方法や、前方部の相対的な長さは異なっており、大日塚古墳と近似する古墳は確認できなかった。

　大日塚古墳の発掘調査は横穴式石室前面に限られており、墳丘についての情報は測量調査によるしかないという状況や、比較とした三昧塚古墳の墳丘の状態を考えると、大日塚古墳と三昧塚古墳との間で後円部規格が共有されているという仮説に対しては慎重にならざるを得ない[3]。だが、帆立貝形古墳・造り出し付円墳のなかで規格が見出せないということからは、むしろ、それらが各々前方後円墳との関係のなかで生み出されたものである可能性が高まってくるだろう。

　もし、この仮説が妥当なものとなれば、旧玉里村南部域における権現山古墳と雷電山古墳、舟塚古墳と愛宕塚古墳といった事例に続き、帆立貝形古墳の墳丘が前方後円墳との関係のなかで理解できる三つ目の事例となる。大日塚古墳のみならず、その集中が指摘されてきた霞ヶ浦高浜入りにおける帆立貝形古墳・造り出し付円墳の性格や被葬者像を考えるうえで、きわめて重要な現象を把握できたことになるだろう。

190　第6章　常陸南部の古墳をめぐって

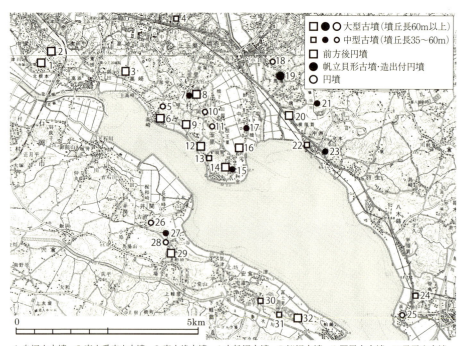

1 舟塚山古墳　2 府中愛宕山古墳　3 富士峰古墳　4 木船塚古墳　5 桜塚古墳　6 関居台古墳　7 雷電山古墳
8 舟塚古墳　9 権現山古墳　10 岡岩屋古墳　11 塚山古墳　12 滝台古墳　13 桃山古墳　14 山田峰古墳
15 愛宕塚古墳　16 大井戸古墳　17 妙見山古墳　18 雷神山古墳　19 地蔵塚古墳　20 三昧塚古墳
21 権現塚古墳　22 権現山古墳　23 大日塚古墳　24 塚畑古墳　25 東福寺古墳　26 スクボ塚古墳
27 風返大日山古墳　28 風返浅間山古墳　29 風返稲荷山古墳　30 太子唐櫃古墳　31 野中1号墳
32 富士見塚古墳

第133図　霞ヶ浦高浜入りの古墳分布図

註

1) 第131図2下を見ると、三昧塚古墳の後円部墳頂の埴輪樹立部は、大日塚古墳の後円部墳頂平坦面縁部よりも外側となっていることが、特に前方部側において認められる。だが、1955年の段階で、埴輪列が「露呈」（大塚1974）していたことを考えると、大日塚古墳の後円部墳頂平坦面、特にその縁部は、崩されてしまっている可能性が高いだろう。そう考えるならば、現状で認められる後円部墳頂平坦面縁部とは、原状よりも内側に入ってしまっていると考えられよう。

2) 石部正志らの分類（石部ほか1980）による「1区型」から「4区型」のものまでを扱う。すなわち、前方部長が後円部径の半分以下のものである。なお、後述するように、相対的な前方部長に明確な規格が認められないことから、帆立貝形古墳と造り出し付円墳の明確な区分については、ひとまず保留する。

3) 玉造権現山古墳の墳丘は、三昧塚古墳の2/3相似墳の可能性がある（第130図）。その場合、大日塚古墳の後円部規格は玉造権現山古墳の後円部にも求められることになる。玉造権現山古墳の墳丘復原と合わせ、稿を改めて論じたい。

引用文献

石部正志・田中英夫・宮川徏・堀田啓一　1980「帆立貝形古墳の築造企画」『考古学研究』第27巻第2号

茨城県教育庁社会教育課　1959『茨城県古墳総覧』

大塚初重　1974「大日塚古墳」茨城県史編さん原始古代史部会『茨城県史料』考古資料　古墳時代

小川町史編さん委員会　1982『小川町史』小川町

軽部慈恩　1970「茨城県新治郡風返大日山・羽黒山古墳」『日本考古学年報』18

小林三郎・石川日出志・佐々木憲一編　2005『茨城県霞ヶ浦北岸地域における古墳時代在地首長層の政治的諸関係理解のための基礎研究』平成13～16年度科学研究費補助金（基盤研究A（2））研究成果報告書　明治大学考古学研究室

齋藤忠・大塚初重・川上博義　1960『三昧塚古墳』茨城県教育委員会

佐々木憲一・古屋紀之　2002「茨城県新治郡玉里村雷電山古墳・舟塚古墳周辺測量調査報告」『駿台史学』115

佐々木憲一・倉林眞砂斗・曾根俊雄・中村新之介　2008「茨城県行方市大日塚古墳再測量調査報告」『考古学集刊』4

塩谷　修　2000「霞ヶ浦沿岸の前方後円墳と築造規格」木崎悠・茂木雅博編『常陸の前方後円墳（1）』茨城大学人文学部考古学研究報告第3冊

曾根俊雄　2005「玉里古墳群の墳丘について―系譜整理を中心に―」小林三郎・石川日出志・佐々木憲一編『茨城県霞ヶ浦北岸地域における古墳時代在地首長層の政治的諸関係理解のための基礎研究』平成13～16年度科学研究費補助金（基盤研究A（2））研究成果報告書　明治大学考古学研究室　111 125頁

曾根俊雄　2007「木船塚古墳試掘・測量調査報告―考察」『小美玉市史料館報』第1号

大正大学考古学研究会　1985『鴨台考古』4

玉里村史編纂委員会　1975『玉里村史』玉里村教育委員会

玉里村内遺跡分布調査団　2004『玉里の遺跡―玉里村村内遺跡分布調査報告書』玉里村教育委員会

千葉隆司編　2000『風返稲荷山古墳』霞ヶ浦町教育委員会・日本大学考古学会

出島村史編さん委員会　1971『出島村史』出島村教育委員会

日高　慎　2001「妙見山古墳の埴輪」『玉里村立史料館報』第6号

宮内良隆・石田幹治　1981『茨城県東茨城郡小川町地蔵塚古墳』小川町教育委員会

茂木雅博　1987『日本の古代遺跡36　茨城』保育社

茂木雅博　1990「茨城県の円墳」『古代学研究』第123号（特集　列島各地域の円墳）

茂木雅博　1991「茨城県玉里村愛宕山古墳の測量」『博古研究』第2号

茂木雅博・稲村繁・塩谷修2002『常陸の円筒埴輪』茨城大学人文学部考古学研究報告第5冊

谷仲俊雄　2015「茨城県霞ヶ浦北岸の古墳編年」『シンポジウム　地域編年から考える部分から全体へ―』東北・関東前方後円墳研究会第20回大会

挿図出典

第130図　行方市都市計画図に筆者加筆

第131図　齋藤・大塚・川上1960、佐々木・倉林・曾根・中村2008より筆者作成

第132図　佐々木・倉林・曾根・中村2008、小林・石川・佐々木2005、小川町史編さん委員会1982、出島村史編さん委員会より筆者作成

第133図　国土地理院5万分の1地形図石岡、玉造に加筆

第7節 『常陸国風土記』と古墳文化

千葉　隆司

はじめに

『常陸国風土記』は、常陸国である茨城県は基より、東国の古代を考えるうえで参考となる記載が多い。考古学的手法と合わせて地方豪族の様相を知る手がかりとしては、まさに貴重な情報といえる。『常陸国風土記』にみる地方豪族の様相は、名称が記載され、具体的な地位や支配領域、事跡などが直接的にみられるものと、豪族の名称はみられないが、権力者の存在を間接的に記すものの二通りがみられる[1]。

律令国家以前の常陸国は、六つの国に分かれ、六人の国造によって支配されていた。『常陸国風土記』では、編纂時以前の国造から編纂時の地方官人に至るまで、豪族と捉えられる人々が数多く登場する。これらの人々には、在地豪族と他地域からの豪族がいた。これら豪族の記述内容からは、ヤマト政権下に組み込まれる在地豪族とヤマト政権が持ち得る最新技術を武器に地方進出する中央の豪族の姿がうかがえ、当時の地方と中央の豪族関係が見え隠れしている。

古墳時代は、地方と中央との関係を強固にした、ヤマト政権による統一国家が目指され、その基盤を第一次産業に求めていたと考えられる。なかでも稲作は、庶民の安定した生活や国家運営等の租税的に導けるもののため、ヤマト政権が力を注いだ産業であった。日本は、南北に弓なりに展開する国であるが、ほとんどの地域が温暖湿潤気候に属するために農業が基幹産業として展開できる。しかし、農業を実施するには灌漑や土地の肥沃が重要な要素となるため、各地での収穫量に差が生じる。さらに、作業効率を高めるには、複数の人々による協同作業および指導、監督が必要となる。ここに、支配体系が生まれ、階層社会が構成される仕組みがあった。

『常陸国風土記』には、こうした中央と地方の関係、地方における支配形態など社会構造を物語る記載が各所にみられ、地方に現存する古墳を合わせて検討することによって具体的な歴史を叙述することが可能といえる。その叙述には、地方の中小豪族の存在や支配形態、支配地域の範囲も想定することが可能となる。

本稿では、『常陸国風土記』にみる豪族と茨城県の古墳の分布や内容から、古墳時代において東国に展開した社会構造の一端を紹介したいと思う。

1　常陸国風土記にみる豪族

『常陸国風土記』と古墳を扱った論考には、志田諄一『常陸国風土記とその社会』の「常陸の氏族と古墳」や上田正昭編『風土記』の岡田茂弘「常陸国風土記」、『えとのす　28　常陸国風土記の世界』の井上辰雄「常陸の豪族」や茂木雅博「常陸の古墳」などがある。志田は、史料にみる常陸国の氏族や部民の様相を明らかにし、それを常陸国各地に残る前方後円墳の被葬者に比定した。岡田は、『茨城県史料　考古資料編　古墳時代』に掲載される古墳を国造域に区分して数量を比較するとともに、4世紀・5世紀の古墳築造の様相を考察した。井上は、『国造本紀』に登場する常陸国域の7国造について考察し、それぞれの国造域に所在する古墳を紹介した。茂木は、『茨城県遺跡地名表』を基に常陸国11郡の古墳数を比較しながら、常陸地方の古墳を出現期・5世紀・6世紀・7世紀・終末期の順に紹介した。本稿では、こうした先学の研究に学びながら、改めて『常陸国風土記』から読み取れる古代豪族の様相を常陸地方の古墳研究の成果と合わせ考えてみたいと思う。

まず、『常陸国風土記』から読み取れる豪族と思われる人物を抽出したものが次の表である[2]。

第18表 『常陸国風土記』から読み取れる豪族と思われる人物

『常陸国風土記』項目	内容	時期	人物名
総記	常陸国名の由来	倭武天皇の時代	国造毘那良珠命
新治郡	〃	崇神天皇の時代	国造の祖比奈良珠命
〃	山賊としての紹介	不明	油置売命
筑波郡	筑波県名の由来	〃	朝廷から派遣された采女臣一族の筑簟命
信太郡	国土平定の神	天地創造の時代	普都大神
逸文	信太国名の由来	不明	黒坂命
〃	信太郡建郡	孝徳天皇の白雉4年 (653)	小山上物部河内 大乙上物部会津
茨城郡	荒ぶる人物	古老の昔話	野佐伯・山佐伯
〃	茨城郡名の由来	古老の昔話	大臣の黒坂命
〃	朝に仕える	神功皇后そして応神天皇	国造の多祁許呂命
〃	多祁許呂命の子 湯坐連等の初祖	不明	筑波使主
行方郡	行方郡建郡	孝徳天皇の白雉4年 (653)	小乙下壬生連麻呂 大建壬生直夫子
〃	提賀里名の由来	古の事	提賀（手鹿）
〃	曾尼村名の由来	古の事	曾禰毘古
〃	新田開発	継体天皇	箭括氏麻多智
〃	水田再開発	孝徳天皇	壬生連麿
〃	男高里名の由来	古の事	小高
〃	行方馬の献上話	天武天皇	建部袁許呂命
〃	東国平定	崇神天皇の時代	建借間命
〃	凶賊	〃	夜尺斯・夜筑斯
〃	当麻郷の話	倭武天皇の時代	鳥日子
〃	藝都里の話	〃	寸津毘古・寸津毘売
〃	田里名の由来	神功皇后の時代	古都比古
香島郡	香島郡建郡	孝徳天皇の大化5年 (649)	大乙上中臣子 大乙下中臣部兎子
〃	大八島国の話	崇神天皇の時代	大中臣神聞勝命
〃	天の大神の話	倭武天皇の時代	中臣巨狭山命
〃	神社の周囲に住む人物の話	不明	卜氏
〃	剣製作の話	慶雲元年 (704)	国司采女朝臣 鍛佐備大麻呂
〃	奈美松の話	古の事	那賀寒田郎子
〃	古津松の話	古の事	海上安是嬢子
那賀郡	神婚説話	不明	努賀毘古・努賀毘咩
久慈郡	築堤による池造り	天智天皇の時代	軽直里麻呂
〃	内幡織の話	崇神天皇の時代	多弓命
〃	薩都の里名の由来	不明	土雲 兎上命
〃	賀毘礼の峰へ神を祀る話	不明	立速男命（速経和気命）と片岡大連
多珂郡	多珂国造に任命	成務天皇の時代	建御狭日命

これらの豪族について『常陸国風土記』の記載順序に従って検討するとともに、豪族が所在する地域の古墳についてみていくことにする（千葉2014・2015）。

総　記　総記には、新治国造とされる毘那良珠命が登場する。倭武天皇が東国平定の際に立ち寄った新治県で、毘那良珠命に井戸を掘らせることを命じた話である。毘那良珠命は、新治郡の条にもみられる比奈良珠命と同一と考えられるので、次の新治郡の項で紹介する。

新治郡　新治郡には、豪族と思われる人物として新治国造の比奈良珠命と山賊とされる油置売命の二人が登場する。比奈良珠命は、『先代旧事本紀』巻十の国造本紀にみられる比奈羅布命と同一人物とされる（井上1985）。崇神天皇の時代に東夷平定のために派遣されたとみえ、4世紀前後に新治郡地域に外部勢力として入った豪族と考えられる。内容は、新治地域に入った比奈良珠命が、井戸を掘ったところ清らかな水が湧き出し、その後に井戸を管理したことに因み、この地が「新治」の郡名になったという。さらに註釈として「（新治の井戸は）今も新治里にあって、随時に祭祀を行っている」と付け加えられている。この内容は、総記に同様なものがみられるが、総記では倭武天皇が毘那良珠命に命令する形となっている。さらに、総記ではこの事象が、常陸国名の由来と記され、その記事は常陸国の地勢紹介へと続く。国名の由来ともなる象徴的な事象、この記事の基に展開される常陸国の常世思想は、毘那良珠命の新治地域を開拓する行為が常陸地方を象徴する意味であったことを示す。関和彦は、この毘那良珠命の行為から「政治的目的達成の為の新たなる水場（井戸）の確保」を想定している（関1999）。井戸は、人々の生活に利用されるだけではなく、稲作にも重要な水資源となる。毘那良珠命が、それまでの自然湧水や河川水に頼っていた水資源に加え、新たな水資源を新治地域に確保し、稲作に伴う灌漑施設としたと思われる。そこには、安定した食料生産から展開する新たな支配体系の構造が想定できる。

新治郡域では、4世紀末〜5世紀初頭の年代が考えられる推定全長141mを測る前方後円墳の葦間山古墳、それに後続する首長墓として灯火山古墳や台畑古墳が筑西市（旧下館市）の小貝川沖積地にほぼ連続して築造されている。一方で、桜川の上流部の丘陵に狐塚古墳（全長44m・前方後方墳）が先の葦間山古墳より先行する4世紀中ごろに、その後に長辺寺山古墳（全長120m・前方後円墳）が5世紀前半に築造されている。狐塚古墳は、発掘調査が実施されており、粘土槨の埋葬施設から短甲や直刀、銅鏃、槍鉋、鉄斧などが出土している（西宮1969）。出土遺物の槍鉋は木材の表面を削る道具、鉄斧は土を掘る際の道具になるが、開拓指導者が他地域から持ち込んだ道具といえる。

新治郡域では、風土記にみられる比奈良珠命が活躍したであろうと想定される時期の4世紀中頃〜末の時期に、二つの地区で規模・形態を異にした古墳が築造された。この2大勢力の中間の地域に、現在も「新治」の地名がみられ、7世紀後半から8世紀にかけて新治郡衙や郡寺が設置されていった。

山賊とされる油置売命は、笠間村へ行く途中にあった葦穂山の記事の後に紹介されている。そして油置売命に関係すると考えられる社の中の石屋の記事が続く。社と書いて「モリ」と読ませ、その中の石屋とあることから、山中にあった祭祀場の中の石屋（石室）ということになろうか。さらに『万葉集』（巻16、3806）と類似する歌「俗の歌に曰はく　言痛けば　小泊瀬山の　石城にも　率て籠らむ　な恋ひそ我妹」が登場する。上野誠は、万葉集にみられる「こもりくの伯瀬」は、四方を山に囲まれた隠れ里のようなところをいい、三輪山の背後にあって見えない泊瀬という場所を表現しているという（上野2008）。つまり、『常陸国風土記』新治郡の条の歌に登場する小泊瀬山は、郡役所から笠間村へ向かう際にみられた葦穂山や稲田川流域などの風景を反映しているように思える。ここでは、「俗に」というように地元に伝わる歌に大和盆地の情景をなぞらえていることが注目される。風土記時代から見て古くに大和盆地の情景を知り得る人物がいたことがうかがえるものである。

油置売命は志田諄一が指摘するように笠間村にいた人物と考えられる（志田1998）。笠間村は、笠間市笠間付近と考えられるが、この地域に隣接して、笠間市箱田・寺崎地区の古墳群がある。ここは、旧笠間市域の古墳55基中、34基がみられる古墳が密集する地域である。箱田うら山古墳は、全長36mの比較的大型な帆立貝形古墳で、埋葬施設は発見されなかったが、くびれ部に埋葬施設が想定される特異埋葬古墳と考えられている。このあ

たりに油置売命の古墳も想定できようか。

　新治国での２大勢力地域であった小貝川中流部と桜川上流部には、葦間山古墳の壺形埴輪や狐塚古墳の短甲、銅鏃などヤマト政権下の首長墓にみられる遺物を伴っているのに対し、笠間村付近の勢力は５世紀以降に展開するうえ、箱形石棺などの在地色が強い要素をもつ。これらは、『常陸国風土記』にみられる外部から派遣され新治国を治める比奈良珠命や山賊として表される在地豪族の油置売命に象徴されるような現象と捉えることができるのではなかろうか。その後、葦間山古墳の西に８kmほどのところに船玉１号墳（一辺35mの方墳）、狐塚古墳から南に３kmのところに花園３号墳（一辺22mの方墳）という７世紀に位置づけられる装飾古墳が築造される。共に長大な横穴式石室に彩色による図文が描かれていた。こうした終末期古墳とは場所を異にして新治郡衙は設置されていった。

　筑波郡　筑波郡には、釆女臣一族の筑簟命が登場する。釆女は、物部氏の系譜との関係が想定されている（井上2010）。筑簟命は、崇神天皇の時代に国造として遣わされたと記されているので外部勢力と考えられる。さらに外部勢力と考えられる「筑簟」の名を国名とすることは、その勢力に在地豪族が支配を受けたと理解できる。そして「風俗の説に「握飯筑波国」と云ふ」と記事は、稲作に象徴される筑波地方の様相を伝え言葉としている。筑波地域にも、外部からの人物と稲作に関わる支配過程の様相が見受けられるのである。

　筑波郡の４世紀代の古墳をみると桜塚古墳が上げられる。桜塚古墳は、全長30ｍを測る前方後方墳で、続いて全長48ｍの前方後円墳の山木古墳、全長61ｍの土塔山古墳と築造場所を異にした首長墓がみられ、首長権の輪番制が問われている（滝沢1994）。これらの古墳は、桜川中流域の両岸にみられるが、近距離であるため同一支配権あるいは地域圏と捉えられ、系譜は分流するものの同族的に考えられる古墳立地である。勢力も比較的安定しながら、４世紀末から６世紀前半という約150年間にわたる筑波国造の中心的領域、『常陸国風土記』にみる筑簟命、その系譜が追える地域と考えられる。

　しかし一転して７世紀には、それまで首長墓といえる古墳がみられなかった地域に古墳群が形成されるようになり、筑波国造の支配域にさらなる外的勢力の布陣や新興勢力の成長などが想定できる。中台古墳群および平沢・山口古墳群は、集中的に多くの古墳が築造されると共に特徴的な横穴式石室が設けられた古墳群で、隣接して律令期の筑波郡の中心的地域を示す平沢官衙跡や中台廃寺があり、筑波郡の成立に関わる重要な人物層やその一族が存在した地域といえる。一方でここは、筑波郡と那賀郡や茨城郡を結ぶ古代道である伝路に沿う地であり、平沢官衙跡の東にある不動峠を越えてつながっていた。古墳時代前・中期は、桜川という水運重視の交通が古墳時代後期以降は、桜川の水運を保ちつつも陸路も考慮した古墳変遷といえる。

　一方で、桜川左岸の新治台地に築造された武者塚古墳群も筑波郡域では注目に値する。中でも１号墳（武者塚古墳）は、長さ３ｍに及ぶ玄室と前室の２室からなる石室をもち、前室からは豊富な副葬品が発見された。副葬品には、唐草文の銀帯状金具や鉄柄銅杓がみられたが、この銀帯状金具の唐草文が法隆寺の仏像の冠や法隆寺東院下層出土の瓦文様に類似すること、さらに筑波郡には壬生部が国造となったことから聖徳太子一族と関係深い豪族層の古墳の可能性が指摘されている（上高津貝塚ふるさと歴史の広場2014）。武者塚古墳群に埋葬された豪族にも筑波郡設置や運営に関わる豪族が存在していたと思われる。

　信太郡　信太郡には、東国を平定し天へと戻る普都大神をはじめ、逸文には信太郡の建郡に関わる小山上物部河内や大乙上物部会津、信太郡の郡名由来に関わる黒坂命が登場する。物部河内や物部会津は、孝徳天皇の白雉４（653）年に筑波・茨城郡の700戸を分割再編して信太郡を建郡したという。これら物部氏は、大和朝廷の東国進出の際に設定された物部一族の子孫と考えられている（志田1971a）。物部氏は、志田諄一によると普都大神・武甕槌命・経津主命を奉祀しながら、東征した氏族とされ、拠点として霞ヶ浦河口域に鹿島神や香取神を配置したという（志田1985）。加えて、『先代旧事本記』の「天孫本記」には、ニギハヤノミコトの12世、物部布都久留の子物部小事が信太連および下総国匝瑳連の祖として登場する。この物部小事は、『続日本後紀』によると東国を征し、その功績によって下総国匝瑳郡の建郡を許されたという。現在も匝瑳地域に鎮座する老尾神社は、物部

小事との関係も指摘されており、信太郡とともに匝瑳地域には、物部小事の深い関与が想定されている。この匝瑳地域には、匝瑳郡寺と想定される八日市場大寺廃寺跡が所在し、ここから常陸国分寺系の瓦が出土している。常陸地方と匝瑳地方の関連を示すものとして大変興味深い。こうした物部氏について、筆者も以前に霞ヶ浦沿岸でみられる古墳時代の各種事象に求めてみたことがある（千葉2007b）。常陸国では、考古学的には6世紀を前後する時期に物部氏の影響が急速に展開していた。信太郡においても、例外に漏れることがないが、他の地域と違う点を挙げるとすれば物部本宗家没落後も権力維持を実施しえたところである。それだけ、物部一族の力が根強く存在した地域といえよう。

　信太郡にみられる黒坂命は、陸奥国の平定に赴き、途中の多珂国の角枯山で病のため亡くなり、日高見国へ運ばれたとされる。その葬送行列に使用された赤い旗や青い幡などが虹のようにみえ、それをみた人が「赤幡垂る国」といい、後に「信太国」と呼ばれるようになったという。黒坂命は、何らかの命により陸奥国の平定を行っていたのであった。律令期に定められた『軍防令』40条「行軍兵士条」には、戦死した豪族（副将軍以上）は本籍ある地に還されるという規定があることから志田諄一は、『万葉集註釈』にある黒坂命の本籍地を亡骸が運ばれた信太地域としながらも、信太地域は建郡以前は茨城国に属する地域であるため、この記事にみられる日高見国は茨城国を指すとしている（志田1998）。そうなると黒坂命は、茨城国を代表する豪族と捉えられる。

　信太地域の古墳は、4世紀後半に稲敷市浮島の原1号墳（前方後方墳・全長29m）、同市東大沼の東大沼古墳（前方後方墳・全長26m）が、いち早く築造された。その後、4世紀末の時期に全長100mを測る前方後円墳の木原白旗1号墳（愛宕山古墳）や舟子塚原11号墳（前方後円墳・全長70m）が、そして5世紀初頭には黒坂命の墳墓と伝えられる52mの円墳の大塚1号墳（弁天塚古墳）が霞ヶ浦を望む低地に築造されている。木原白旗1号墳、舟子塚原11号墳、大塚1号墳が所在する地域には、普都大神を祀る楯縫神社が鎮座する。付近には、信太の地名も残る。しかし、6世紀に入ると盟主的な墳墓というよりも群集墳がそれまでに古墳が築造された地域とは場所を異にしてみられ、前方後円墳22基、円墳58基の合計80基からなる稲敷市の福田古墳群、前方後円墳7基、円墳24基の合計31基からなる同市の東大沼古墳群といったように信太地域の南部に古墳群が目立つようになる。7世紀には、直径26mを測る円墳の前山古墳が信太地域の南部に構築され、印旛地域との関係が想定できる切石積の横穴式石室を埋葬施設としている。その後、信太地域には、阿見町諏訪寺院跡、稲敷市（旧桜川村）塔の前廃寺、稲敷市（旧江戸崎町）下君山廃寺という古代寺院が3ヶ所確認されている。それらはすべて出土した瓦から奈良時代前半に建立されたと考えられるものである。塔の前廃寺は、先の前山古墳の近くに設けられている。下君山廃寺周辺は、信太郡衙跡に推定されている（千葉2009b）。

　茨城郡　茨城郡には、信太郡の条にも登場した黒坂命、国巣や山の佐伯、野の佐伯が茨城郡名に関わる説話に登場し、この説話に対する註釈の中に茨城国造の初祖の多祁許呂命とその子となる筑波使主が登場する。黒坂命と国巣や山の佐伯、野の佐伯は二つの茨城の地名由来の説話にみられ、黒坂命によって賊徒が平定される様子が記されている。黒坂命は、新治郡の毘那良珠命や筑波郡の筑簞命のように派遣されてきたという記載はなく、先の信太郡での黒坂命の内容を考慮すると茨城国に拠点を持ちながら茨城国内部において平定を実施した在地豪族といえる。

　多祁許呂命は、茨城国造の初祖とあるが、茨城国造を『国造本紀』にみると「天津彦根命孫筑紫刀禰」とあり、天津彦根命を『古事記』にみると「茨木国造等の祖」と記されている。天津彦根命は、天照大神から生まれた天津神の一神で、多くの氏族の祖として位置づけられるとともにヤマト政権との関わりが指摘されている。この天津彦根命の系譜を引き、神功皇后や応神天皇に仕えたという多祁許呂命は、茨城国とヤマト政権が深い関わりをもつための重要な豪族であったようである。茨城国の中心であったと考えられる石岡市域には、舟塚山古墳（舟塚山16号墳）があり、舟塚山古墳は、当地域の中核的前方後円墳の空白時期を経て、突如築造された186mを測る前方後円墳である。田中広明はこれを「舟塚山古墳の体制」と捉え（田中1988）や日高慎は霞ヶ浦沿岸にみられる4世紀後半の前方後円墳から5世紀前半の低地に築かれる中型円墳への流れを舟塚山古墳体制によるもの

と理解した（日高1998）。この舟塚山古墳体制の当事者に多祁許呂命を当てはめることも可能と考える。

　多祁許呂命の子の筑波使主は、茨城郡の湯坐連等の初祖とあることから、風土記編纂時において茨城郡には湯坐連が存在していたようである。湯坐は、皇子の産湯に奉仕し、その後は資養の役割を担ったとされる部民であるから、茨城郡はヤマト政権の皇族との関係が強い地域であったことを物語っている。多祁許呂命が築いたヤマト政権との関係を引き継いだ筑波使主であるが、国造ではないので伴造としての存在であったと思われる。5世紀第二四半期の築造と考えられる舟塚山古墳の被葬者の系譜は、次世代と想定される5世紀後半の愛宕山古墳の築造後、小美玉市の玉里台地周辺に100ｍ級の古墳を築造していった豪族層に権力者が変わる。玉里地域を拠点とした権力は、約100年近く続いたことが玉里古墳群の変遷からうかがえ、霞ヶ浦高浜入りを中心に地域支配を実施していったのであった。しかし、7世紀には、玉里古墳群の対岸にあるかすみがうら市の風返古墳群が高浜入り地域の盟主的存在となる。風返1号墳（風返稲荷山古墳）は、全長78ｍを測る当地域の最終的な大型前方後円墳と捉えられ、長大な横穴式石室、金銅装馬具や銅鋺など豊富な遺物が出土している。その後、大型円墳（56.2ｍ）の風返4号墳（浅間山古墳）に首長権は引き継がれた。

　玉里古墳群と風返古墳群の霞ヶ浦を挟む古墳の変遷は、霞ヶ浦沿岸地域には特徴的に認められる水辺を介した両岸地域の関係である。かすみがうら市の田宿天神塚古墳と牛塚古墳に対する美浦村の木原白旗1号墳（愛宕山古墳）と大塚1号墳（弁天塚古墳）の対岸の関係は日高慎などによって指摘されている（田中・日高1996）。そのほか、かすみがうら市の富士見塚古墳群と行方市の浜古墳群、大生古墳群と宮中野古墳群なども水辺を挟んだ一つの地域と捉えられるもので、このように水辺を介しても広く地域設定を考えれば古墳築造の時間的変遷が連続的になる。『常陸国風土記』の行方郡に登場する茨城国造壬生連麻呂の本拠地は、浜古墳群周辺に求められ、富士見塚古墳群との関係の中で発展していった権力者像が想定できる。

　行方郡　行方郡は、『常陸国風土記』唯一の省略がない地域であるために多くの人物が登場してくる。記載順序に従って人物を上げると、行方郡の建郡に関わった茨城国造の小乙下壬生連麻呂、那賀国造の大建壬生直夫子、佐伯とされる提賀（手鹿）、曾禰毘古、葦原を開発する箭括氏麻多智、麻多智が開発した水田の再開発を実施し、先にも登場した壬生連麿（茨城国造）、佐伯の小高、行方地方の馬を朝廷に献上した建部袁許呂命、那賀国造の祖であり、行方郡の豪族を平定した建借間命、建借間命に抵抗する国栖とされる夜尺斯・夜筑斯、佐伯の鳥日子、国栖とされる寸津毘古・寸津毘売、神功皇后の時代に3度にわたり韓国へ派遣された古都比古などがみられる。

　まず行方郡の建郡に関わったとされる二人の国造であるが、共に壬生氏を名乗る。常陸国の壬生氏については、3項で詳しく扱うが、壬生氏は聖徳太子の上宮王家を支える役割を担った地方豪族とされる（早川1985）。茨城と那賀の旧国造域の南部を支配していたようで、その地域を分割再編して、壬生氏の系譜を引く一族に支配が委ねられたものと思われる。行方郡は、ほぼ県道50号線を境にして霞ヶ浦側と北浦側で地形が異なる。霞ヶ浦側は、小河川による谷津形成がみられるものの比較的に地形変化が少ないが、北浦側では武田川や山田川といった河川によりかなり入り組んだ地形を示す。南北方向に長い行方台地の東西がこのような地形になり、それぞれ霞ヶ浦側が茨城国、北浦側が那賀国に分けられていた。行方台地の茨城国域では、行方市浜に所在する浜古墳群が、那賀国域では潮来市大生の大生古墳群が、他の行方郡域にみられる古墳とは形態や規模、そして出土する埴輪や副葬品などから行方地方の中心的地域といえる。行方郡における古墳の様相は、2項において詳述するが、行方郡の建郡を申請した茨城国造の小乙下壬生連麻呂、那賀国造の大建壬生直夫子は、行方地域の中心的地域であった浜古墳群や大生古墳群付近の地域に拠点をもった豪族と想定される。

　提賀（手鹿）は、昔に手鹿という佐伯がいて、その佐伯の名をとって里名になったとされるから、提賀は在地豪族と考えられる。曾禰毘古も提賀里と同様に佐伯名が里名になったことが記され、曾禰毘古も在地豪族と考えられる。曾尼村には、後に駅家が設けられたのであるが、在地豪族であった曾禰毘古の子孫などが駅家を運営する役人として登用されていったのであろう。付近からは複数の火葬墓が確認されている。曾尼村の記事に続く夜

刀の神説話に登場する箭括氏麻多智や壬生連麻呂については3項にゆずる。大生里の建部袁許呂命は、ヤマトタケルの名代の部民と考えられる人物で、ヤマト政権下で軍馬の飼育及び献上を行っていたという。馬の飼育は馬飼部によるものが大きいと考えられるが、軍事的役割を担った建部袁許呂命が関わる記事には、軍馬が想定できる。小高は、手鹿や曾禰毘古と同様に佐伯名が里名になったことが記されており、やはり在地豪族と考えられる。提賀里・曾尼村・男高里は、それぞれ佐伯名が里名にはなっているが、佐伯名と里名の文字表記に違いがみられることに注目したい。佐伯名を里名にしたという行為を否定するかのように、使用する漢字を変えている。これらは、一旦在地豪族の支配体制を停止させ、在地豪族を直接の地方支配者に任命しつつも、新たなヤマト政権に組み込んでいく様相を想定させるものである。提賀里・曾尼村は隣接しており、小高は離れて存在するが、これらの村は『常陸国風土記』に登場する「香島に向ふ陸の駅道」沿いにあった。提賀・曾尼・男高は、いずれも旧茨城国の地域で、ヤマト政権による制圧説話を考慮すると、そこに壬生氏が国造となる過程が想像できる。

　建借間命は、崇神天皇の時代に東日本を平定する目的で派遣された人物である。安婆の島（霞ヶ浦に所在した浮島と考えられている）にたどり着いた建借間命は、海上のかなたに見えた烟に対し、その烟をあげる人々が荒ぶる賊かそうでないかを占った。結果、離れた場所で荒ぶる賊の存在を察知し、戦闘態勢をとることができたというのである。占うという行為は、ヤマト政権が実施する祭祀行為であり、派遣された建借間命の行為はヤマト政権による行方郡への進出を示す記事と考えられる。この建借間命に抵抗した賊が、夜尺斯・夜筑斯の二人の国栖であった。この二人の国栖は在地豪族であり、多くの男女からなる人々を従えていた。夜尺斯・夜筑斯の一族がいた地域は、風土記の内容から伊多久郷、布都奈村、安伐里、吉前邑とされる。伊多久郷は板来村と考えられるが、それ以外は比定地が不明であるが板来村周辺の行方地域南部と想定される。後に板来村には、先の曾尼村と同様に駅家が整備された。曾尼駅家や板来駅家は、それぞれ以前に荒ぶる賊である佐伯あるいは国栖がいたところで、その在地豪族を取り込みながら律令国家における駅家道が整備されていったようである。建借間命は、「那珂国造が初祖なり」とあるとともに、安婆地方（信太郡）においても活動し、さらには行方地方の南部の制圧に貢献した豪族である。建借間命が制圧したと考えられる行方地域南部には、元は那賀国造の支配領域であった逢鹿、大生地域があり、ここには行方地域最大の大生古墳群が所在している。

　鳥日子は、当麻郷の周辺にいた佐伯とされる。倭武天皇がこの地域に赴いた際に逆らったため、天皇に殺害されたという。寸津毘古・寸津毘売は、当麻郷の南にあった藝都里にいた国栖とされる。古代に特有のヒコ・ヒメの名称で、男女組み合わせの人物である。寸津毘古は、倭武天皇が当地に来られた際に、先の鳥日子と同様に天皇に従わず背いたことでやはり殺害されてしまう。これを見た寸津毘売は服従し、天皇が小抜野の頓宮に行幸された時には、姉妹を引き連れて天皇に従ったという。以後、寸津毘売は、心をこめて天皇に誠意を尽くしたということである。鳥日子と寸津毘古・寸津毘売の話の後半は、道に関わる話となり、鳥日子は従わないことで地方豪族名が郷名とならず悪態に因む郷名、寸津毘古は従わなかったが、一方の寸津毘売が従うことで、地方豪族名とは表記が異なるが藝津里と命名された。

　田の里にいた古都比古は、氏名がないことから佐伯や国栖の可能性があるが、三度韓国へ派遣されたとあるからヤマト政権に従い、しかも功績を遺したことで田を賜ったというから、元は佐伯や国栖であったにせよ神功皇后の時代には服従し、ヤマト政権下に属する地方豪族となったといえる。当麻郷・藝都里・小抜野・田の里は、行方郡の北浦に面する鉾田市当間・行方市小貫・同市山田周辺が遺称地と考えられ、旧那賀国の地域であった。旧茨城国の提賀・曾尼・男高、旧那賀国の当麻・藝都・小抜野・田の里にいた地方豪族は、それぞれヤマト政権に組み込まれ、新たな支配体制の中で活動していったのである。

　行方地域には、鉾田市の大上1号墳（前方後方墳・35m）、4号墳（前方後方墳・37m）が4世紀代に築造され、5世紀代には、同市の塚崎1号墳（前方後円墳・40m）、行方地域の南部にも潮来市浅間塚古墳（前方後円墳・88m）、同市天王原古墳（円墳・30m）などが築造されていく。6世紀代になると行方市の矢幡瓢箪塚古墳、赤坂山古墳群、潮来市の棒山古墳群、大生西部古墳群、大生東部古墳群など『常陸国風土記』にも逢鹿・大生里と連名で登

場してくる地域に古墳築造が活発となる。逢鹿・大生里の地域は、北浦を挟み香島地域と対峙し、香島地域最大の宮中野古墳群との関係がうかがえる。水辺を挟んだ対岸との古墳関係は前述したが、『常陸国風土記』行方郡の条に記載される建借間命が安婆の島から行方郡域に渡る話は、建借間命の単なる移動の話ではなく、茨城国造域における信太地方と行方地方の豪族層の首長権争いの内容かもしれない。その後、7世紀の行方地域では成田古墳群などが形成されるが、行方郡衙が想定される井上地域には大型円墳の井上8号墳（全長55m）がみられる（千葉2013）。

香島郡　香島郡には、建郡に関わる大乙上中臣子と大乙下中臣部兎子、崇神天皇に香島大神を紹介した大中臣神聞勝命、香島大神の命令に従う中臣巨狭山命、香島神の鎮座する場所の周囲に居住する卜氏一族、若松の浜で砂鉄を採集し剣の製作に関わる国司采女朝臣と鍛佐備大麻呂、歌垣で出会って松になったという那賀寒田郎子と海上安是嬢子が登場する。

崇神天皇の時代に、大阪山の頂に現れた神が崇神天皇にいうには、私を祀り崇めるならば、大小すべての国々を治めることになろうと言った。これに対し崇神天皇は、数多くの豪族を呼び意見を聞いたところ大中臣神聞勝命が言うには、日本を治めることになろうといったその神は、香島大神であると伝えた。天皇は早速、香島神へ幣帛を奉納したという。大中臣神聞勝命は、職掌から神託を受けて天皇に報告する立場であったが、香島大神と関係があった。それにより常陸国を代表する一族となったという（志田1971a）。中臣氏は、朝廷下で神託を行うことで天皇家とつながり、その関係を確固たるものにしていったのである。『常陸国風土記』に登場するもう一方の中臣氏である巨狭山命も天の大神の神託を受けている。中臣巨狭山命は、倭武天皇の時代に天の大神から「今社の御舟を」との命を受けて、「謹みて大命を承りぬ。敢へて辞ぶる所無し」と従うことを述べている。『常陸国風土記』の香島郡の条に登場する中臣氏の話は、神の神託を受けると共に香島神を祀る重要な氏族であったことを物語る。香島神の神社周辺にいた卜氏も中臣氏と同様に祭祀を職掌とする一族であった。中臣氏と卜氏は、連携関係にある氏族と考えられる。共に祭祀に携わる中臣氏と卜氏は、ヤマト政権によって派遣され、香島地域を統治していった氏族と想定される。

風土記編纂の詔が出される9年前の慶雲元（704）年には、国司采女朝臣が鍛佐備大麻呂を連れて香島郡の若松浜に来て、砂鉄を採って剣を作らせた。中央から派遣された役人と考えられる采女朝臣、そして鍛氏も新技術を伝承されることができる中央からの人物と考えられる。国司は、地域資源を把握することで、中央の技術を移入し、産業を興し地方の産物としたのである。国司采女朝臣と鍛佐備大麻呂の話は、まさに中央とのパイプ役となる役人が、地方産業を興していく様子が表現されたものと思われる。那賀寒田郎子と海上安是嬢子は、地域の「年若き童子」であった。那賀寒田と海上安是は、当時常陸国と下総国の境界の地域であったが、この地域にはそれまでの国造の時代から続く人的交流があった。つまり、那賀国と海上国における国造支配域の交流を示したものと考えられる。ここにも水辺を挟み、対岸と関係する様子がうかがえる。

香島郡には、現在の鹿島神宮からみて北西部の台地に茨城県内有数の古墳築造数を誇る宮中野古墳群が所在する。宮中野古墳群の南部には、お伊勢山古墳（前方後円墳・96m）が4世紀末頃に築造されたと考えられており、5世紀に比定される古墳は未確認であるが、その後に香島地域最大規模の夫婦塚古墳（前方後円墳・107.5m）が同古墳群北部に築造される。6世紀以降は、数多くの古墳が築造されていく。そのなかで、大型円墳の大塚古墳は盟主的な存在で、96mを測る。また、台地の崖には大掾辺田横穴墓群があり、宮中野古墳群がある地域には総数130基を超える古墳や横穴墓が4世紀末～7世紀後半にかけて築造されていった。宮中野古墳群からみて北浦を挟んだ対岸には、行方郡の中心的古墳群の大生古墳群が所在する。先述したように北浦を挟み両岸の古墳群は、行方・香島郡の建郡以前は、共に那賀国造域にあり影響し合う関係にあったと思われる。400基に及ぶ鹿嶋市内の古墳に埴輪をもつ古墳が2％にも満たない理由は、出現期の首長墓は鹿嶋地域にみられたものの、当地方の埴輪樹立の時期に首長権が大生古墳群内に移動した可能性があるのではないかと思われる。

那賀郡　那賀郡には、晡時臥山の努賀毘古と努賀毘咩という兄妹が登場する。努賀毘咩は、自分の元へ夜な夜

な通う男と夫婦となって懐妊し、一匹の蛇を生む。この説話は、大和地方の三輪山神婚説話が元になっていると指摘される（志田1998）。三輪山神婚説話は、『古事記』や『日本書紀』の大物主神関連説話として記載される説話である。『古事記』崇神天皇の条には、活玉依毘売という容姿端麗な女性のもとに男性が夜中に現れ、いつの日か妊娠し、櫛御方命を生み、夫である男の正体を探ると大物主神であることがわかったという話である。『日本書紀』も『古事記』とほぼ同様な話であるが、大物主神と活玉依毘売の間に生まれたのが櫛御方命ではなく、大田田根子となる。努賀毘咩の話では、正体不明の男性に加え、産む子は蛇という話で、記紀にみる話とは幾分違いをみせている。

　堂野前彰子は、努賀毘咩が一夜に妊娠した記事に着目し、そうした一夜孕みを他の古典文学の事例を検討する中で、当時の稲作のサイクルにある豊穣の原理の象徴を示すものと結論づけた（堂野前2009）。那賀郡の三輪山神婚説話の舞台となった晡時臥山、現在の朝房山の南部地域は周辺の山々から流れる中小河川が合流し、肥沃な土地柄を形成しているところである。これら中小河川の上流部には現在も歴史の中で造られた溜池がみられ、米どころ地域の田を潤す存在となっている。この地域にも、行方郡域でみられたように小支谷に面した台地上に中型前方後円墳を盟主墳として、その周囲を円墳や方墳で構成する後期古墳群がみられる。谷津単位の開発を支配する中小首長が群雄割拠する様相である。

　さらに、晡時臥山周辺には数多くの遺跡が存在している。『内原町遺跡分布調査報告書』によると「古墳及び古墳群近辺にかなり大規模な集落が形成されたことがうかがえる。集落の規模は、後期に至って一層大きくなったものとみられ、遺跡数が増加するとともに遺物の散布も濃密な遺跡がみられる」とし、前方後円墳3基と円墳40基で構成される田島古墳群に隣接する柊巷遺跡、榎巷遺跡、那賀国造との関連が指摘される二所神社古墳・舟塚古墳群・牛伏古墳群に隣接して長嶋遺跡、大城遺跡、合ノ田遺跡、有賀台古墳群や八幡神社周辺古墳群に隣接する有賀宿遺跡や遠台遺跡、杉崎古墳群に隣接する杉崎遺跡を濃密な遺物の散布する遺跡として報告している（内原町1994）。

　これらの遺跡、古墳集中地区には、有賀神社が鎮座する。有賀神社は、「貞観元年、那賀国造建借馬命、郡西の要地藤内に鎮斎し藤内神社と尊称して代々崇敬した。」とあり、貞観元（860）年に開創されたと伝えられている。有賀神社では、11月11日に大洗磯前神社へ磯下り神幸が行われ、大洗への土産物として里芋やゆずなどをもって行進するという（茨城県神社庁1973）。その後、大洗からの土産物として鯛をもって還御するのである。朝房山麓の水田地帯を望む場所に鎮座した有賀神社と大洗磯前神社との関連は、大和岩雄が冬至の日の出・夏至の日没の方位と指摘している（大和1984）。両社は、古矢川や涸沼前川、そして涸沼川や涸沼などの川によってつながっており、大和がいう海岸部の磐座とその水資源となる神奈備山が方位線で結ばれているのである[3]。同様な古代の太陽方位信仰を考察した木本雅康によると、有賀神社の磯下りなどのような海岸部の浜降り神事は、村武精一がいう来訪神信仰（村武1984）であるとされ、再生儀礼としている（木本1995）。日の出・日の入を通した古代人精神文化は、先に記した晡時臥山（朝房山）での三輪山神婚説話にも通ずるように思える。性交によって蛇を生んだ努賀毘咩、人の生産能力による新たな生命と繁栄が稲作の豊穣と富を生み出すもの（稲田・堀越2005）と関連付けられるのである。この豊穣と繁栄へ導くものが太陽である。太陽の出没は、季節によってことなり夏至と冬至を知ることで稲作のサイクルを考えることができ、その情報を的確に知ることで豊穣へ導く指導が可能となるのである（川合2003）。つまり、那賀郡の三輪山神婚説話や有賀神社の祭祀は、当地の稲作サイクルを指導する権力者を想定させるもので、周辺にみられる古墳は太陽信仰に基づく祭祀を実施した稲作指導者やそこに従事する一族を物語るものと考えられる。

　しかし、晡時臥山麓の古墳文化は6世紀以降に活発になるもので、それ以前は涸沼川や那珂川流域に出現期古墳や大型前方後円墳が築造されていた。茨城町の宝塚古墳（全長39m・前方後方墳）は、涸沼川の左岸台地上に築造され、水戸市の安戸星古墳（全長28m・前方後方墳）は、那珂川の右岸台地上に築造されており、那賀国での古墳文化は異なる二つの地域で始まる。その後は、那賀国造の建借間命の墓と想定される水戸市の全長137mの愛

宕山古墳や那珂川下流域に築造された全長106mの前方後円墳の大洗町の鏡塚古墳など大型前方後円墳がみられるようになる。その後、晡時臥山麓の古墳文化が展開するが、7世紀代には、那珂川左岸の全長56mの前方後円墳の虎塚古墳、那珂川右岸の多角形墳の吉田古墳など6世紀に集中して首長墓がみられた晡時臥山麓を離れて築造された。郡衙や寺院は、茨城郡と同様に5世紀代に大型前方後円墳が築造された地に設置される。この状況も古代道などとの関係で選地されたものと考えられる。

　久慈郡　久慈郡では、天智天皇の時代に久慈郡内にあった藤原鎌足の領地を巡検するために遣わされた軽直里麻呂、崇神天皇の時代に美濃国から久慈国へ移り住み、機織りの施設を造って、この地方で初めて布を織ったとされる多弓命、兎上命によって制圧された薩都里の土雲という国栖、賀毘礼山を拠点とする天つ神である立速男命（速経和気命）が登場する。軽直里麻呂は、ヤマト政権からの命令のとおり土地の確認作業を実施すると共に「堤を造りて池と成しき」とあるように溜池整備を実施したようである。軽氏は、中央から派遣された人物であったが、記載される内容からヤマト政権がもつ灌漑技術によって地方からの貢納物を安定供給させるための作業を実施したと考えられる。この記事の背景には、ヤマト政権と地方の間にあった定期的な支配システムの確認が想定される。

　軽直里麻呂が築いた池は、北に谷会山があると記されているが、谷会山は、旧水府村棚谷や常陸太田市西部などと諸説がある。谷会山を水源とする流れが山田川や里川そして久慈川へ流れ込み、それを堰き止め造られた溜池が想定されるので、軽直里麻呂が築いた池は旧金砂郷町南部や常陸太田市周辺が地形的に合っているように思える。しかも太田の地名は、風土記や和名抄にもみられる太田郷と想定され、太田は大田部との関係が指摘できる地域である。大田部は、ヤマト政権直轄の屯田に関連する部民と考えられており、軽直里麻呂の記事と関連してくる。この地において、天智天皇の時代に中央から巡検使が送られ、水田の再整備のためと思われる溜池が築造されることは興味深い。太田郷周辺には、権力者の存在を示す古墳などの遺跡が密集している。常陸太田市島町には全長160mの前方後円墳の梵天山古墳、西隣の小島には全長100mの前方後円墳の星神社古墳など4世紀代の古墳があり（稲田2009）、当地を開拓していった権力者像が想定できる。久慈国造は、『国造本紀』によると「志賀高穴穂朝御代、物部遠祖伊香色雄命三世孫、船瀬足尼を国造に定め賜ふ」とあり、成務天皇の時代に船瀬足尼が国造として任命されたという。記紀で伊香色雄命は、物部氏の祖で崇神天皇の時代に神を祭るための物としての八十平瓮を造らせたことが記されている（篠川2009）ので4世紀代の人物と捉えたい。4世紀には、梵天山古墳や星神社古墳などが久慈川中流域の太田郷周辺に築造されるので、まさにこれら古墳は久慈国造との関連が想定できる。久慈国造となった船瀬足尼は、志田によると河川港と関係深い名とされ、久慈川や山田川付近にあった河川港を久慈国造が支配していたとする（志田1998）。これに従えば、大田部の稲作に加え、物資流通の管掌による久慈国造の支配基盤の形成が想定できようか。

　一方、100m級の古墳に対し当地を特徴づける墳墓に、常陸太田市幡町の総数216基に及ぶ幡横穴墓群がある（常陸太田市1984）。横穴墓群は7世紀代のもので、風土記に描かれる記事との関連がうかがえるものである。これらの横穴墓が、7世紀という時期に集中的に築造された背景に考えられることは、大田部によるヤマト政権直轄の屯田のミヤケ化、さらに長幡部の絁生産や幡山窯跡にみる須恵器生産という技術者集団との関わりである。

　多弓命は、美濃国から移住したとされ、その子孫は長幡部となって久慈郡に定住しているようである。定住の地とした太田郷には、長幡部が奉祀する長幡部神社がある。美濃国から久慈国へ移る背景には、2国間の関係が想定される。また、多弓命が織る絁は、兵士の剣でさえも断ち切ることができないほど丈夫であって、風土記時代に至っても朝廷に毎年献上されているということである。この絁は、『延喜式』巻24の常陸国の調にみるように「長幡部の絁」として、他の絁と区別して表記されているという（志田1998）。絁は本来、中国渡来の絹に対し、粗製の国産品を指すとされるが（大工原・小野2008）、長幡部の絁はヤマト政権の重要な布として中国製の絹と大差なく使用されたものと思われる。一方で長幡部神社に隣接し設けられた幡横穴墓群や幡山窯跡の出土須恵器に関しても古墳や横穴墓の副葬品としての価値が強く、特別視されていた品物と考えられる。こうした手工業

生産は、6世紀後半から7世紀前半にかけてミヤケおよび部民制と深い関係をもって列島規模で展開した可能性が指摘されており（菱田2007）、先の軽直里麻呂の溜池整備と合わせ太田郷周辺の手工業生産の様相も菱田の指摘に合致しているように思われる。

　土雲は、兎上命によって制圧された国栖である。その時に兎上命が「福なるかも」と言ったことから佐都そして薩都里になったという。兎上命は、その名から「海上」、つまり下総地方の人物と想定され、久慈国の在地の国栖が海上国の豪族に滅ぼされ、地名も付されるという状況を示したものと考えられる。

　立速男命（速経和気命）は、賀毘礼山を拠点とした天つ神である。初め庶民と同じ生活圏で暮らしていたところ、庶民の日常生活の穢れを嫌い、災いを起こすことが多かったため、朝廷から派遣された片岡大連によって、清浄な高い山、賀毘礼山へ移ることを勧められたという。在地で信仰される産土神が、外的勢力によって遷宮される様子を示したものと考えられる。薩都里に鎮座する薩都神社や賀毘礼山については、志田は立速日男命が松沢の松の樹の八俣の上に坐した様子から、「春の稲作がはじまる時に田の神（祖霊・雷神）信仰を村里に呼び寄せて稲作の豊穣を祈ったことが考えられており」、立速日男命なる神を稲妻、雷の性格をもつ神とする（常陸太田市1984）。このような神を片岡大連なる朝廷から派遣された豪族が敬い祀るのであるが、片岡氏については志田の研究で『続日本紀』や『新撰姓氏録』にみる中臣氏の同族であることが明らかにされている（志田1971b）ので、中臣氏と共に祭祀的職掌をもった豪族であったのであろう。先述した久慈郡の条の冒頭にみられた「淡海大津大朝光宅天皇の世に至りて、藤原内大臣の封戸を検へに遣さえし……」の記事も藤原（中臣）鎌足と久慈地域の関係を示すものであり、鎌足の封戸となった久慈地域に朝廷が執り行う農耕祭祀が導入され、それにまつわる話が立速日男命と関わり説話化したものと考えられる。

　久慈郡では、久慈川に中小河川が合流する常陸太田市周辺の記事が数多くみられ、それを裏付けるような古墳や横穴墓などの豪族層の存在を示す遺跡が集中している。しかも、10km圏という広範囲ではあるが稲作・窯業・紡績業などの開発地区に墳墓が4世紀から7世紀にかけて集中する様相は、集中地区の範囲の大小はあるにしろ常陸国南部の香島郡と同様な傾向と考えられる。そして、この地に郡衙と寺院が建立されていく。加えてこの地には、弘仁3（812）年に田後駅家が設置されたと考えられており（常陸太田市大里町や中野町が推定地）、交通上重要な地域であったことがわかる。

　しかし、常陸大宮市糠塚古墳（推定全長80m・前方後円墳）、東海村舟塚2号墳（全長80m・前方後円墳）、同村権現山古墳（全長87m・前方後円墳）、常陸太田市（旧金砂郷町）道場塚古墳（全長68m・前方後円墳）、那珂市ひょうたん塚古墳（全長59m・前方後円墳）、日立市西の妻2号墳（全長55m・前方後円墳）など比較的大規模な前方後円墳が散在している。しかも横穴式石室の多さが指摘されている（高根1989）。久慈郡内も、特に6世紀以降に地域豪族が群雄割拠する様相がうかがえる。

　多珂郡　多珂郡には、成務天皇の時代に多珂国造となった建御狭日命が登場する。建御狭日命は、多珂国内を巡検して確認した地形から、この地域を多珂国と名付けている。

　「国造本記」をみると高（多珂）国造は、「志賀高穴穂朝御世。彌都呂侶岐命孫彌佐比命定賜国造」とあり、彌都呂侶岐命の孫の彌佐比命と記されている。この彌佐比命は、『常陸国風土記』にみられる建御狭日命と考えられる。一方で、彌佐比命の祖父とされ彌都呂侶岐命は、「国造本記」の新治国造「志賀高穴穂朝御世。美都呂岐命児比奈羅布命定賜国造」に登場する美都呂岐命と同一人物とされ、これらを整理すると彌都呂侶岐命（美都呂岐命）―比奈羅布命―建御狭日命（彌佐比命）となる。つまり、新治国造と多珂国造は親子といえる。さらに『常陸国風土記』は、建御狭日命を出雲臣と同属と記している。出雲臣と同属の建御狭日命が多珂国へ派遣された背景には、ヤマト政権の介入があったと推察される。建御狭日命が多珂国内を巡検した行為は、国見や神拝の行為と想定され、当地域を建御狭日命が支配することを在地勢力へ示すための重要な公務であった。多珂国も外来勢力によって支配された地域と想定されるのである。多珂国造は、建御狭日命から石城直美夜部へと引き継がれたようであるが、他の『常陸国風土記』にみる茨城国造や那賀国造などと違い、これらの国造は冠位をもたない点

が特徴となる。

　多珂国造の墳墓と想定される古墳は茨城県域には見当たらない。そもそも『常陸国風土記』には、白雉4（653）年に多珂国造の石城直美夜部と石城評造部志許赤等が、統治するのに遠く離れていて往復するには不便とのことから分割して多珂と石城の二郡となったことが記されており、奈良時代の石城・菊多（多珂郡の210烟をさいて養老2（718）年に成立、石城国に属す）・多珂を含めた地域が多珂国造支配下にあった。すると多珂国造の建御狭日命の墳墓は、石城・菊多郡域となる福島県いわき市域にも求められるものとなる。多珂国造の名前は「石城直美夜部」であるので、「石城」を本拠とする豪族層が多珂国造になったと考えられるのである。

　いわき市四倉町には、全長118mの前方後円墳の玉山1号墳がある。未調査のため詳細は不明であるが、古墳の立地や墳形・規模、葺石の存在などから4世紀代の可能性が指摘されている（いわき市1986）。『常陸国風土記』には、成務天皇の時代に建御狭日命が多珂国造に任ぜられたとあり、『国造本紀』には、崇神天皇の時代に弥佐比命が多珂国造となったとあるが、成務・崇神共に4世紀に比定される天皇と考えると玉山1号墳の被葬者は多珂国造の建御狭日命の可能性が出てくる。

　玉山1号墳の築造以前は、いわき市域では方形状の地形を削り出して造られた愛谷古墳が4世紀末頃と考えられるがその規模や形態から国造墓と想定することは難しい。その他では、浪江町の堂の森古墳（前方後方墳・57m）や本屋敷1号墳（前方後方墳・36m）、原町市の桜井古墳（前方後方墳・75m）があるが（遠藤1998）、『常陸国風土記』に「陸奥国石城郡の苦麻の村（福島県双葉郡大熊町熊付近）を道後としき」とあるので、この地域の古墳は多珂国造の支配域には該当しないように思える。しかし、石城付近での古墳築造の動向として、4世紀代に前方後方墳から前方後円墳への流れを考えてもよいであろう。その後に石城では、夏井川中流域、河口域周辺に久保ノ作古墳群（5世紀後半～6世紀前半）、神谷作201号墳、中田横穴墓や千五穴横穴墓群、鮫川河口域周辺に後田古墳群や金冠塚古墳、甲塚古墳などたくさんの古墳や横穴墓が築造されていく。そして石城郡衙と郡寺とされる根岸遺跡・夏井廃寺塔跡、菊多郡衙とされる郡遺跡がみられる。

　7世紀代には、北茨城市内にも尾形山横穴墓群出土の銅鋺や二ツ島横穴墓群出土の金銅装圭頭大刀、神岡上古墳出土の七鈴鏡などがみられ、有力者の存在を示している。そして、太平洋に張り出した台地上に一堂形式の寺院と考えられる大津廃寺が建立される。出土した交叉文縁複弁六葉蓮華文鐙瓦は、根岸遺跡や夏井廃寺などにも同系のものがみられ、石城地域との密接な関係を示している。

2　行方郡にみる古代の開発と豪族

　古墳は、古墳時代に生きた権力者の墓であるが、権力の強弱、つまり階層に基づき規模や墳形が決定づけられたことは周知のとおりである。ヤマト政権下や列島規模内での階層をはじめ、地方においても階層社会は存在していた。特に6世紀以降の地方における群集墳のあり方は、階層社会が重層化した結果、地域支配が複雑に展開した様相が反映されたものと理解できる。この重層化した背景には、様々な事象が想定できるが、筆者は稲作による土地開発が小地域単位に展開したことが大きな要因と捉えている。その土地開発の様相は、『常陸国風土記』から複数にわたり読み取れる。

（1）古墳時代における水田開発の段階

　『常陸国風土記』には、古代の農耕文化を想定させる記事が9郡、14ヶ所にわたってみられる。まず、総記には、「それ常陸国は、堺は是廣大く、地も亦緬邈にして、土壌も沃墳え、原野も肥衍えて、墾發く處なり」と常陸国が農耕地として開拓すべき土地として紹介されることに始まる。しかし、同じ総記には、「但、有らゆる水田、上は小く、中の多きを以ちて、年、霖雨に遇はば、即ち、苗子の登らざる歎を聞き、歳、亢陽に逢は實の豊稔なる歡を見む」と上級の水田は少なく、当然ではあるがその実りは天候によって左右されることが記されている。信太郡の浮島村の話には、「戸は一十五姻、田は七八町餘なり」と15戸で7, 8町歩の水田が耕作されてい

たことが示されており、当時の戸当たりの耕作面積が推定できる事例として興味深い。しかしここ浮島は、「居める百姓は塩を火きて業と為す」とあることから周辺は塩辛い水辺環境を呈しており、かつ景行天皇の東国巡幸に立ち寄った際に飲料水がなかったため卜部に占って井戸を掘らせたという伝承もあることから、稲作水田を求めるには比較的に難しい地であったように思える。ここで7、8町歩の水田が開発できたことは、湧水や井戸による水源が確保できたことによるものであろう。

そして、行方郡の条には、曾禰里に孝徳天皇の時代に築かれた「椎井の池」、鴨野の北の高向大夫の時代に築いた「枡の池」、男高村にある当麻大夫の時代に築いた池、同じく男高村の鯨岡にある「栗家の池」、香島郡の条には、垂仁天皇の時代に池を造るための石を拾い集め堤を築こうとする白鳥の話、久慈郡の条には、天智天皇の時代に軽直里麻呂が堤を築いて池を造った話など水田開発に伴う灌漑施設の整備を想定させる記事がみられる。特に省略がないとされる行方郡の内容は、各所で灌漑施設の設置を通して水田開発の様子を伝えるものとして重要なものといえる。著名な夜刀の神説話は、豪族が関わる水田開発の段階的な様相を示しているので、以下その内容を詳しくみることとしよう。

継体天皇の時代に行方地域にいた在地豪族である箭括氏麻多智は、谷の葦原を切り開いて新田開発し、その田を献上したという。内容から、当地における最初の水田開発者の一人といえる。そして、単に葦原を切り開くのでは、水田にはならないのであるから、最低限の畦畔を設け、水源から水田までの溝を掘り単純な利水を整備したものと考えられる。麻多智が新田開発の対象にした場所の地形は、谷であるから谷頭にみられる湧水が水資源であったと思われる。行方台地を刻む樹枝状の谷は、谷頭に向い標高を高めるから、地形の高低差を利用して水管理が実施されたのであろう。開発後に麻多智は、一族をもって水田の管理と共に夜刀の神の祭祀を行うようになる。麻多智が開発した田は、久慈郡にあったという藤原鎌足の領地のように、地方から献上される土地であるので、中央の祭祀文化に基づく経営が実施されたと思われる。祭祀は、中央と地方豪族を繋ぐ要素と水田経営者の領域支配を認める行為であるとともに、直接経営者の麻多智と経営に従事する一族の結束力を高めるものにもなった。しかし、孝徳天皇の時代になると、この谷津田は、茨城国造壬生連麿が支配するところとなってしまう。麿は、多くの水田経営に従事する人々を指導しながら新たな開発を行ったのであった。ここには、新たな灌漑技術の導入とともに組織的な再開発の様相が窺え、中央集権の中の地方の生産物の徴収を示唆するものと解される。

行方郡の条にみる2段階の水田開発は、広瀬和雄が提示する古代開発諸段階に当てはめると、麻多智の水田開発は、最も初期的な第Ⅰ期、つまり自然河川に堰を設けて水位を上昇させ、溝で導水する灌漑システムということになる。そして、麿の水田開発は、比較的大きな計画的開発となる第Ⅲ期、つまり溜池の取水設備による灌漑システムということになろう（広瀬1983）。これら諸段階の時期設定は、広瀬によると第Ⅰ期は弥生時代前期〜後期、第Ⅲ期は7世紀初頭以降と想定されている[4]。そうなると、第Ⅰ期に類似する麻多智の水田開発は、継体朝とされるので広瀬の設定よりかなり遅れた技術となってしまうのであるが、風土記編纂者が昔を回顧した話という広い意味での時期設定なのであろう。

この麻多智が切り開いた葦原や麿が堤を築いて構築した「椎井の池」は、現在の行方市玉造の泉地区と手賀地区の境となる谷津の湧水の場所が有力視されている。筆者も現在の湧水地点と、周辺にある曾禰里や曾禰駅を通る駅路、古墳時代の遺跡や古墳群の存在との関係から、この場所が妥当性をもつものと考えている。そして、推定地の谷津が沖積地へと開く両岸には、北岸に富士下古墳群、南岸には鳥名木古墳群が形成されている。さらに富士下古墳群に隣接して諸井古墳群、ワシ内台古墳群、鳥名木古墳群に隣接して手賀古墳群が所在している。これら古墳群は、すべて小支谷を間にした台地上に中型の前方後円墳に加え円墳や方墳で構成されるもので、規模からしても広い範囲に支配権を及ぼす豪族の古墳群とはいえず、小規模な地域単位に築造された古墳群といえる。この中に麻多智などの在地豪族の墓を求めることは可能であろうか。

『常陸国風土記』の行方郡の条にみられる、在地豪族を頂点に家父長的同族関係による水田開発と経営を基盤

第7節 『常陸国風土記』と古墳文化

に、その後、国造級の指導者が労役を伴って灌漑施設の設置・水田経営をしていく流れは、古墳時代の地方支配の形態の変化を象徴的に示すモデルケースになると考えられる。つまり、当時の地方にみられた一般的な社会構造の変化として捉えることができるのではなかろうか。つまり、稲作文化の導入と定着によって家父長的同族による地域支配構造が成立し、そうした地方の社会基盤のもとに外的な勢力の影響を受け、支配構造が調整・統括されていく流れである。考古学的に当地域の状況をみても富士下古墳群・鳥名木古墳群は、墳丘規模や構成基数からみて、小支谷で分けられる小地域単位に展開する細分化された家父長制に基づく在地豪族層を感じさせるものである。そのような事象が想定可能であるとすれば、当地域の中小古墳のなかに在地首長として水田開発指導に従事した箭括氏麻多智の墓を求めていくことも可能であろう。

　それでは、夜刀の神説話の推定地周辺にある富士下古墳群と鳥名木古墳群を詳しくみることとしよう。両古墳群が所在する地域は、古墳時代前期・中期に求められる古墳や集落はみられず、後期になって開発された地域といえる。富士下古墳群は、7号墳の前方後円墳（全長約25m）を最大に、1・4号の方墳（各一辺約20m）、2・3・5・6号墳の円墳（各直径約10m）の7基で構成される。当地域周辺では、最も多い群構成をとる。古墳群の詳細は、すべて未調査のため不明といわざるを得ないが、墳丘の高さが1号墳の約3mを最大に、その他が約2mと比較的低いもので、さらには埴輪が未検出ということも含め、後期以降の古墳群と考えられる。

　鳥名木古墳群は、1号墳の前方後円墳？（全長20m）、2・3・4号墳（直径15・14・10m）の4基で構成されている。ここも未調査であるため詳細に迫ることには限界があるが、墳丘の高さが約2mであること、埴輪が未検出であること、3号墳からは開墾の際に箱形石棺が発見されていることから富士下古墳群と同様に後期以降の古墳群と想定される。

　両古墳群とも20m級の前方後円墳を盟主的にもち、それよりも小規模の円墳・方墳群となる。

　また、富士下古墳群・鳥名木古墳群の周辺には、諸井古墳群・ワシ内台古墳群・手賀古墳群がある。これら3古墳群も同様に、近接しほぼ同規模な前方後円墳を中心に円墳数基で構成されるものである。そして、前方後円墳は各古墳群にそれぞれ1基ずつであり、諸井2号墳（全長30m）、富士下7号墳（全長25m）、ワシ内台1号墳（全長20m）とわずかに差をつけるものであるが、やはり20〜30mという規模になっている。しかも、埴輪が見られず、低墳丘で箱形石棺をもつ構造は、これら古墳群が後期以降に築造されていったことを物語っている。その古墳群形成の立地は、行方台地西部に多くみられる小支谷を境にした台地にあたかも小地域単位を示すかのように築造されているのである。そうした立地に各地区において全長20〜30mの前方後円墳を盟主墳として、円墳・方墳で構成される古墳群の様相は当地域の後期古墳文化が、谷津開発の単位をもっての中小規模の首長を数多く誕生させていったことが想定できる。いわば新田開発の中で生じた開発領主である。前方後円墳に葬られた階層は、主に小支谷、いわゆる谷津田開発を指導し、地域経済の基盤を形成した人物のものと考えられるのである。地域開発者を次世代の人々が敬い、一ランク上の前方後円墳を地域開発者の墓として採用したのではなかろうか。そして前方後円墳の周囲に衛星的に築造される円墳や方墳は、調査事例からほとんどが単体埋葬ではなく、多数埋葬が一般的となることから、谷津田単位の地域の経営に従事した一族と関係者が順次、追葬されていったのではなかろうか。このように考えると、曾禰里で水田開発を指導した在地豪族の麻多智の墓は富士下7号墳あるいは鳥名木1号墳にみられる前方後円墳に埋葬された被葬者でと考えられる。

　当地域の古墳時代後期に谷津田単位で群集墳化する様相は、水田開発を契機に小地域単位が生まれ、ヤマト政権の支配を受けながらも水田経営にあたった家父長制に基づく同族の墳墓が想定できる。

（2）行方郡の古墳

　先の富士下古墳群などが新たに谷津田開発を実施することで地位を得た在地豪族達の墓域と想定できるのであれば、もう少し広い範囲でこうした状況を検討することで、一地方のより詳細な古墳文化の展開に迫れることができると考える。続いて行方郡全体の古墳をみていきたいと思う。

行方郡全体の古墳を対象とした論考は管見によると数少なく、茂木雅博・白石太一郎・小澤重雄などが挙げられるに過ぎない。その要因には、常陸国における多くの古墳研究が大型や中型古墳を対象にしてきたとともに、常陸国最大の国造支配地域の茨城国やNo.2の那賀郡、神郡である香島郡など一部の地域が注目されてきたことも一つの要因と思われる。しかしながら、小規模古墳の存在意義や茨城国や那珂国から分割され行方郡が建郡された背景などを考察するには、行方郡域における古墳の分析は非常に重要な資料となり得る。ここでは、その行方郡の古墳に対し分析や検討を試みることで、律令国家の形成に向けた地方の社会構造の発展過程を具体的に見出していきたい。

　先学の行方地方の古墳研究を上げると、茂木雅博は、「常陸国風土記の考古学的研究」や「霞ヶ浦沿岸における前方後円墳の研究」というテーマのもとに遺跡分布調査や古墳測量調査などを実施した。これらの基礎的データは現在も有効な資料となっている（茨城大学2000）。白石太一郎は、著名な三昧塚古墳群を含む沖州古墳群（茨城郡立花郷）を行方郡の範囲とすることで不具合を生じさせているが、当地域の6世紀の有力在地勢力として大生古墳群を挙げている。その他には山田川北岸の堂目木古墳群や埴輪がまとまって出土した日天月天塚古墳、終末期方墳の塚原古墳を取り上げる以外は、当地方の古墳分析は少なく、概要的なものとなっている（白石1991）。小澤は、前期古墳として鉾田市大上古墳群の前方後円墳を皮切りに、中期古墳に潮来市浅間塚古墳、天王原古墳を挙げている。そして後期に一転して築造活動が活発になることを指摘し、矢幡瓢箪塚古墳に代表される矢幡地区の古墳群、後に大生古墳群へと変遷していく様相から二つの古墳群は一連の古墳群と考えられるとしている（小澤2003）。

　ここで、今一度、古代行方郡の古墳動向を整理してみたいと思う。行方郡における行方台地の地形的特徴は、霞ヶ浦（西浦）に面する地域では湖岸線が緩やかなカーブを描き、そこに樹枝状小支谷が発達するのに対し、北浦に面する地域では中小河川が存在するため、これら河川が形成するギザギザの湖岸線となっている。古墳は、霞ヶ浦側では小支谷沿いに築造されたため、内陸部にはあまりみられず、北浦側では中小河川に沿う築造のため、比較的に内陸部にまで古墳が築造されるという違いがある。

　行方郡内の古墳群は116ヶ所、古墳数では520基以上が確認されている。520基中の前方後円墳（帆立貝形を含む）の割合は84基（全体の約16％）に及ぶ。最大規模の古墳は、潮来市浅間塚古墳（前方後円墳・88m）で、次に行方市矢幡瓢箪塚古墳（前方後円墳・75m）、潮来市子子舞塚古墳（前方後円墳・71.5m）と続く。これら大型古墳は、行方台地の南部を中心に築造されており、周辺には中小古墳群も密度が高くみられることから、ここが、古墳時代には行方地域の中心的地域であったとされている。

　続いて時期的に行方地域の首長墓の様相をみてみよう。4世紀代の古墳として行方台地北部の鉾田市大上古墳群が上げられる。前方後方墳2基と方墳2基からなる古墳群で、1号墳（35m）と4号墳（37m）が前方後方墳である。4号墳は、調査が実施されたが、埋葬施設や副葬品などは確認できなかった。墳形から前期古墳と判断されている。

　5世紀になると、大上古墳群の北側低地の塚崎1号墳（前方後円墳・全長約40m）、潮来市浅間塚古墳（前方後円墳・88m）、同市天王原古墳（円墳・30m）が築造されるが、前期古墳と合わせ現状では数量的に少ない。また立地から中期的様相と考えられる古墳に、潮来市芝宿1号墳（円墳・直径約12m）、2号墳（円墳・直径約10m）、横須賀1号墳（前方後円墳・残存長21m）・2号墳（円墳・直径約12m）、行方市前山古墳（方墳・一辺12m）、同市大田小学校校庭古墳（円墳・直径17m）、同市うなぎ塚古墳（不明・石枕出土）等が上げられる。

　6世紀に入ると一転して活発な古墳造営がみられはじめる。先にも示したように行方地域で中心的な古墳群となるのが、律令期に逢鹿郷と大生郷となる行方地域南部の古墳群である。両郷共に北浦に面し、隣接して所在する地域で、『常陸国風土記』には逢鹿大生里と連名で記載されている。この地域には、矢幡瓢箪塚古墳・赤坂山古墳群・棒山古墳群・大生西部古墳群・大生東部古墳群など盟主墳をはじめ数多くの古墳が築造されている。

　次に行方郡を代表する古墳群をみてみよう。行方郡最大規模の古墳群は、潮来市（旧潮来町）の大生古墳群で

第 7 節 『常陸国風土記』と古墳文化

ある。大生古墳群は、分布状況から西部古墳群と東部古墳群に分けられている。昭和27年に国学院大学の大場磐雄によって調査が実施され、東部古墳群は 2 基の前方後円墳と 1 基の方墳、約60基の円墳、西部古墳群は 5 基の前方後円墳と32基の円墳が確認されている。西部 1 号墳の子子舞塚古墳は、古墳群中最大規模を誇り、埋葬施設に箱形石棺が用いられ装飾品を中心とした副葬品と共に、墳丘上からは数多くの埴輪が出土している。また造出部の礫床付近からは須恵器や土師器が出土している。2 号墳（鹿見塚古墳）は、58.1ｍの前方後円墳で 1 号墳と同様に造出部をもち、6 世紀代の年代が想定されている。14号墳は、15ｍの円墳で、箱形石棺をもつ。1 号墳に隣接することから陪塚とも考えられている。

潮来市（旧潮来町）棒山古墳群は、北浦に面する台地上に築造され、先の大生古墳群の北側に位置している。古墳群は、2 基の前方後円墳と 7 基の円墳で構成される。棒山 1 号墳は、前方後円墳で埋葬施設に粘土槨を採用し、出土した土師器から 5 世紀後半の年代が考えられている。棒山 2 号墳は、人形塚古墳とも呼ばれ人物埴輪や須恵器の子持ち器台・コップ形土器・横瓶などが出土しており、後期古墳と考えられる。棒山 7 号墳は、直径26ｍの円墳で、中心部より南西よりに箱形石棺を埋置している。石棺内から 5 体の人骨と直刀 1・刀子 2・耳環 2・鉄鏃36、石棺上からは須恵器の高坏と埦が出土し、6 世紀末に築造され 7 世紀初頭まで追葬されたと考えられている。

行方市（旧麻生町）根小屋古墳群は、雁通川の中流域左岸に位置する25基（前方後円墳 9 基・帆立貝形古墳 1 基・円墳15基）からなる古墳群である。全長21ｍ、後円部高約2.1ｍの前方後円墳の根小屋13号墳（行方市根小屋）は、埋葬施設が雲母片岩を使用する箱形石棺で、出土した須恵器（横瓶）から 6 世紀後半と推定されている。同じく調査された根小屋 4 号墳は、直径約15ｍの円墳で、埋葬施設は雲母片岩による箱形石棺であった。築造年代は、遺物より 6 世紀中頃と推定されている。

行方市（旧玉造町）の手賀古墳群は、円墳 4 基からなる古墳群で、3・4 号墳の調査例がある。3 号墳は、直径約15〜20ｍの円墳、4 号墳は墳形・規模共に不明であるが、埋葬施設は 3・4 号墳とも雲母片岩による箱形石棺であった。

さらに手賀古墳群の南約1.5kmに築造された井上古墳群（前方後円墳 1 基・円墳 6 基）の 4 号墳は埴輪を伴う直径14ｍ以上の円墳、箱形石棺をもつものと確認された。

行方市（旧北浦町）の札場古墳群は、前方後円墳 1 基、円墳 2 基、方墳 1 基の合計 4 基からなる古墳群である。札場 1 号墳は、直径27.8ｍの円墳で南東部の周溝に寄った位置から地下式の箱形石棺が発見されたが、蓋のみ雲母片岩を使用し、側石や妻石は粘土とローム土を版築状に叩き固めたものであった。周溝や主体部から出土した須恵器から 6 世紀末頃の築造年代が考えられている。札場 2 号墳は、直径22.5ｍの円墳で、中心部から南寄りの位置に地下式無袖形横穴式石室が構築されていた。盗掘にあったせいか副葬品は見られなかったが、埋葬施設の構造から 6 世紀末〜 7 世紀初頭に築造された古墳と思われる。札場 3 号墳は、長軸17.5ｍ、短軸12.5ｍの長方墳で南東部の周溝に寄った位置に 2 基の箱形石棺が確認されている。石棺内からは玉類を中心とした副葬品がみられ、長方墳という墳形と出土した須恵器の平瓶から 7 世紀末に築造された古墳と考えられている。札場 4 号墳は、前方後円墳と確認されたが、前方部が調査区外のために全長が測られていない。箱形石棺が括れ部の中央から周溝に寄った位置で確認され、内部から玉類と共に須恵器の壺が発見されている。埋葬施設や出土須恵器から 6 世紀末〜 7 世紀初頭にかけて築造されたものと考えられている。

行方市（旧北浦町）の成田古墳群は、札場古墳群の南西約0.3kmの位置に所在し、円墳 5 基、方墳 2 基の合計 7 基で構成されている。成田 1 号墳は、長軸9.1ｍ、短軸8.1ｍの方墳で中央部から南東部に寄ったところに地下式の箱形石棺が構築されていた。墳形や埋葬施設から 7 世紀代に築造されたものと考えられている。成田 2 号墳は、長径11.3ｍ、短径9.8ｍの不整円形を呈する古墳である。埋葬施設は、南東部に寄った位置に 2 基の地下式の箱形石棺が確認され、出土遺物の須恵器の年代と合わせて考えると 7 世紀末〜 8 世紀初頭に築造された古墳と考えられる。成田 3 号墳は、長径18ｍを測る円墳で南東部の周溝寄りに地下式の横穴式石室、東側の周溝外に

箱形石棺が確認されている。横穴式石室の玄門付近からは壺鐙をはじめとした馬具類が出土し、7世紀中頃に築造されたものと考えられるが、墓道から発見された須恵器の長頸瓶から7世紀末〜8世紀初頭に追葬が行われたものと考えられている。成田4号墳は、長径11.8mを測る円墳で、南東周溝に寄った位置に地下式の横穴式石室が確認されている。石室の構造から7世紀代の古墳と考えられている。成田5号墳は、長径18.3m、短径14.7mを測る不整な円墳で、南西部周溝に寄った位置に地下式の箱形石棺が発見されている。出土した須恵器の横瓶や石棺の構造などから7世紀中頃以降の築造が考えられている。

　このように調査された古墳群の様相をみると、多くの円墳が6世紀後半以降のものであり、特異埋葬施設を採用している。中型の前方後円墳も札場4号墳にみられるように、6世紀後半以降に求められるように思われる。以上のことから行方地域の古墳群の形成は、6世紀後半以降に急増し、手賀古墳群・井上古墳群・成田古墳群などのようにそれまでに古墳が築造されなかった地域にまで、古墳群が形成されていったのである。

（3）古墳内容からみる行方郡域の古代郷の比較

　『常陸国風土記』行方郡の条にみられる水田開発の記事から、その開発を指導した豪族の古墳、さらにそれまで古墳が築造されなかった地域に谷津単位にみられはじめる古墳群形成の状況から行方郡では古墳時代後期以降に積極的な開発が実施され、中小豪族が各地に誕生していく様子が明らかとなった[5]。こうした東国の集落成立の過程に基づき律令制に向かって再編成されていった結果、形成された地域単位といえる古代郷の様相をみていきたいと思う。

　筆者は以前より、古墳文化の展開を考える際に、国造制による地域単位を基本に考えている。この国造制の地域の範囲を考えるうえで重要な地域単位として後の古代郷を重視する。古代郷は、前述したように遅くとも古墳時代後期に成立した地域単位が基本となって成立したと考えられる。それでは、行方地域の古墳を古代郷ごとにみていくことで、行方地域内の様相をみていくことにしたい。行方地域は、17の古代郷の地域単位に分けられる。

　まず、古代郷ごとの古墳群数であるが、これは古墳分布の括り方（近接して築造される古墳数が複数であれば古墳群と考える）にもよるが、現在の『茨城県遺跡地図』を参照すると行方郡各郷に所在する古墳群数は1〜4古墳群のものが6郷、5〜10古墳群が7郷、10古墳群以上が4郷となる。この数値は、人口密度にも関係してくると思われ、古墳群数が15群ある当麻郷や14群ある逢鹿郷は人口密度が高かったものと考えられる。これらの古墳群の内訳をみると単独（1基でも古墳群）で登録されているものが意外と多いが、これらはすべて以前は複数以上所在したものであり、今後の調査によって古墳総数が変動すると思われるものである。そして古墳総数は、1〜10基の古墳が5郷、11〜20基が2郷、21〜30基が4郷、31〜50基が4郷、51〜100基が1郷、101期以上が1郷となる。古墳数21基以上のものが約60%を占めていることがわかる。古墳群内の前方後円墳の有無は、手賀郷のみ未確認であるが、いずれの郷においても墳丘規模の差異はあるにしろ前方後円墳が所在している。73基の古墳をもつ逢鹿郷では前方後円墳数が19基（26%）や135基以上の古墳をもつ大生郷では前方後円墳数が17基（13%）などは前方後円墳の築造率も高くなっている。各郷の最大規模の古墳は、手賀郷・余部里以外は前方後円墳で、30m以下が4基、31〜50m以下が7基、51m以上が4基みられている。行方郡内での最大規模別の前方後円墳の数量は、きれいなピラミッド形を描いている。その集中するところは繰り返しになるが行方台地南部である。これらを総合的（古墳群の基数、前方後円墳の規模・基数）に各郷の優位性をみてみると、トップが大生郷と逢鹿郷、その次に香澄郷、小高郷、井上郷と位置づけられる。これを国造制の地域範囲に当てはめると、大生郷と逢鹿郷が那賀国、香澄郷・小高郷・井上郷が茨城国となる。さらに行方郡内の30m以上の古墳をランキングしてみると、1位の香澄郷の浅間塚古墳（前方後円墳・88m）は茨城国、2位の矢幡瓢箪塚古墳（前方後円墳・75m）から9位の根小屋20号墳（前方後円墳・50m）までは先の総合的優位性が示すように大生郷と逢鹿郷が該当し、那賀国の首長墓となる。

　こうしたなかで、注目すべきは、やはり逢鹿郷と大生郷の優位性である。逢鹿郷と大生郷に築造された古墳の

規模・数量共に他の郷と比較した場合、群を抜くことが明らかである。逢鹿郷には、行方郡を建郡した那珂国造壬生直と同じ一族と考えられる壬生直宮万（天平勝宝5年正倉院調庸布銘）が居し、宮万が生きた当時の行方郡司大領は壬生直足人で、郡司主張は他田舎人部高麿であった。壬生姓についての詳細は後述するが、皇子の資養に供するための部民で、この調布銘からはその一族が伴造になったことがわかる。さらに他田は敏達天皇の名代とされ、逢鹿郷周辺は天皇や皇子などの中央皇族と関連深い地域であったことがわかる。隣接する大生古墳群も50mを前後する中型前方後円墳の集中地区で、逢鹿郡とともに行方郡南部の主力地域を強化する内容をもっている。

この逢鹿郷と大生郷は、先の壬生直の関連で旧那賀国と考えられる地域である。ここは地形的にみても、鹿島神宮と対峙し、霞ヶ浦の流れ海の玄関口といえる重要な地といえる。交通要衝の地であると共に矢幡瓢箪塚古墳が立地するように沖積地の水田開発も重点的に実施された地域といえる。そこは、天皇や皇族が直轄する領地ともなり、行方郡の重要地区に発展していった。隣接する旧茨城国であった行方郡香澄郷にも84mを誇る浅間山古墳が5世紀に築造され、その地域開発の萌芽をみたが、行方地域は、逢鹿郷と大生郷を中心とし、その他の地区に中小首長を育て、そして各種部民や屯倉・名代・子代が配されながら大和政権の支配下に組み込まれていった。後の郡司氏族としては那賀国に所属した大生郷周辺にいた壬生直が任命されていったように、行方地域もヤマト政権下にあって古墳時代において着々と律令国家への道を歩んでいったのであった。

行方郡の古墳動向について、まず箭括氏麻多智の営んだ首長墓を富士下古墳群内に推定したうえで、その他の当地域の豪族を行方郡全域に求め、その内容およびその変遷を検討してみた。その結果、谷津を単位に箭括氏麻多智に代表される中小首長層の墓を中心に古墳群が多数築造されたことと、そうした中小首長層が支配する地域単位が律令国家の郷の成立に重要な地域単位となったことが想定された。そういった流れのなかで、逢鹿郷と大生郷は中心的な地域となるとともに、壬生直といった旧那賀国の国造一族を首長とし、中央とのパイプ役を維持していった。100基以上からなる大生古墳群にみる巨大化した家父長連合に、その頂点に立つ那賀国造壬生直が指導権をにぎり、茨城国造壬生連の協力体制を得ながら、行方郡を建郡したと思われる。しかし、行方郡の郡衙は古墳時代における中心地には設けられなかった。

行方郡は、17郷からなる大郡である。大郡には、郡司なる役人が大領・少領各一名、主政・主帳各三名任じられ、そのほか雑務を処理する徭丁が94名置かれたことから合計102名の役人が郡衙に務めたことになる。これらの役人には、大領が逢鹿郷出身の壬生直が任じられ、行方郡域の中層首長者もこのなかに組み込まれたものと考えられる。その他の役人は行方郡各郷の有力者が選出され、先の30m以上の有力墳やその系譜にある古墳に葬られた人物の子孫は選出基準を満たすものといえよう。しかも行方郡は、常陸国府が置かれる茨城郡と神郡の香島郡を結ぶ香島道の間に位置することから重要な役割を担っていた。行方台地は、北浦側では中小河川の発達により起伏に富んだ地形を呈することから、自ずと比較敵平坦な霞ヶ浦側の台地が選ばれ香島道となった。旧茨城国に香島道が設けられることにより、曾禰里や板来郷の有力者が曾禰駅家や板来駅永の管理・運営に従事することになり、これらの役人は古墳時代における中層豪族の系譜を引く人物であったのである。

3　茨城国造の壬生部と古墳

『常陸国風土記』に登場する代表的な古代豪族に壬生部がいる。壬生部の設定は、推古天皇15年で、早川万年によると壬生部は、東国に有力に分布し、6世紀に皇子・皇女の部として設置されたと思われる湯坐部と分布が重複しているという。さらに、湯坐部の設置が物部氏の東国進出と関連をもっていたことなどから、6世紀後半の物部本宗家の没落という政治的変動に注目し、推古朝において、天皇家の政治的地位を図るために湯坐部が壬生部として改編され、設定されたと結論づけられている（早川1985）。また、小池浩平は、「壬生部の設定は、聖徳太子と蘇我氏との協調体制で推進された政策で、物部本宗家滅亡を機に地方の物部勢力基盤への浸透を図ったというのが実態であり、屯倉を管理するという形（物部氏主導で展開した屯倉とは限らない）で壬生部が設定された

ことも推定できよう」とする（小池1996）。いずれにせよ壬生部は、ヤマト政権下の豪族との関係で設置された部民であり、それらを支える経済や軍事面での基盤となっていたのである。

　常陸国では、茨城、那賀、筑波、行方、信太郡に壬生部が存在した。『常陸国風土記』行方郡の条にある茨城国造小乙下の壬生連麿と那賀国造大建壬生直夫子、『続日本紀』神護景雲元年3月条にある筑波女従五位下の筑波郡の壬生直小家主女、『日本書紀』持統天皇3年7月条にある筑波郡の兵衛の壬生連虎、『正倉院宝物』調布（天平勝宝5年）にある行方郡大領正八位下の壬生直足人、同じく『正倉院宝物』調布（天平勝宝5年）にある行方郡の戸主の壬生直宮方、『正倉院宝物』調布（天平勝宝4年）にある信太郡の戸主の生部衣麻呂などである。これらの5郡の地域は、6世紀代に物部氏と強い関係を築いており（千葉2007b）、物部の地域に壬生部がみられる現象は、早川や小池が指摘する内容を追認するものと考える。

　この壬生部が関連する常陸国内の5郡では、茨城前方後円墳築造停止後の終末期古墳において大型円墳が確認されている。茨城郡では、かすみがうら市風返浅間山古墳（56m）、石岡市上坪古墳（44m）、同市茨城古墳（42m）、小美玉市岡岩屋古墳（40m）、同市栗又四箇岩屋古墳（40m）、かすみがうら市大塚52号墳（40m）などがある。那賀郡では、ひたちなか市大穴塚古墳（40m）、水戸市下入野1号墳（40m）などがある。筑波郡では、つくば市横町2号墳（50m）、同市島名関ノ台24号墳（47m?）などがある。行方郡では、行方市井上8号墳（55m）、時期不明であるが同市大塚1号墳（48m）や潮来市大生東部2号墳（45m）、大生西部34号墳（42m）、大生西部8号墳（40m）などがある。信太郡では、美浦村東崎古墳（56m）、稲敷市東前1号墳（53m）などがある。いずれの地域にも40～50m規模の円墳が所在していることがわかる。大型円墳は、白石太一郎が蘇我氏の血縁関係をもたない非蘇我氏系氏族が築造したものと考察されており（白石1982）、関本優美子はさらに具体的に「蘇我氏との血縁が薄い大王家、あるいは蘇我氏との対立関係にあった物部氏、中臣氏などの氏族に採用されていることが指摘できる」としている（関本2013）。この地域には、終末期における大型方墳は存在せず、大型円墳が中心となる様相も物部から壬生部へという非蘇我氏系氏族による支配が想定できるものである。

　このように物部氏の影響が強かった常陸国でも物部氏の没落後は、壬生氏との関係が築かれるとともに、7世紀前半をもって豪族の古墳に大型前方後円墳が採用されることはなくなり、変わって40～50mの大型円墳が築造されるようになる。明らかにこの時期に常陸地方の豪族に大きな変化があったものと考えられる。川尻秋生は、『常陸国風土記』行方郡の条にある茨城国造と那賀国造が壬生氏であることを「茨城国と那賀国にいた首長（茨城□・宇治部直カ）を凌ぐ勢力をもつようになり、国造職も移動したと考えられる」と捉えた（川尻2006）。前述したように茨城国造の墳墓は、7世紀を迎える頃に玉里古墳群から風返古墳群に移り、当地域では風返稲荷山古墳をもって大型前方後円墳の築造は停止する。明らかに、それまでの国造職が移動したことと当地域における社会変化があったものを示すものである。そして『常陸国風土記』に登場する茨城国造壬生連麿が、当地域において在地豪族の箭括氏麻多智が開拓した水田を多くの地元民を従えて再開発する様子は、東国においても推古朝に進められた国土開発をうかがわせるものとして十分な内容である。常陸国にみられる壬生氏は、このように推古朝の7世紀に常陸国内にも勢力を拡大させ、それまでの支配体系や社会組織に多大な影響を及ぼしたのであった。

　さらに、壬生氏との関連を間接的に窺わせるこの地域の考古遺物に「銅鋺」が上げられる。銅鋺の国内生産は、壬生部が設定された推古朝における対隋外交を意識した政策の一環とされ、国産銅鋺・盤を補完するために金属器模倣須恵器も生産されていた。銅鋺の大量使用契機は、裴世清来日時の608年の饗宴や609年の飛鳥寺・大仏の完成と考えられ、地方豪族への配布もそれ以降とされる（桃崎2006）。この銅鋺の出土を茨城県内に求めると9例中6例が茨城国域に集中し、茨城国造壬生連の本拠地と考えられる梶無川河口域に2例出土している。また、梶無川河口域の対岸に位置する柏崎1号窯では、金属器模倣須恵器が生産されており、銅鋺と同様に取り扱われたものと考えられることから、銅鋺2例の保有とともに金属器模倣須恵器の生産が実施された背景には、桃崎が指摘するように上宮王家の対隋外交政策の一端が、この地域でも実施されていたとことがうかがわれる。このように壬生氏の勢力拡大の時期にみられる銅鋺や金属器模倣須恵器は、東国における国際情勢の影響を考える

うえで大変重要な遺物といえるのである。

その後、茨城国では7世紀後半の時期に郡寺と推定される茨城廃寺が建立されていった。茨城廃寺は法隆寺式伽藍で構成され、創建瓦には四天王寺と類似する瓦が葺かれていた。聖徳太子の上宮王家との影響が想定されるこれらの遺構や遺物も壬生氏が国造職となっていた茨城郡ならではのものといえるであろう（千葉2007a）。

おわりに

増尾伸一郎は、風土記編纂が企画された要因として、律令制が導入されたものの新都造営への負担に加え、飢饉と疫病の流行が公民の疲弊をもたらし、地方の立て直しを図るために改めて地方の実状を把握する必要があったとしている（増尾2001）。『常陸国風土記』には、作成された時期までの常陸国の動向が記されているが、これらは地方がどのような古墳時代を経て、律令制に基づく古代国家へ組み込まれていったのか参考となる内容である。その内容に登場する人々には、景行天皇や倭武天皇などのヤマト政権を象徴していると思われる内容や在地勢力と外的勢力の人々の動きを表した内容などがあり、さらに部曲や田荘、名代や子代、ミヤケの設置なども想定され、地方と中央との複雑な関係も読み取る事ができる。こうした『常陸国風土記』にみる人々からの古代社会を明らかにしたうえで、より具体的な地方の展開を探るために行方郡にみる開発の諸段階を参考に、開発を実施した権力者状況を郡内の古墳を資料に検討してみた。

さらに、常陸国を代表する豪族の壬生氏に注目し、壬生氏が常陸国に設置される背景を推古朝にあった国土開発や国際情勢に鑑みた事象であったことを先学に倣いながら想定してみた。壬生氏が東国に設置され始めた時期は、推古朝の時期であるが、聖徳太子が東アジア社会の情勢を理解するなかで次々に政策化していった時期でもあった。太子は、高句麗の勢力拡大を図る傾向にあったことを認識し、隋との関係を今ならば対等に結べるのではと勘案した中で冠位十二階や十七条憲法を設定していったのであるが、隋や朝鮮半島で重んじていた衣服制や礼儀作法なども中央のみならず地方にまで浸透させようとしたことが、当地方の銅鋺や金属器模倣須恵器などの考古資料からも垣間見られるのである。

このように『常陸国風土記』に古墳文化や考古資料を互いに援用することで奈良時代が目指した律令制に基づく古代国家の発展的経緯が見えてくるのである。風土記に記される歴史事象は、国内の様相に留まらず、東アジア社会の変化に常陸国の豪族も間接的に関わっていった様子をみることもできる。リアルな古代国家を探るには『常陸国風土記』は重要な資料といえる。今後も多くの研究者が学際的に『常陸国風土記』を利用されることを望み、擱筆する。

註

1) 『風土記』には、国造や大夫などのように位を示すとともに名を記すことで直接的に存在を示す豪族と国巣や佐伯といった賊や単に名で登場する人物がおり、これらには間接的な地方豪族を示すものがある。そもそも『風土記』を読み解くには、漢字や言葉に秘められる当時の人々の思いや考えが存在するため、現代人の感覚で直接に当てはめることは避けなければならない。直接の解読ではその裏側にある、さらに奥底にある古代人の心情や本音が読み取れないのである。特に『常陸国風土記』は、美文が数多くみられ、漢籍教養人の手によるものと考えられているので、その感性豊かな表現の中に含まれる史実、さらに中央や地方の豪族の動向を探らなければならない。
2) 本稿の『常陸国風土記』の訓読文や解釈については、沖森卓也・佐藤信・矢嶋泉編著『常陸国風土記』（山川出版社）による。
3) 有賀神社と大洗磯崎神社に関連が想定可能ということになれば、内原古墳群と涸沼川水系で結ばれる大洗町の鏡塚古墳や車塚古墳、茨城町の宝塚古墳や諏訪神社古墳などとの関連も想定できようか。地域の稲作サイクルという視点に立って、地域の生産を支配する権力者像を考える際は、広域的な範囲を考察の対象にすべきと考える。後期古墳から築造開始される古墳群の場合でも稲作で関連付けられる地域（水系や祭祀等で繋がる）に目を広げれば、首長墓変遷が理解できるものがあるのである。

4) 広瀬和雄は、「古代の開発」の中で、古代の稲作にいくつのかの段階を想定している（広瀬和雄1983「古代の開発」）。古代の灌漑技術の諸段階において4段階、開発の諸段階において3期を想定している。
5) 筆者は、以前に『常陸国風土記』にみられる景行天皇や日本武尊が常陸国に巡幸された際に留まった施設とされる「帳宮」、「頓宮」をミヤケと想定し、検討したことがある（千葉2011）。この際に行方地域のミヤケが想定される地域において、6世紀以降に成立し、6世紀をもって終焉する集落と奈良・平安時代に継続される集落があることを指摘した。いずれにしても、当地域が6世紀をもって大きな社会変化をむかえたものと考えられ、小規模古墳の築造開始と連動することからも古墳時代後期の地域単位が古代郷を設定するうえで基本とされたものいえる。

参考文献

稲田健一　2009「久慈川・那珂川中流域における前期古墳の様相」『茨城県における前期古墳の様相』茨城県考古学協会
稲田智宏・塚越光信　2005『日本の神々』東京美術
井上辰雄　1985「常陸の豪族」『えとのす28　常陸国風土記の世界』新日本教育図書
井上辰雄　2010『『常陸国風土記』の世界』雄山閣
茨城県神社庁　1973『茨城県神社誌』
茨城大学人文学部考古学研究室　2000『常陸の前方後円墳（1）』
いわき市　1986『いわき市史　第1巻　原始・古代・中世』
上野　誠　2008「「こもりくの泊瀬」と万葉人の心」『三輪山と日本古代史』学生社
内原町史編さん委員会　1994『内原町の遺跡―内原町遺跡分布調査報告書』
遠藤千映美　1998「東北南部」『シンポジウム前期古墳から中期古墳へ』第3回東北・関東前方後円墳研究大会
大和岩雄　1984「大洗磯前神社」『日本の神々　第11巻　関東』白水社
小澤重雄　2003「北浦沿岸の古墳の様相」『領域の研究』阿久津久先生還暦記念事業実行委員会
上高津貝塚ふるさと歴史の広場　2014『武者塚古墳とその時代』
川合章子　2003『陰陽道と平安京　安倍清明の世界』淡交社
川尻秋生　2006「七世紀東国を考える一視点」『関東における後期・終末期古墳群の諸相』明治大学古代学研究所
木本雅康　1995「鹿島神宮と筑波山の方位関係について―『常陸国風土記』を手がかりとして―」『日本民俗学』202　日本民俗学会
小池浩平　1996「壬生公（朝臣）―東国における壬生部の設定プロセス―」『群馬県立歴史博物館紀要』群馬県立歴史博物館
佐々木憲一・田中裕編　2010『常陸の古墳群』六一書房
志田諄一　1971a『古代氏族の性格と伝承』雄山閣
志田諄一　1971b『常陸国風土記とその社会』雄山閣
志田諄一　1985「鹿島の神と中臣氏」『えとのす28　常陸国風土記の世界』新日本教育図書
志田諄一　1998『『常陸国風土記』と説話の研究』雄山閣
篠川　賢　2009『物部氏の研究』雄山閣
白石太一郎　1982「畿内における古墳の終末」『国立歴史民俗博物館研究報告』第1集
白石太一郎　1991「常陸の後期・終末期古墳と風土記建評記事」『国立歴史民俗博物館研究報告』第35集　国立歴史民俗博物館
関　和彦　1999「常陸国風土記の世界―道と水―」『常陸国風土記の世界』茨城県立歴史館
関本優美子　2013「方墳・円墳・八角墳―前方後円墳築造停止の後―」『考古学からみた推古朝』大阪府立近つ飛鳥博物館
大工原美智子・小野友理香　2008『紡む　紡錘車が語る多胡郡』吉井町多胡碑記念館
滝沢　誠　1994「筑波周辺の古墳時代首長系譜」『歴史人類』22　筑波大学歴史・人類学系
田中広明　1988「霞ヶ浦の首長」『婆良岐考古』第10号　婆良岐考古同人会
田中裕・日高慎　1996「茨城県出島村田宿天神塚古墳の測量調査」『筑波大学先史学・考古学研究』7　筑波大学歴史・人類学系
千葉隆司　2007a「常陸国における古代寺院造営の背景―茨城国と筑波国の壬生部関係からの試論―」『国士舘考古学』第3号　国士舘大学考古学会

千葉隆司　2007b「霞ヶ浦と他界観―富士見塚1号墳出土埴輪にみる線刻舟からの天鳥船思想―」『婆良岐考古』第29号　婆良岐考古同人会

千葉隆司　2008「日高見の国、そして常世の国への憧れ―霞ヶ浦高浜入りにおける古代国家の黎明―」『婆良岐考古』第30号　婆良岐考古同人会

千葉隆司　2009a「常陸国風土記に見る古墳文化の展開―水田開発記事と古墳分布の関係―」『古代学研究所紀要』〈特集号〉風土記の現在　明治大学古代学研究所

千葉隆司　2009b「常陸国信太郡の遺跡と古代豪族―霞ヶ浦南岸地方の古墳文化素描―」『婆良岐考古』第31号　婆良岐考古同人会

千葉隆司　2010a「常陸国茨城郡衙の一考察―設置の背景を探る―」『筑波学院大学紀要』第5集　筑波学院大学

千葉隆司　2010b「茨城国造を巡る争い」『茨城県考古学協会誌』第26号　茨城県考古学協会

千葉隆司　2011「常陸国におけるミヤケと古墳」『婆良岐考古』第33号

千葉隆司　2012「常陸国茨城郡の古墳文化」『婆良岐考古』第34号　婆良岐考古同人会

千葉隆司　2013「古代行方郡素描」『婆良岐考古』第35号　婆良岐考古同人会

千葉隆司　2014「『常陸国風土記』にみる豪族たち（1）―ヤマト政権と地方豪族の動向を考える覚書　新治・筑波・信太・茨城・行方・香島郡―」『婆良岐考古』第36号　婆良岐考古同人会

千葉隆司　2015「『常陸国風土記』にみる豪族たち（2）―ヤマト政権と地方豪族の動向を考える覚書　那賀・久慈・多珂郡―」『婆良岐考古』第37号　婆良岐考古同人会

千葉隆司　2016「盆地の考古学―常陸国最大の茨城国造を誕生させ、常陸国府を支えた八郷盆地の文化―」『婆良岐考古』第38号　婆良岐考古同人会

千葉隆司　2017「水資源と古代の開発・祭祀―筑波山地域ジオパークにみる古墳時代の権力者と稲作文化―」『婆良岐考古』第39号　婆良岐考古同人会

堂野前彰子　2009「神話としての「一夜孕み」」『古代学研究所紀要』〈特集号〉風土記の現在　明治大学古代学研究所

西宮一男　1969『常陸狐塚古墳』

早川万年　1985「推古朝における壬生部設定について」『古代文化』37-8

菱田哲郎　2007『古代日本　国家形成の考古学』京都大学出版会

日高　慎　1998「茨城県―前期古墳から中期古墳へ」『前期古墳から中期古墳へ』東北・関東前方後円墳研究会

常陸太田市　1984『常陸太田市史　通史編　上巻』

広瀬和雄　1983「古代の開発」考古学研究

増尾伸一郎　2001「風土記編纂の史的意義」『風土記を学ぶ人のために』世界思想社

村武精一　1984『祭祀空間の構造』東京大学出版会

桃崎祐輔　2006「金属器模倣須恵器の出現とその意義」『筑波大学　先史学－考古学研究』第17号

第7章　古墳時代中央からみた東国

第1節　甲冑出土古墳からみた5世紀の東国

藤田　和尊

1　陪冢の概念規定

　たびたび述べてきた（藤田1993・2007・2011・2016予定）ことであるが、議論の前提としてまず、陪冢の概念規定をしておきたい。古墳時代中期において、武器・武具の集中管理に代表されるような政権の存立基盤そのものを陪冢被葬者たる原初的官僚に委ねた（藤田1988）政治システムを陪冢制と呼んだ（藤田2006）。したがって、陪冢制もしくはその影響下で成立した様相が、周縁部ではどのようなあり方をみせるのかの検討は、中央と周縁の関係を論じるうえで欠かせない。

　さて、陪冢には他の古墳にはない二つの特徴があるとされてきた。一つは主墳と陪冢という関係の特殊性である。高橋健自は「偉大なる墳丘の周囲に近く若干の小墳丘が配置されてある」場合、後者を前者の陪冢とよぶことを提唱（高橋1924）した。これを受け西川宏は「一つの大型古墳に対して、①規模・施設・副葬品等が量的あるいは質的に劣り（従属性）、②同時代の築造にかかり（同時代性）、③ある程度計画的に配置されたとみられる（計画性）、一ないし数基の古墳がある場合、前者を主墳、後者を陪冢とする。」とした（西川1961）。このうち「③ある程度計画的に配置されたとみられる（計画性）」は明らかに厳密性を欠く。しかしこうした一般的理解は、大形古墳の近傍にあり、上記の他の二つの要件を満たせば陪冢と認めうるとする弊害を生んだ。実際、西川が示した陪冢にもこうした例は少なくないのである。

　陪冢にかかる第二の特徴は、特定遺物の大量埋納の知られるものが存在することである。森浩一はカトンボ山古墳の報告（森・宮川1953）に付した考察で、遺物の種類が限られ、同種の遺物の数が著しく多い陪冢に注目し、この種の陪冢には人体埋葬が認められない、と主張した。石部正志も人体埋葬のない陪冢の存在を認めたうえでこれを副葬用陪冢とよび（石部1958）、主墳の外観の壮大化の観点からその出現の経緯を説明しようとした。

　さて、この特定遺物の大量埋納の知られる陪冢であるが、実は主墳の周堤との位置関係において、陪冢以外にはみられない関係を保持していたのである。

　そこで陪冢を改めて概念規定し、後に述べる条件に合致するもののみを「陪冢」とよぶことを提唱した（藤田1993）。以下、概要を記しておく。

　末永雅雄がかつて周庭帯とよんだ（末永1962）、大形古墳の濠のさらに外側を取り巻く施設は、発掘調査によって外濠と外堤の痕跡であったことが判明した。このことにより畿内中枢部における主墳と陪冢の位置関係は、主墳の周濠および周堤に対する位置関係と捉え直す条件が整ったといえる。じつは特定遺物の大量埋納を特徴とした副葬用陪冢とよばれたものは、いずれもが主墳の周堤の上に築造されるか、またはほぼ接する位置にある（藤田1993）ことが判明している。ほぼ接する位置との表現はやや曖昧さを残すが、これは向墓古墳において主墳である墓山古墳の周堤につながる陸橋が検出（高野・伊藤1990）されたこと、あるいは宮の南塚古墳で允恭陵古墳の外堤に取り付く通路が検出（上田1997）されたことなどから、主墳の周堤とこれら陪冢との間には、本来はその関係を示唆する何らかの構造物が存在していたとの見通しによる。

　このように陪冢にみられた特徴の一つである、特定遺物の大量埋納の認められる古墳は、主墳の周堤との関係において、他の古墳にはない形で主墳との関係の深さを顕示する状態で築造されていた。このような特殊なあり

方こそが主墳と陪塚の関係に相応しい。換言すれば陪塚は、主墳の周堤に対して造作することの許された中小規模墳といっても良い。

このことにより、西川が掲げた三つの条件に加えて「主墳の濠の周堤の上に築造されるか、またはほぼ接する位置にある」と四つ目の条件を設けることにより、これを厳密な意味での陪塚の概念規定とし、その条件を満たしているものを陪冢（ばいちょう）と表記することを提唱した（藤田1993）。以下、これに基づいて記述する。

特定遺物の大量埋納は陪冢の十分条件であって必要条件ではない。主墳被葬者との有機的関係の親密性は、あくまでも主墳の周堤と陪冢との位置関係に顕現しているとみるからである。したがって特定遺物の大量埋納のみられない、長持山古墳や唐櫃山古墳も当然陪冢と認めうる。また、陪冢における甲冑保有形態は、それ以外の近在する中小規模墳に対して優位である（藤田1993）ことも指摘できる。陪冢以外の大形墳の周囲に所在する中小規模墳については、古墳群中の古墳、あるいは古墳群の中で特定の大形墳を核として成立した支群中の古墳と評価することで事足りる。

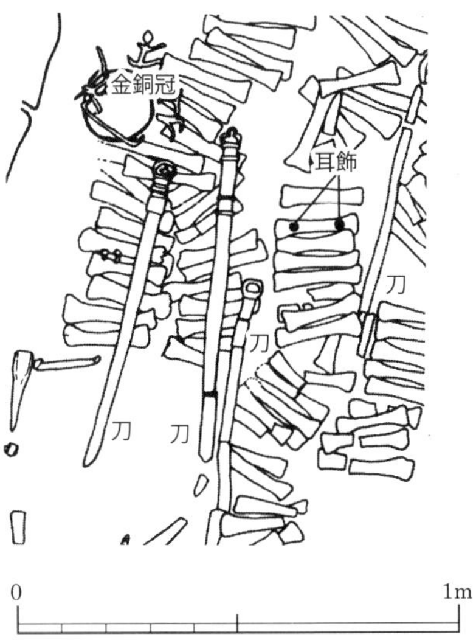

次に、副葬用陪塚とも呼ばれた、特定遺物の大量埋納の認められる陪冢における人体埋葬の有無について言及しておく（藤田2006）。佐紀盾列古墳群中のウワナベ古墳の陪冢、ウワナベ6号墳（末永1950）は、872枚の鉄鋌が敷き詰められていたことから、人体埋葬を伴わない陪冢の典型とされてきた。しかし福泉洞10・11号墳（申ほか1983）をはじめとする伽耶地域の発掘調査では、敷き詰められた鉄鋌の上に人体埋葬がなされた（第134図）とみるべき事例が少なからず知られるようになった。ウワナベ6号墳では鉄鋌以外にも鉄鎌、刀子、鉇、滑石製斧、滑石製鎌など通有の古墳と替わりのない遺物も出土していることに注意したい。

古市古墳群中の墓山古墳の陪冢、西墓山古墳（山田ほか1997）については、報告書でも指摘されているとおり、既報告の鉄製品埋納

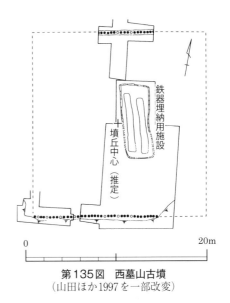

第134図　福泉洞10号墳
（申ほか1983を一部改変）

第135図　西墓山古墳
（山田ほか1997を一部改変）

施設は墳丘の中心位置から東に偏った位置（第135図）にあり、別に中心主体が存在する可能性がある。

百舌鳥古墳群中の御廟山古墳の陪冢、カトンボ山古墳（森・宮川1953）については、調査報告者は人体埋葬の存在に否定的であるが、掲げられた論拠による限り説得力に乏しい。むしろ二面の鏡の存在が気にかかるところである。履中陵古墳の陪冢、七観古墳（末永1933）については乱掘のため詳細は不明ながら、その後の調査報告（樋口ほか1961）からすると、人体埋葬の余地は十分にある。このほか三重県殿塚古墳の陪冢、わき塚一号墳（森・森川ほか1973）の場合は、甲冑等は遺物埋納用施設からの出土であるが、隣接して人体埋葬施設も検出されている。

このように考えると、陪冢には人体埋葬が伴わないものが相当数ある、とのかねてからのイメージには見直しが必要であり、むしろいずれの陪冢にも人体埋葬が伴うと考えた方が理解しやすい。そして、陪冢の築造が主墳の築造から相当期間遅れる場合も少なからずあるので、陪冢被葬者については殉死の風習はなかった、もしくは一般的ではなかった、とみなしえる。

第136図　上野天神山古墳
（金澤ほか1999を一部改変）

2　東国唯一の太田天神山古墳

　東国で陪冢を伴う古墳は太田天神山古墳（金澤ほか1999）（第136図）のみである。あえて変形されたものまで挙げるとするならば、擬似陪冢保渡田型（藤田2007）と呼んだ、保渡田八幡塚古墳（第137図）（若狭・田辺・大塚ほか2000）と井出二子山古墳（後藤1953）を加えることはできる。ともに内濠の中に4基の中島を設け、中島には埋葬主体があることも確認されている。非常に計画性の高い中島の配置であることは言うまでもないが、元より陪冢制を背景とした陪冢そのものとは異質のものであり、陪冢のあり方を参考にしつつ、中期末葉以降、保渡田古墳群においてのみ独自に採用された形態である。

　また、未だに「陪塚を伴う（決して陪冢とは表記しないで欲しい）」とされることもあるのかもしれないが、石岡市所在の舟塚山古墳（黒澤・諸星1978）と小美玉市所在の玉里権現山古墳（小林・新井ほか2000）の周辺の小形墳（第138図）は陪冢とは認められない（藤田2007）。理由は、地形に制約され、同一水面で巡る濠を形成できない隍にすぎないからであり、したがって周堤は全周しないし、それはほぼ旧来の地形そのもので、そうした箇所に小形墳が所在するに過ぎないからである。そもそも陪冢を伴うのであれば、精美な濠と周堤は不可欠であり、その条件に見合う占

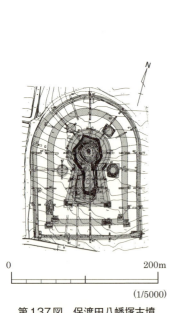

第137図　保渡田八幡塚古墳
（若狭ほか2000を一部改変）

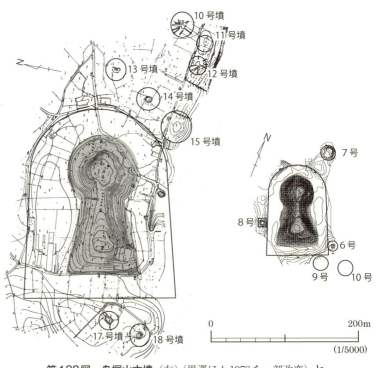

第138図　舟塚山古墳（左）（黒澤ほか1978を一部改変）と
玉里権現山古墳（右）（小林ほか2000を一部改変）

地が前提条件である。したがってこれらはあくまでも、舟塚山古墳または玉里権現山古墳を盟主墳とする古墳群内の小形古墳として捉えるべきで、決して陪冢ではない。

実際、内容の知られる舟塚山17号墳（32＝第140図および第19表に対応。以下同じ。）では横矧板鋲留短甲が出土しており、舟塚山古墳は前葉の築造（佐藤・鹿志村1994）とされるから17号墳はそれより大きく遅れる。舟塚山古墳の築造を契機に周辺に古墳群が形成されていったことを明瞭に示すものである。

3　派遣将軍とその系譜

それでは東国で唯一、陪冢を伴う太田天神山古墳の被葬者像についてはどのように理解するべきであろうか。墳長210ｍと東国最大の古墳でもある本墳には長持形石棺の存在も知られている。また墳頂部の白色礫の存在から長持形石棺は竪穴式石室に納められていたと推定され、東国では圧倒的に中央の様相に近い古墳である。

陪冢を伴う古墳を地域別にまとめる（第18表）と27基のうち、のちの畿内に相当する地域だけで74.1％の20基を占めていること、それ以外の地域では1基ないしせいぜい2基が孤立した状態で存在することがわかる(1)。

久津川車塚古墳より下段の、檀場山古墳、玉丘古墳、雲部車塚古墳、殿塚古墳、女狭穂塚古墳、両宮山古墳、そして太田天神山古墳は大形の前方後円墳で陪冢を伴い、判明しているものについてはいずれも中心主体に長持形石棺を採用するという共通性を有する。また、前代の系譜を引かずに突如として出現するという点でも共通している。

中心主体の調査がなされた久津川車塚古墳、雲部車塚古墳ともにその甲冑保有形態（藤田1988・2006）は月岡パターンと呼んだものである。月岡パターンは新旧取り混ぜた甲冑セットがそれぞれの配布の機会にセットとしてもたらされる。この旧のセットは古墳築造期よりもおよそ2型式古いものとなっているわけであるが、畿内以外では甲冑がセットで恒常的にもたらされることは無いし、そもそも、それぞれの古墳は前代の系譜を引かないから、本来はこれら旧式の甲冑セットを保有できる機会はない。

そこで注意されるのが墓山パターンと呼んだ甲冑保有形態で、月岡パターンと同様に、新旧取り混ぜた甲冑セットがそれぞれの配布の機会にセットとしてもたらされるが、いずれも中小規模の円墳であり、その分布は畿内とその周辺部に限定されている。このことから月岡パターンの甲冑保有形態を採りうる古墳について、その被葬者は本来は墓山パターンとして甲冑を保有していた畿内およびその周辺部に出自をもつ中小の首長であった可能性が浮かび上がる。月岡パターンの甲冑保有形態の古墳の被葬者に派遣将軍を想定するゆえんである。

雲部車塚古墳の場合には竪穴式石室で、久津川車塚古墳の場合にはその省略形の石棺両小口への小石室の付設

第19表　陪冢を伴う古墳累計表（藤田・尼子2015から）

地域区分		旧国名	陪冢を伴う古墳（主墳）	古墳群	比率	累計
畿　内	中枢部	河内	古室山古墳、允恭陵古墳、仲津媛陵古墳、応神陵古墳、墓山古墳	古市古墳群	22.2%	22.2%
			黒姫山古墳			
		和泉	反正陵古墳、仁徳陵古墳、履中陵古墳、御廟山古墳、ニサンザイ古墳	百舌鳥古墳群	22.2%	44.4%
			宇度墓古墳	淡輪古墳群		
		大和	成務陵古墳、磐之媛陵古墳、コナベ古墳、ウワナベ古墳	佐紀盾列古墳群	22.2%	66.7%
			室宮山古墳、河合大塚山古墳	（葛城地域）		
	摂津		継体陵古墳		7.4%	74.1%
	山城		久津川車塚古墳			
畿　内 周辺部		播磨	檀場山古墳、玉丘古墳		14.8%	88.9%
		丹波	雲部車塚古墳			
		伊賀	殿塚古墳			
地方		日向	女狭穂塚古墳		11.1%	100.0%
		吉備	両宮山古墳			
		上野	太田天神山古墳			

という違いはある。また、月岡パターンの標識とした月岡古墳の場合にも竪穴式石室に長持形石棺を納めており、本墳にも陪冢も伴った可能性が高い（藤田2007）。これらのいずれもに月岡パターンで甲冑セットが大量に副葬されている。

太田天神山古墳は東国最大の前方後円墳として著名であるが、陪冢を伴い、中心主体は竪穴式石室に長持形石棺を納めるわけであるから、その甲冑保有形態は月岡パターンであったとみられ、その被葬者は中央からの派遣将軍であったと考えられる。なお、他も同様であるが、派遣将軍は一代限りで継続しない。

本墳に後続する古墳としては鶴山古墳（20）が注目される。墳長102mの前方後円墳で中心主体の竪穴式石室は、縦長の面をもつ石を並べて構築した地方色豊かなものである。甲冑の大量副葬が認められ、その甲冑保有形態は鶴山パターンと呼んだものである。2領の横矧板鋲留短甲もしくは横矧板鋲留短甲と横矧板革綴短甲の組み合わせに頸甲と冑がセットとなり、加えてやや古い型式の短甲も有するものである。鶴山古墳の甲冑保有形態（第139図）を示しておく。鶴山古墳の場合の古い型式の短甲は長方板革綴短甲で、この時期まで残存するのは異例であるが、これは太田天神山古墳の存在を介せば納得がいく。

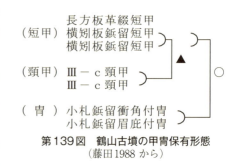

第139図　鶴山古墳の甲冑保有形態
（藤田1988から）

つまり、かつて筑後において指摘した派遣将軍としての月岡古墳被葬者とその後を引き継いで在地で甲冑集中管理体制を継承した塚堂古墳の被葬者という関係が、東国でも上毛野において、派遣将軍としての太田天神山古墳の被葬者とその後を引き継いで在地で甲冑集中管理体制を継承した太田鶴山古墳の被葬者関係として存在していたのである。なお、『前方後円墳集成　東北・関東編』による上野の古墳編年（橋本・加部1994）によると、7期においては鶴山古墳の墳長104mは上毛野最大で、続く8期の鳥崇神社古墳は墳長70mと規模を縮小させながらも併行期においてはやはり上毛野では最大ということであるから、太田天神山古墳から続く太田市域の首長墓系列は、5世紀代においては常に上毛野をリードしていたといって良いであろう。

4　東国の甲冑出土古墳

遠江から甲信越、そして関東地方を対象として若干の考察を試みることにする（第140図・第19表）。遠江・三方原学園内古墳群の千人塚古墳（10）は中葉（第4期）築造の直径49mの円墳だが、やはり第Ⅰ類型（●○型）の優秀な甲冑保有形態となっている（藤田1999）。三方原学園内古墳群形成の端緒となった古墳として評価（鈴木1998）されている。

また、武蔵・野毛古墳群に属する野毛大塚古墳第1主体部（26）は前葉（第2期）築造の墳長85mの帆立貝式古墳で、第Ⅰ類型（●○型）の優秀な甲冑保有形態となっている。先行する可能性のある古墳としては墳長30mの前方後円墳である上野毛稲荷塚古墳の存在が指摘されている（寺田1999）が、いずれにせよ野毛古墳群は中期に新興する勢力と見られる。

この両墳の場合は、前葉から中葉にかけて行われた中期畿内政権の牽制・懐柔策のうち、新興の中小規模の首長に優秀な甲冑セットを与える、懐柔策の事例である。周辺の古墳の動向に関する情報は少ないが、常陸・武具八幡古墳（33）や下総・布野台A区埋納施設（38）の本来の主体部の被葬者も同様に評価して良いであろう。また、下野・佐野八幡山古墳（30）の第Ⅴ類型（×○型）もこの時期としては異例のため、本来は頸甲も有する第Ⅰ類型（●○型）であった可能性が高いと考えている。

一方、甲冑保有形態により牽制された様相を見せるのは信濃・溝口の塚古墳（7）と武蔵・埼玉稲荷山古墳（23）のいずれも前方後円墳である。まず、溝口の塚古墳（7）は墳長50mで竪穴式石室を内部主体とする。遺存状態良好な人骨から被葬者は1名であったことが判明しているが、甲冑は2セットある。足下には三角板鋲留短甲が立位で置かれ、内部に横矧板鋲留衝角付冑が納められた。Ⅱ-c頸甲も周辺から出土していることから、元は

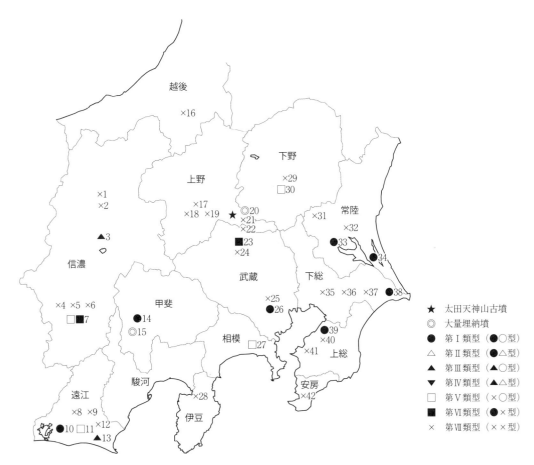

第140図　東海・甲信越・関東地方の甲冑出土古墳の諸類型（番号は第20表に対応）

短甲上に置かれていたものとみられる。また、頭の上の位置には横矧板鋲留短甲が立位で単独で置かれた。この出土状況は当初の組み合わせを反映しておらず、元は三角板鋲留短甲とⅡ-c頸甲の第Ⅵ類型（●×型）の組み合わせと、横矧板鋲留短甲と横矧板鋲留衝角付冑の第Ⅴ類型（×○型）の組み合わせであったと考えられる。本墳の第Ⅵ類型（●×型）は伝世とみられる。前葉から中葉以前によくみられる牽制のための組み合わせで、前期以来の伝統的首長で、中小規模墳に特徴的にみられる。またもう一つのセットの第Ⅴ類型（×○型）は後葉に多くみられる牽制のための組み合わせである。地方所在の前方後円墳に特徴的にみられること本墳と同様で、日向・浄土寺山古墳、紀伊・大谷古墳、加賀・狐山古墳において同様に第Ⅴ類型（×○型）がみられる。

　埼玉稲荷山古墳（23）は墳長120mで礫槨を内部主体とし辛亥銘鉄剣の出土で著名であるが、甲冑保有形態は第Ⅵ類型（●×型）に留まり、挂甲と小札頸甲はあるが冑を有していない。本墳は埼玉古墳群形成の端緒になった古墳とされる。既に述べたとおり、他の第Ⅵ類型（●×型）の古墳は前葉ないし中葉の伝統的中小規模首長であったから、後葉築造の新興勢力としての前方後円墳で挂甲を有する本墳はそれらとは多くの点で異なる。中期畿内政権としては警戒するべき勢力の台頭であったとみられ、それが甲冑保有形態による牽制と辛亥銘鉄剣の内容にみられる懐柔に現れていると考える。

　前方後円墳で第Ⅰ類型（●○型）という、ある意味当然ともいえる有り方を示すのは甲斐・茶塚古墳（14）、常陸・三昧塚古墳（34）、上総・姉ヶ崎二子塚古墳（39）である。状況として共通するのは、前期以来の首長墓系列は断絶し、中期に入って特定勢力の新興はあっても、その勢力も継続しないようになったなかで選択された有力首長層であったということであろう。政情としては一時的にせよ、安定期を迎えたと評価して良い。とりわけ甲斐・茶塚古墳（14）の場合には近傍の丘陵上に鶴山パターンの豊富大塚古墳（15）があり、その安定は本墳の被葬

者の活動によりもたらされたとみられる。おそらく先行する月岡パターンの古墳も近傍に存在すると思われる。

さて、本書のテーマに関わる霞ヶ浦周辺地域の動向については、後葉（第7期）築造の武具八幡古墳（33）は直径15ｍの円墳とされるが、第Ⅰ類型（●○型）の優秀な甲冑セットを2組有するから、すでに述べたとおり、中期畿内政権の懐柔策によって台頭した勢力とみられる。懐柔策があったということは、その反面として、牽制される前方後円墳の首長墓系列が存在し、それは第Ⅶ類型（××型）か、せいぜい第Ⅴ類型（×○型）の劣った甲冑保有形態に留まっているはずである。現在はその候補を挙げることさえ難しいが、本書で行われるであろう、首長墓系列の検討から見えてくるかも知れない。末葉（第8期）の三昧塚古墳（34）の時期には既述の通り、安定期を迎えていると考えられることから、中葉の後半（第6期）ないし後葉（第7期）で断絶する首長墓系列があれば、それが候補になるであろう。

5 甲冑出土古墳の性格

甲冑出土古墳をもって即、「軍事組織に組み込まれた」や「軍事行動に動員された」と解釈するのは実態にそぐわない。すでに論じた内容（藤田1999）であるが念のために再掲しておきたい。

甲冑出土古墳をもって軍事行動への動員との視点を最初に示したのは野上丈助である（野上1968）。三角板鋲留短甲の段階までは畿内に分布の中心があるに対して、横矧板鋲留短甲は九州における出土量が急激に増加することに早くに注目し、これを「倭政権の九州支配が強化されつつあった」と捉え、「今後慎重な検討をへたいと考えるが」と断ったうえで、中期後葉には「朝鮮侵略への九州諸豪族の比重がさらに高まっていったことの反映」とした。

川西宏幸（川西1983）、滝沢誠（滝沢1994）の論は、「九州地方のみならず関東を含めた各地で」などと本来は野上論文を明示するべきところだが、それはともかく、両氏は甲冑諸型式の時期別分布からこの時期の軍事組織への全国的な動員を説くことでは共通している。

なるほど、軍事組織への動員との視点も重要だろう。しかし仮に動員される場面があったとして、その兵士は果たして古墳を築造し得るほど上位の階層にあったのか否かの検証が為されていない。畿内中枢における陪冢被葬者を体現者とする野中パターンの採用は、対象となった兵士の出身地はさておくとして「古墳さえも築くことのなかったであろう人々に対しても恒常的な武器・武具の供給を保障した」とみられることにも注意が必要である。

また、その武装状態が、この時期の甲冑出土古墳の大半を占める、冑も頸甲も着用しない第Ⅶ類型（××型）であったとすれば、戦闘状態にある武人としては不完全な防備といわざるを得ず、貧相さを否めない。もし仮に、こうした中小の首長に対して甲冑セットが冑や頸甲なども含めて貸与され、しかる後に部分的に返却されるとすれば、その過程を明確にする必要があるだろう。

筆者はむしろ本稿でも述べてきたように、中期畿内政権が甲冑保有形態に示されるような、おそらく各種の身分標章を設け、そこに目に見える格差を創出することにより、全国の中小規模墳の首長層までも一律の階層秩序のうちに取り込み、政権の安定と強化を図った姿勢こそを評価したい。

それは牽制・懐柔策として捉えたように、前葉の段階から地方首長も明確に色分けされており、こうした階層秩序への地方勢力の組み込みは、中期畿内政権成立当初から模索され続けた道程であった。

したがって、後葉に入って突然に、川西、滝沢両氏が強調するような全国的な「動員」および「明確な階層秩序（両氏がなにを指すのかは解らないが）や直接指揮」の達成がなされたわけではない。

また、野上によって「各形式の短甲の発展に伴って、その分布圏が拡大」することを「倭国家の統一的進展のあらわれ」と評価され、かつ横矧板鋲留短甲の段階、つまり中期後葉に画期を求める見解（野上1968）は提示されて久しい。いささか学史が軽んじられてはいまいか。

以上述べてきたように、中期型甲冑は実用の武具であると同時に、身分標章の一種として用いられた側面も強い。そして地方では原則として、古墳に副葬された中期型甲冑は、被葬者が生前所有した甲冑の全てであったか

ら、その軍事組織は脆弱で、ひとたびことが起これば無秩序状態に陥ったであろう。在地主導型武器・武具集中管理体制は、それを防ぐために採られた、この段階としては最良の方策であった。

補註

畿内中枢部以外のものについては、陪冢を伴うからといって、陪冢制のシステムそのものが移行されているというわけではない。すでに述べたとおり、畿内中枢部の陪冢制の場合には「武器・武具の集中管理に代表されるような政権の存立基盤となる職掌を陪冢被葬者に委ねた」ものであるのに対し、周縁部や地方において陪冢を伴う主墳である久津川車塚古墳（梅原1920）や雲部車塚古墳（末永1933）の場合には、主墳の中心主体において甲冑の大量副葬を行うので、主墳被葬者自らが甲冑などを管理するという顕著な違い（北野1969）が認められるからである。その性格については以下に述べるとおり、派遣将軍を想定している（藤田1988・2006）。

参考文献

石部正志　1958「副葬用陪塚の発達」『考古学手帖』3

上田 睦　1997「国府遺跡・市野山古墳の調査」『石川流域遺跡群発掘調査報告』Ⅻ（『藤井寺市文化財報告』第15集』）

梅原末治　1920『久津川古墳研究』岩波書店

金澤誠ほか　1999『天神山古墳外堀発掘調査報告書』太田市教育委員会

川西宏幸　1983「中期畿内政権論」『考古学雑誌』第69巻第2号

北野耕平　1969「五世紀における甲冑出土古墳の諸問題」『考古学雑誌』第54巻第4号

黒澤彰哉・諸星政得　1978『舟塚山古墳群（10号・12号）発掘調査報告書』2　石岡市教育委員会

小林三郎・新井悟ほか　2000『玉里村権現山古墳発掘調査報告書』玉里村教育委員会

後藤守一　1953「上野国愛宕塚」『考古学雑誌』第39巻第1号

佐藤政則・鹿志村育男　1994「常陸」『前方後円墳集成　関東編』山川出版社

申敬澈ほか　1983『東莱福泉洞古墳群』（『釜山大學校博物館遺蹟調査報告』第5輯）

末永雅雄　1933『日本上代の甲冑』岡書院

末永雅雄　1933「七観古墳とその遺物」『考古学雑誌』第23巻第5号

末永雅雄　1949「宇和奈邊陵墓参考地陪塚高塚大和第6号墳」『奈良県史蹟名勝天然記念物調査抄報』第4輯

末永雅雄　1962「古墳の周庭帯と陪冢」『書陵部紀要』第13号

鈴木敏則　1998『千人塚古墳　千人塚平・宇藤坂古墳群』浜松市教育委員会

高野学・伊藤聖浩　1990「向墓山古墳」『羽曳野市内遺跡調査報告書―平成元年度―』

滝沢 誠　1994「甲冑出土古墳からみた古墳時代前・中期の軍事編成」『日本と世界の考古学』雄山閣出版

寺田良喜・橋本達也ほか　1999『野毛大塚古墳』世田谷区教育委員会

西川 宏　1961「陪塚論序説」『考古学研究』第8巻第2号

野上丈助　1968「古墳時代における甲冑の変遷とその技術史的意義」『考古学研究』第14巻第4号

橋本博文・加部二生　1994「上野」『前方後円墳集成　関東編』山川出版社

樋口隆康・岡崎敬・宮川徒　1961「和泉七観古墳調査報告」『古代学研究』第27号

藤田和尊　1988「古墳時代における武器・武具保有形態の変遷」『橿原考古学研究所論集』8　吉川弘文館

藤田和尊　1993「陪冢考」『関西大学考古学研究室開設40周年記念　考古学論叢』

藤田和尊　1999「遠江における甲冑出土古墳の様相と意義―中期畿内政権の地方経営―」『石ノ形古墳』袋井市教育委員会

藤田和尊　2006『古墳時代の王権と軍事』学生社

藤田和尊　2007「陪冢の展開」『考古学論究　小笠原好彦先生退任記念論集』

藤田和尊　2011「陪冢論の現状」『古墳時代の考古学3　墳墓構造と葬送祭祀』同成社

藤田和尊　2016予定「陪冢論」『畿内の古代学』雄山閣出版

藤田和尊・尼子奈美枝　2015「古墳副葬品の配布からみた畿内地域」『古代学研究会2015年度拡大例会シンポジウム資料集　古墳時代における政権と畿内地域』古代学研究会

森浩一・宮川徒　1953『堺市百舌鳥赤畑町カトンボ山古墳の研究』（『古代学叢刊』第1冊）

森浩一・森川桜男ほか　1973「三重県わき塚古墳の調査」『古代学研究』第66号

諸星政得・黒澤彰哉　1977『舟塚山周辺古墳群発掘調査報告書』1　石岡市教育委員会
山内昭二・瓦吹堅・山下房子　1972『舟塚山古墳周濠調査報告書』石岡市教育委員会
山田幸広ほか　1997『西墓山古墳』(『藤井寺市文化財報告』第16集)
若狭徹・田辺芳昭・大塚美恵子ほか　2000『保渡田八幡塚古墳』(『群馬県埋蔵文化財調査報告』第57集)

第1節 甲冑出土古墳からみた5世紀の東国

第20表 東海・甲信越・関東地方の甲冑保有形態 (番号は第140図に対応)

番号	古墳名	所在地	主体部	築造期	主要遺物(数)	類型	頸甲(数)	＝線	短甲(数)	－線	冑(数)
信 濃											
1	林畔1号墳	中野市長丘	粘土床	7	県、槍、馬具、鉄鏃、土師器、須恵器	Ⅶ	－	×	三角鋲(1)	×	－
2	鎧塚古墳	須坂市高甫		7〜8	鏡、石釧、鉄鏃、刀子、鉈、鉾、貝釧、玉	Ⅶ	－	×	横矧鋲(1)	×	－
3	桜ヶ丘古墳	松本市浅間	礫床	7	刀、剣、矛、長頸鏃、冠、櫛、玉	Ⅲ特殊	Ⅱ-b(1)	▲	長方革(1)	○	三革衝(1)
4	高松3号墳	飯田市三穂	竪穴式石室	7〜8	刀、須恵器	Ⅶ	－	×	横矧鋲(1)	×	－
5	畦地1号墳	飯田市座光寺	横穴式石室	7〜8	刀、剣、鉄鏃、馬具、垂飾付耳飾、土師器	Ⅶ	－	×	三角鋲(1) 横矧鋲(1)	×	－
6	畦地2号墳	飯田市座光寺		6		Ⅶ	－	×	三・横矧鋲(1)	×	－
7	溝口の塚古墳	飯田市上郷	竪穴式石室	8	刀、剣、鉾、長頸鏃	Ⅵ Ⅴ	Ⅱ-c(1)	● －	三角鋲(1) 横矧鋲(1)	× ○	横鋲衝(1)
遠 江											
8	文殊堂11号墳	周智郡森町	木棺直葬	7	刀、剣、斧、長頸鏃	Ⅶ	－	×	三角革(1)	×	－
9	林2号墳	周智郡森町	木棺直葬	6〜7	刀、剣、刀子、鉄鏃	Ⅶ	－	×	三・横矧(1)	×	－
10	千人塚古墳(第2主体)	浜松市有玉西町	木棺直葬	4	刀、剣、有棘箆被式鉄鏃	Ⅰ	(Ⅱ-c)(1)	●	三角革(1)	○	三革衝(1)
11	安久路2号墳	磐田市西貝塚	木棺直葬	4〜5	刀、剣、銅釧、刀子	Ⅴ	－	×	長方革(1)	○	三革衝(1)
12	石ノ形古墳(西主体部)	袋井市国本	木棺直葬	8	乳文鏡、刀、剣、鉾、長頸鏃、斧、鉈、刀子、f字鏡板付轡、鉄製楕円鏡板付轡	Ⅶ	－	×	横矧鋲(1)	×	－
13	五ヶ山B2号墳	磐田郡浅羽町(袋井市)	木棺直葬	4	刀、剣、鉾、槍、盾、鍬鋤先、曲刃鎌、斧、鉈、鑿、錐、刀子、鑷子	Ⅲ	Ⅰ-b(1)	▲	三角革(1)	○	三革衝(1)(特殊)
甲 斐											
14	甲斐茶塚古墳	東八代郡中道町(甲府市)	竪穴式石室	7	剣、鉾、長頸鏃、木心鉄板張輪鐙、三環鈴、鉸具、轡	Ⅰ	(Ⅲ-d)(1)	●	横矧鋲(1)	(○)	冑
15	豊富大塚古墳	東八代郡豊富村(中央市)	合掌式石室	7	刀、剣、鉾、鑿、長頸鏃、柳葉式鉄鏃	Ⅰ	(Ⅲ-d)(1)	●	横矧鋲(2) 挂甲	○	横鋲衝(1) 横鋲眉(1)
越 後											
16	女塚古墳	南魚沼郡六日町(南魚沼市)	竪穴式石室	7	鏡、刀、剣、長頸鏃、三環鈴、玉	Ⅶ	－	×	三角鋲(1) 横矧鋲(1)	×	－
上 野											
17	若田大塚古墳	高崎市若田町	竪穴式石室	7〜8	鉾	Ⅶ	－	×	横矧鋲(1)	×	－
18	長瀞西古墳	高崎市若田町	竪穴式石室	7	鏡、鉾、石製模造品、長頸鏃、柳葉系鉄鏃	Ⅶ	－	×	三角革(1)	×	－
19	赤堀茶臼山古墳	佐波郡赤堀村(伊勢崎市)	礫槨	5	神獣鏡、内行花文鏡、刀、剣、鉾、有棘箆被式鉄鏃、石製刀子	Ⅶ	－	×	三角革(1)	×	－
20	鶴山古墳	太田市鳥山八幡	竪穴式石室	7	刀、剣、長頸鏃、斧、鉈、鑿、刀子、針、曲刃鎌、鋋、盾、石製模造品、金銅製三輪玉、月日貝	Ⅲ Ⅲ Ⅶ	Ⅲ-c(1) Ⅲ-c(1)	▲ ▲ ×	横矧鋲(1) 横矧鋲(1) 長方革(1)	○ ○ ×	小鋲衝(1) 小鋲眉(1)
21	車塚古墳	太田市下小林		7〜8	刀、轡	Ⅶ	－	×	横矧鋲(1)	×	－
22	中原古墳(沢野72号墳)	太田市高林	粘土槨	7〜8	刀、鉄鏃	Ⅶ	－	×	横矧鋲(1)	×	－
武 蔵											
23	埼玉稲荷山古墳	行田市埼玉	粘土槨	8	画文帯神獣鏡、刀、剣、長頸鏃、馬具、斧、鉗子、鉈	Ⅵ	小札頸甲	●	挂甲	×	－
24	四十塚古墳	大里郡岡部町(深谷市)	礫槨	8	長頸鏃、楕円鏡板付轡、五鈴付鏡板付轡、斧	Ⅶ	－	×	横矧鋲(1)	×	－
25	御嶽山古墳	世田谷区等々力	粘土槨	7	刀、剣、鉾、胡籙、長頸鏃、七鈴鏡	Ⅶ	－	×	三角鋲(1) 横矧鋲(1)	×	－
26	野毛大塚古墳(第1主体部)	世田谷区野毛	粘土槨	2	内向花文鏡、刀、剣、槍、柳葉系鉄鏃、銅釧、手鎌、刀子、石製模造品、滑石製勾玉、玉類、竪櫛、盾	Ⅰ	Ⅰ-b(1)	●	長方革(1)	○	三革衝(1)
相 模											
27	朝光寺原1号墳	横浜市緑区市ヶ尾	木棺直葬	7	刀、剣、鉾、鉄鏃、玉類	Ⅴ	－	×	三角革(1)	○	小鋲眉(1)
伊 豆											
28	多田大塚C4号	田方郡韮山町(伊豆の国市)	竪穴式石室	7	四獣形鏡、刀、f字鏡板付轡、長頸鏃	Ⅶ	－	×	横矧鋲(1)	×	－
下 野											
29	牛塚古墳	宇都宮市新富町		6〜8	鏡、刀、馬具、鈴釧	Ⅶ	－	×	三角鋲(1)	×	－
30	佐野八幡山古墳	佐野市堀米	竪穴式石室	4	刀、鉄鏃、玉	Ⅴ	－	×	小形三革(1)	○	三革衝(1)

番号	古墳名	所在地	主体部	築造期	主要遺物(数)	類型	頸甲(数)	=線	短甲(数)	−線	冑(数)
常陸											
31	上野古墳	真壁郡関城町（筑西市）	箱形石棺	7～8	鈴鏡、刀、剣、鉾、鉄鏃、馬鐸、籠手、臑当	Ⅶ	−	×	横矧鋲(1)	×	−
32	舟塚山17号墳（旧8号墳）	石岡市北根本	木棺直葬	8	刀、盾	Ⅶ	−	×	横矧鋲(1)	×	−
33	武具八幡古墳	新治郡新治村（土浦市）		7	長頸鏃	Ⅰ	Ⅲ-d(2)	●	横矧鋲(1) 挂甲(1)	○	小鋲衝(1) 小鋲眉(1)
34	三昧塚古墳	行方郡玉造町（行方市）	箱形石棺	8	変形四神四獣鏡、変形乳文鏡、冠、垂飾付耳飾、刀、剣、馬具、長頸鏃	Ⅶ	−	×	横矧鋲(1)	×	−
			埋納施設	8	f字鏡板付轡、斧、刀子	Ⅰ	特殊型(1)	●	挂甲(1)	○	横鋲衝(1)
下総											
35	金塚古墳	我孫子市根戸	木棺直葬	7～8	鏡、石枕、鉄鏃	Ⅶ	−	×	横矧鋲(1)	×	−
36	花野井大塚古墳	柏市田中	木棺直葬	7～8	刀、剣、胡籙、長頸鏃	Ⅶ	−	×	横矧鋲(1)	×	−
37	烏山2号墳	山武郡芝山町	木棺直葬	7～8	剣、長頸鏃、TK23須恵器	Ⅶ	−	×	横矧鋲(1)	×	−
38	布野台A区埋葬施設	香取郡小見川町（香取市）	木棺直葬	8	刀、剣、鉾、長頸鏃、胡籙、轡	Ⅰ	Ⅲ-d(1)	●	横矧鋲(1)	○	小鋲衝(1)
上総											
39	姉ヶ崎二子塚古墳	市原市姉ヶ崎町	木棺直葬	6～8	石枕、鉄鏃、馬具、鉾、銀製腰佩、玉	Ⅰ	(Ⅲ-c)(1)	●	(横矧)革(1)	○	小鋲衝(1)
40	東間部多1号墳	市原市広蛇谷	木棺直葬	8	刀、刀子、長頸鏃、TK47須恵器	Ⅶ	−	×	横矧鋲(1)	×	−
41	八重原1号墳	君津市三直	木棺直葬	7～8	刀、鉾、ミニチュア工具、鉄鏃	Ⅶ	−	×	横矧鋲(1) 三角鋲(1)	× ×	−
安房											
42	大寺山第1洞穴	館山市沼	舟形木棺	7	TK216須恵器、TK23須恵器	Ⅶ Ⅶ	− −	× ×	三角革(1) 横矧鋲(1)	× ×	三革衝(1)

1　小野勝年　　　　　　　　　　　　1948　「長野県下高井郡長丘村田麦林畔古墳」『考古学雑誌』第35巻第3号
2　鳥居龍蔵　　　　　　　　　　　　1924　『下伊那の先史及び原始時代』古今書院
3　大場磐雄　　　　　　　　　　　　1966　『信濃浅間古墳』本郷村
　　滝沢誠　　　　　　　　　　　　　1988　「長野県松本市桜ヶ丘古墳の再調査」『信濃』第40巻第4号
4　鳥居龍蔵　　　　　　　　　　　　1924　『下伊那の先史及び原始時代』古今書院
5　鳥居龍蔵　　　　　　　　　　　　1924　『下伊那の先史及び原始時代』古今書院
6　鳥居龍蔵　　　　　　　　　　　　1924　『下伊那の先史及び原始時代』古今書院
7　佐一木嘉和・澁谷恵美子ほか　　　2001　『溝口の塚古墳』飯田市教育委員会
8　大谷宏治　　　　　　　　　　　　2000　「文殊堂古墳群」『研究所報』No.84、静岡県埋蔵文化財調査研究所
9　田村隆太郎　　　　　　　　　　　2001　「棺の外に副葬された短甲」『研究所報』No.90、静岡県埋蔵文化財調査研究所
10　鈴木敏則　　　　　　　　　　　 1998　『千人塚古墳　千人塚平・宇藤坂古墳群』浜松市教育委員会
11　磐田市　　　　　　　　　　　　 1992　『磐田市史』資料編1
12　白澤崇ほか　　　　　　　　　　 1999　『石ノ形古墳』袋井市教育委員会
13　鈴木一有ほか　　　　　　　　　 1999　『五ヶ山B二号墳』浅羽町教育委員会
14　山梨県教育委員会　　　　　　　 1979　『甲斐茶塚古墳』(『風土記の丘埋蔵文化財調査報告書』第1集)
15　仁科義男　　　　　　　　　　　 1931　「大塚古墳」『山梨県史跡天然記念物調査報告』5
16　斎藤秀平　　　　　　　　　　　 1932　「南魚沼郡余川群集墳」『新潟県史跡名勝天然記念物調査報告書』第3集
17　東京国立博物館　　　　　　　　 1983　『東京国立博物館図版目録　古墳遺物編（関東Ⅱ）』
18　後藤守一　　　　　　　　　　　 1937　「上野国碓氷郡八幡村大字剣崎字長瀞西古墳」『古墳発掘品調査報告書』(『帝室博物館学報』第9冊)
19　後藤守一　　　　　　　　　　　 1932　「上野国佐波郡赤堀村今井茶臼山古墳」(『帝室博物館学報』第6)
20　尾崎喜左雄　　　　　　　　　　 1950　「群馬県太田市鶴山古墳」『日本考古学年報』第1
　　右島和夫　　　　　　　　　　　 1986～1996　「鶴山古墳出土遺物の基礎調査」Ⅰ～Ⅵ『群馬県立博物館調査報告書』第2号～第7号
21　東京国立博物館　　　　　　　　 1983　『東京国立博物館図版目録　古墳遺物編（関東Ⅱ）』
22　橋本博文　　　　　　　　　　　 1979　「上野東部における首長墓の変遷」『考古学研究』第26巻第2号
23　斎藤忠・柳田敏司・栗原文蔵ほか 1980　『埼玉稲荷山古墳』埼玉県教育委員会
24　駒宮史朗・坂本和俊・古谷毅ほか 2005　「四十塚古墳の研究」(『岡部町史資料調査報告書』第2集)
25　田中新史　　　　　　　　　　　 1978　「御嶽山古墳出土の短甲」『考古学雑誌』第64巻第1号
26　寺田良喜、橋本達也ほか　　　　 1999　『野毛大塚古墳』世田谷区教育委員会
27　横浜市歴史博物館　　　　　　　 2004　特別展図録『ヤマトとアヅマ』
28　静岡県　　　　　　　　　　　　 1992　『静岡県史』資料編3　考古3
29　村井嵓雄　　　　　　　　　　　 1983　「甲冑」『考古遺跡・遺物地名表―原始・古代―』柏書房
30　横浜市歴史博物館　　　　　　　 2004　特別展図録『ヤマトとアヅマ』
31　松尾昌彦・滝沢誠　　　　　　　 1988　「上野古墳出土遺物の再検討」『石城町史　別冊資料編　関城町の遺跡』
32　山内昭二ほか　　　　　　　　　 1972　『舟塚山古墳周濠調査報告書』石岡市教育委員会
33　武者塚古墳調査団　　　　　　　 1986　『武者塚古墳―武者塚古墳・同2号墳・武具八幡古墳の調査―』新治村教育委員会
34　斎藤忠・大塚初重　　　　　　　 1960　『三昧塚古墳』茨城県教育委員会
35　東京大学文学部考古学研究室　　 1969　『我孫子古墳群』我孫子町教育委員会
36　横浜市歴史博物館　　　　　　　 2004　特別展図録『ヤマトとアヅマ』
37　日吉倉遺跡調査団　　　　　　　 1975　『遺跡　日吉倉』(『芝山はにわ博物館研究報告』Ⅱ)
38　横浜市歴史博物館　　　　　　　 2004　特別展図録『ヤマトとアヅマ』
39　村井嵓雄　　　　　　　　　　　 1983　「甲冑」『考古遺跡・遺物地名表―原始・古代―』柏書房
40　上総国分寺台遺跡調査団　　　　 1974　『東間部多古墳群』(『上総国分寺台遺跡調査報告』Ⅰ)早稲田大学出版部
41　横浜市歴史博物館　　　　　　　 2004　特別展図録『ヤマトとアヅマ』
42　岡本東三ほか　　　　　　　　　 1996　『大寺山洞穴第3・4次発掘調査概報』千葉大学考古学研究室

第2節　横穴式石室からみた古墳時代後期の西日本と東国

太田　宏明

はじめに

　日本列島に分布する横穴式石室は九州系のものと畿内系のものに大枠で区分され、検討が行われてきた（白石1965、椙山1983、山崎1985、森下1986）。なお、近年ではこれに韓半島系の横穴式石室が加えられている（柳沢2001、土生田編2010、鈴木2011）。従来、これらのうち、古墳時代後期に列島規模で大きな影響力をもったのは畿内系の石室であるとされてきた（白石1965）。しかし、1990年代以降に進んだ各地での資料集成の結果、当時の政治的中心であった畿内地域の影響は当初考えられていたような大きなものではないことが明らかになっている（太田1999・2001・2011b、鈴木2011）。一方では、九州地方や韓半島の横穴式石室を基本として成立した地域性豊かな横穴式石室地域類型が各地域で成立していることが明らかになっている（太田2016）。各類型は律令体制下の数郡程度の分布圏をもっており（角田2009、鈴木2003、小林2014）、地域によっては首長墓から群集墳中に築造された中・小規模墳にまで共通に採用されている状況もみられる。このような意味において畿内地域を中心に分布する畿内型石室も畿内地域を分布圏とする一つの地域類型に過ぎないとも評価しえるものである。

　本節では、以下に畿内地域における横穴式石室の状況を提示し、西日本各地の状況をふまえつつ東国の横穴式石室の状況と比較検討を行いたい。比較を行うにあたっては、従来行われてきた形態・形質に関する属性を比較することに加えて、分布形態や階層構成などの付帯状況に関する属性（太田2016）の比較を行うこととする。

1　畿内地域における横穴式石室の成立と展開

　畿内地域に分布する畿内型石室は、5世紀末に韓半島百済の領域から伝播した横穴式石室を基本として成立する。6世紀前半のMT15型式期には、支配者層の埋葬施設として採用されるとともに畿内地域としての独自性が顕在化し、やがて6世紀後半には畿内地域の埋葬施設の大部分は、群集墳中に築造されたものも含めて畿内型石室に統一される（太田2011c）。

　畿内型石室は、平面が長方形の玄室に同じく平面が長方形の羨道が接続し、玄室と羨道の区別を幅と天井高の違いをもって示した単純かつ機能的な形態を呈している。畿内型石室の定義については、様々な議論があるが、著者は壁面で観察できる用石法とその組み合わせを重視している。このような用石法は時間の経過とともに変化していく。奈良盆地[1]には、当時の支配者層の墳墓と考えられる大型古墳が分布しており、いわゆる支配者層のものと考えられる首長墓系譜が複数見られる。これらのいずれの系譜でも畿内型石室が採用されており、これらには共通した用石法とその変遷過程をみることができる。さらに、同様の共通した用石法と変遷過程は畿内地域各地に築造された群集墳中の中・小規模墳においてもみることができる。このため畿内地域では、きわめて斉一的な横穴式石室の変遷がみられるのである（太田1999・2003ab・2011b）（第141図参照）。本稿では、このような用石法変遷過程の共通性をもって畿内型石室の定義としている。

　畿内地域に築造された横穴式石室にも地域性がある。これは、玄室平面形態や、主軸での断面形態に現れる（河上1995、太田1999・2001）。このような地域性は、首長墓系譜や群集墳単位で時期を越えて受け継がれていく。ただし、このような地域性とは、あくまで畿内型石室としての全体的形態と構築技術の共通性の上に生じているわずかな寸法比に現れている。この畿内型石室の地域色と、全国的に指摘されている数郡程度の範囲の広がりをもつ横穴式石室地域類型とは、異なる次元のものであり同列に扱うことはできない。

　畿内地域以外へも、畿内型石室は一定の影響をもつ。しかし、次の2点には注意が必要である。一つ目は、畿

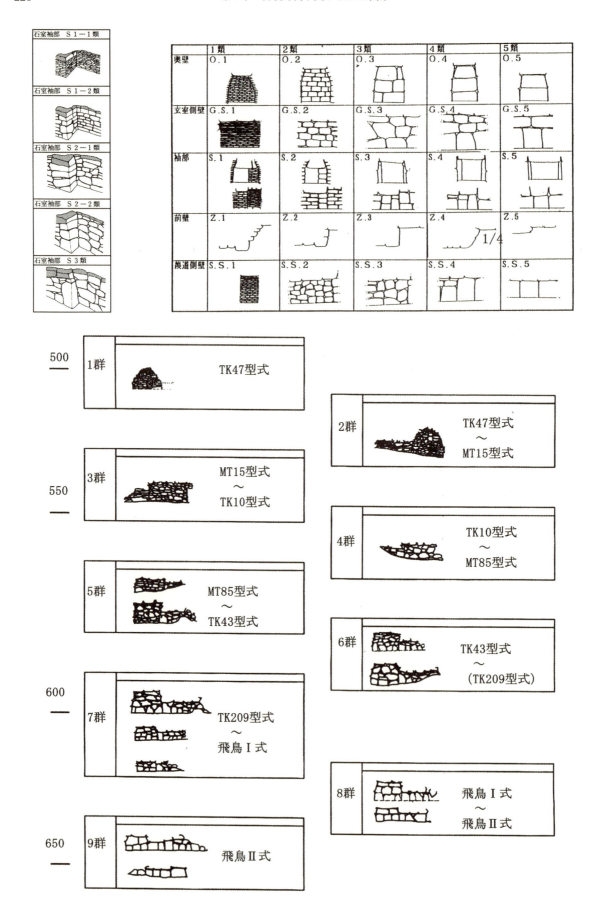

第141図　畿内型石室の変遷

内地域外部に分布し、畿内型石室の影響下に成立した畿内系石室は、構築技術の面において一定の変容が生じていることである。特に、奥壁、羨道側壁基底部、玄室側壁基底部の用石法は、畿内型石室でみられる用石法の規範に沿わないものが多い。このように、畿内型石室からの影響により比較的類似した全体的形態を示すものの、構築技術に変容が生じているものは、畿内系石室と呼び区別を行う。二つ目は、このような畿内系石室であってもこれが面的に広がっている地域は、畿内地域周辺部の播磨、但馬、伊賀や因幡東部等に限られ、その他、土佐、日向、若狭等でも一定の資料がみられるにとどまる。以上、概観したことを踏まえると、古墳時代後期において畿内地域を発信元とする横穴式石室の影響を大きく評価することを避ける。かわって地方に独自性の高い横穴式石室地域類型が成立し、様々なレベルにおける地域間での相互交流が石室の形態に現れている点を評価する。

2　横穴式石室地域類型の付帯状況

6世紀には、各地に地域性をもった横穴式石室地域類型が成立する。各地の横穴式石室地域類型は、形態・形質に関わる属性の特徴も様々であるが、分布の形態、階層構造などのいわば各類型の存在に付帯している状況に関する属性にも様々な変異がみられる。ここでは各類型を付帯状況に関する属性から比較検討するために、主に西日本の状況を例にとり概念の整理を行う。

①分布形態　横穴式石室地域類型が各地域においてどのような分布状況を示すのかによって浸透型、統一型、混在型の三つの分布類型を設定する。この際、地域とは、律令郡程度以上の範囲を想定している。

・浸透型（第142図参照）

　　浸透型とは、分布範囲に隣接して分布する他の横穴式石室地域類型が当該類型の分布圏に顕著に入り込む形で分布し、逆に隣接して分布する他の類型の分布圏にも当該類型が入り込む形で分布し、分布境界付近で

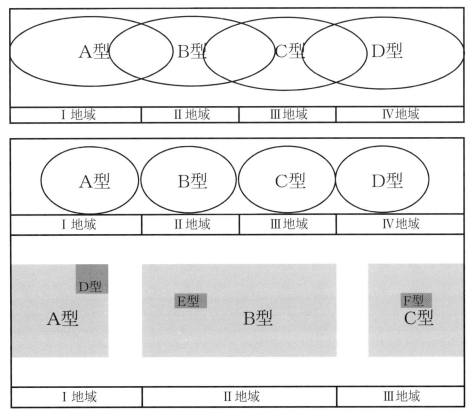

第142図　分類類型（上：浸透型　中：統一型　下：混在型）

は双方の類型の要素が混じり合った折衷形態が生み出されるものである（太田2007a）。

　この状況を典型的にみることができるのは、北部九州地域においてである（太田2011a）。当該地域では、筑前型石室（藏冨士2007a）と筑後・北肥後型石室（藏冨士2007a）の分布域と、この二つの類型の分布境界領域が形成されている。分布境界領域では、両類型の石室が同じ群集墳内に混在し、また折衷形態も多く生み出されている（太田2011a）。また、肥前の脊振山南麓地域では、単室構造のものと複室構造のものが各古墳群で混成しながら分布していることが指摘されている（小松1999）。この他、5世紀の肥後型石室と北部九州型石室も浸透型の分布類型をとっており、折衷形態は筑肥型石室（柳沢1993）と呼ばれている。

・統一型（第142図参照）

　統一型とは、分布範囲に隣接して分布する他の横穴式石室地域類型が当該類型の分布圏に顕著に入り込まない形で分布し、逆に隣接して分布する他の類型の分布圏にも当該類型が顕著に入り込まない分布のあり方である。畿内地域における畿内型石室の分布（太田1999・2001）、出雲西部における大念寺系石室の分布（大谷2001）、出雲東部における石棺式石室の分布（角田2008）、紀伊北部における岩橋型石室の分布（太田2011b）、讃岐西部における段ノ塚穴型石室の分布（蔵本1996）がこの状況を示す事例である。

・混在型（第142図参照）

　混在型とは、ある横穴式石室地域類型の分布圏内における特定の群集墳や特定の階層が、その地域に通有の類型とは異なる類型を採用している状況を示すものである。伊予、遠江、美濃、駿河で上位階層が畿内系石室を採用している事例（鈴木2003）、畿内地域において横穴墓や竪穴系横口式石室が局地的に分布している事例、讃岐地域で上位階層が九州系石室を採用している事例（中里2005）をあげることができる。

②**階層構成**　同一類型を構成する横穴式石室において、階層的上位にあると考えられる横穴式石室がどのような分布を示すのかによって、以下の集中型、散在型、不在型の三つの類型を設定する。

・集中型（第143図参照）

　集中型は、類型を構成する資料に明確な階層的中心地がみとめられるものである。少数の階層的上位にある横穴式石室が比較的狭い範囲に集中して分布し、その他の大多数の中・小規模の横穴式石室がより広域に分布しているものである。

　畿内型石室では、階層的に上位にあると考えられる大型横穴式石室が奈良盆地とその周辺部に集中してお

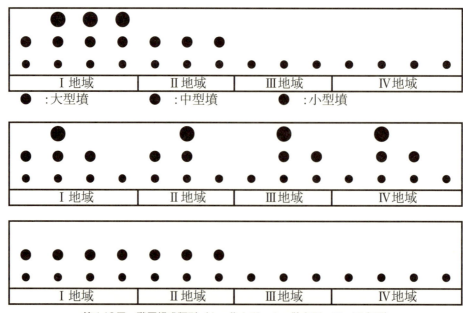

第143図　階層構成類型（上：集中型　中：散在型　下：不在型）

り、その他の中小規模の横穴式石室は、畿内地域全域に分布している。岩橋型石室も大型横穴式石室が岩橋山塊の山頂部に集中しており、集中型の類型としてあげることができる。

・散在型（第143図参照）

散在型は、類型を構成する資料の階層的な分布の中心地が不明確であり、上位階層のものが、むしろ広域に分布するものである九州地方における筑後・北肥型後石室は、階層的上位にあると考えられる大型横穴式石室が北部・中部九州地域の広い範囲に散在して分布している。

・不在型（第143図参照）

不在型は、そもそも類型に上位の階層のものを含んでおらず、中小規模の古墳のみで占められているものである。近畿地方の竪穴系横口式石室は、上位階層において採用がみられないことなどが、よく知られている（堀1997）。

③伝播形態　政治的一元供給型、交易的一元供給型、連鎖型の三つのモデル（太田2003b）をあらかじめ設定し、各モデルによって横穴式石室地域類型の伝播が行われた場合に、各付帯状況に関する属性にはどのような状態が生じるのか論理面からの検討を行う。

・政治的一元供給型（第144図参照）

政治的中心地から、周辺地域へ、一元的に横穴式石室構築技術が中心周縁関係をもった政治的な人間関係を媒介として伝播するものである。このような社会的事象によって伝播が起きた場合、全体的形態やこれらを造りあげるための技術が一定の範囲で共有されることになる。また、このような社会関係が組織として恒常性を持てば、各属性の共有は長期にわたり、伝播元でこれらが変化した場合には伝播先でも共通した変化が起きるはずである。このような伝播が起きた場合、伝播元となる政治的中心地には、階層的に上位にある横穴式石室が集中し、集中型の階層構成類型をとるものと考えられる。また、政治的中心からの影響力が強く及ぶ範囲内では、統一型の分布がみられるものと考えられ、政治的影響力が続くかぎり、政治的中心地でつぎつぎに生み出されてくる新しい構築技術が周辺地へも随時、円滑に伝播するものと考えられる。したがって、一定の変遷過程の共有がみられ、統一型の分布類型と集中型の階層構成類型が見られた場合、このような考古学的事象を生み出した過去の社会的事象として政治的一元供給型の伝播が行われていたことを推論できる。このような状況は畿内地域で典型的にみることができる（太田1999）。

・交易的一元供給型（第144図参照）

工人集団等が特定の地域で横穴式石室構築に関わることによって特定の横穴式石室類型や構築技術が広がる伝播のあり方である。特定地域において、横穴式石室構築に関わる工人集団が一つに限られておれば、技術的属性において共通性が生じるものと考える。ただし、一つの工人集団が生み出す横穴式石室地域類型の形態の数は、単数とは限らないので、分布類型はいずれの類型もとりうる可能性がある。階層構成については、①政治的一元供給型のように、情報の発信地となる階層的中心をもつ必要がないので、散在型・不在型をとる可能性が高い。

・連鎖型（第144図参照）

集団間の互恵的な交流の連鎖を媒介として、横穴式石室構築技術が広がる伝播の在り方である。このような社会的事象によって伝播が起きた場合、伝播しやすい形態上の属性は統一されていても、伝播しにくい技術的属性は情報の受信と発信が繰り返されるごとに変容することが予想できる。したがって構築技術には多くの地域的変異が生まれる可能性が高い。分布については、集団の領域を超え交流が行われた場合に、他の横穴式石室類型の分布圏と相互に入り込むような分布圏が形成されると考えられる（太田2007ab・2009）。

3　関東の横穴式石室地域類型と各類型の付帯状況について

関東地方における横穴式石室研究については、尾崎喜左雄が研究（尾崎1966）を始めて以降に多く研究の蓄積

第7章 古墳時代中央からみた東国

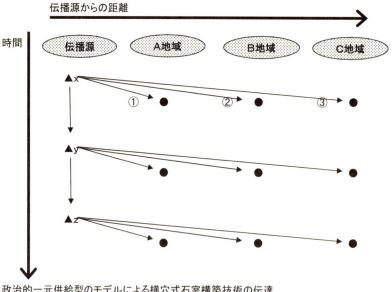

政治的一元供給型のモデルによる横穴式石室構築技術の伝達

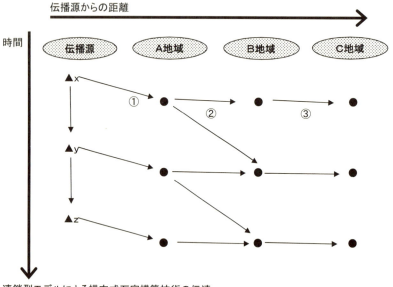

連鎖型モデルによる横穴式石室構築技術の伝達

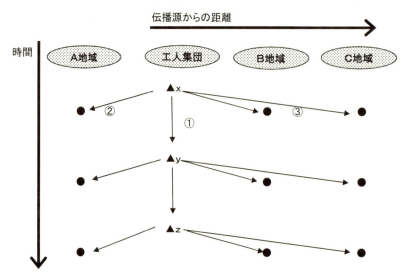

交易的一元供給型モデルによる横穴式石室構築技術の伝達

第144図　横穴式石室伝播モデル

があり、研究が進んだ地域となっている。また近年においても当該地域を対象とする優れた著書（小沢2008、小林2014、草野2016）が相次で刊行されている。ここでは、これらの研究を参考として、筆者がこれまで検討を続けてきた畿内地域あるいは西日本の状況との比較検討を行う。

（1）関東地方における横穴式石室地域類型

　関東地方の横穴式石室研究は、旧国単位あるいは現在の都県単位で研究が進められてきた印象を受ける。これらの研究によって、各地域で横穴式石室を導入する時期が異なっており、一般に北関東（上野、下野、北武蔵）では6世紀前半と早く、南関東（相模、安房、南武蔵、上総、下総、常陸）で6世紀中葉から後半と遅いことがわかっている（原田1972）。また、各地域において、それぞれ異なる系譜の石室類型を異なるルートで導入していることも指摘されている。上野では韓半島系のものが北陸ルートで（小林2014）、下野・下総では畿内系のものが東海等のルートで（草野2016）、武蔵、常陸では九州系のものが（小林2014）、上総、相模では古東海ルートで無袖形のものが（小林2014）、また、上野、武蔵では同じく無袖形のものが東山道ルートでそれぞれ採用されていることが推論されている（小林2014）。これらのうち、上野、下野、下総、常陸では、やがて当初伝播してきたものとは別類型の横穴式石室が主に上位階層が採用した地域類型として定着し、武蔵、相模では当初伝播してきたものがやや形を変えながら定着する。これらの過程で、各地では、旧国を3～5分する程度の範囲で横穴式石室地域類型が顕在化するようになる[2]。分布域の広がりについては畿内地域を除く、西日本や東海地方の状況と近似しているといえる。

　①**分布類型**　各横穴式石室地域類型がとっている分布形態は、浸透型が多くみられる。具体的な指摘として、南武蔵が北武蔵地域を中心に分布する胴張複室両袖形石室と相模の無袖形石室が相互に浸透する分布境界領域となっており（草野2016）、また常陸南部地域の片岩を使用した板石組の埋葬施設は下総北部の公津原古墳群、岩富古墳群、我孫子古墳群でも見られ、下総地域の特色である砂岩切石組石室との折衷形態も存在する（石橋1995）。また上総北部の複室両袖形石室が、下総にも分布し、逆に下総の竜角寺岩屋古墳の影響が及ぶことも知られている（上野2008）。また上野地域の無袖形石室が武蔵北東部の児玉・大里地域へ伝播する（小林2014）。上野地域と下野地域の相互関係についても指摘がある（市橋2014）。これらは、いずれも浸透型を示す事例であるといえる。このような浸透型の分布からは、近接する地域間で活発な交流が行われていたことをうかがうことができる。またこのような地域間の交流については、円筒埴輪、土器などからも指摘されている。

　首長墳と群集墳では異なる類型を採用している場合や、同じ基本構造を共有する場合でも構築技術に相違がみられる場合が知られている。下野地域はこの典型的な事例であり（広瀬2011）、上位階層は山陰系の埋葬施設を採用し（小林2014）、下位の階層は無袖形石室や有袖形石室などの近隣地域との関係をうかがわせる石室を採用している（広瀬2011）。この他、上野地域でも導入期における横穴式石室形態の階層差は顕著であり（右島1994）、常陸でも一貫して首長を含む上位階層と中間層の埋葬施設が異なることが指摘されている（石橋1995）。また上総では、東海系の横穴式石室は上位階層に採用され、下位の階層は木棺直葬を採用している（小沢2008）。武蔵地域では、石室の規模によって第1～3グループが設定されており、各グループで採用される石室類型が異なることが指摘されている（加藤1991）。これらは、いずれも上位階層が別類型の横穴式石室を採用し、より遠方の関東地方外部から横穴式石室の意匠や構築技術を導入している事例である。これらの要因によって、各小地域は多様な横穴式石室地域類型が複合する状況がみられ、時期を限ったとしても特定地域が特定の類型で統一されている場所は顕著でない。これらの考古学的事象からは、首長層は長距離での交流に参画し、より下位の階層も隣接する地域と交流を行うという、一般的事象としては弥生時代以来の交流の在り方が存続していることをみることができる。

　②**階層構成類型**　階層構成については、すでに白石太一郎の研究があり、「大型前方後円墳が各地域にひろく万遍なく分布している「分散型」」と、「一国のうちに特定の郡ないし特定の古墳群の周辺に特に大規模なものが集まっている「集中型」に分けられ」ることが明らかになっている。そして前者の事例として、上野地域が、後

者の事例として下野地域、武蔵地域が提示された（白石2000）。この場合、白石の「集中型」や「分散型」は、主に律令国の範囲を対象としたものであり、その範囲における大型前方後円墳の分布の在り方が問題とされている。一方で、本稿では、旧国よりも小さな範囲において分布圏がみとめられる横穴式石室地域類型を対象とし、このような類型を構成する資料でみられる階層構成を類型化し、類型の分布形態や伝播形態などと合わせてその類型の性質を明らかにすることを目的としている。

本稿での集中型は、武蔵地域の複室両袖形石室の分布圏（加藤1991）、上総における小櫃川下流域の無袖形石室、小糸川下流域の無袖形石室、山武地域の複室両袖形石室の分布範囲においてみとめられる。また、常陸地域南部の片岩を使用した横穴式石室地域類型も集中型をとっている点が指摘されている（石橋1995）。

（2）西日本との比較検討

以上、関東地方における横穴式石室地域類型がとっている分布類型、階層構成類型について、先行研究をもとに検討を行った。必ずしも、網羅的で十分な検討はできなかったが、これを基に、畿内地域をはじめとする西日本の状況と比較検討を行いたい。まず、西日本の場合、旧国を越える広域で同一の類型が共通に採用される畿内地域は特殊事例としても、山陰地方の諸地域や四国地方の阿波地域では、一定の範囲に特定の横穴式石室地域類型が首長墳や中小規模墳に共通に採用され、統一型の分布がみられる。なお、九州地方では、浸透型の分布をとっているものの、首長墳と群集墳が特定の類型を共有している状況がみられる。これらの状況は、関東地方では顕著ではない事象といえるのではないかと考える。関東地方では、石室形態や構築技術に関して、首長層と群集墳被葬者層で異なったものを採用している地域が多い。なお、西日本や東海地方でも石室類型の階層的使い分けがみられる地域があるが、この場合、伊予地域、美濃地域、遠江地域、西駿河地域でみられるように首長層は畿内系石室を採用している場合が多い。この点が関東地方では、九州地方や韓半島の様々な地域に起源をもつ横穴式石室地域類型を首長層が採用しており特色となっている。

4 関東地方に分布する畿内系石室

関東地方には、単室片袖形石室や単室両袖形石室が分布しており、畿内型石室との関係が考察される場合が多い。ここでは形態・形質に関する属性を用いて、畿内型石室と関東地方の横穴式石室の比較検討を行う。この比較のため、畿内型石室の特徴と変遷過程を整理した後、畿内型石室との比較に基づき、関東地方の畿内系石室の評価を行いたい。

（1）畿内型石室の変遷

畿内型石室は玄室と羨道からなり、この境に特別な施設を設けず、幅と高さの違いをもって玄室と羨道を区別する機能的、かつ単純な形態によって特徴づけられる。したがって、このような形態は、特別に畿内地域との関係を有していなくとも、複数の地域で多元的に発生しうるものである。このため、畿内型石室との比較検討を行うためには、構築技術に着目する必要がある。畿内型石室の構築技術の変遷過程は、袖部と羨道側壁の変化を指標に以下の1～9群の段階を設定し、区分すると理解しやすい（第141図参照）。

1群は、扁平な割石の小口積もしくは平積みによって壁体を構築するもので、各壁体に使われる石材の規模には大きな変化がないものである。畿内型石室の変遷過程の指標となる袖部については、その前壁面各段を複数の石材によって構成し、これを数段にわたって積みあげ、羨道部天井石を受けるS.1-1類をとっている。

2群は、1群と同様に袖部前壁面各段を複数の石材によって構成し、これを数段にわたって積みあげ、羨道部天井石を受ける。しかし、袖部には他の壁体に使用される石材よりも大きな石材が使用されることを特徴とするS.1-2類をとっており、1群とは区別できる。

3群は、袖部が前壁面各段を1石の石材によって構築し、これを数段にわたって積み上げ、羨道天井石を受け

るS.2-1類をとっているものである。

4群は、3群と同様に袖部前壁面各段を1石の石材によって構築し、これを数段にわたって積みあげ、これが羨道天井石を受けている。しかし、袖部は、袖部石材とその他の羨道側壁石材の間に目地を通すなど、より構造的独立性が高くなっていることを特徴とするS.2-2類をとっており、3群とは区別できる。

5群は、袖部の基底石に立石と呼ばれる、大型の縦長立面形を呈する石材を用い、この上面に扁平な石材を1～2石程度に積みあげ、天井石を受けることを特徴とするS.3類をとっているものである。

6群は、袖部が前の5群と同じS.3類であるが、基底石の大型化が袖部以外の羨道基底石にもおよび羨道側壁がS.4類をとるものである。

7群は、袖部が縦長立面形を呈する基底石によって天井石が直接支えられていることを特徴とするS.4類をとっているものである。

8群は、袖部が前段階と同じS.4類であるが、袖部以外の羨道基底石も天井石を直接支えるS.5類に変化しているものである。

9群は、袖部が縦方向よりも横方向の幅が大きな基底石を用い、これが天井石を直接支えることを特徴としているS.5類であるものである。

以上のような構築技術の変化は、畿内地域中枢部に位置する大型首長墳で共有されており、畿内地域の群集墳中の横穴式石室でも、同様の変遷過程がみられる。

（2）畿内系石室の分類と採用の状況

関東地方にも畿内系石室に含まれる事例が存在する。特に片袖形石室については小林孝秀（小林2014）、草野潤平（草野2016）による詳細な検討がある。この他、特に畿内地域の横穴式石室の影響を強く受けた事例の検討として上野地域を対象とした右島和夫（右島1994）、常陸地域を対象とした広瀬和雄（広瀬2008）の研究がある。

これらの検討において扱われている資料には畿内型石室に近い用石法を採用しているものから、形態のみを似せて造っていると判断できる資料まで幅がある。前者を畿内系石室Ⅰ類、後者を畿内系石室Ⅱ類とすると、畿内系石室Ⅰ類とは首長墓に採用されることがなく、主に群集墳中の有力古墳に6世紀末に採用されているという特色を指摘できる。この点で、地域内で最も畿内型石室に近い用石法を採用する畿内系石室Ⅰ類が地域での最高首長墓に採用される駿河西部、遠江、若狭、伊予地域などの東海地方・西日本とは異なっている。また、このような特徴を有する石室は面的な影響をもつことがなく、あくまで点としての分布に留まっている。

一方で、畿内系石室Ⅱ類は、武蔵、下総、常陸で6世紀前半からみられる。これらは何れも点として分布するが、各地の導入期横穴式石室となっている。6世紀後半の上野地域では、首長墳と群集墳の双方に採用され、面的な広がりを見せる。これらの地域に分布する畿内系石室は同時期の畿内型石室とは大きな用石法の違いをみとめることができる。

（3）畿内系石室Ⅰ類資料の検討（第145図）

畿内系石室Ⅰ類は、群馬県南下B号墳、茨城県山口1号墳、同2号墳等でみられる。

群馬県南下B号墳は、右島和夫が検討を加えている（右島2015）。畿内型石室に近い形態をとっており、いずれも袖部基底石が直接天井石を支えており、畿内型石室の7群に近い用石法がみられる。ただし、羨道基底石は7群の畿内型石室程には発達しておらず、また玄室側壁も5段にわたって積み上げ、奥壁ではいずれの段においても1段を1石で積み上げていない。袖部基底石に対して、他の壁体は古い用石法を残しているといえる。

茨城県山口1号墳、山口2号墳は、広瀬和雄（広瀬2011）、小林孝秀（小林2014）が検討を加えており、いずれも、袖部が直接天井石を受け、これに続き羨道部の基底石も発達している。7群の畿内型石室に近い用石法がみられる。しかし、奥壁や玄室側壁において基底部と上位部で石材の大きさを極端に変えており、基底部には腰石

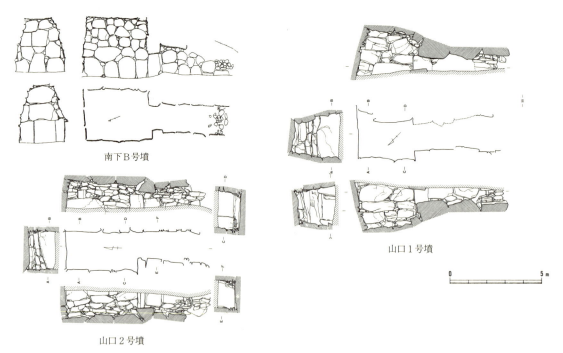

第145図　関東地方の畿内系横穴式石室Ⅰ類

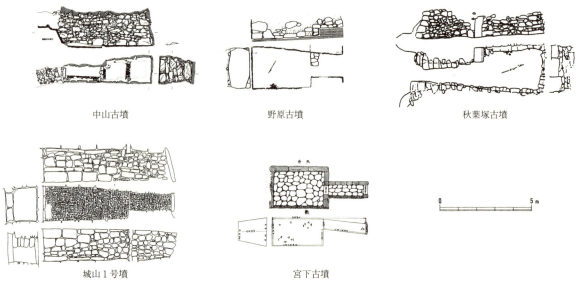

第146図　関東地方の畿内系横穴式石室Ⅱ類

を採用しているように見受けられる。また、玄室側壁が内傾せずに垂直に積まれている点は、畿内地域ではあまりみられない用石法である。

　以上、畿内系石室Ⅰ類に該当する、三つの事例を検討した。いずれの事例も、関東地方のなかでは、もっとも畿内型石室に近い用石法がみられるものと評価されているが、あわせて相違点も見受けられた。この他、常陸南部にある高寺2号墳は、袖部が直接天井石を支え、玄室側壁基底部に腰石を備えるなど山口2号墳に近い構造をとっているが、羨道側壁や玄室側壁の腰石以外は石材が極端に小さく、より在地化の進んだ石室となっている。

（4）畿内系石室Ⅱ類資料の検討（第146図）

　畿内系石室Ⅰ類以外にも、畿内型石室と同じく両袖平面形や片袖平面形をとっている石室があり、これは数も

多い。これらの壁面の用石法をみた場合、6世紀中葉以降に築造されたと考えられるにも関わらず、袖部に立石を採用していないものが関東地方全体に見受けられる。これらの資料が畿内型石室の影響を受けて築造されたとすれば、すでに畿内地域で使われていない古い用石法を新しい時期に採用していることになる。また、各所に形態や用石法の変容を認めることができる。このような事例として、埼玉県長塚古墳、野原古墳、東京都万蔵院台2号墳、栃木県足利公園古墳群3号墳、中山古墳、千葉県法皇塚古墳、城山1号墳、茨城県舟塚古墳等がある。これらは、連鎖型の伝播によって畿内型石室が複数の地域を経由しつつ伝播したものと想定できる。一部の資料については、このような経由地の候補として東海地方が想定されている（小林2014）。

（5）畿内系石室の伝播

関東地方の畿内系石室の伝播経路については、まずⅠ類の中に南下B号墳のような畿内地域の横穴式石室が直接的に近い形で伝播したことを示す事例もある。しかし、これは例外的な事例であり、あくまで単発的な伝播に留まり、周辺へ広がることがない。その理由としては、周辺地は、すでに他の横穴式石室地域類型が分布圏を確立していたことをあげることができる。一方で畿内系石室Ⅱ類に該当するものは、Ⅰ類と比較すると一定の資料がある。しかし、関東地方で成立した地域類型に比べるとその数は極端に少ない。畿内系石室Ⅱ類からは、畿内地域からの直接的な伝播を想定できない。以上の検討から、横穴式石室からみるかぎりにおいて、中央である畿内地域からの影響が非常に限られているといえる。

5　横穴式石室からみた古墳時代後・終末期の畿内と東国

この節では、これまで畿内地域と東国の横穴式石室の様相について、形態的特徴と付帯状況の両面から比較してきた。その結果、畿内地域をはじめとする西日本のいくつかの地域では、首長墳と群集墳で同一の横穴式石室地域類型を共通に採用している事例があるのに対して、東国では階層的に採用する類型を変えている状況が顕著であることを指摘した。また、東海地方や西日本の一部の地域では、採用する類型を階層的に変えている事例があるが、これらでは畿内系石室を首長墳が採用している事例がみられる場合があるのに対して、東国では九州系や韓半島系の石室等を採用しており、相違がみられる。

このような各地でみられる横穴式石室の様相とは、地域社会内部や社会相互の交流の在り方の相違を直接的に反映している可能性もある。しかし、古墳時代にあっては、どの地域も畿内政権と地域首長の関係、地域首長間の関係、首長と地域集団成員の関係、地域集団相互の関係など、様々な社会関係が重層していたと考えられる。これらのどの関係が横穴式石室の形態的特徴や、付帯状況に現れるのかという、社会的事象を考古学的事象へ変換する構造が地域社会によって異なっていた可能性もある。この点について、少数ながら東国に存在する畿内系石室Ⅰ類の存在からは、距離や地理的障害にも関わらず、畿内地域から東国へ物理的には畿内型石室の構築技術をある程度正確に伝えることが可能であったことが判明する。つまり、畿内政権と東国の交流は現に行われていたのである。しかし、一方で、このような畿内系石室を継続的に累世的に受容できなかったことから、畿内型石室の普及を阻む社会的要因が関東地方内部にあったことを想定する必要もある。

また、首長間の畿内地域を介さない長距離交易、群集墳被葬者でみられる近隣地との互恵的交流からは、地域主体での活発な交流・経済活動を読み取ることができる。個別人身支配、国司による全国画一的な支配が行われたとされる律令国家の成立まで、わずか半世紀を残すのみとなった古墳時代後期・終末期前半期にあってこのような状況がみられることは、律令社会へ向けて、大きな社会的変革が必要であったことを示すものであろう。この点で、畿内地域は支配者層墳墓の影響が群集墳中の中小規模古墳にいたるまで貫徹しており、関東をはじめ全国的にみることのできる律令制下の郡を2～3地域程度を合わせた分布圏をもつ横穴式石室地域類型の存在、あるいはこれらの地域の首長の他地域との交流等を横穴式石室よりみとめることはできない。

このように横穴式石室の付帯状況からは、より政権による影響が強く及ぶ畿内地域と伝統的な地域社会が顕在

であった東国の社会の相違を推論することができるのである。

註

1) 時期によっては、北摂の磯長谷も含む。
2) 武蔵地域では、無袖形石室から両袖形石室へと発展する地域類型が分布する児玉・大里地域、切石を用いた胴張複室両袖形の石室が分布する比企地域、円形の玄室をもつ複室両袖形石室が分布する北埼玉地域、直線胴複室両袖形石室が分布する入間地域、比企地域からの影響と相模からの影響を受ける多摩川流域地域等にまとまりがある。上総では、加工した石材で無袖形石室を構築する小櫃川流域、河原石積狭小な無袖形石室を築造する小糸川流域、加工した石材で複室両袖形石室を築造する山武郡域の三つの地域で横穴式石室の特色が顕在化している。常陸でも、北部地域、筑波山東山麓、霞ヶ浦北岸地域で横穴式石室の特色が顕在化している。

参考文献

石橋　充　1995「常総地域における片岩使用の埋葬施設について」『筑波大学　先史学・考古学研究』第6号　筑波大学歴史・人類学系

石橋　充　2001「筑波山南東麓における6・7世紀の古墳埋葬施設について」『筑波大学　先史学・考古学研究』第12号　筑波大学　歴史・人類学系

市橋一郎　2014『北関東の横穴式石室』同成社

上野恵司　2008『東国古墳文化論攷』橘考古学会

大谷晃二　2001「出雲東部の大首長の性格と権力」『東海の後期古墳を考える』東海考古学フォーラム三河大会実行委員会

太田宏明　1999「畿内型石室の属性分析による社会組織の検討」『考古学研究』第46巻第1号　考古学研究会

太田宏明　2001「畿内地域の後期古墳」『東海の後期古墳を考える』東海考古学フォーラム三河大会実行委員会

太田宏明　2003a「畿内地域における導入期の横穴式石室」『関西大学考古学研究室開設五拾周年記念考古学論叢』関西大学考古学研究室開設五拾周年記念考古学論叢刊行会

太田宏明　2003b「畿内型石室の変遷と伝播」『日本考古学』第15号　日本考古学協会

太田宏明　2006「古墳時代後期における物資と情報の分配―金銅装馬具の流通と畿内型石室構築技術の伝達の検討を通して―」『日本考古学』第22号　日本考古学協会

太田宏明　2007a「横穴式石室における伝播論」『近畿の横穴式石室』横穴式石室研究会

太田宏明　2007b「近畿地方における九州系横穴式石室の変遷と分布について」『日本考古学協会熊本大会発表資料集』日本考古学協会熊本大会実行委員会

太田宏明　2010b「西日本の無袖石室（1）」『東日本の無袖横穴式石室』雄山閣

太田宏明　2011a「考古資料にみられる分布境界領域の様相」『考古学研究』第57巻第4号　考古学研究会

太田宏明　2011b『畿内政権と横穴式石室』学生社

太田宏明　2012「横穴式石室よりみた古墳時代後期の社会」『古代学研究所紀要』第17号　明治大学

太田宏明　2016『横穴式石室と古墳時代社会』雄山閣

尾崎喜左雄　1966『横穴式古墳の研究』吉川弘文館

小沢　洋　2008『房総古墳文化の研究』六一書房

角田徳幸　1993「石棺式石室の系譜」『島根考古学会誌』第10集　島根考古学会

角田徳幸　2008「出雲の石棺式石室」『古墳時代の実像』吉川弘文館

角田徳幸　2009「山陰における九州系横穴式石室の様相」『九州系横穴式石室の伝播と拡散』北九州中国書店

加藤　修　1991「武蔵の胴張り複室墳について」『研究論集』X　東京都埋蔵文化財センター

河上邦彦　1995『後・終末期古墳の研究』有山閣

草野潤平　2016『東国古墳の終焉と横穴式石室』雄山閣

藏冨士寛　1997「石屋形考」『先史学・考古学論究』II　龍田考古会

藏冨士寛　2007a「北部九州の埋葬原理と石室構造」『近畿の横穴式石室』横穴式石室研究会

藏冨士寛　2007b「九州の横穴式石室」『日本考古学協会　2007年度熊本大会　研究発表資料集』日本考古学協会2007年度熊本大会実行委員会

藏冨士寛　2009「九州地域の横穴式石室」『九州系横穴式石室の伝播と拡散』北九州中国書店
藏冨士寛　2011「玄海灘沿岸」『九州島における古墳埋葬施設の多様性』九州前方後円墳研究会
蔵本晋司　1996「段ノ塚穴型石室の基礎的研究Ⅰ―編年と系譜―」『香川考古』第５号　香川考古刊行会
小林孝秀　2014『横穴式石室と東国社会の原像』雄山閣
小松　譲　1999「肥前東部地域の横穴式石室―導入と展開および終末―」『九州における横穴式石室の導入と展開』第２回九州前方後円墳研究会
白石太一郎　1965「日本における横穴式石室の系譜―横穴式石室の受容に関する一考察―」『先史学研究』第５号　同志社大学先史学研究会
白石太一郎　2000『古墳と古墳群の研究』塙書房
椙山林継　1983「古墳時代後期における地域性について」『日本史学論集』上巻　吉川弘文館
鈴木一有　2000「遠江における横穴式石室の系譜」『浜松市博物館報』第13号　浜松市博物館
鈴木一有　2003「東海東部の横穴式石室にみる地域圏の形成」『静岡県の横穴式石室』静岡県考古学会
鈴木一有　2011「横穴式石室」『古墳時代の考古学』３　同成社
高木恭二　1994「石障系石室の成立と変遷」『宮嶋クリエイト』第６号　宮嶋利治学術財団
中里伸明　2005「母神山古墳群における横穴式石室と階層性について」『香川県埋蔵文化財センター研究紀要』Ⅰ　香川県埋蔵文化財センター
中里伸明　2007「四国北東部における横穴式石室構築に関する情報共有」『日本考古学協会2007年度熊本大会研究発表資料集』日本考古学協会2007年熊本大会実行委員会
西谷麻衣子　2007「伊予における横穴式石室の導入と展開」『寧楽史苑』第52号　奈良女子大学史学会
土生田純之　1991『日本横穴式石室の系譜』学生社
土生田純之編　2010『東日本の無袖横穴式石室』雄山閣
原田道雄　1972「関東地方の初期横穴式石室古墳」『駿台史学』第30号　駿台史学会
広瀬和雄　2011「下野地域の後・終末期古墳の歴史的意義」『国立歴史民俗博物館研究報告』第163集　国立歴史民俗博物館
広瀬和雄　2008「常陸と上総の畿内的な横穴式石室」『多知波奈の考古学』
古城史雄　2009「天草の横穴式石室」『八代海沿岸地域における古墳時代在地墓制の発展過程に関する基礎的研究』熊本大学文学部
細川修平　1998「畿内周辺地域における横穴式石室の導入」『斉頼塚古墳』マキノ遺跡群調査団　マキノ町教育委員会
堀　真人　1997「近江における階段式石室の検討」『紀要』10　財団法人滋賀県文化財保護協会
堀　真人　2005「横穴式石室の伝播の一様相」『龍谷大学考古学論集Ⅰ』龍谷大学考古学論集刊行会
前田敬彦　1993「和歌山県における横穴式石室の展開」『摂河泉文化資料』第42・43号摂河泉地域史研究会
森下浩行　1986「日本における横穴式石室の出現とその系譜」『古代学研究』第111号　古代学研究会
右島和夫　1994『東国古墳時代の研究』学生社
右島和夫　2015「東国における終末期の畿内型石室」『河上邦彦先生古稀記念献呈論文集』河上邦彦先生古稀記念会
山崎信二　1985『横穴式石室構造の地域別比較研究』1984年度文部省科学研究費奨励研究Ａ
柳沢一男　1993「横穴式石室の導入と系譜」『季刊考古学』第45号　雄山閣
柳沢一男　2001「全南地方の栄山江型横穴式石室の系譜と前方後円墳」『朝鮮学報』第179輯　朝鮮学会
柳沢一男　2003「複室構造横穴式石室の形成過程」『新世紀の考古学』大塚初重先生喜寿記念論文集刊行会
柳沢一男　2009「九州中北部における横穴式石室の形成と伝播」『考古学ジャーナル』No583　ニュー・サイエンス社
和田晴吾　2007「東アジアの「開かれた棺」」『渡来系遺物からみた古代日韓交流の考古学的研究』

第3節　馬具からみた古墳時代後期の畿内政権と東国
　　　　―上野と常陸の比較から―

尼子　奈美枝

はじめに

　古墳時代後期における、畿内政権と地域首長層との関わりを探る手段の一つとして、後期古墳の主要な副葬品である馬具に焦点を当てる。後期古墳から出土する馬具は、首長墳から群集墳中の中小規模墳に至るまで、比較的幅広い階層に副葬されるとともに、金銅装鏡板や杏葉など豪華な馬具は首長層など上位層に、鉄製馬具は下位の古墳に、さらにそれ以下の階層では馬具は副葬されないという、副葬の在り方に古墳被葬者の階層性が反映される副葬品でもある。さらに、原則として畿内政権による一元的な供給が想定されることから、副葬の背景には政権との関係も推定される。ただし、馬具には機能により様々な種類があり、形態や材質にも違いがあることから、保有の在り方は非常に多様であるといえる。そして筆者は、その多様な保有の在り方にこそ、古墳被葬者の階層性や、畿内政権との関係が反映されていると考える。

　この視点から、筆者は、馬具保有形態の類型を設定し、その類型と埋葬主体である横穴式石室の規模との関係を検討、さらにこの検討を基に、金銅装鏡板および杏葉の意匠に着目して、各古墳の階層性および古墳被葬者と畿内政権との関わりを探ってきた（尼子1993・2003・2011など）。本稿では、この検討方法を用いて、特に上野地域と常陸地域を例に挙げて、畿内政権と東国の地域首長層の関わりを考えてみたい。

　なお、煩雑さを避けるため、本稿では便宜上「金銅装馬具」と称する場合は、特に指定しない限り金銅装鏡板と杏葉を指すこととし、また、「馬具保有形態」と表現する場合は、以下述べていく馬具保有形態の類型と、金銅装鏡板および杏葉の意匠を併せた、馬具保有の在り方を指すこととする。

1　馬具保有形態の類型と石室規模の関係、金銅装鏡板・杏葉の意匠からの検討

　馬具保有形態の類型と石室規模の関係、および金銅装鏡板・杏葉の意匠からの検討方法については、前述のように別稿で述べているので、本稿では要点のみを記す。

（1）馬具保有形態の類型と石室規模の関係

　鏡板、杏葉、雲珠、鐙、鞍の5点をもって一つのセットとし、その有無でA類、B類（B1類・B2類）、C類という三つの馬具保有形態の類型を設定した。

　　A類：ほぼセットで保有。鏡板は金銅装板状鏡板。金銅装の杏葉と雲珠の両方をもつ。
　　B類：鏡板は金銅装板状鏡板と鉄製環状鏡板に、杏葉と雲珠はこれをもつものともたないものに分かれ、それぞれの有無でさらに二つの類型に分類する。
　　B1類：鏡板は金銅装板状鏡板。杏葉および雲珠のいずれか一方をもつか両方ともたない。
　　B2類：鏡板は鉄製環状鏡板。杏葉および雲珠の両方をもつかいずれか一方をもつ。
　　C類：セットの多くを欠く。鏡板は鉄製環状鏡板。杏葉と雲珠の両方をもたない。

　この類型は、A類→B類→C類の順で、セットを成すものから欠くものに、装飾性の高い上位の馬装から簡素な下位の馬装になる[1]。なお、B1類とB2類の比較では、特に畿内以外の地域において格差がある（B1類の方が上位）場合が多いことを指摘できる（尼子1997）。

　次に、この馬具保有形態の類型と、埋葬主体である横穴式石室の規模（玄室規模）との関係を検討した。その結果、多くの地域において馬具保有形態の類型と石室規模には相関性があり、石室が大形から小形になるにつれ

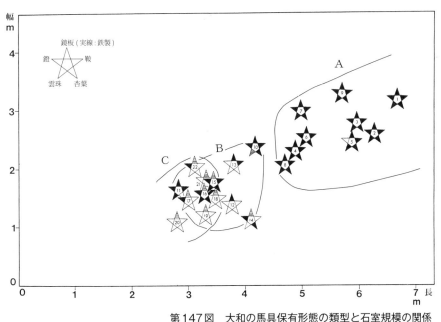

第147図　大和の馬具保有形態の類型と石室規模の関係

て、類型もA類からB類、C類へと劣っていくこと、古墳被葬者の階層も上位層から下位層になることを指摘した。そして、こうした格差の背景には、政権から地域首長層への一元的な馬具の供給、すなわち、首長の階層的位置や政権との関わりの差異などに応じて、政権が馬具を管理し供給していた実態があると考えた。

さらに、馬具保有形態の類型と石室規模の関係からみた階層性の在り方は地域ごとに多様であり、その多様性こそが政権と地域首長の関係の表れであるといえる。特に、畿内政権の所在地である大和は、他地域（特に畿内以外の地域）と比較して極めて優秀な在り方をしていることが特筆された（第147図）。すなわち大和では、①一部例外を除き首長層は全て馬具保有形態において最も上位のA類であり、その数も多いこと（他地域では首長層であってもA類は少なくB類が多数、最も劣るC類もある）、②群集墳中の盟主層はB類であること（他地域ではほとんどがC類）など、卓越した様相が看取できた。それは、政権が政権のお膝元である大和の首長層へは、質的にも量的にも優遇的に優秀な馬具（特に金銅装馬具）を供給していたからであると考えた。

（２）金銅装鏡板・杏葉の意匠

もう一つの視点として、金銅装鏡板・杏葉の意匠に着目する。

まず、畿内首長層で保有される金銅装鏡板・杏葉の意匠を、「畿内首長層通有の金銅装鏡板・杏葉」[2]（第148図、第21表）とし、それ以外の畿内首長層では保有されない意匠を「特異な金銅装鏡板・杏葉」とした。これらは意匠は異なるが、いずれも原則として畿内政権の管理の下に製作され供給されたと考える。したがって、地域首長がいずれの意匠を保有しているか検討することによって、それを与えた政権との関わりが推定できるのである。すなわち、畿内首長層と同等の「畿内首長層通有の金銅装鏡板・杏葉」を保有する地域首長は、「特異な金銅装鏡板・杏葉」を保有する首長よりも、より畿内政権に近しいといえ、政権がその首長（その地域）を重視していた、あるいは何らかの理由でその首長に梃入れをしていた、などといった背景が想定される。さらに、馬具保有形態の類型と石室規模の関係からの検討結果とも併せると、例えば同じA類でも、鏡板・杏葉の意匠が「畿内首長層通有の金銅装鏡板・杏葉」か「特異な金銅装鏡板・杏葉」かによって、政権との関わりにも違いがあること（前者の方が近しい）を指摘できるのである。

なお、この方法によれば、馬具保有形態の類型と石室規模の関係では採りあげられなかった資料（石室規模が不明、埋葬主体が横穴式石室以外のものなど）についても、鏡板や杏葉の意匠がわかれば、類型と意匠の両面から検

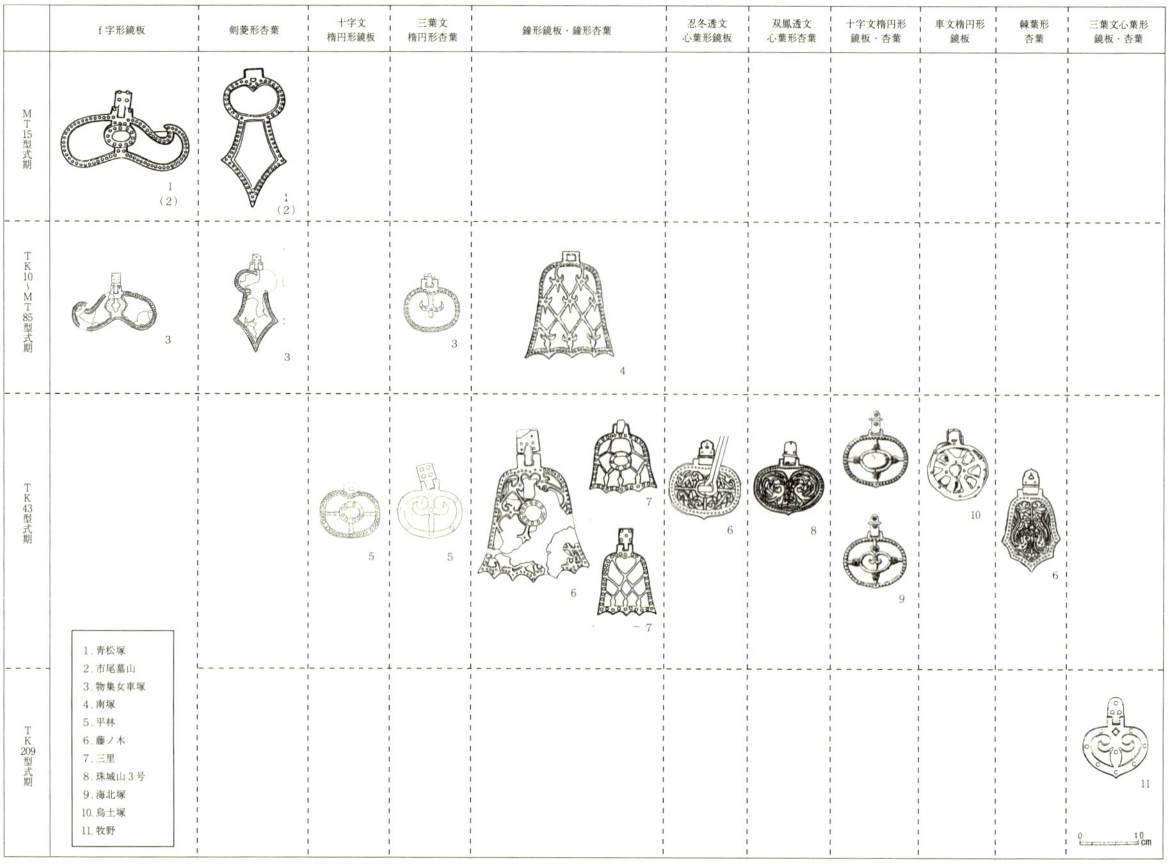

第148図 「畿内首長層通有の金銅装鏡板・杏葉」の代表例

第21表 「畿内首長層通有の金銅装鏡板・杏葉」保有古墳 (第148図に対応)

	古墳名	所在地	墳形	鏡板	杏葉	類型	文献
1	青松塚	茨木市	○	f字形	剣菱形	A	小林1962、小野山1992
2	市尾墓山	高取町	●	f字形	剣菱形	A	河上他1984
3	物集女車塚	向日市	●	f字形	剣菱形 三葉文楕円形	A	向日市教1988
4	南塚	茨木市	●	f字形	剣菱形	A	川端・金関1995、田中1984
				鐘形	鐘形	A	
5	平林	新庄町	●	十字文楕円形	三葉文心葉形	A	坂他1994
6	藤ノ木	斑鳩町	○	忍冬透心葉形	双鳳透棘葉形	A	勝部他1990
				斜格子文鐘形	斜格子文鐘形	A	
7	三里	平群町	●	斜格子文鐘形	斜格子文鐘形	A	河上他1977
8	珠城山3	桜井市	●	忍冬透心葉形	双鳳透葉形	A	伊達1960
9	海北塚	茨木市	○	十字文楕円形	三葉文心葉形	A	梅原1937
10	烏土塚	斑鳩町	●	車文楕円形	三葉文心葉形	A	伊達他1972
11	牧野	斑鳩町	○	三葉文心葉形	三葉文心葉形	A	河上他1987

●：前方後円墳、○：円墳　番号は第2図に対応

討していくことが可能となる。まさに本稿で採りあげる常陸地域では、後述するように、馬具保有形態の類型と石室規模の関係からの検討で採りあげる資料がきわめて少なかったことから、この類型と意匠からの検討が有効であった。

2 上野地域の馬具保有形態の類型と石室規模の関係と、金銅装鏡板・杏葉の意匠（第149図、第22表）

上野における馬具保有形態の類型と石室規模の関係と、金銅装鏡板・杏葉の意匠については、詳細は別稿（尼子1998・2009）にゆずり、本稿では要点のみを記すこととしたい。

馬具保有形態の類型と石室規模の関係については、第149図からも明らかなように相関関係が成立しており、馬具保有形態の類型において最も上位のA類から下位のC類に至るまで、石室も大形から小形へと規模が小さくなっている。また、A類はいわゆる大首長とみなされる大形前方後円墳、B類は大形前方後円墳を含むが主に中小規模の前方後円墳、C類は小形の前方後円墳を含む群集墳中の上位層と、古墳被葬者の階層性も反映されている。群集墳内に属するとはいえ、前方後円墳であっても最も類型は最も劣るC類となるものが存在することは注意される。

さて、上野において特徴的なことは、B2類（鉄製環状鏡板）となる首長墳がきわめて多いことである。このことは、石室規模が不明などの理由でこの検討で採り上げられなかった古墳を含めるとさらに顕著である。前述のように、B1類とB2類では、B2類の方が下位に位置づけられる場合が多く、次に述べる意匠の様相とも併せて、畿内政権との関係を考えるうえで示唆的である。

また、金銅装鏡板および杏葉の意匠をみると（第21表）、前二子古墳（前橋市教委1993、前原・杉山2015）と観音山古墳（群馬県教委1968、群馬県1981）の鏡板・杏葉が「畿内首長層通有の金銅装鏡板・杏葉」である以外は、鏡板・杏葉の両方もしくはいずれかが「特異な金銅装鏡板・杏葉」となり、これが顕著であることが指摘できる。

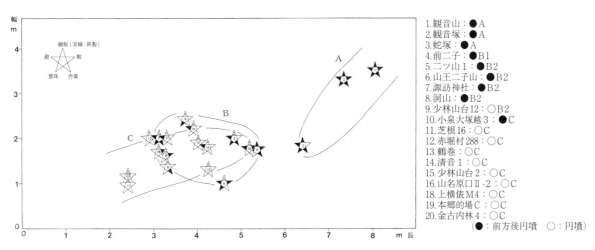

第149図 上野の馬具保有形態の類型と石室規模の関係

第22表 上野の金銅装鏡板・杏葉の意匠

古墳名	所在地	墳形	鏡板	意匠	杏葉	意匠	類型	文献
前二子	前橋市	●	f字形	通有	剣菱形	通有	B1	前橋市1993、前原・杉山ほか2015
					双葉剣菱形	特異		
古城稲荷山	伊勢崎市	●	透楕円形	特異	透楕円形	特異	A	三輪1992
			花形	特異	花形	特異	A	
小泉長越1	佐波郡	○?	花形	特異	花形	特異	A	宮塚・三浦1992
観音山	高崎市	●	十字文心葉形	通有	心葉形透彫	通有	A	群馬県教委1968、群馬県1981
観音塚	高崎市	●	花形	特異	花形	特異	A	尾崎・保坂1963、高崎市1992
					透彫心葉形	特異		
白石二子山	藤岡市	●	方形	特異	方形	特異	A	後藤・相川1939、亀井1992

●：前方後円墳、○：円墳

242　第7章　古墳時代中央からみた東国

　以上のような上野の様相をまとめると、①馬具保有形態の類型と石室規模には相関関係がありA類からC類までの古墳が階層性をもって存在するが、首長であっても最も劣るC類となるものがある、②首長層はB2類となるものが多い、③意匠は「特異な金銅装鏡板・杏葉」が多い、などとなる。こうした様相から推定される、畿内政権と上野の首長層との関係については、後に改めて述べていきたい。

3　常陸地域の馬具保有形態の類型と石室規模の関係と、金銅装鏡板・杏葉の意匠（第150図、第23表）

（1）常陸における馬具保有形態の類型と石室規模の関係

　主に常陸国に相当する現在の茨城県域の馬具保有古墳については、片平雅俊によって集成・考察がなされている（片平1998・1999・2000）。片平の集成では、2000年の時点で60基の馬具保有古墳が報告されているが、何らかの馬具の断片がある、あるいは「伝・○○古墳出土」のように履歴が不確実であるなど、出土状況やおよその保有の在り方を把握できないものが多い。とりわけ、横穴式石室を埋葬主体とする馬具保有古墳で、馬具保有形態

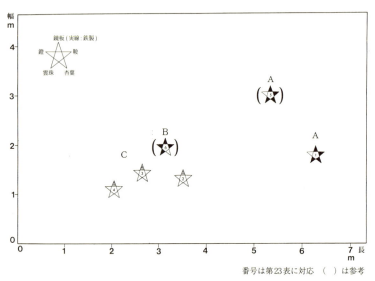

第150図　常陸の馬具保有形態の類型と石室規模の関係

第23表　常陸の金銅装馬具保有古墳

	古墳名	所在地	墳形	規模(m)	玄室 長	玄室 幅	馬具セット 鏡板	意匠	杏葉	意匠	雲珠	鞍	鐙	備考	類型	文献
1	風返稲荷山	かすみがうら市	●	78.0	6.2	1.9	斜文心葉形	通有	斜文心葉形	通有	○	銀・磯金具		木箱入	A	千葉ほか2000
							環状		棘葉形	特異	○	鞍金具		石室出土	B2	
2	真崎10号	東海村	○?	17.0	3.5	1.3	環状								C	片平1999
3	舟塚1号	東海村	●	38.5	2.7	1.4	環状				片?				B2?C?	片平1999
4	中台6号	つくば市	○	23.0	2.0	1.0	環状								C	吉川ほか1955
5	赤羽B・1号	日立市	横穴		(5.4	3.1)	十字文心葉形?	通有?	心葉形?	?	破片?	鞍片			A	鈴木・片平1987
6	伝・大日塚	行方市	●帆	40.0	3.0	2.0	十字文楕円形、環状	通有				鞍金具	吊金具		B1	長谷川1976、片平2000
7	伝・玉里舟塚	小美玉市	●	88.0	二重箱形石棺		十字文楕円形	通有	三葉文心葉形	特異		鞍金具片	壺		B1	大塚・小林1968・1971
8	西大塚第1号	日立市	○?	?	堅穴式石室		鉄楕円		剣菱	通有					B2	鈴木・片平1987
9	三昧塚	行方市	●	85.0	箱形石棺		f字	通有							B1	斎藤・大塚1960
10	富士見塚	かすみがうら市	●	78.0	?				剣菱片	通有					B	出島村1992
11	上野	築西市	?	?	箱形石棺?		鉄楕円		剣菱	通有			壺		B2	斎藤ほか1974、松尾・滝沢1988

●：前方後円墳、○：円墳　1〜6は第150図に対応　9〜11は5世紀代

の類型と石室規模がわかる資料となると、さらにわずかしか採り上げられないのが現状である。それは、後期前半の段階では横穴式石室以外の埋葬施設（箱形石棺など）が多いことや、後期の前方後円墳で実態の不明なものが多いことにもよる。そこで、常陸においては、馬具保有形態の類型と石室規模の関係からよりも、馬具保有形態の類型と、金銅装鏡板・杏葉の意匠の二つの面から検討していきたいと考える。したがって、馬具保有形態の類型ではA類、B1類、B2類に焦点を当てることになる。

なお、常陸の馬具保有形態の類型と石室規模の関係については、以下の点にのみ触れておきたい（第150図）。大形石室を構築するA類の風返稲荷山古墳（千葉ほか2000、類型については後述）は、後期末葉の常陸を代表する首長墳、小形の石室となるC類は中小規模の前方後円墳や円墳である。したがって、馬具保有形態の類型と石室規模の関係には相関関係が成立し、階層性も反映されているといえる。また、C類に前方後円墳が含まれることは注意され、上野と同様に首長層であっても最も劣るC類となるものが存在している。

それでは、馬具保有形態の類型と、金銅装鏡板・杏葉の意匠についてみていくが、風返稲荷山古墳出土の馬具については若干説明が必要となるため、次節ではまずそれを述べておく。

（2）風返稲荷山古墳の保有する馬具について

風返稲荷山古墳は、霞ヶ浦北部沿岸地域に所在する7世紀初頭の全長78mの前方後円墳で、当地域に多数築造された後期の前方後円墳のなかで最大規模の首長墳となる。複室構造の横穴式石室は、前・後室を合わせた玄室の長さが6.2m、幅1.9mで、後室に奥棺・東棺・西棺の三つの箱形石棺が置かれ、前室には副葬品が納められていた。また、くびれ部にも箱形石棺が埋納されていたが詳細は不明である。

石室内の三つの石棺とくびれ部石棺の時期的な関係については、日高慎によると、発掘当初の記録では初葬の奥棺（横穴式石室の構築）とくびれ部石棺はほぼ同時期とされているが、日高自身は石棺の型式差から「奥棺→くびれ部棺→東棺→西棺の順番で構築されたと思われる」とし、初葬から最終埋葬までTK209型式併行期からTK217型式併行期まで、「最大に見積もって50年、最小に見積もって30年ほど」とされる（日高2000a）。ただし、後述するように筆者は、奥棺とくびれ部棺はほぼ同時期、という発掘当初の記録を重視したい。

さて、馬具は2組のセットが出土している。1組は、横穴式石室の前室から出土した、初葬の石室奥棺に伴うもの（以下「石室出土馬具」とする）、もう1組は、墳丘上の、くびれ部石棺から約1mほど離れたところから、木箱に納められ埋納されていたもの（以下「木箱入り馬具」とする）である。

まず石室出土馬具は、環状鏡板付轡（現存せず）、棘葉形に分類されている（桃崎2000）が特異な形状をした杏葉4点（うち2点は現存せず）、八脚雲珠、金銅装鞍金具、などで、馬具保有形態の類型はB2類となる。このうち杏葉は、内部にハート形や蕨手状の透彫を施し、縁金部分に6本の鉤状の突起を突出させた他に類例のない意匠であり、「特異な金銅装鏡板・杏葉」である。

一方、木箱入り馬具は、墳丘上のくびれ部石棺から約1mほど離れて出土したとされるが、くびれ部石棺や横穴式石室との位置関係など埋納状況は不明である。また、木箱入り馬具には布や木質が付着していたことから、布に包まれ木箱（漆塗り木箱と推定されている）に納められていたと推定されている。こうした埋納状態は、一般的な副葬品としての馬具の出土とは明らかに異なっており、この馬具が、特別に宝器的な扱いをされていたことがうかがえる。その内訳は、斜格子文心葉形鏡板、斜格子文心葉形杏葉、八脚雲珠、銀装礤金具などであり、馬具保有形態の類型は最も上位のA類、さらに鏡板および杏葉の意匠は、いずれも「畿内首長層通有の金銅装鏡板・杏葉」となる。すなわち、木箱入り馬具は、A類で「畿内首長層通有の金銅装鏡板・杏葉」という最も優秀な馬具保有形態となるのである。前述の埋納状態とも併せて、特殊な在り方が特筆される。

さて、この2組の馬具が、四つの石棺のいずれの被葬者の保有であったかについては、まず石室出土馬具は、報告書のなかで初葬の奥棺被葬者に伴うものとさているので問題ない。一方木箱入り馬具は、初葬の奥棺被葬者か、あるいは近接したとされるくびれ部石棺の被葬者か、いずれかの可能性が想定されよう。木箱入り馬具の正

確な埋納状況が不明なため推測の域を出ないが、筆者は次のような理由から、木箱入り馬具も石室出土馬具と同様、本来は初葬の奥棺被葬者の保有であったと考える。

　まず何よりも、木箱入り馬具は、馬具保有形態において最も優秀な在り方をしていることである。こうした優秀な馬具保有形態は、やはり本墳築造の契機となった初葬の奥棺被葬者だからこそあり得ると考える。

　さらに、石室出土馬具と木箱入り馬具の時期的な関係についてである。報告書のなかで桃崎祐輔は、「製作技法や他の類例より、石室出土馬具がTK209型号窯型式期でもやや新しい段階、くびれ部出土馬具（＝木箱入り馬具：筆者注）はTK217号窯型式期により近い段階であろうと考えられ、その実年代はともに7世紀初頭～前半」とし時期差を想定されている（桃崎2000）。しかしながら、桃崎の指摘するように両者に製作技法的な差が認められるとしても、その差がそのまま時期差として評価できるのか、また、特に前室出土の杏葉のような他に類例のないものに対して、他者との比較から微妙な時期差を導くことができるのか、などといった懸念もある。

　以上のことから筆者は、あえて両者間に明確な時期差を想定せず、出土状況も類型も意匠も異なるが、2組の馬具はいずれも本墳築造の契機となった初葬の奥棺被葬者の保有のものと考える。したがって、奥棺被葬者は2組の馬具を保有しており、そのうちいわゆる第1番目の馬具は、より優秀な木箱入り馬具とみなせることから、本墳の馬具保有形態の類型はA類、意匠は「畿内首長層通有の金銅装鏡板・杏葉」となる。

　なお、前述のように、奥棺の埋納とくびれ部棺の埋納は同時期とした発掘当初の見解と、時期差があるとした日高の見解があるが、もし時期差を認めるなら、木箱入り馬具はくびれ部棺の被葬者に伴うもの、との見解も出てこよう。その場合参考になるのが、東棺に納められていた頭椎大刀と円頭大刀（2振のうち1振）である。報告書では、これらの大刀の形態的特徴と、奥棺の時期との間には齟齬があるとし、本来は初葬の奥棺被葬者の副葬品であったものが、東棺被葬者の埋葬にあたって東棺に納められた、との解釈がなされている（日高2000b）。木箱入り馬具においても、これと類似した状況を想定し、本来は初葬被葬者の保有であった木箱入り馬具が、くびれ部棺の埋納時に墳丘上に納められた、と解釈することができると考える。

　また、この馬具が一般的な副葬品の副葬状況とは異なり、特別な宝器的な扱いをされていたことに注意したい。初葬の奥棺被葬者は、畿内政権からこの馬具を与えられとき、これが畿内首長層と同等の、最上位の馬装であるという認識を強くもっていたと推定する。だからこそ、このような特別な宝器的な埋納がなされたのであり、そうする必要もあったと考える。

（3）その他の金銅装馬具保有古墳

　風返稲荷山古墳以外の金銅装馬具保有古墳をみていきたい。なお、個々の古墳の詳細については紙面の都合上省略し、要点のみを述べることとする。

　まず、風返稲荷山古墳と同じ霞ヶ浦北部の高浜入り沿岸地域に所在する金銅装馬具保有古墳として、6世紀前半の玉里舟塚古墳（大塚・小林1968、片平2000）と大日塚古墳（長谷川1976、片平2000）が挙げられるが、いずれも伝・出土資料とされるものである。

　玉里舟塚古墳は、全長88ｍの大形前方後円墳で、二重式箱形石棺という特殊な埋葬主体を構築している。盗掘のため副葬品の詳細は不明であるが、盗掘を逃れ発掘調査で出土したもののなかに、鞍金具や革帯金具などがある。片平によると、これ以外の伝・舟塚古墳出土馬具として、十字文楕円形鏡板付轡、環状鏡板付轡、三葉文心葉形杏葉、辻金具などがあるとされる（片平2000）。これらが本古墳出土ならば、類型はB1類、意匠は写真（片平2000）から判断すると、鏡板は「畿内首長層通有の金銅装鏡板・杏葉」、心葉形杏葉は縦方向に長い形状であることから「特異な金銅装鏡板・杏葉」となる。

　大日塚古墳は、全長40ｍの帆立貝形古墳で、横穴式石室（玄室長3.0ｍ、同幅2.0ｍ）を埋葬主体としている。副葬品の詳細は不明で、馬具は、片平により伝・大日塚古墳出土として、十字文楕円形鏡板付轡、複環式環状鏡板付轡などが報告されている（片平2000）。これが本墳出土なら、類型はB1類、意匠は「畿内首長層通有の金銅装

鏡板・杏葉」となる。

　また、日立市所在の西大塚古墳群第1号墳（鈴木・片平1998・2000）、赤羽横穴墓群B支丘第1号墓（鈴木・片平1998・2000）でも、金銅装馬具が保有されている。久慈川下流域に所在する西大塚第1号墳は、6世紀前葉の円墳と推定され、竪穴式石室を埋葬主体とする。馬具は、内湾楕円形鏡板付轡、剣菱形杏葉、鉄製環状雲珠などが出土していることから、類型はB2類、意匠は剣菱形杏葉から「畿内首長層通有の金銅装鏡板・杏葉」となる。

　赤羽横穴B支丘第1号墓は、西大塚第1号墳と同じく久慈川河口の海岸段丘に位置する、6世紀中葉の大形の横穴墓（玄室長5.4m、同幅3.1m）である。独立墓的な立地や横穴の規模、後述する馬具や、馬具以外の副葬品に挂甲小札や冠の立飾金具の断片があることから、所在地域における首長墓とみなされている。馬具は、破損が著しいが、十字文楕円形もしくは心葉形の鏡板片、楕円形か心葉形の杏葉片、雲珠片、鞍片などであり、A類とみなされる。断片であるため意匠の詳細は不明であるが、鏡板は「畿内首長層通有の金銅装鏡板・杏葉」の可能性がある。

　以上が、後期の金銅装馬具保有古墳の様相であるが、5世紀代の金銅装馬具保有古墳についても触れておく。それらは、5世紀末葉の三昧塚古墳（全長85mの前方後円墳）（斎藤・大塚1960）、富士見塚古墳（全長78mの前方後円墳）（片平2000）、上野古墳（墳丘形態・規模不明）（斎藤ほか1974、松尾・滝沢1988、片平2000）である。

　三昧塚古墳と富士見塚古墳は、霞ヶ浦北部の高浜入り沿岸地域に所在する首長墳である。三昧塚古墳は、埋葬主体は箱形石棺で、これと並んで馬具を含む副葬品の入った木箱が埋納されていた。馬具は、f字形鏡板付轡と面繋の飾金具などであり、類型はB1類、意匠は「畿内首長層通有の金銅装鏡板・杏葉」である。富士見塚古墳は、撹乱のため埋葬主体は不明で、馬具を含む副葬品の詳細も不明であるが、片平により、本墳出土の可能性のある剣菱形杏葉、銜の断片、組合式辻金具などが報告されている（片平2000）。これらが本墳出土なら類型はB類（鏡板は不明）、意匠は「畿内首長層通有の金銅装鏡板・杏葉」となる。上野古墳は下総に近い築西市に所在する。墳丘形態や規模は不明であるが、埋葬主体とされる箱式石棺から馬具や短甲などが出土している。馬具は、内湾楕円形鏡板付轡、剣菱形杏葉、馬鐸、壺鐙などであり、類型はB2類、意匠は「畿内首長層通有の金銅装鏡板・杏葉」である。

（4）常陸の金銅装馬具保有古墳

　常陸の金銅装馬具保有古墳についてまとめておく。

　①風返稲荷山古墳が7世紀初頭である以外は、6世紀前半までに比定されるものが多い。②馬具保有形態の類型は、可能性のあるものを含めると5基のうちA類は2基、B1類は2基、B2類は1基（風返稲荷山古墳の石室出土馬具のB2類は含まず）である。したがって、現状では上野のように特定の類型（B2類）が突出するといった傾向は認められない。③意匠は「畿内首長層通有の金銅装鏡板・杏葉」が多い。

　このうち、①の時期的な偏在、②の馬具保有形態の各類型については、実態の不明な後期の首長墳が多いことから、これをそのまま常陸の特徴とすることはできず、今後の資料の増加に依るところが大きい。ただし、B1類の玉里舟塚古墳や大日塚古墳など、6世紀前半までの段階でB1類が目立つこと、しかもその意匠が「畿内首長層通有の金銅装鏡板・杏葉」（玉里舟塚古墳は鏡板のみ）であることは注意されよう。

　さて、常陸において最も特徴的なことは、③の意匠において「畿内首長層通有の金銅装鏡板・杏葉」が多く認められたことである。前述のように、「特異な金銅装鏡板・杏葉」は、玉里舟塚古墳の杏葉と、風返稲荷山古墳の石室出土馬具の杏葉で、それ以外は「畿内首長層通有の金銅装鏡板・杏葉」となる。ただし、玉里舟塚古墳の場合は鏡板は「畿内首長層通有の鏡板・杏葉」であり、風返稲山古墳は、いわゆる第1番目の馬具（木箱入り馬具）は「畿内首長層通有の金銅装鏡板・杏葉」である。したがって、常陸では各首長が、いずれも何らかのかたちで「畿内首長層通有の金銅装鏡板・杏葉」を保有しているといえるのである。さらに、前述のように5世紀代の3例も「畿内首長層保有の金銅装鏡板・杏葉」であることを勘案すると、その保有が際立っていることがわか

る。このことは、「特異な金銅装鏡板・杏葉」が多く認められた上野とは対照的な様相である。

こうした状況を踏まえて、次章では上野と常陸の様相を比較しつつ、畿内政権と両地域の首長層との関係について考えてみたい。

4 上野および常陸の首長層と畿内政権

馬具保有形態の類型と、金銅装鏡板・杏葉の意匠からの検討で得られた様相から、まずは上野の首長層と畿内政権との関係について考えてみたい。上野では、馬具保有形態の類型でB2類が多く、意匠では「特異な金銅装鏡板・杏葉」が多いことが特徴的であった。このことから、以下のような畿内政権の上野の首長層への対応がみえてくると考える。

上野では、他地域で前方後円墳の築造が終焉する後期後半以降に、むしろ数多くの前方後円墳が築造されることが知られている。こうした前方後円墳の築造には多くの労働力の集結が不可欠で、それを可能にするのは在地での階層性に基づいた各首長の力だと推定する。他方、馬具保有形態の類型や金銅装鏡板・杏葉の意匠に反映されるのは、畿内政権を中心とする階層性に基づいた、政権と各首長との関係であると考える。畿内政権は、上野の首長に対して、この時期もはや政治的紐帯を表すという役割を終えつつあった前方後円墳の築造には寛容であったが、馬具（特に金銅装馬具）の供給に関しては規制を行っていた。すなわち、金銅装馬具を与えるが、類型や意匠ではワンランク劣ったものとし、畿内との格差を明らかにしていたのである。前期以来有力首長が顕在する上野であるからこそ、あえて明確な格差を付けるという政策をもって上野の首長層の掌握を図っていたと考える。

一方、常陸において特筆されることは、少ない資料数にもかかわらず、意匠において「畿内首長層通有の金銅装鏡板・杏葉」が多く認められたことである。本稿で採りあげた首長は、いずれも何らかのかたちで「畿内首長層通有の金銅装鏡板・杏葉」を保有していた。このことは、上野では「特異な金銅装鏡板・杏葉」が顕著であったことと対照的である。

畿内政権は、上野の有力首長層掌握のため馬具の供給において規制を行ったと理解したが、常陸の首長に対しては、そうした規制が緩やかであったと推定する。常陸の首長層は、類型では格差を付けられても、意匠では畿内首長層と同等のものを有することができるほどに、畿内政権と近しい関係にあった。さらに、風返稲荷山古墳の木箱入り馬具からもうかがわれるように、政権から与えられた優秀な馬具を、とりわけ重視して宝器的に扱うという、政権を尊重した姿勢をとっていた。政権側からすると、上野のように強い規制で掌握するのではなく、畿内首長層と同等の意匠の馬具を与え、穏健に取り込むという政策によって、常陸の首長層の掌握を図っていたと考える。

なお、「畿内首長層通有の金銅装鏡板・杏葉」を保有する首長が、風返稲荷山古墳をはじめ霞ヶ浦北部の高浜入り沿岸地域に集中することは注意される。白石太一郎は、この地域に後期の前方後円墳や大形古墳が集中することから、当地域が「常陸各地やそれ以北の陸奥の地と畿内を結ぶ交通の要衝」であり、畿内政権にとって重要な地域であったと指摘している（白石1991）。また片平も、この地域への金銅装馬具（筆者のいう「金銅装馬具」とは異なる）の集中から同様の見解を提示している（片平2000）。筆者も現状では、この地域に「畿内首長層通有の鏡板・杏葉」が集中する背景に、当地域の地理的な要因も考えておきたいが、資料数が増加したのち当地を含めた常陸全域で再考したい。

まとめ

馬具保有形態の類型と、金銅装鏡板および杏葉の意匠に着目し、東国のなかでも上野と常陸を例に挙げて畿内政権との関係を考えてみた。東国の他地域での検討はできなかったが、例えば下総では、法皇塚古墳はB1類で「特異な金銅装鏡板・杏葉」（透十字文心葉形鏡板）、城山1号墳もB1類で「特異な金銅装鏡板・杏葉」（透車文楕円形鏡板・透斜格子文楕円形杏葉）などと、常陸や上野とはまた異なった様相が看取される。

畿内政権は、どの地域の首長にどのような馬具を与えるか、それぞれの地域性や階層性に応じて、馬具の供給を行っていたと推定する。それは、単に地域首長の畿内政権への従属に対する見返りとしてだけではなく、畿内政権の卓越性を誇示し地域掌握を推し進めていく手段の一つとして機能していたと考える。

註

1) 便宜上、馬具について「上位」「下位」「優位」「劣る」などという表現を使用しているが、これは馬具の機能差を指すものではない。
2) これまで尼子2009・2011などでは、畿内首長層で保有されるものを「基本形」、これ以外のものを「特殊形」としていたが、本稿では前者を「畿内首長層通有の金銅装鏡板・杏葉」、後者を「特異な金銅装鏡板・杏葉」と称することとしたい。なお、金銅装鏡板・杏葉の意匠からの検討については、別稿で改めて述べる予定である。
3) 片平氏は轡、鞍、杏葉、雲珠、辻金具が金銅装であるものを「金銅装馬具」としている（片平2000）。

文献

尼子奈美枝　1993「後期古墳の階層性」『関西大学考古学研究室開設四十周年記念考古学論叢』

尼子奈美枝　1997「金の轡と鉄の轡」『元興寺文化財研究所創立三十周年記念誌』㈶元興寺文化財研究所

尼子奈美枝　1998「上野における後期古墳の階層性」『網干善教先生古稀記念考古学論集』関西大学文学部考古学研究室

尼子奈美枝　2003「古墳時代後期における中央周縁関係に関する予察」『ヒストリア』第183号　大阪歴史学会

尼子奈美枝　2009「金銅装馬具の保有」『元興寺文化財研究所研究報告2008』㈶元興寺文化財研究所

尼子奈美枝　2011「金銅装馬具の供給に関する一視点」『勝部明生先生喜寿記念論文集』

梅原末治　1937「摂津福井の海北坊塚古墳」『近畿地方古墳墓の調査』二　日本古文化研究所

大塚初重・小林三郎　1968「茨城県舟塚古墳（Ⅰ）」『考古学集刊』4-1

大塚初重・小林三郎　1971「茨城県舟塚古墳（Ⅱ）」『考古学集刊』4-4

尾崎喜左雄・保坂三郎　1963「上野国八幡観音塚古墳調査報告書」『群馬県埋蔵文化財調査報告書』第一集

片平雅俊　1998「茨城県内古墳時代馬具集成 茨城県における古墳時代馬具の研究（1）」『十王町民俗資料館紀要』7

片平雅俊　1999「馬具の集成をおえて 茨城県における古墳時代馬具の研究（2）」『茨城県史研究』82

片平雅俊　2000「茨城県における風返稲荷山古墳出土馬具の位置」『風返稲荷山古墳』

勝部明生ほか　1990『斑鳩藤ノ木古墳第一次調査報告』斑鳩町・斑鳩町教育委員会

亀井正道　1992「白石稲荷山古墳」『日本馬具大鑑』第1巻

河上邦彦ほか　1977「平群・三里古墳」『奈良県史跡名勝天然記念物調査報告』第33冊

河上邦彦ほか　1987「史跡牧野古墳」『広陵町文化財調査報告』第一冊　広陵町教育委員会

河上邦彦ほか　1988「市尾墓山古墳」『高取町文化財調査報告』第五冊　高取町教育委員

川畑真治・金関恕　1955「摂津豊川村南塚古墳調査概報」『史林』38-5

群馬県教育委員会　1967『上野国綿貫観音山古墳発掘調査概報』

群馬県市史編さん委員会編　1981『群馬県史』資料編三　群馬県史編さん委員会

後藤守一・相川龍雄　1936「多野郡平井村白石稲荷山古墳」『群馬県史跡名勝天然記念物調査報告書』第3輯

小林行雄　1962「青松塚古墳の調査」『大阪府の文化財』

斎藤忠・大塚初重　1960『三昧塚古墳』茨城県教育委員会

斎藤忠ほか　1974「上野古墳」『茨城県史料　考古資料編』茨城県

白石太一郎　1991「常陸の後期・終末期古墳と風土記建評記事」『国立歴史民俗博物館研究報告』35

鈴木裕芳・片平雅俊　1987『赤羽横穴墓B支丘1号墓の調査』日立市教育委員会

高崎市教育委員会編　1992『観音塚古墳調査報告書』

伊達宗泰　1960「大三輪町穴師珠城山二・三号墳」『奈良県文化財調査報告書』第三集

伊達宗泰ほか　1972「烏土塚古墳」『奈良県史跡名勝天然記念物調査報告』第二七冊　奈良県教育委員会

田中晋作　1984「大阪府北部」「各地域における最期の前方後円墳　西日本Ⅲ」『古代学研究』古代学研究会　104

千葉隆司ほか　2000『風返稲荷山古墳』霞ヶ浦町教育委員会・日本大学考古学会

出島村遺跡調査会編　1992『発掘調査報告書　富士見塚古墳群』

新田町誌刊行委員会編　1987『新田町誌』第二巻　資料編（上）
坂靖ほか　1994「平林古墳」『當麻町埋蔵文化財調査報告』第三集　當麻町教育委員会・奈良県立橿原考古学研究所
日高　慎　2000a「雲母片岩使用の横穴式石室と箱形石棺」『風返稲荷山古墳』
日高　慎　2000b「風返稲荷山古墳出土の飾大刀と佩用方法について」『風返稲荷山古墳』
布施和男ほか　1981「金冠塚（山王二子山）古墳調査概報」前橋市教育委員会
前原豊・杉山秀宏ほか　2015『古代東国文化シンポジウム東アジアから見た前二子古墳　記録集・資料集』前橋市教育委員会
前橋市教育委員会　1993『前二子古墳』
松尾昌彦・滝沢誠　1988「上野古墳出土伊比地の再検討」『関城町史　別冊史料編』
宮塚義人・三浦京子　1992「小泉大塚越遺跡」『玉村町埋蔵文化財調査報告書』第10集　群馬県佐波郡玉村町教育委員会
三輪嘉六　1992「伊勢崎稲荷山古墳」『日本馬具大鑑』第1巻
向日市教育委員会　1995「物集女車塚古墳」『向日市埋蔵文化財調査報告書』第23集
桃崎祐輔　2000「風返稲荷山古墳出土の馬具の検討」『風返稲荷山古墳』
吉川明宏ほか　1995『中台遺跡』茨城県教育財団文化財調査報告書102

　図表のみで本文中では触れなかった古墳の文献については、一部省略した。
　赤羽横穴B支群第1号墓および西大塚古墳出土の馬具の実見では、日立市郷土博物館の助川正則氏、狩野俊哉氏、大滝駿氏に、また、文献の入手では木澤睦隆氏に、それぞれお世話になりました。記して深謝いたします。

第8章　総括霞ヶ浦沿岸地域における首長系譜の併存

　本書は、小林科研の報告書『霞ヶ浦北岸地域における古墳時代在地首長層の政治的諸関係理解のための基礎研究』（小林ほか2005）の続編であり、この総括も、前掲書の総括である「霞ヶ浦北岸地域における首長系譜の継続と断絶（予察）」（佐々木2005、以下「前稿」と略）以降の成果と知見をまとめることが目的である。

　小林科研では調査を国府・国分寺が築かれた現在の石岡市の南東隣の旧玉里村南部の玉里古墳群に限定した。2006年以降、対象を国府・国分寺の北西に位置する旧八郷町の柿岡古墳群（4世紀後半の佐自塚古墳と6世紀第3四半期の丸山4号墳）、在地豪族の築いた古代寺院の至近に立地する5世紀前葉の舟塚山古墳、玉里の東隣の立花郷（現行方市、旧玉造町）の大日塚古墳、高浜入りを挟んで出島半島に築かれた坂稲荷山古墳と折越十日塚古墳（現かすみがうら市、旧出島村）と大きく広げることができた。さらに大日塚古墳と折越十日塚古墳は発掘調査も実施する機会を得て、理解を深めることができた。おかげで、前稿で提示したモデルを2015年に補強する機会があったが（佐々木2015）、今回さらに、より説得力のあるモデルを本稿の結論として提示できるようになった。以下、古墳時代前期、中期、後期、終末期と分けて、小林科研の成果（小林ほか2005）も含めて、常陸南部、特に霞ヶ

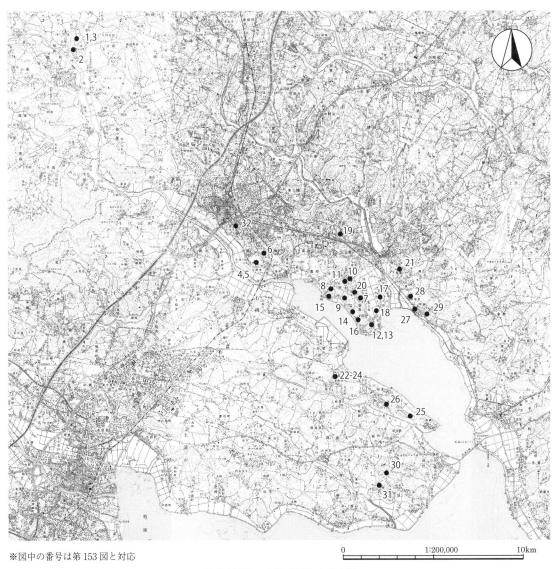

※図中の番号は第153図と対応

第151図　本章で言及する古墳

浦北岸地域の古墳文化と古墳時代社会の特性を記述し、最後にこの地域の首長系譜の「併存」モデルを結論として提示したい（第153図）。

古墳時代前期

　常陸は在地豪族の自律性が極めて高い地域ではあるが、古墳文化は古墳時代前期より積極的に一部受容されていることも大きな現実である。本書の対象地域では、柿岡古墳群の丸山1号墳（第151図の1、以下本章での番号は第151図・第153図中の番号と同じ）・長堀2号墳（早稲田大学考古学研究室［1973］が測量調査）・佐自塚古墳（2）、大塚初重が発掘調査した旧玉造町（立花郷）の勅使塚古墳（27）がその例である。このうち、丸山1号墳・長堀2号墳と勅使塚古墳が前方後方墳で、佐自塚古墳が前方後円墳であり、副葬品の内容からも、佐自塚古墳が発掘調査された丸山1号墳と勅使塚古墳より年代的に後出することは確かである。

　丸山1号墳と長堀2号墳の段階では、円筒埴輪は受容されなかったようであるが、佐自塚古墳では特殊器台型埴輪や円筒埴輪を見ることなく模倣したかのような円筒埴輪が出土しており（図は田中・日高［1996］に資料化）、本書でも測量調査中にその特殊な円筒埴輪の破片を採集し報告している。佐自塚古墳に関して重要なのは、付近の佐久上ノ内遺跡（小杉山ほか2014）でほぼ同時期の豪族居館跡が発掘調査で検出されたことである。つまり、前方後円墳と円筒埴輪という物質的情報だけではなく、前方後円墳に埋葬されるであろう豪族は一般民衆とは明確に区別される居館に居住するという、古墳時代の新しい習俗もこの柿岡の地で4世紀後半には採用されたことがわかる。ただ佐自塚古墳の埴輪に関していえば、製作技術の伝統は次世代に継承されることはなく（塩谷1985）、埴輪の受容が単発で終わっていることも注意しておきたい。

　本書の対象地域ではないが、常陸北部でも古墳時代前期にすでに古墳文化は一部積極的に受容されている。例をあげると、常陸太田市（旧金砂郷町）星神社古墳（約100mの前方後円墳）の埴輪は、特殊器台の流れを汲む巴形透穴と線刻を有し、川西I期のものと評価されている。ただ、この古墳の埴輪も佐自塚古墳例と同様、特殊なケースで次世代に継承されることはなかった（塩谷1985）。同じく常陸太田市梵天山古墳は160mの前方後円墳であり、その規模から従来中期初頭と考えられてきたが、近年の埴輪の評価に基づき前期後半に遡る可能性が高い。

　また大洗町常陸鏡塚古墳は105mの前方後円墳で、川西II式の埴輪が樹立され、発掘調査では長大な木棺に2面の仿製鏡や滑石製石釧、紡錘車、立花、刀子10点、斧18点、鎌2点、鑿1点、やりがんな1点、鋤1点が出土し、奈良県富雄丸山古墳出土の滑石製模造品と、「同じレヴェルの意識をもち、それを製品に具現できる技術的な裏付けをもった製作者達による製品」、「立体性を重視し、綴じ表現なども精細なものを施すという製作上の方向性は一致」と清喜裕二（2003）は評価する。したがって、常陸のなかでは点的であるももの、古墳文化は4世紀中葉以降、受容されていたことは明白である。

古墳時代中期

　古墳時代中期、常陸南部の古墳文化を代表するのは何といっても、全長183mと東国第2位の規模を誇る石岡市舟塚山古墳（4）である。同一の築造規格が全国津々浦々の前方後円墳に採用されることは想定困難であるし、また地方の主要前方後円墳を介して間接的に築造規格が地方首長に伝わった可能性を和田（1981）や澤田（1997）が指摘していたから、前稿では霞ヶ浦北西岸地域内での首長間関係に限っての議論を行った（曾根［谷仲］2005、佐々木2005）。

　しかしながら、舟塚山古墳の規模を考えたとき、近畿地方中央部の最高首長やそれに準ずる地位の高位ランク首長たちとの直接的交流を想定してもよいと考え、3回目となる測量調査をあえて実施したのである[1]。その結果、大塚・小林（1964b）が早くに想定した通り、ウワナベ古墳の築造規格を踏襲しているという解釈を追認することとなった。

むしろ、舟塚山古墳とその周辺の陪冢に近似した小古墳の今回の一連の調査は、舟塚山古墳に埋葬された首長の独自性・自律性を認識する結果となった。まず、昔からわかっていることであるが、舟塚山古墳は葺石を葺かない古墳である。また、墳丘は中期的な形態であるが、埴輪は窖窯焼成ではなく、明らかに野焼きである。埴輪に関しては、技術と情報が遅れて伝わったとの解釈が成り立つけれども、墳丘築造規格についてはリアルタイムで導入されているようで、そのアンバランスに舟塚山古墳被葬者が百舌鳥・古市古墳群の最高首長から下位に置かれていた以外に、舟塚山古墳被葬者の主体的な情報選択を想定したいのである。

その他、百舌鳥・古市古墳群の巨大前方後円墳との大きな違いがいくつか今回判明した。一つは、以前想定されていたような（橋本1994）、長持形石棺を埋葬主体としていないことである。その想定は、舟塚山古墳と築造規格を共有し、その2/3の規模である千葉県三ノ分目大塚古墳が長持形石棺と思しき石棺を持っていること、また三昧塚古墳の石棺の縄掛け突起の存在が、その前段階に存在した長持形石棺を模した可能性を示唆したこと、また東国第1位の規模を誇る群馬県太田天神山古墳が長持形石棺を有していること、の三つの知見に基づいており、あながち間違ったものではなかった。しかし、今回の亀井宏行チームによる物理探査の結果、その可能性が極めて低くなった。もちろん、後円部墳頂が石棺ごと削平された可能性を全否定はできないが、石棺片の採集はこれまで一切報告されていないため、埋葬主体は石棺ではなかった、と本稿ではとりあえず結論づけておきたい。

これは、舟塚山古墳被葬者の地位が太田天神山古墳被葬者よりも低い地位に置かれたことの反映であろうか。とはいえ、三ノ分目大塚山古墳被葬者は長持形石棺に埋葬されたのであるから、単純に舟塚山古墳被葬者の地位が低かったとは言い切れない。むしろ、舟塚山古墳被葬者も含めた常陸南部の豪族たちの自律性・主体性を私は強調したい[2]。たとえば、舟塚山古墳築造から約1世紀後の玉里舟塚古墳は、横穴式石室が一般化している時期に敢えて箱形石棺を採用しているのである。

次の大きな違いとして、陪冢を伴わないことである。以前から、舟塚山古墳の周囲の小円墳は「陪冢」と想定されてきた。これに対して、藤田和尊（2007）が疑義を呈した。今回の測量調査の過程で、陪冢と思われた14号墳（5）で採集した円筒埴輪片が窖窯焼成であり、舟塚山古墳より1段階、あるいは2段階も新しいことが判明したからである（本書第6章齋藤直樹論考）。また14号墳を雨上がりの日に観察すると、舟塚山古墳周濠堤の外に独自に周濠を有しており、これも陪冢という解釈を否定する根拠になろう。

以上、舟塚山古墳被葬者は近畿地方中央部の最高首長かそれに準ずる地位の高位ランク首長との直接交流があった可能性は高いのだが、独自性もかなり強く発揮していることが判明した。もちろん、舟塚山古墳被葬者の相対的な低い地位の反映という側面もあるが、それと同時に、舟塚山古墳被葬者の自律性も強調しておきたい。

また前項で指摘したことだが、舟塚山古墳の築造時期には、周辺で前方後円墳が築造されないという現象が起こる。たとえば、前期に前方後方墳を生み出した柿岡古墳群と沖洲古墳である。これは、この地域の諸豪族が前方後円墳築造を遠慮したか、あるいは、百舌鳥・古市古墳群の最高首長を意識して舟塚山古墳に埋葬された大豪族を「共立」したかであろう。また、舟塚山古墳の築造が契機となって、塚山古墳（7）が玉里古墳群中最初の首長墓として築造される。塚山古墳は舟塚山古墳の後円部と墳丘築造規格を共有することから、舟塚山古墳に埋葬されたこの地域の最高首長と関係の深い人物が埋葬されたと考えられる。

古墳時代後期（その1 三昧塚古墳の時代）

本書で報告した成果ではなく、行方市（旧玉造町）三昧塚古墳（28）出土鉄製品の再整理報告の総括で私が詳述していること（佐々木2017）であるが、全長80～90mとほぼ同規模の三昧塚古墳、玉里権現山古墳、舟塚山古墳群中の府中愛宕山古墳は5世紀末（第4四半期後半）の相前後する時期に築造されたことが明らかになった。

5世紀第4四半期あるいはTK47型式期という年代観は、鉄製武具の編年に基づいて、例えば藤田和尊（1988）が早くに指摘していたところである。ところが、茨城県内では、三昧塚古墳は人物埴輪の出現など後期の開始を

画する、大きな画期となる古墳である。したがって、後期初めイコール6世紀初頭という年代観が地元の研究者の間では定着していたのである（例えば阿久津・片平1992）。本来は三昧塚古墳をはじめとする4基の前方後円墳を中期末として扱うべきであり、広瀬和雄（2012, p.91）も玉里権現山古墳を5世紀末と位置づけているのだが、本書は『霞ヶ浦の前方後円墳』、つまり常陸の古墳の本なので、後期初頭と扱う。また谷仲（曾根）(2015) も、この段階を「後1期」として扱っている。古墳時代史全体を考えるうえで、むしろ重要なのは、地域によって画期の時期が異なるという現実ではないだろうか。

　この節では常陸南部の古墳時代年代論にこれ以上踏み込まない。この節を独立させた目的は、本書第6章で谷仲（旧姓曾根）俊雄が小美玉市（旧玉里村）大井戸古墳に関する年代的位置づけを発表し、筆者がそれを積極的に支持、谷仲の年代観に基づいて本書で新たな「首長系譜の併存」モデルを提起したいからである。

　大井戸古墳（18）の年代的位置づけに関するこれまでの議論は谷仲が詳述しているのでここでは繰り返さないが、谷仲の結論は、大井戸古墳は三昧塚古墳、玉里権現山古墳（9）、府中愛宕山古墳（6）、富士見塚古墳（25）とほぼ同じ規模を有し、それら4古墳と相前後する時期に築造されたということである[3]。大井戸古墳は、三昧塚古墳と同様、霞ヶ浦の堤防工事の土を確保するため、墳丘の大半が失われた前方後円墳である。現在後円部の一部が円筒形の無残な姿を晒しており、残存する後円部の周囲はレンコン畑となって深く掘削されているので後円部直径を発掘で確かめることも不可能になった。幸い、谷仲が終戦直後の米軍による航空写真に大井戸古墳が撮影されていることを見出し、規模を確認することができたのである。

　現在、大井戸古墳の墳頂に上ると、復元された三昧塚古墳を見ることができる。もし大井戸古墳墳丘が完全であれば、三昧塚古墳墳頂からも大井戸古墳を望むことができたであろう。両古墳に埋葬された豪族たちは、お互いを意識しあっていた蓋然性は高い。とにかく、大井戸古墳と他の4前方後円墳が同規模、ほぼ同時期という谷仲の結論に基づいて、大井戸古墳の被葬者は、玉里権現山古墳の被葬者とは別系譜の豪族であったと推定し

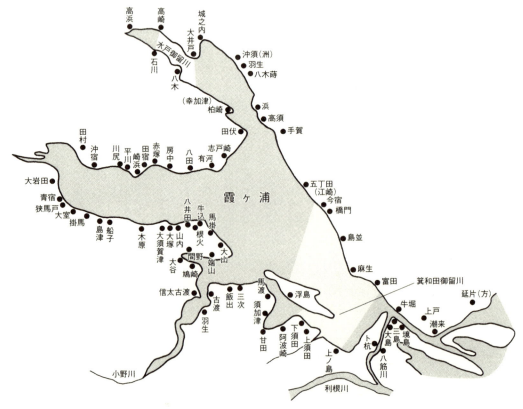

第152図　霞ヶ浦の四十八津（小玉・苅米2006, p.311、「霞ヶ浦四十八津および御留川位置図」より）

たい。

　府中愛宕山古墳や三昧塚古墳の時期になると、舟塚山古墳に埋葬された大首長を頂点とする体制が崩壊し、勢力の分派化が起こったと田中広明（1988）が早くに指摘し、筆者も前稿でその見解を積極的に支持している。本稿での新たな考えは、柿岡古墳群を除いた霞ヶ浦北西岸地域（高浜入り）に、府中愛宕山古墳、玉里権現山古墳、大井戸古墳、三昧塚古墳、富士見塚古墳の5基の前方後円墳で代表される五つの首長系譜が存在したということである。

　さほど耕地が広大ではないこの地域に五つの首長系譜が併存したことは奇異に見えるかもしれない。しかし、本田信之（2006）や広瀬和雄（2012）が推測するように、霞ヶ浦を含めた「香取海」の水運・舟運を掌握することで、在地首長たちは自らの地位を維持できたのかもしれない。科研の分担者である川尻秋生の教示によれば、大井戸古墳の「戸」は港を意味する「津」と同義語である。実際、江戸時代初期の霞ヶ浦の港、四十八津の位置（第152図）を見ると、大井戸古墳、三昧塚古墳、富士見塚古墳はそれぞれ大井戸、沖須、柏崎の津とほぼ同じ場所に営まれている。また玉里権現山古墳と富士見塚古墳の墳頂からは霞ヶ浦の高浜入りが一望できる。川尻の言うように、一種の「舟運協同組合」的な霞ヶ浦湖岸豪族のネットワークの所産かもしれない。

　府中愛宕山古墳の墳頂からは高浜入りを現在一望できないが、舟塚山古墳の後円部墳頂からは、同古墳が立地する台地縁辺の木々が伐採されたとき、高浜入りを一望することができ感動した覚えがある。つまり、舟塚山古墳群そのものが水運・舟運に深く関係しているといえる。特に舟塚山古墳は恋瀬川河口、高浜入り最奥部の「高浜津」に位置しており、関西で言えば五色塚古墳のような水上交通上戦略的な場所を占めている。また、この恋瀬川を少し遡ったところに広がるのが、前期から前方後方墳・前方後円墳を生み出した柿岡古墳群なのである。したがって、前期以来、恋瀬川河口は戦略的に重要な場所であったのであろう。

　議論を大井戸古墳に戻すと、5世紀前葉の塚山古墳の築造で形成が開始される玉里古墳群は尾根（微高地）上に営まれているが、大井戸古墳とそれに先立つ妙見山古墳（17）は低地に営まれている。大井戸古墳が玉里権現山古墳とほぼ同時期、同規模であることと、立地がほかの玉里古墳群の諸古墳と異なることに基づき、本稿では大井戸古墳と妙見山古墳を「大井戸古墳群」として玉里古墳群から独立させて考えたい。この意味については、次節で説明する。

古墳時代後期（その2 玉里舟塚古墳築造以降）

　玉里古墳群で、5世紀末築造の玉里権現山古墳の次に築造されるのが舟塚古墳（10）である。舟塚古墳は、継体大王陵の可能性が極めて高い大阪府今城塚古墳の2/5の築造規格を採用しており（新井2000）、また今城塚古墳被葬者の影響であろう、関東では極めて稀な6条突帯の円筒埴輪を樹立しており、舟塚古墳の築造は6世紀第2四半期前半と考えられる。つまり、6世紀第1四半期は古墳築造の空白期で、これは関東各地（佐々木2007）、長野市大室古墳群（佐々木ほか2015）、吉備（新納2014）など様々な地域で見られる現象である。この時期は継体大王の在位期間と重なるので政治的な背景を憶測したいが、新納（2014）が提起する気候変動説もあって、とにかく背景はわからない。

　舟塚古墳以降については、篠田泰輔（2005）の円筒埴輪片の編年研究の成果に基づき、雷電山古墳（11）、山田峰古墳（12）、愛宕塚古墳（13）、滝台古墳（14）、桃山古墳（16）、閑居台古墳（15）と帆立貝形を含む大型前方後円墳の築造が続く。このなかで、閑居台古墳は埴輪の様相が大日塚古墳と近似しているので、6世紀第3四半期の築造と考える。また桃山古墳は、玉里古墳群において前方後円墳の矮小化（といっても70m級が50m級になっただけであるが）が起こった段階の築造と考え、桃山古墳の築造時期も閑居台古墳と相前後する時期、つまり6世紀第3四半期に築造されたと推測する。

　これらをまとめると、6世紀第2四半期に舟塚古墳、雷電山古墳、山田峰古墳、愛宕塚古墳、滝台古墳という5基の前方後円墳（このうち、雷電山古墳と愛宕塚古墳が帆立貝形）が築かれたことになる。この見解は前稿以来変

わっていない。ただ25年間に5基の大型前方後円墳が築かれるという特異な現象を説明しないで終わっていた。

これを説明するのに有効な仮説が、千葉県内裏塚古墳群を例として広瀬和雄（2008・2012）がモデル化した「複数系譜型古墳群」である。言い換えると、複数の首長系譜が一つの古墳群を墓域として共有したということである。玉里古墳群の場合、埴輪と前方後円墳築造規格の観点から、桃山古墳だけは別系譜の所産と前稿では推定できた。本稿では、玉里権現山古墳、大井戸古墳、三昧塚古墳、富士見塚古墳、場合によっては府中愛宕山古墳の後継首長たちが玉里古墳群に埋葬されたと考えたい。府中愛宕山古墳の場合は、舟塚山古墳群内にもう1基前方後円墳が存在していた（完全に削平、前方部のみ検出）ので、舟塚山古墳群のなかで単一の首長系譜を継続させていた可能性はある。しかし、大井戸古墳、三昧塚古墳、富士見塚古墳の場合、それらに継続する首長墳が所属する古墳群中に見られないので、後継首長が玉里古墳群に埋葬されたとしても、特に不思議ではないだろう。三昧塚古墳と同じ沖洲古墳群に属する大日塚古墳は、三昧塚古墳の次々世代の首長墳である。この両者の系譜関係は、谷仲（本書第6章）の考察により、築造規格を継承しているので、ほぼ確かといえよう。

ただ、測量調査の成果が中心である本稿では、舟塚古墳・雷電山古墳・山田峰古墳・愛宕塚古墳・滝台古墳が、玉里権現山古墳・大井戸古墳・三昧塚古墳・富士見塚古墳のどの後継首長の奥津城かはまったくわからない。また、舟塚古墳、山田峰古墳、滝台古墳が、基本的に同一の築造規格を適宜改変して墳丘設計されているようで（曾根［谷仲］2005）、この点も解釈を難しくする。墳形という点では、帆立貝形古墳を前方後円墳らしい前方後円墳と別系譜と解釈することも不可能ではないが、舟塚古墳と雷電山古墳、山田峰古墳と愛宕塚古墳は近接して、ペアのように立地しており、ペアを成す2基の古墳を別系譜と解釈するのも躊躇してしまう。本稿では、玉里古墳群を「複数系譜型古墳群」の一例ととりあえず捉えて、今後の発掘調査による検証を待つこととしたい。

古墳時代後期（その3 横穴式石室導入以降）

霞ヶ浦沿岸地域の後期古墳文化を特色づけるのは、横穴式石室の導入が異常に遅れるという点である。前節で玉里古墳群の桃山古墳を6世紀第3四半期（前半）と位置付けたが、測量調査中に後円部墳頂を中心とした場所をピンポールで突き刺したところ、箱形石棺と思しき反応があった。この地域での横穴式石室の初現は柿岡古墳群の丸山4号墳（3）と沖洲古墳群の大日塚古墳（29）で、ともにTK43型式の時期、6世紀第3四半期の後半までさがるのである。今城塚古墳の築造規格を採用した舟塚古墳でさえ箱形石棺であり、それを二重にすることで他の古墳との差別化を図っている。やはり、横穴式石室導入の遅れは、常陸南部の在地豪族の地位が中央の王権からみて低いからではなく、在地の自律性の反映と考えたい。

さて、この地域で最初に横穴式石室を導入した丸山4号墳と大日塚古墳は、墳丘長が40mに満たない古墳であるが、6世紀第3四半期という時期は前方後円墳が矮小化する時期であるので、この時期の「大型」に属するといえようか。また、両者の石室構造が根本的に異なる点も意味が大きいと思う。丸山4号墳は四角い石を積み上げて壁体を構築する、どちらかというと畿内型横穴式石室に近い構造を有するのに対して、大日塚古墳は1枚の板石で玄室の側壁・奥壁・天井石を構築するという構造である。また、前室を有した可能性がある。いずれにせよ、横穴式石室に関する情報と技術が、別々の地域から丸山4号墳被葬者と大日塚古墳被葬者によって独立して採用されたのではないだろうか。

大日塚古墳の横穴式石室を発掘調査することができたものの、玄室以外は跡形もなく壊されていた。今後のほかのこの時期の横穴式石室古墳の発掘調査を待ちたいと思う。

古墳時代終末期

本稿では、常陸において埴輪生産が終了した6世紀末以降を終末期と定義したい。この地域で対象となる古墳は、埴輪が採集できない以下の諸古墳である玉里古墳群中の岡岩屋古墳（直径40mの大型円墳［20］）、玉里古墳群の北にある木船塚古墳（19）、太子唐櫃古墳（墳丘は失われたが装飾古墳で、前方後円墳という［26］）、風返稲荷山古

墳 (24)、坂稲荷山古墳 (30)、折越十日塚古墳 (31)。このなかで、発掘調査がされて副葬品や埋葬施設が判明しているのが風返稲荷山古墳、副葬品が東京国立博物館に残っているのが木船塚古墳である。折越十日塚古墳は、盗掘のおかげで玄室と前室に入ることが可能で、発掘調査された千葉県龍角寺浅間山古墳の埋葬施設と類似した構造であることがわかっている[4]。坂稲荷山古墳はこれまで発掘調査されたことがなく、埋葬施設に関する情報が一切なく時期の比定が困難であるが、埴輪がないことを積極的に評価して終末期と考える。日高 (2010a) も同じ立場である。最後に重要な点として、太子唐櫃古墳と折越十日塚古墳は装飾古墳である。

またこれらの終末期古墳の中で首長系譜をたどることが可能なのは玉里古墳群の岡岩屋古墳、風返古墳群の風返稲荷山古墳、さらに富士見塚古墳群に近いことを積極的に評価して太子唐櫃古墳である。木船塚古墳については、玉里古墳群のように密集はしていないものの旧玉里村域の北半に複数の古墳があるから、これも一つの首長系譜の所産であろう。日高 (2010b) は「玉里古墳群の勢力は（[引用者註] 7世紀も）存続し」たが、「7世紀前半には風返古墳群の勢力に統一された」と述べた。しかしこれは折越十日塚古墳の測量調査を実施する前の発言である。本書で報告する折越十日塚古墳の豪壮さは無視できない。

ちなみに、坂稲荷山古墳と折越十日塚古墳については、先行する時期の顕著な古墳が佐賀郷の坂地区に存在しない。さらにこれら2基の前方後円墳は比較的近接した場所に立地する上に、両者の際立った特徴として、二重周濠を伴うことをあげることができる。折越十日塚古墳は今回の発掘調査で二重周濠を検出し、また外濠が内濠よりも本格的であるという、極めて稀な知見を得ることができた。それに対して、本書で報告しているように、坂稲荷山古墳の外濠は、地表の観察に基づく限り溝状であり、通有の多重周濠を伴う古墳の外濠とあまり変わらない。そのような違いはあるとはいえ、坂稲荷山古墳と折越十日塚古墳の築造時期は近接していると現在のところ考えており、その推測がもし妥当で、広瀬の「複数系譜型古墳群」モデルを強引に適用すれば、両者は別々の系譜の豪族の奥津城の可能性もある。この場合、風返古墳群以外の近隣の豪族の系譜もその勢力を失うことなく、7世紀前半まで継続していた可能性が出てくる。もちろん坂稲荷山古墳の発掘調査が可能になれば、解釈が修正される可能性はあるのだが。

いずれにせよ、奈良盆地で飛鳥寺がすでに完成している時期に、比較的多数の前方後円墳がこの地域に築造されたという現実は驚くべきことである。広瀬和雄 (2008, pp.34-35) は、「二重周濠をめぐらせたり（中略）といった〈可視性のつよさ〉が東国首長墓の特性」と述べ、さらに「後期の前方後円墳や終末期の大型方・円墳にみられるビジュアル指向」は「中央と地方、ならびに地方のなかでも首長相互、さらには首長と民衆との間に形づくられた政治秩序を、この時期の東国の後・終末期古墳がいまなお生き生きと体現していた」ことを示すとした。これは上総を念頭に置いた発言であるが、霞ヶ浦北西岸地域では、こういった「秩序」を7世紀でも強く残していたということであろう。かつて和田晴吾は関東の古墳時代後期の文化について、前方後円墳などの古墳の墳丘形態・規模の差異が被葬者の生前の社会的地位を反映するという「首長墳の前期的秩序と（後期に始まった [引用者註]）群集墳が混在する」(和田1998, p.162) と適切に観察し、当時の社会については「伝統的な共同体規制の強く残る自立性の強い土豪的性格の首長層の存在を推定した」(和田1996, p.77)。それが7世紀になってもこの地域では活きていたということは確かであろう。

まとめ 首長系譜の継続と併存

最後にまとめとして、若干の繰り返しになるが、この地域の古墳時代における首長系譜の継続と併存をモデル化して結論としたい。対象地域の北西に位置する柿岡古墳群からモデル化する。

柿岡古墳群は、その河口に舟塚古墳が築かれる恋瀬川をさかのぼったところに広がる。古墳群には、本書の対象とした佐自塚古墳を入れて2基の前期前方後円墳のほかに、丸山1号墳など4基の前方後方墳が存在し、常陸でも「屈指の前期古墳集中域」(曾根2010) である。発掘された丸山1号墳と佐自塚古墳の副葬品を比べると、佐自塚古墳の方が明らかに後出で4世紀後半築造と考えられている。丸山1号墳と佐自塚古墳は別々の尾根に立地

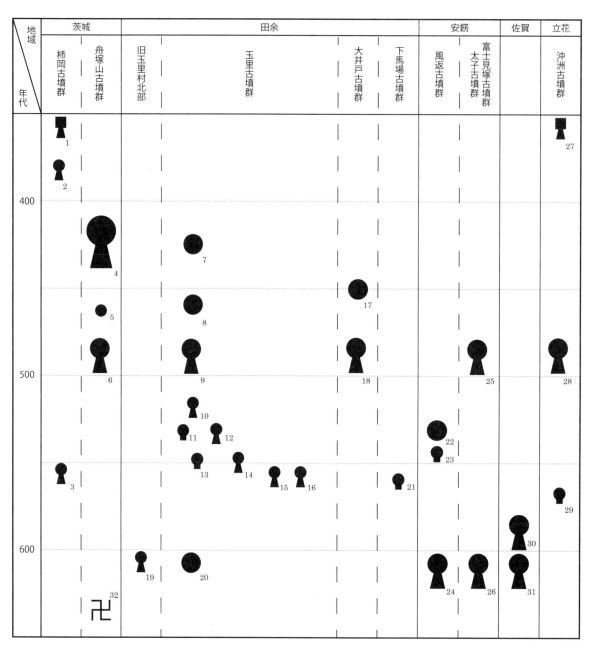

1. 丸山1号墳　　2. 佐自塚古墳　　3. 丸山4号墳　　4. 舟塚山古墳　　5. 舟塚山第14号墳
6. 府中愛宕山古墳　　7. 塚山古墳　　8. 桜塚古墳　　9. 権現山古墳　　10. 舟塚古墳
11. 雷電山古墳　　12. 山田峰古墳　　13. 愛宕塚古墳　　14. 滝台古墳　　15. 閑居台古墳
16. 桃山古墳　　17. 妙見山古墳　　18. 大井戸古墳　　19. 木船塚古墳　　20. 岡岩屋古墳
21. 地蔵塚古墳　　22. 羽黒山古墳　　23. 大日山古墳　　24. 稲荷山古墳　　25. 富士見塚古墳
26. 太子唐櫃古墳　　27. 勅使塚古墳　　28. 三昧塚古墳　　29. 大日塚古墳
30. 坂稲荷山古墳　　31. 折越十日塚古墳　　32. 茨城廃寺

第153図　霞ヶ浦北西岸地域における首長系譜の継続と併存モデル

しており、別々の首長系譜の所産かもしれない。

　柿岡古墳群で次に年代が明らかなのは、この地域で初めて横穴式石室を採用した丸山4号墳で、その築造年代は6世紀第3四半期の後半、TK43型式期である。これまで発掘調査された中期古墳は存在しないが、柿岡古墳群の丸山支群だけでも多数の円墳が知られており、目立たないものの古墳時代中期も首長系譜は継続していたと推測したい。これは、前期と後期古墳のみが発掘以前に知られていた千葉県草刈古墳群が、全掘の結果中期古墳も含んでいたという知見に基づいている。

　結論として、柿岡古墳群は複数系譜型古墳群の可能性があって、またそのうちの少なくとも一つの首長系譜は古墳時代を通じて継続するといえる。

　恋瀬川を下って霞ヶ浦に注ぐ河口部に広がるのが舟塚山古墳群である。古墳時代前期にも方形周溝墓が営まれたようだが、東国第2位の規模を誇る舟塚山古墳の築造を契機に、5世紀前葉（第1四半期後半から第2四半期前半にかけての時期）に形成が始まった古墳群とみてよい。舟塚山古墳の次の盟主墳は5世紀第4四半期後半に築造された府中愛宕山古墳であるが、2世代ほどあいてしまう。この間、14号墳などこれまで陪冢と思われていた円墳の築造が継続する。横矧板鋲留短甲が出土した17号墳も、藤田和尊が考えるように、時期的には舟塚山古墳よりも後出なので、舟塚山古墳築造以降、府中愛宕山古墳築造までの期間も首長系譜が切れ目なく継続するといえよう。舟塚山古墳群の6世紀の様相は不明であるが、7世紀末に付近に茨城廃寺が建立されるので、目立たないなりに首長系譜は継続していたと考えたい。

　舟塚山古墳群の東南4〜5km、霞ヶ浦湖岸近くに広がるのが玉里古墳群である。玉里権現山古墳近くに古墳時代前期の方形周溝墓が営まれるが、玉里古墳群との系譜関係は想定しがたい。この古墳群形成の契機となったのは、古墳群の中で尾根の最高点に築造された塚山古墳である。藤田和尊（2007, p.210）は舟塚山古墳と玉里権現山古墳を同一の首長系譜と考えるが、5世紀末における府中愛宕山古墳と玉里権現山古墳との並立を考えたとき、藤田の解釈は首肯しがたい。

　5世紀の玉里古墳群では、塚山古墳に次いで大型円墳の桜塚古墳が築かれ、5世紀第4四半期に玉里権現山古墳が築かれる。複数の首長系譜が墓域を共有した6世紀の様相はすでに詳述した通りであるが、6世紀第4四半期と7世紀初頭の様相がまだ不明確である。横穴式石室を伴う大型円墳、岡岩屋古墳が7世紀に築かれるので、塚山古墳被葬者以来の玉里古墳群の首長系譜は7世紀まで継続したと考えてよい。

　玉里古墳群に隣接するが、湖岸低地に立地し、玉里権現山古墳などと同時期に並立する大井戸古墳の存在に基づいて今回新たに設定したのが大井戸古墳群である。大井戸古墳群の形成は帆立貝形古墳の可能性がある大型円墳の妙見山古墳[5]の築造で始まる。その時期は玉里古墳群中の桜塚古墳よりややさかのぼる。そして、その次の世代の大井戸古墳の完成と共に大井戸古墳群の形成は終焉を迎える。大井戸古墳の次の世代の首長は玉里古墳群中の大型古墳に埋葬されたと推測したい。

　玉里古墳群、大井戸古墳群の周囲には、6世紀第3四半期に帆立貝形の地蔵塚古墳、7世紀には木船塚古墳が築かれる。これらの古墳は点在しており、一つの明確な首長系譜を成していない。木船塚古墳は閑居台古墳と築造規格を共有することを曾根（谷仲）（2007）が指摘しており、6世紀中葉に玉里古墳群を墓域として共有した豪族の一人の次の世代の首長の奥津城であろう。地蔵塚古墳がどの首長系譜に帰属するかは不明である。

　沖洲古墳群は前期の前方後方墳、勅使塚古墳の築造をもって形成が開始されるが、その次の首長墓は5世紀第4四半期の三昧塚古墳であり、150年近くも古墳築造の空白がある。5世紀前葉に前方後円墳の築造を遠慮したとしても、5世紀前葉の前に1世代、その後に1世代は古墳が築造されないのである。これを説明するのは、今後の課題としたい。

　三昧塚古墳と大日塚古墳は墳丘築造規格を共有しており（谷仲、本書）、同一の首長系譜であろう。両古墳の間に、沖洲古墳群の首長系譜に本来属する首長墓が玉里古墳群中に営まれた可能性は否定できない。また大日塚古墳はこの地域で最初に横穴式石室を導入した重要な古墳であるが、7世紀の様相はわからない。

これらの古墳群の、高浜入りを隔てて対岸が出島半島である。この出島半島を日高慎（2001a）は主要古墳だけではなく、遺物の表採による集落遺跡の分布にも基づいて、『倭名類聚抄』に記載されている安桒郷、佐賀郷、大津郷に対応した三つの首長支配領域に分けて捉えた。このなかで、本研究が対象としたのは安桒郷と佐賀郷である。筑波大学考古学研究室が測量調査を行った前期前方後円墳の田宿天神塚古墳や、後期の裏山古墳、終末期の加茂車塚古墳（大型円墳）は出島半島の土浦入り側（南の湖岸）の大津郷に属し、大津郷で独立した首長系譜が存在したと考えられる。

　出島半島の高浜入り湖岸地域、つまり安桒郷では、5世紀末の富士見古墳が最古の顕著な古墳である。その次の時期の首長墓と考えられるのが7世紀初頭の装飾古墳である太子唐櫃古墳であるが、築造時期が1世紀以上あいてしまう。おとなりの風返古墳群ではこの間の6世紀に風返羽黒山古墳（大型円墳）と風返大日山古墳（帆立貝形古墳）という首長墓と考えてもおかしくない古墳が築かれるが、太子唐櫃古墳と相前後する時期に前方後円墳の風返稲荷山古墳が築かれるので、別個の首長系譜も想定可能である。富士見塚古墳に埋葬された首長の後継者が玉里古墳群中に埋葬されたと考えるゆえんである。

　佐賀郷では、中期前方後円墳の牛渡銚子塚古墳以降連綿と首長系譜が継続するようであるが、これらは牛渡地区であり、坂地区の坂稲荷山古墳・折越十日塚古墳とは別系譜の可能性がある。この根拠として、牛渡地区と坂地区は出島半島を縦断する一瀬川によって隔てられているということをあげることができる。牛渡銚子塚古墳は、大津郷と佐賀郷のほぼ中間点に牛塚古墳（円墳）に続いて築かれるので、田中裕（1999, p.102）が注目するように、二つの郷の「仲をとりもったかのような、政治色の強い古墳立地」である。しかし大津郷には7世紀に加茂車塚古墳が築かれるから、やはり大津郷には独立した首長系譜が存在したと考えたい。坂地区には坂稲荷山古墳と折越十日塚古墳に先立つ顕著な前方後円墳がみられないから、牛渡地区の首長系譜が7世紀になって場所を移したのかもしれない。

　以上、粗削りであるが、発掘調査成果も踏まえて、霞ヶ浦北西岸地域における首長系譜の継続と併存をモデル化した。2基以上の古墳が同じ首長系譜に属するかどうかは、測量調査・分布調査だけでは議論にも限界がある。今後の発掘調査の成果に期待したい。

註

1) もう一つの大きな目的は、舟塚山古墳後円部と塚山古墳との築造規格の共有を立証することであったが、塚山古墳の東側周濠の耕作者より発掘の理解・承認を得ることができず、検証はできないままでいる。西側周濠の発掘調査成果は報告済みである（佐々木ほか2016）。

2) 前方後円墳であるから、常陸の在地豪族への中央の王権の意志や働きかけがあったことは疑いない。これは明言しなくとも本稿の前提であって、在地の論理だけでは説明できないことを私は十分理解している。ただ、中央の意志だけでは東国古墳文化の多様性を説明できないことを本書で強調したいのである。

3) 広瀬和雄（2012, p.91）も大井戸古墳を玉里権現山古墳と同時期、5世紀末とすでに捉えている。広瀬の卓見には敬服するが、広瀬は根拠を示していない。

4) 実は、折越十日塚古墳の盗掘と舟塚古墳の盗掘が昭和40年頃と、ほぼ同時期なのである。舟塚古墳を盗掘した犯人が茨城県に返却した「伝舟塚古墳資料」には銅鋺や一部の装飾付大刀など、明らかに7世紀の遺物が含まれている。もちろん、明治大学による舟塚古墳の発掘時の出土資料と接合するものも盗掘品のなかにはあるので、舟塚古墳から盗掘された資料が含まれることは確かである。しかしながら、追葬が不可能な舟塚古墳の二重箱形石棺を考えたとき、7世紀の資料は別の古墳からの盗掘品の可能性が高い。銅鋺と装飾付大刀という副葬品の質を考えたとき、それらは折越十日塚古墳から盗掘されたのではないかと推測している。

5) 埴輪が採集されているため、築造時期の比定が可能である（日高2001b）が、雑木がうっそうと茂っており測量調査も行われていない。もちろん、埋葬施設に関する手がかりもない。

引用・参考文献

青木　敬　2003『古墳築造の研究：墳丘からみた古墳の地域性』六一書房

阿久津久・片平雅俊　1992「常陸の後期古墳の様相」『国立歴史民俗博物館研究報告』第44集　国立歴史民俗博物館　pp.423-468

新井　悟　2000「茨城県玉里村舟塚古墳の再測量報告霞ヶ浦沿岸の前方後円墳における今城塚型の築造規格の受容形態の検討」『駿台史学』第109号　駿台史学会　pp.135-148

井　博幸　1999『牛伏4号墳の調査』国士舘大学牛伏4号墳調査団・国士舘大学イラク古代文化研究所

石川　功　1989「茨城県における横穴式石室の様相」『東日本における横穴式石室の受容』第10回三県シンポジウム　千曲水系古代文化研究所・北武蔵古代文化研究会・群馬考古学研究所　pp.834-919

石部正志・田中英夫・宮川徙・堀田啓一　1979「畿内大型前方後円墳の築造企画について」『古代學研究』第89号　古代學研究会　pp.1-22

石橋　充　1995「常総地域における片岩使用の埋葬施設について」『筑波大学先史学・考古学研究』第6号　筑波大学考古学研究室　pp.31-57

石橋　充　1997「常陸の横穴式石室と前方後円墳」『横穴式石室と前方後円墳』（第2回東北・関東前方後円墳研究会大会）東北・関東前方後円墳研究会　pp.83-94

伊東重敏　1997『栗村東古墳群・栗村西古墳群・丸峯古墳群発掘調査報告』千代田町教育委員会・高倉・栗田地区埋蔵文化財発掘調査会

稲村　繁　1985「茨城県霞ケ浦北西部における前方後円墳の変遷─埴輪を中心として─」『史学研究集録』第10号　國學院大學日本史学専攻大学院会　pp.72-80

稲村　繁　1991「茨城県における横穴式石室の変遷（1）」『博古研究』創刊号　博古研究会　pp.21-29

稲村　繁　2000「茨城における前方後円墳の終焉とその後」『前方後円墳の終焉とその後』（第5回東北・関東前方後円墳研究会大会）東北・関東前方後円墳研究会　pp.21-26

稲村繁・塩谷修　1983『栗村石倉古墳─附栗田A・B地点─』（千代田村文化財調査報告書）高倉・栗田地区埋蔵文化財発掘調査会

茨城県編　1972『茨城県史　原始古代編』pp.273-300

茨城県教育庁社会教育課　1959『茨城県古墳総覧』茨城県

茨城県史編さん原始古代史部会編　1974『茨城県史料考古資料編　古墳時代』茨城県

上田宏範　1963「前方後円墳における築造企画展開」『近畿古文化論攷』吉川弘文館　pp.111-136

上田宏範　1985「前方後円墳における築造企画の展開 その五─型式分類からみた常陸の前方後円墳─」『末永先生米寿記念獻呈論文集 乾』末永先生米寿記念会　pp.281-307

江浦　洋　1998「蔵塚古墳の築造企画に関する予察」『蔵塚古墳─南阪奈道路建設に伴う後期前方後円墳の発掘調査─』財団法人大阪府文化財調査研究センター調査報告書　第24集　財団法人大阪府文化財調査研究センター　pp.103-112

海老澤幸雄　1994「沖洲大日塚古墳の副葬品について─衝角付兜を中心に─」『玉造史叢』第35集　pp.73-78

大塚初重　1957a「柿岡古墳群」『常陸丸山古墳』丸山古墳顕彰会　pp.55-82

大塚初重　1957b「丸山4号の調査」『常陸丸山古墳』丸山古墳顕彰会　pp.94-118

大塚初重　1972「佐自塚古墳出土の土器」『土師式土器集成』本編2　東京堂出版　pp.97-98, PL.71

大塚初重　1974a「大日塚古墳」茨城県史編さん原始古代史部会編『茨城県史料考古資料　古墳時代』茨城県　pp.120-121

大塚初重　1974b「前方後円（方）墳実測図集成」茨城県史編さん原始古代史部会編『茨城県史料考古資料　古墳時代』茨城県　pp.380-400

大塚初重・小林三郎　1964a「茨城県勅使塚古墳の研究」『考古学集刊』第2巻第3号　東京考古学会　pp.103-122

大塚初重・小林三郎　1964b「茨城県舟塚山古墳の性格」『考古学手帖』第22号　寺田光　pp.1-3

大塚初重・小林三郎　1968「茨城県舟塚古墳」『考古学集刊』第4巻第1号　東京考古学会　pp.93-114

大塚初重・小林三郎　1971「茨城県舟塚古墳Ⅱ」『考古学集刊』第4巻第4号　東京考古学会　pp.57-103

大塚初重・小林三郎編　1995『茨城県玉造町三昧塚古墳発掘調査報告書』玉造町教育委員会・三昧塚古墳発掘調査団

大野延太郎　1896「常陸国霞ヶ浦沿岸旅行談」『東京人類学会雑誌』第11巻　121号・123号

木崎悠・茂木雅博　2000『常陸の前方後円墳』（1）茨城大学人文学部考古学研究室
岸本直文　1992「前方後円墳築造企画の系列」『考古学研究』第39巻第2号　考古学研究会　pp.45-63
草野潤平　2006「茨城県新治郡玉里村桜塚古墳測量調査報告」『考古学集刊』第2号　明治大学文学部考古学研究室　pp.95-108
草野潤平　2016『東国古墳の終焉と横穴式石室』雄山閣
車崎正彦　1976「常陸舟塚山古墳出土の埴輪」『古代』59・60号　早稲田大学考古学会　pp.38-49
倉林眞砂斗　1994「墳形の違い」『国府台』5　和洋女子大学文化資料館　pp.33-52
倉林眞砂斗　1998「畿内中枢の構造的把握」『古代学研究』第143号　古代学研究会　pp.1-19
倉林眞砂斗　2000「前方後円墳秩序の素描」倉林眞砂斗・澤田秀実編『美作の首長墳：墳丘測量調査報告』（美作地方における前方後円墳秩序の構造的研究 I）吉備人出版　pp.159-192
倉林眞砂斗　2006「墳丘の形と大きさ」『物質文化研究』3　城西国際大学物質文化研究センター　pp.1-31
倉林眞砂斗・澤田秀実編　2000『美作の首長墳：墳丘測量調査報告』（美作地方における前方後円墳秩序の構造的研究 I）吉備人出版
倉林眞砂斗・澤田秀実・君嶋俊行　2004『川東車塚古墳の研究』（美作地方における前方後円墳秩序の構造的研究 II）吉備人出版
小杉山大輔　2007『市内遺跡調査報告書』第2集　石岡市教育委員会
小杉山大輔・谷仲俊雄・林邦雄・宅間清公　2014『茨城県石岡市佐久上ノ内遺跡』（石岡市埋蔵文化財調査報告書）石岡市教育委員会
後藤守一・大塚初重　1957『常陸丸山古墳』丸山古墳顕彰会
小林三郎編　2000『茨城県行方郡玉造町三昧塚古墳第3次発掘調査報告書』玉造町遺跡調査会・玉造町教育委員会
小林三郎・石川日出志・佐々木憲一編　2005『茨城県霞ヶ浦北岸地域における古墳時代在地首長層の政治的諸関係理解のための基礎研究』平成13～16年度科学研究費補助金（基盤研究A（2））研究成果報告書　明治大学文学部考古学研究室
小林孝秀　2004「常陸南部における横穴式石室の系譜と地域性」『専修考古学』第10号　専修大学考古学研究室　pp.199-218
近藤義郎編　1991～1994『前方後円墳集成』全5巻　山川出版社
齋藤新　2004「佐自塚古墳採集の器台形円筒埴輪について」『埴輪研究会誌』第8号　埴輪研究会　pp.60-64
齋藤忠　1974a「太子唐櫃古墳」茨城県史編さん原始古代史部会編『茨城県史料考古資料　古墳時代』茨城県　pp.120-121
齋藤忠　1974b「佐自塚古墳」茨城県史編さん原始古代史部会編『茨城県史料　考古資料　古墳時代』茨城県　pp.147-149
齋藤忠・大塚初重・川上博義　1960『三昧塚古墳』茨城県教育委員会
佐々木憲一　2005「霞ヶ浦北岸地域における首長系譜の継続と断絶（予察）」小林ほか編『茨城県霞ヶ浦北岸地域における古墳時代在地首長層の政治的諸関係理解のための基礎研究』明治大学文学部考古学研究室　pp.147-158
佐々木憲一編　2007『関東の後期古墳群』六一書房
佐々木憲一　2015「古墳時代史における舟塚古墳の占める位置」佐々木憲一・忽那敬三編『舟塚古墳―埴輪編―』（茨城県埋蔵文化財調査報告書第5集）pp.54-59
佐々木憲一　2017「三昧塚古墳の歴史的意義」『三昧塚古墳を考える―中期古墳から後期古墳へ―』考古学研究会第45回東京例会シンポジウム資料
佐々木憲一・倉林眞砂斗・曾根（谷仲）俊雄・中村新之介　2008「茨城県行方市大日塚古墳再測量調査報告」『考古学集刊』第4号　明治大学文学部考古学研究室　pp.53-79
佐々木憲一・田中裕編　2010『常陸の古墳群』六一書房
佐々木憲一・鶴見諒平・木村翔・川口武彦　2011「茨城県水戸市西原古墳群測量調査報告」『考古学集刊』第7号　明治大学文学部考古学研究室　pp.79-96
佐々木憲一・鶴見諒平　2012「茨城県石岡市丸山4号墳再測量調査報告」『古代学研究所紀要』第16号　明治大学古代学研究所　pp.3-18
佐々木憲一・鶴見諒平・九重明大・木村翔・千葉隆司　2012「茨城県かすみがうら市所在古墳時代終末期の前方後円墳測量調査報告」『古代学研究所紀要』第17号　明治大学文学部考古学研究室　pp.131-151
佐々木憲一・忽那敬三編　2015『舟塚古墳―埴輪編―』（茨城県埋蔵文化財調査報告書第5集）茨城県教育委員会

佐々木憲一・河野正訓・高橋透・新井悟共編　2015『信濃大室積石塚古墳群の研究IV』明治大学文学部考古学研究室・六一書房

佐々木憲一・田中裕・岩田薫・阿部芳郎・小野寺洋介・尾﨑裕妃・木村翔・土井翔平　2016「茨城県小美玉市塚山古墳2010年度発掘調査報告」『古代学研究所紀要』第24号　明治大学古代学研究所　pp.43-76.

佐自塚古墳調査団　1963『佐自塚古墳調査概報―茨城県新治郡八郷町大字佐久―』

佐藤正則・鹿志村育男　1994「茨城県」近藤義郎編『前方後円墳集成　東北・関東編』山川出版社　pp.61-69

澤田秀実　1997「墳丘形態からみた日上天王山古墳」近藤義郎編『日上天王山古墳』（津山市埋蔵文化財調査報告書第60）岡山県津山市教育委員会　pp.79-86

澤田秀実　1999「前方後円墳築造企画の型式学的研究―類型的研究法による―」『前方後円墳の築造企画　発表要旨資料』（第4回東北・関東前方後円墳研究会大会）東北・関東前方後円墳研究会　pp.71-82

澤田秀実　2000「墳丘形態からみた美作諸古墳の編年的位置づけ」倉林眞砂斗・澤田秀実編『美作の首長墳：墳丘測量調査報告』（美作地方における前方後円墳秩序の構造的研究I）吉備人出版　pp.95-120

塩谷　修　1985「茨城県における埴輪の出現と消滅」『埴輪の変遷―普遍性と地域性』第6回三県シンポジウム　pp.261-278

塩谷　修　1997「霞ヶ浦沿岸の埴輪―5,6世紀の埴輪生産と埴輪祭祀―」『霞ヶ浦の首長―古墳に見る水辺の権力者たち―』霞ヶ浦町郷土資料館　pp.66-75

篠田泰輔　2005「玉里古墳群における円筒埴輪の変遷」小林三郎ほか編『茨城県霞ヶ浦北岸地域における古墳時代在地首長層の政治的諸関係理解のための基礎研究』明治大学文学部考古学研究室　pp.127-145

柴田常恵　1906「猿形埴輪」『東京人類学會雑誌』第21巻　東京人類學會　pp.400-403

白石太一郎　1992「関東の後期大型前方後円墳」『国立歴史民俗博物館研究報告』第44集　国立歴史民俗博物館　pp.21-51

清喜裕二　1997「古墳出土石製模造品政策の実態に関する素描」『續文化財學論集』（水野正好先生古希記念論集）元興寺文化財研究所　pp.695-704

関根信夫・篠原慎二　2001「舟塚山14号墳測量調査報告」安藤敏孝・新山保和編『石岡市遺跡分布調査報告』石岡市教育委員会　pp.79-86

曾根（谷仲）俊雄　2005「玉里古墳群の墳丘について―系譜整理を中心に―」小林三郎ほか編『茨城県霞ヶ浦北岸地域における古墳時代在地首長層の政治的諸関係理解のための基礎研究』明治大学文学部考古学研究室　pp.111-125

曾根（谷仲）俊雄　2007「木船塚古墳試掘・測量調査報告―考察」『小美玉市史料館報』第1号　小美玉市史料館　pp.63-70

曾根（谷仲）俊雄　2009「舟塚山古墳群の再検討」『常総台地』16（鴨志田篤二氏　考古学業45周年記念論集）常総台地研究会　pp.260-271

曾根（谷仲）俊雄　2010「石岡市域の古墳群」佐々木憲一・田中裕編『常陸の古墳群』六一書房　pp.113-147

曾根（谷仲）俊雄　2011「舟塚山古墳群」小杉山大輔・曾根俊雄編『市内遺跡調査報告書』第6集　茨城県石岡市教育委員会　p.2, pp.16-18

大正大学考古学研究会　1985「茨城県出島半島における考古学的調査II」『鴨台考古』第4号　pp.1-131（全冊）

高根信和　1990『特別展　茨城県の古墳』茨城県立歴史館

滝沢　誠　1994「つくば周辺の古墳時代首長系譜」『歴史人類』22　筑波大学歴史・人類学系　pp.151-172

田中広明　1988「霞ヶ浦の首長―茨城県出島半島をめぐる古墳時代の研究―」『婆良岐考古』第10号　pp.11-50

田中　裕　1997「茨城県千代田町熊野古墳の測量調査」『筑波大学先史学・考古学研究』第8号　筑波大学考古学研究室　pp.107-117

田中　裕　1999「茨城県霞ケ浦町牛渡銚子塚古墳の測量調査」『筑波大学先史学・考古学研究』第10号　筑波大学考古学研究室　pp.91-106

田中　裕　2006a「いわゆる『首長墓系譜研究』小考」『墓場の考古学』第13回東海考古学フォーラム実行委員会　pp.127-137

田中　裕　2006b「前方後円墳の規格と地域社会（付・補稿）」川崎保編『『シナノ』の王墓の考古学』雄山閣　pp.95-127

田中　裕　2010「常陸の古墳群の地域的差異をめぐって」座談会での発言（佐々木憲一・田中裕編『常陸の古墳群』六一書房　pp.317-336）

田中裕・日高慎　1996「茨城県出島村田宿天神塚古墳の測量調査」『筑波大学先史学・考古学研究』第7号　筑波大学考古学研究室　pp.83-106

田中裕・吉澤悟　2011「古墳の正面に納められた奈良時代の火葬墓―茨城県つくば市平沢3号墳出土骨蔵器―」『筑波大学先史・考古学研究』第22号　筑波大学考古学研究室　pp.25-40

田辺昭三　1981『須恵器大成』角川書店

玉里村立史料館　2002「霞ヶ浦北岸における前方後円墳測量図集成」『玉里村立史料館報』Vol.7.　玉里村立史料館　pp.91-123

千葉隆司編　2000『風返稲荷山古墳』霞ヶ浦町教育委員会・日本大学考古学会

千葉隆司　2010「かすみがうら市域の古墳群」佐々木憲一・田中裕編『常陸の古墳群』六一書房　pp.189-232

塚田良道　2007『人物埴輪の文化史的研究』雄山閣

土筆舎編　2008「点景をつなぐ―古墳踏査学による常総古式古墳の理解―」『土筆』第10号　pp.765-895

筑波大学考古学研究室編　2001『茨城県新治郡霞ヶ浦町遺跡分布調査報告書―遺跡地図編―』筑波大学考古学フォーラム

都出比呂志　1991「日本古代国家形成論序説」『日本史研究』343号　日本史研究会　pp.5-39

豊崎卓　1979「稀なる石棺と石製模造品」『石岡市史』上巻　石岡市　pp.141-149

生田目和利　1988「舟玉装飾古墳」町史編纂委員会原史・古代部会（茂木雅博）編『関城町史　別冊史料編　関城町の遺跡』関城町　pp.128-148

生田目和利　1994「常陸の装飾古墳と装飾横穴墓」茂木雅博編『風土記の考古学』1（常陸国風土記の巻）同成社　pp.169-194

新納泉　2011「前方後円墳の設計原理試論」『考古学研究』第58巻第1号　考古学研究会　pp.16-36

新納泉　2014「6世紀前半の気候変動を考える」『考古学研究』第60巻第4号　考古学研究会　pp.73-84

西野元ほか　1991『古墳調査報告書Ⅰ―茨城南部古代地域史研究―』筑波大学歴史・人類学系

西村淳　1987「畿内大型前方後円墳の築造企画と尺度」『考古学雑誌』第73巻第1号　日本考古學会　pp.43-63

沼澤豊　2005「前方後円墳の墳丘規格に関する研究」『考古学雑誌』第89巻第2-4号　日本考古學会　pp.1-46, 1-24, 1-34

橋本博文　1994「『王賜』銘鉄剣と五世紀の東国」原島礼二・金井塚良一編『古代を考える　東国と大和王権』吉川弘文館　pp.43-68

長谷川厚　1991「土師器の編年　関東」『古墳時代の研究』第6巻（土師器と須恵器）雄山閣　pp.95-107

長谷川武　1976「伝大日塚古墳出土の衝角付兜」『郷土文化』第17号　茨城県郷土文化研究会　pp.7-12

土生田純之　2006『古墳時代の政治と社会』吉川弘文館

日高慎　1998「茨城県つくば市松塚1号墳の測量調査」『筑波大学先史学・考古学研究』第9号　筑波大学考古学研究室　pp.97-109

日高慎　1999「下総型埴輪と墳丘企画」『考古学に学ぶ―遺構と遺物』同志社大学考古学シリーズⅦ　同志社大学考古学シリーズ刊行会　pp.385-400

日高慎　2000「雲母片岩使用の横穴式石室と箱形石棺」千葉隆司編『風返稲荷山古墳』茨城県霞ヶ浦町教育委員会　pp.95-107

日高慎　2001a「古墳時代」『茨城県新治郡霞ヶ浦町遺跡分布調査報告書―遺跡地図編―』霞ヶ浦町教育委員会・筑波大学考古学研究室　pp.46-59

日高慎　2001b「妙見山古墳の埴輪―その位置づけと高浜入りの埴輪生産―」『玉里村立史料館報』Vol.6　玉里村立史料館　pp.114-125

日高慎　2003a「埴輪」『日本全国古墳学入門』学生社　pp.225-231

日高慎　2003b「霞ヶ浦周辺の円筒埴輪」『埴輪研究会誌』7　埴輪研究会　pp.27-43

日高慎　2010a「茨城県」広瀬和雄・太田博之編『前方後円墳の終焉』雄山閣　pp.58-77

日高慎　2010b「茨城県玉里古墳群にみる古墳時代後期首長墓系列」『考古学は何を語れるか』同志社大学考古学シリーズⅩ　同志社大学考古学シリーズ刊行会　pp.263-274

広瀬和雄　2008「6・7世紀の東国政治動向（予察）―上総・下総・下野・武蔵地域の横穴式石室を素材として」『古代日本の支配と文化』奈良女子大学21世紀COEプログラム「古代日本形成の特質解明の研究教育拠点」報告集Vo.18.　pp.5-45

広瀬和雄　2012「東京湾岸・『香取海』沿岸の前方後円墳―5～7世紀の東国統治の一事例―」『国立歴史民俗博物館研究報告』第167集　pp.67-112

藤田和尊　1988「古墳時代における武器・武具保有形態の変遷」『橿原考古学研究所論集』第8　吉川弘文館　pp.425-527

藤田和尊　2007「陪冢の展開」『考古学論究―小笠原好彦先生退任記念論集』真陽社　pp.197-216

古屋紀之・草野潤平・五十嵐祐介・西島庸介　2005「関東における後期・終末期古墳群の地域動態研究―下野南部を対象とした古墳集成―」『古代学研究所紀要』第2号　pp.141-214

北條芳隆　1986「墳丘に表示された前方後円墳の定式とその評価―成立当初の畿内と吉備の対比から」『考古学研究』第32巻第4号　考古学研究会　pp.42-66

本田信之　1999「閑居台古墳採集の埴輪」『玉里村立史料館報』第4号　玉里村立史料館　pp.97-108

本田信之　2006「地方王権から中央集権へ」小玉秀成・苅米一志編『玉里村の歴史』玉里村　pp.129-235

本田信之　2010「小美玉市旧小川町・美野里町域の古墳群」佐々木憲一・田中裕編『常陸の古墳群』六一書房　pp.149-170

増田精一ほか　1981『筑波古代地域史の研究』（昭和54～56年度文部省特定研究経費による調査研究概要）筑波大学

宮内良隆・石田幹治　1981『茨城県東茨城郡小川町地蔵塚古墳』小川町教育委員会

茂木雅博　1987『日本の古代遺跡　茨城』保育社

茂木雅博　2010「常陸の古墳群の地域的差異をめぐって」座談会での発言（佐々木憲一・田中裕編『常陸の古墳群』六一書房　pp. 317-336）

茂木雅博・田中裕貴　2005『常陸の前方後円墳』（2）　茨城大学人文学部考古学研究室

両角まり　1996「内耳鍋から炮烙へ―近世江戸在地系炮烙の成立―」『考古学研究』第42巻第4号　考古学研究会　pp.85-105

諸星政得　1980『府中愛宕山古墳周濠発掘調査報告』石岡市教育委員会

諸星政得・黒沢彰哉　1977『舟塚山古墳群発掘調査報告書1』石岡市教育委員会

諸星政得・黒沢彰哉　1978『舟塚山古墳群（10・12号墳）発掘調査報告書2』石岡市教育委員会

谷仲（曾根）俊雄　2015「茨城県霞ヶ浦北岸地域の古墳編年」『地域編年から考える―部分から全体へ―』東北・関東前方後円墳研究会第20回大会発表要旨資料　pp.59-73

山内昭二・瓦吹堅　1972『舟塚山古墳周濠調査報告』石岡市教育委員会

山田邦和　1982「須恵器・その地域性」『考古学と古代史』同志社大学考古学シリーズⅠ　同志社大学考古学シリーズ刊行会　pp.361-368

若狭徹　2015『東国から読み解く古墳時代』吉川弘文館

早稲田大学考古学研究室　1973「福田古墳群第9号墳・長堀古墳群第2号墳・柏崎古墳群富士見塚古墳の測量調査報告」『茨城考古学』第5号　茨城考古学会　pp.24-31

和田晴吾　1981「向日市五塚原古墳の測量調査より」小野山節編『王陵の比較研究』京都大学文学部考古学研究室　pp.49-63

和田晴吾　1996「見瀬丸山・藤ノ木古墳と六世紀のヤマト政権」『情況―日本の古代をひらく』五月号別冊　情況出版　pp.57-80

和田晴吾　1998「古墳時代は国家段階か」都出比呂志編『古代史の論点』4（権力と国家と戦争）小学館　pp.141-166

謝　辞

　本書に収められた調査は、数多くの大学院生、学生諸君の参加と、地元教育委員会のご高配、さらに地権者のご好意により実施できた。以下に個々の調査の参加者、協力者、地権者をリストする。なお、調査責任者、調査員の身分（学生または院生、所属）は調査当時である。

1. 丸山4号墳（2007年3月）
    a. 研究費：学術フロンティア推進事業「日本古代文化における文字・図像・宗教と伝承の総合的研究」（研究代表者は吉村武彦、分担者は佐々木を含め11名）
    b. 調査責任者：佐々木憲一（明治大学文学部准教授）
    c. 調査員：草野潤平（学術フロンティア推進事業R.A.［明治大学大学院文学研究科博士後期課程］）、西島庸介、片野ゆうみ（以上、明治大学大学院文学研究科博士前期課程）、高橋透、山内淳司、吉野裕二、中原寛隆、佐藤兼理、竹内仁寿（以上、明治大学文学部生）
    d. 協力者：小杉山大輔（石岡市教育委員会、明治大学OB）、瀧田泰彦（地権者）
2. 大日塚古墳測量調査（2007年9月・12月）
    a. 研究費：明治大学大学院研究科共同研究（研究代表者：佐々木憲一、研究分担者：倉林眞砂斗）
    b. 調査共同責任者：佐々木憲一、倉林眞砂斗（城西国際大学観光学部教授）
    c. 調査員：中村新之介、草野潤平（明治大学大学院文学研究科）、荒友里子、一枚田薫、大村冬樹、川出圭吾、鶴見諒平、中原寛隆、野上玲子、九重明大、佐藤兼理、竹内仁寿、高橋宏佳、高橋亮（以上、明治大学文学部生）
    d. 協力者：曾根俊雄（石岡市教育委員会、明治大学OB）、笹目吉久（地権者）、深作幾代（行方市教育委員会）
3. 坂稲荷山古墳（2008年9月：墳丘本体と内壕部分）
    a. 研究費：学術フロンティア推進事業「日本古代文化における文字・図像・宗教と伝承の総合的研究」
    b. 調査責任者：佐々木憲一
    c. 調査員：高橋透、兒玉まどか（以上、明治大学大学院文学研究科博士前期課程）、大村冬樹、中原寛隆、川出圭吾、九重明大、佐藤兼理、竹内仁寿、岩田薫、須藤美保子、柳田祐（以上、明治大学文学部生）
    d. 協力者：千葉隆司（かすみがうら市教育委員会）
4. 折越十日塚古墳測量調査（2010年8月）
    a. 研究費：文部科学省・学術振興会科学研究費補助金基盤研究B「前方後円墳体制東縁地域における国家形成過程の研究：常陸の場合」（課題番号22320164）（研究代表者：佐々木憲一、研究分担者：田中裕・日高慎・倉林眞砂斗）
    b. 調査共同責任者：佐々木憲一（明治大学文学部教授）・田中裕（茨城大学人文学部准教授）
    c. 調査員：鶴見諒平、木村翔、赤星純平、山田碧子（以上、明治大学大学院文学研究科博士前期課程）、九重明大（明治大学大学院情報コミュニケーション学研究科博士前期課程）、小林嵩（千葉大学大学院文学研究科博士前期課程）、（以下、茨城大学人文学部生、明治大学文学部生*、福島大学政策行政学類学生**）枝野孝彦、金田拓也**、八木博之**、阿久津望*、岩田薫*、須藤美保子*、安田繭子*、柳田祐*、石田友里恵、榎本好憲、岡本真希、北條由佳**、小林博信**、大久保敦史、栗原悠、菅澤由希、照沼沙保里、中林香澄、福田佳世、長島弥生*、渡邉千明*
    d. 協力者：千葉隆司
5. 坂稲荷山古墳（2011年8月：外濠と堤）
    a. 研究費：私立大学戦略的研究基盤形成支援事業「日本列島の文明化を究明する古代学の総合化研究（研究

代表者：吉村武彦、分担者は佐々木を含め11名）
  b. 調査責任者：佐々木憲一
  c. 調査員：鶴見諒平、木村翔、石村史（以上、明治大学大学院文学研究科博士前期課程）、九重明大（明治大学大学院情報コミュニケーション学研究科博士前期課程）、須藤美保子、柳田祐、古庄千織、小野寺洋介（以上、明治大学文学部生）
  d. 協力者：千葉隆司
6. 舟塚山古墳（2012年3月）
  a. 研究費：科学研究費基盤研究B「前方後円墳体制東縁地域における国家形成過程の研究：常陸の場合」
  b. 調査共同責任者：佐々木憲一・田中裕・日高慎（東京学芸大学教育学部准教授）
  c. 調査員：木村翔、九重明大、鶴見諒平、轟直行、石村史（以上、明治大学大学院）、太田有里乃、小林佳南子（以上、茨城大学大学院人文研究科博士前期課程）、清金良太、岡本直也、田中友紀恵（以上、東京学芸大学大学院）（以下、茨城大学人文学部生、明治大学文学部生[*]、東京学芸大学大教育学部生[+]）須藤美保子[*]、岩田薫[*]、柳田祐[*]、土井翔平[*]、庄司一歩[*]、榎本好憲、岡本真希、石田友里恵、赤堀一史[+]、大久保敦史、栗原悠、下山はる奈、菅澤由希、照沼沙保里、福田佳世、橘田勝徳[+]、菊池祥宏[+]、熊谷晋祐[+]、佐藤渉[+]、上田大熙[*]、大西優太郎[*]、尾﨑裕妃[*]、小野寺洋介[*]、小原駿平[*]、小勝紅子[*]、土屋志帆[*]、茂木喜崇[*]、中林香澄、内田利香、岡崎由貴子、杉山美咲、平野貴嗣、李スルチョロン[+]、栗山杏[+]、永島幸[+]、佐藤リディア[*]、矢原史希[*]、今井晃[+]、矢内雅之[+]、神啓崇[+]、吉松優希[+]
  d. 協力者：箕輪健一・曾根俊雄（石岡市教育委員会）
7. 佐自塚古墳（2012年8月）
  a. 調査費：佐々木の私費（参加学部生自弁）
  b. 調査責任者：佐々木憲一
  c. 調査員：岩田薫・須藤美保子、柳田祐（明治大学大学院博士前期課程1年）、栗原悠（茨城大学4年生）、尾﨑裕妃・小野寺洋介、勝田晶子、北山大熙、小勝紅子、高左右裕、土屋志帆、三ツ木清美、茂木善崇（3年生）
  d. 協力者：上武清子、国谷俊夫（以上、地権者）、箕輪健一
8. 舟塚山古墳（2012年8月）
  a. 研究費：科学研究費基盤研究B「前方後円墳体制東縁地域における国家形成過程の研究：常陸の場合」
  b. 調査共同責任者：佐々木憲一、田中裕、日高慎
  c. 調査員：石村史、須藤美保子、柳田祐、岩田薫（以上、明治大学大学院）、石田友里恵、太田有里乃、小林佳南子（以上、茨城大学大学院）、（以下、茨城大学人文学部生、明治大学文学部生[*]、東京学芸大学大教育学部生[+]）藤巻はるひ[*]、古庄千織[*]、大久保敦史、栗原悠、菅澤由希、照沼沙保里、福田佳世、中林香澄、小野寺洋介[*]、尾﨑裕妃[*]、茂木喜崇[*]、土屋志帆[*]、上田（北山）大熙[*]、内田利香、平野貴嗣、迫屋敬之[*]、佐藤里香[*]、佐藤リディア[*]、矢原史希[*]、阿部里美、天野早苗、石川雅啓、大倉悠夏、小野優樹、久保明日美、小泉詩織、名取遼、茂木政孝、鈴木渓、白石杏奈[*]、箕浦絢[*]
  d. 協力者：箕輪健一、曾根俊雄
9. 舟塚山古墳群13・14・17号墳（2013年8月）
  a. 調査費：考古学実習Ⅱ（実習生は自弁）
  b. 調査責任者：佐々木憲一
  c. 調査員：須藤美保子、柳田祐（以上、明治大学大学院博士前期課程）、奥山美咲、児島唯、佐藤リディア、林和也、箕浦絢、橋本洋一郎
  d. 協力者：曾根俊雄

10. 地蔵塚古墳（2014年8月）
    a. 調査費：考古学実習II（実習生は自弁）
    b. 調査責任者：佐々木憲一
    c. 調査員：柳田祐、小野寺洋介、須藤美保子（以上、明治大学大学院博士前期課程）、齋藤安基、中村未来、林和也、箕浦絢、齋藤直樹、野本雄太、菅原愛里沙
    d. 協力者：藤本芳一（地元地区長）、小又法子、本田信之（小美玉市教育委員会）、三井猛（三井考測）

11. 大日塚古墳発掘調査（2015年3月・8月）
    a. 研究費：明治大学人文科学研究所個人研究第1種「古墳時代中期常陸南部における国家形成過程理解のための基礎研究」
    b. 調査責任者：佐々木憲一
    c. 調査員（3月）：尾﨑裕妃、小野寺洋介（以上、明治大学大学院文学研究科院生）、箕浦絢、林和也、野本雄太、斎藤直樹、菅原愛里沙、齋藤安基、尾崎沙羅（以上、文学部学生）；（8月）尾﨑裕妃、小野寺洋介、佐藤リディア、佐藤兼理（以上、大学院文学研究科院生）、北山大熙、岩田薫（以上、明治大学文学部・文学研究科卒業生）、箕浦絢、林和也、尾崎沙羅、齋藤安基、斎藤直樹、高井真由子、菅原愛里沙、橋本小耀、野本雄太、大熊久貴（以上、文学部学生）
    d. 協力者：笹目吉久（地権者）、今泉正浩（行方市教育委員会）

12. 折越十日塚古墳第1次発掘調査（2017年3月）
    a. 研究費：科学研究費基盤研究B「風土記と古墳からみた常陸7世紀史の研究」研究代表者　佐々木憲一、研究分担者　菱田哲郎、田中裕、日高慎、吉川眞司、川尻秋生（2016〜2019年度）
    b. 調査共同責任者：佐々木憲一、田中裕（茨城大学人文学部教授）、日高慎（東京学芸大学教育学部教授）
    c. 調査員：別所鮎実（明治大学大学院）、箕浦絢（明治大学文学部卒業生）、大里美穂、下山はる奈、太田哲平、今川裕喜（以上、茨城大学大学院）、大矢直矢、小川慶一郎、新宮崇弘（以上、東京学芸大学大学院）、（以下、茨城大学人文学部生、明治大学文学部生[*]、東京学芸大学教育学部生[+]）齋藤直樹[*]、関根史比古[*]、春里桃子、笹田和史、山田浩輝、安田ちなみ、斎藤大樹、鶴見香織、矢本夏子[+]、友野嵩也[*]、山地雄大[*]、飯塚海華、冨田真歩、大熊久貴[*]、柏瀬拓巳[*]、松本康太郎[*]、吉岡優花[*]、森ゆき乃[*]、川崎健矢、木所睦、倉持友樹愛、榛葉真琴、長岡千紘、畠山知希、原田若加菜、福田和衡、足立とも与[+]、清水千紘[+]、楢崎星、楠本あやの[*]
    d. 協力者：茅場政行（地権者）、千葉隆司

あとがき

　特定地域における複数の前方後円墳の体系的測量調査を実施するというアイディアは、私がひらめいたものではない。母校のミシガン大学人類学科教授で、アメリカ合衆国考古学界で国家形成論研究を牽引してこられたヘンリー＝ライト Henry Wright 教授より1992年1月にいただいた助言がそもそもの契機である。当時の私は日本と英語圏の両方にアピールできるような内容の博士論文のテーマを見つけるのに苦慮していて、お目にかかって、当時ミシガン大学人類学博物館長のライト先生のご助言を仰いだのである。

　ライト先生はまず、仮説に重きを置いた論文ではなく、データの記述を中心としたdescriptive博士論文を作成するように、強く助言してくださった。アメリカ合衆国理論考古学の泰斗からこのような発言を聞いて大変意外に思ったが、先生曰く、仮説は5年たったら覆され、以後その論文は顧みられることはないが、データの正確な記述は永遠に引用され続ける、とのことであった。さらに当時のライト先生は、日本の科研にあたる合衆国のNational Science Foundation研究費の調書の審査委員であることを明かしたうえで、特定地域における複数の前方後円墳の体系的測量調査はdescriptive論文の好例であり、審査委員としても魅力的であるとおっしゃった。

　ただ1990年代当時の私の立場として、多くの学生さんを指揮してフィールドワークを実施するのは困難であった。また当時の恩師の都出比呂志先生も、就職活動中の私は労多い基礎研究よりも「論文らしい論文」の執筆に励むように助言してくださった。その間、倉林眞砂斗氏の美作における前方後円墳・前方後方墳の体系的な測量調査の現場を見学し、倉林氏から現地で色々説明を受けて、測量調査に基づいて歴史を再構築する可能性を強く認識した。

　1999年4月に明治大学文学部に赴任し、私にとって状況が大きく好転した。就任2年目に、多くの学生諸君が参加できるようなフィールドワークを科研で申請すべきと上司の故小林三郎教授に進言したところ、玉里古墳群の調査の可能性をご教示くださった。幸い科研は2001年に採択され、『霞ヶ浦北岸地域における古墳時代在地首長層の政治的諸関係理解のための基礎研究』（小林ほか2005）として結実した。小林先生は玉里古墳群内の一つの古墳を発掘調査したかったようだが、とにかくこの地域に資料化されていない大型古墳があまりにも多い現実を目の当たりにして、私は測量調査に固執した。また、常陸の古墳文化は畿内との地域的差異が大きく、常陸の古墳文化に光を当てることは、古墳時代史の全体的再構築に大きな貢献となると考えた。

　このような経緯を経て、本書にその成果を提示するような研究に至ったのである。ただ、私の能力不足と多忙ゆえに、これまで多くの先生方、先輩方から学んだことを本書では十分生かせていないことをお詫びしたい。さらに残念なことに、科研の研究分担者にお願いした倉林氏と田中裕氏がそれぞれ本務校の副学長、副学部長という重責を担っておられ、私以上に多忙を極めて、玉稿をいただくことが叶わなかったのである。また本来ならば『常陸の古墳群』同様、茨城県での調査経験が長い田中氏との共同編集となるべき本書も、小野寺氏に実務を任せ、私ひとりが編集にあたることになった。小野寺氏には大変な負担をかけたことに対し、心から感謝したい。

　さらに、本書の内容を古墳時代史全体に位置づけるため、関西から玉稿をお寄せいただいた藤田和尊、尼子奈美枝、太田宏明3氏にも深甚の謝意を表する。本書刊行が予定より1年遅れたため、ご迷惑をおかけした。編集の最終段階では大学院生の箕浦絢さんと特に齋藤直樹君の大きな助力を得たこと、入稿後は六一書房出版部の水野華菜さんの有能な編集能力に非常に助けられたことにも、感謝感謝である。最後に、本書の製作、刊行を積極的に請け負ってくださった六一書房会長八木環一氏に満腔の謝意を表したい。

　本書で果たせなかったことは多いが、今後も基礎研究を継続し、報告書を継続的に刊行し、畿内とは大きく異なる、地域色豊かな古墳文化理解のために貢献を続けたいと思っている。

佐々木　憲一

1　折越十日塚古墳石室内部①　前室より後室玄門を臨む

2　折越十日塚古墳石室内部②　前室東壁

3　折越十日塚古墳石室内部③　後室玄門を背に装飾の施された前室西壁をみる

4　折越十日塚古墳石室内部④　前室玄門を背に装飾の施された前室東壁をみる

5　折越十日塚古墳石室内部⑤　前室より前室玄門および盗掘坑を臨む

6　折越十日塚古墳石室内部⑥　奥壁・石棺を臨む

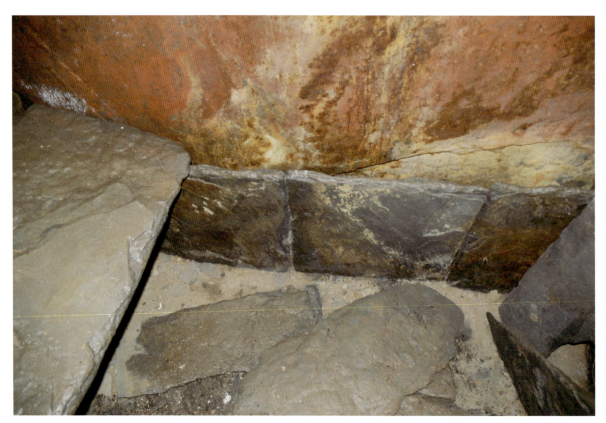

7　折越十日塚古墳石室内部⑦　石棺（斜め上から）

8　折越十日塚古墳石室内部⑧　玄門内より後室玄門・前門を臨む

9　大日塚古墳横穴式石室　完掘状況

10 大日塚古墳出土の家形埴輪

11 折越十日塚古墳　第1トレンチ
　　墳丘から（南東より）

12 折越十日塚古墳　第1トレンチ
　　墳丘に向けて（北西より）

13　折越十日塚古墳　第2トレンチ
　　墳丘から（南東より）

14　折越十日塚古墳　第2トレンチ
　　墳丘に向けて（北西より）

15 折越十日塚古墳 第3トレンチ
墳丘から（南東より）

16 折越十日塚古墳 第3トレンチ
墳丘に向けて（北西より）

17　折越十日塚古墳　第4トレンチ　（北東より）　　　　18　折越十日塚古墳　第5トレンチ　（南東より）

編者紹介

佐々木憲一（ささき　けんいち）

1962年東京生まれ、京都育ち。ハーヴァード大学大学院人類学研究科博士課程考古学専攻修了、Ph.D.（学術博士）。
現在、明治大学文学部教授。
主要著作：『雪野山古墳―未盗掘石室の発見』（新泉社2004）、『関東の後期古墳群』（編著、六一書房2007）、『はじめて学ぶ考古学』（共著、有斐閣2011）、『信濃大室積石塚古墳群の研究Ⅳ』（共編著、明治大学文学部考古学研究室・六一書房2015）

小野寺洋介（おのでら　ようすけ）

1991年千葉県生まれ。明治大学大学院文学研究科博士前期課程在学中。
現在、大阪府立近つ飛鳥博物館。
主要著作：「善光寺平の集落遺跡における須恵器の導入と定着―住居を中心に―」『大阪府立近つ飛鳥博物館　館報19』（大阪府立近つ飛鳥博物館2016）、「古墳における儀礼の場とその順序―中期古墳を中心に―」大阪府立近つ飛鳥博物館　館報20』（大阪府立近つ飛鳥博物館2017）

執筆者一覧（五十音順）

尼子奈美枝（公益財団法人元興寺文化財研究所）
太田　宏明（河内長野市教育委員会）
尾﨑　裕妃（公益財団法人岐阜市教育文化振興事業団）
小野寺洋介（大阪府立近つ飛鳥博物館、明治大学大学院文学研究科博士前期課程）
亀井　宏行（東京工業大学博物館教授）
木村　翔（明治大学大学院文学研究科博士前期課程2010年修了）
齋藤　直樹（明治大学大学院文学研究科博士前期課程）
佐々木憲一（明治大学文学部教授）
佐藤リディア（明治大学大学院文学研究科博士前期課程）
田中　裕（茨城大学人文社会科学部教授）
千島　史彦（東京工業大学大学院社会理工学研究科博士後期課程）
千葉　隆司（かすみがうら市郷土資料館）
鶴見　諒平（公益財団福島県文化振興財団）
土井　翔平（明治大学文学部助手、明治大学大学院文学研究科博士後期課程）
中村新之介（板橋区立郷土資料館）
藤田　和尊（御所市教育委員会）
箕浦　絢（明治大学大学院文学研究科博士前期課程）
谷仲（曾根）俊雄（石岡市教育委員会）

霞ヶ浦の前方後円墳 —古墳文化における中央と周縁—

2018年2月28日　初版発行

編　者　佐々木憲一　小野寺洋介
発行者　八木　唯史
発行者　株式会社　六一書房
　　　　〒101-0051　東京都千代田区神田神保町2-2-22
　　　　TEL 03-5213-6161　FAX 03-5213-6160　振替 00160-7-35346
　　　　http://www.book61.co.jp　E-mail info@book61.co.jp
印　刷　株式会社　白峰社

ISBN 978-4-86445-098-0　C3021　　©Archaeology Program, Meiji University 2018　　Printed in Japan